Risikogeschäfte und strafbare Untreue

Europäische Hochschulschriften

European University Studies

Publications Universitaires Européennes

Reihe II **Rechtswissenschaft**

Series II Law

Série II Droit

Band/Volume **5836**

Martin Stenzel

Risikogeschäfte und strafbare Untreue

Entscheidungstheorie und Verhaltensökonomie im Strafrecht

PL ACADEMIC RESEARCH

Bibliografische Information der Deutschen Nationalbibliothek
Die Deutsche Nationalbibliothek verzeichnet diese Publikation in der Deutschen Nationalbibliografie; detaillierte bibliografische Daten sind im Internet über http://dnb.d-nb.de abrufbar.

Zugl.: München, Univ., Diss., 2015

D 19
ISSN 0531-7312
ISBN 978-3-631-67191-7 (Print)
E-ISBN 978-3-653-06675-3 (E-Book)
DOI 10.3726/978-3-653-06675-3

PL Academic Research ist ein Imprint der Peter Lang GmbH.
Peter Lang – Frankfurt am Main · Bern · Bruxelles · New York · Oxford · Warszawa · Wien

Diese Publikation wurde begutachtet.

www.peterlang.com

Inhaltsverzeichnis

Tabellenverzeichnis

Abkürzungsverzeichnis

a.A.	andere Ansicht
aaO.	am angeführten Ort
AG (Jahreszahl)	Die Aktiengesellschaft (Zeitschrift),
AG	Aktiengesellschaft
AktG	Aktiengesetz
allgem.	allgemein
AO	Abgabenordnung
ARAG	Allgemeine Rechtsschutz-Versicherungs-AG
AT	Allgemeiner Teil
AUB	Arbeitsgemeinschaft Unabhäniger Betriebsangehöriger
Az.	Aktenzeichen
BB	Betriebs-Berater
BeckOK	Beck'scher Onlinekommentar
BetrVG	Betriebsverfassungsgesetz
BGB	Bürgerliches Gesetzbuch
BGH	Bundesgerichtshof
BGHSt	Entscheidungen des Bundesgerichtshofes in Strafsachen
BGHZ	Entscheidungen des Bundesgerichtshofes in Zivilsachen
BKR	Zeitschrift für Bank- und Kapitalmarktrecht
bspw.	beispielsweise
BKR.	Zeitschrift für Bank- und Kapitalmarktrecht
BT	Besonderer Teil
BVerfG	Bundesverfassungsgericht
BVerfGE	Bundesverfassungsgerichtsentscheidung
BvR	Registerzeichen des Bundesverfassungsgerichts
CCZ	Corporate Compliance Zeitschrift
DB	Der Betrieb
ders.	derselbe
dies.	dieselben
DRiZ	Deutsche Richterzeitung
DStR	Deutsches Steuerrecht
ENEL	Ente nazionale per l'energia elettrica
f.	folgende
FD-StrafR	Fachdienst Strafrecht
ff.	fortfolgend
Fn.	Fußnote
Festschr.	Festschrift
FS	Festschrift
GA	Goltdammer's Archiv für Strafrecht
GmbH	Gesellschaft mit beschränkter Haftung

GmbHG	Gesetz betreffend die Gesellschaften mit beschränkter Haftung
GmbHR	Die GmbH-Rundschau
GoltdA.	Goltdammer's Archiv für Strafrecht
GVG	Gerichtsverfassungsgsetz
Hg.	Herausgeber
HGB	Handelsgesetzbuch
HRRS	Onlinezeitschrift für Höchstrichterliche Rechtsprechung zum Strafrecht
InsO	Insolvenzordnung
iS.	im Sinne
iSd.	im Sinne des
JA	Juristische Arbeitsblätter
JGG	Jugendgerichtsgesetz
JR	Juristische Rundschau
Jura	Juristische Ausbildung
JuS	Juristische Schulung
JZ	Juristen Zeitung
KG	Kommanditgesellschaft
KWG	Gesetz über das Kreditwesen
KK	Karlsruher Kommentar (zur Strafprozessordnung)
KonTraG	Gesetz zur Kontrolle und Transparenz im Unternehmensbereich
LG	Landgericht
LK	Leipziger Kommentar
LTO	Legal Tribune Online
männl.	männlich
MDR	Monatsschrift für Deutsches Recht
MüKO	Münchener Kommentar
mwN.	mit weiteren Nachweisen
NJW	Neue Juristische Wochenschrift
NJW-RR	Neue Juristische Wochenschrift - Rechtsprechungsreport
NK	Nomos Kommentar
NStZ	Neue Zeitschrift für Strafrecht
NZG	Neue Zeitschrift Gesellschaftsrecht
NZI	Neue Zeitschrift für Insolvenzrecht
NZV	Neue Zeitschrift für Verkehrsrecht
OHG	Offene Handelsgesellschaft
OLG	Oberlandesgericht
ProdHaftG	Produkthaftungsgesetz
PKS	Polizeiliche Kriminalstatistik
PWC	PricewaterhouseCoopers AG
Rdnr.	Randnummer
RGSt.	Entscheidungssammlung der Entscheidungen des Reichsgerichts in Strafsachen

Rn.	Randnummer
Rz.	Randziffer
S.	Seite
schadenerf.	schadenserfasst
sog.	sogenannte
SSV	Sport- und Schwimmverein
SSW	Satzger / Schluckebier / Widmaier (Kommentar zum StGB)
StGB	Strafgesetzbuch
StPO	Strafprozessordnung
StR	Strafrecht
StraFO	StrafverteidigerForum
StrafV	Strafverteidigung
StV	Strafverteidiger
StVG	Straßenverkehrsgesetz
SZ	Süddeutsche Zeitung
TV	Tatverdacht
u.a.	und andere
UMAG	Gesetz zur Unternehmensintegrität und Modernisierung des Anfechtungsrechts
UmweltHaftG	Umwelthaftungsgesetz
Urt.	Urteil
usw.	und so weiter
vgl.	vergleiche
Vorbem.	Vorbemerkung
weibl.	weiblich
WirtStR	Wirtschaftsstrafrecht
wistra	Zeitschrift für Wirtschafts- und Steuerstrafrecht
WM	Zeitschrift für Wirtschafts- und Bankenrecht
ZfCM	Zeitschrift für Controlling &Management
ZfWU	Zeitschrift für Wirtschafts- und Unternehmensethik
ZIP	Zeitschrift für Wirtschaftsrecht
ZIS	Zeitschrift für Internationale Strafrechtsdogmatik
ZJS	Zeitschrift für das Juristische Studium
ZPO	Zivilprozessordnung
ZStW	Zeitschrift für die gesamte Strafrechtswissenschaft
ZWH	Zeitschrift für Wirtschaftsstrafrecht und Haftung im Unternehmen

A. Einleitung und Problemaufriss

Die Untreuestrafnorm erfreut sich in der Strafverfolgungspraxis einer anhaltend wachsenden Beliebtheit. Es drängt sich der Eindruck auf, dass die Anwendungshäufigkeit der Untreue in den letzten Jahren spürbar gestiegen ist und § 266 StGB *„Hochkonjunktur"* hat[1]. Dies gilt jedenfalls im Hinblick auf die Wahrnehmung des Tatbestands in der Wissenschaft[2] und den Medien[3]. Kaum eine Woche vergeht, in der nicht ein Wirtschaftsstrafverfahren bekannt oder entschieden wird, in dem die strafbare Untreue keine Rolle spielt[4].

Das Spektrum der betroffenen Sachverhalte könnte hierbei breiter nicht sein[5]: Umgang mit Parteispenden[6], Managervergütungen, riskante Geldanlagen, Kreditvergabe oder auch Pflichtverletzungen von GmbH-Geschäftsführern, um nur einige Beispiele zu nennen[7]. Die Strafverfolgungspraxis berührt immer wieder Lebens- und Rechtsbereiche, denen die Strafrechtswissenschaft bisher kaum Aufmerksamkeit geschenkt hat[8]. Das Strafrecht sieht sich zunehmend vor die Aufgabe gestellt, gesellschaftsrechtliche Problemfelder in einem strafrechtlichen Kontext zu erschließen oder strafrechtlich zu behandelnde Sachverhalte in einem wirtschaftlichen Kontext

1 *Rönnau/Hohn*, NStZ 2004, 113 (113), ähnlich: *Saliger*, HRRS 2006, 10 (10 ff.).

2 Zur aktuellen Debatte zusammenfassend: *Seier*, in: *Achenbach* [u.a.] (Hg.): Handbuch Wirtschaftsstrafrecht, 588 (588 ff.); *Becker*, HRRS 2012, 237 (237 ff.).

3 *Dahs*, NJW 2002, 272 (272 f.).

4 Beispielhaft nur einige Auszüge aus der Berichterstattung der Süddeutschen Zeitung aus dem Zeitraum Februar/März 2012, welche von laufenden Untreue(ermittlungs-) verfahren berichtet: SZ vom 27.03.2012, VW Affäre vor Gericht; SZ vom 20.03.2012, Im Visier der Staatsanwälte - Ein Russe macht EnBW Sorgen; SZ vom 13.03.2012, Früherer CSU-Politiker vor Gericht - Ende einer langen Flucht; SZ vom 06.03.2012, Anklage wegen Kreditbetrugs – Staatsanwaltschaft ermittelt gegen früheren Porsche Vorstand; SZ vom 07.03.2012, Hygienemängel in Geflügelproduktion - Wiesenhof darf weiter schlachten; SZ vom 21.02.2012, Insolvenz von Müller Brot – Staatsanwaltschaft ermittelt wegen Verdachts auf Untreue; SZ vom 18.02.2012, Schadensersatz für Kirch-Erben – Breuer wehrt sich gegen Ackermann; SZ vom 10.02.2012, Prozess gegen früheren Bayern-LB-Vorstand; SZ vom 02.01.2012, Verdacht auf Untreue - Anklage gegen früheren HSH-Nordbank-Manager erhoben.

5 *Wittig*, BeckOK StGB, § 266, Rn. 1.

6 Vgl. hierzu: *Velten*, NJW 2000, 2852 (2852 ff.).

7 Eine Übersicht findet sich bei: *Dierlamm*, MüKO StGB (Band 4), § 266, Rn. 226 ff.

8 BGH, NJW 1997, 66 (69): Der BGH führt hier die *„historischen und politischen Hintergründe und die daraus resultierenden besonderen Probleme der Wirtschaftsunternehmen und deren Beschäftigten in den neuen Bundesländern"* als strafbarkeitsbegründende Erwägungen in die Prüfung des § 266 StGB ein.

zu beurteilen[9]. Gerade diese *„Neuheit"* der Probleme verschärft die Unsicherheiten bei der Anwendung des § 266 StGB[10].

Die Weite des Tatbestands und dessen notorische Unbestimmtheit ist Ausgangspunkt und Ursache für das weite Anwendungsfeld der Untreue. Aufgrund der offenen Formulierung des Tatbestands kann bei nahezu jedem wirtschaftlichen Vorgang, welcher als unangemessen oder bedenklich empfunden wird, eine Untreuestrafbarkeit zumindest diskutiert werden und in der weiteren Folge ein Anfangsverdacht bejaht werden[11]. Über die Folgen, welche aus der extensiven Anwendung für die Betroffenen entstehen, macht sich die Strafverfolgungspraxis keine großen Gedanken. Die Auswirkungen strafrechtlicher Ermittlungsverfahren werden bei der (teils vorschnellen) Bejahung eines Anfangsverdachts nicht berücksichtigt.

Entgegen der Beliebtheit in der Strafverfolgungspraxis muss sich der Untreuetatbestand im Schrifttum eine zum Teil scharfe Kritik gefallen lassen[12].

I. Problemstellung

Gegenstand der Arbeit ist die Beurteilung von Unternehmensentscheidungen im Hinblick auf eine etwaige strafbare Untreuehandlung. Es bestehen erhebliche Anwendungsunsicherheiten im Umgang mit § 266 StGB[13]. Insbesondere bei der strafrechtlichen Beurteilung von Unternehmensentscheidungen herrscht große Unsicherheit darüber, wann und ob in einer Entscheidung eine strafrechtlich relevante Pflichtwidrigkeit zu sehen ist[14]. Verbunden ist dies mit einer unerträglichen Rechtsunsicherheit für die Entscheidungsträger[15]. Die Frage, wann die Trennlinie zwischen unternehmerischer Handlungsfreiheit und Kriminalität überschritten ist[16], kann bisher nicht mit der notwendigen Deutlichkeit beantwortet werden. Die Strafrechtsprechung lässt mit vagen Beschränkungen des Tatbestandes und

9 Ähnlich *Kubiciel*, NJW 2005, 353 (353).

10 *Saliger*, HRRS 2006, 10 (15); ähnlich: *Rose*, wistra 2005, 281 (281 ff.).

11 *Seier*, Untreue, in: *Achenbach* [u.a.] (Hg.): Handbuch Wirtschaftsstrafrecht, 588 (595); ähnliche Bedenken äußert auch: *Matt*, NJW 2005, 389 (389 f.).

12 *Saliger*, HRRS 2010, 10 (10 ff.); *Seier*, in: *Achenbach* [u.a.] (Hg.): Handbuch Wirtschaftsstrafrecht, 588 (588 ff.); *Becker*, HRRS 2012, 237 (237 ff.); *Dierlamm*, MüKO StGB (Band 4), § 266, Rn. 3 ff.

13 *Seier*, JuS 2001, 874 (874 f.); *Saliger*, HRRS 2006, 10 (10 ff.).

14 *Schünemann*, NStZ 2006, 196 (196 f.).

15 *Wittig*, BeckOK StGB, § 266, Rn. 1, sieht hierin aber auch den Vorteil, dass es zu einer Sensibilisierung der Entscheidungsträger komme. (*„Damit kommt die Justiz einem zunehmenden Pönalisierungsbedürfnis nach, was zu einer gewissen Verunsicherung, aber auch zu einer (wünschenswerten) Sensibilisierung wirtschaftlicher Entscheidungsträger führt."*); a.A. *Bernsmann*, GA 2007, 219 (219 ff.); *Kargl*, ZStW 2001, 565 (569); *Ransiek*, ZStW 2004, 634 (634 ff.); *Hamm*, NJW 2005, 1993 (1993 ff.).

16 *Rentrop*, Untreue und Unterschlagung (§§ 266 und 246 StGB), S. 271.

wechselnden Kriterien bei der Bestimmung der Pflichtwidrigkeit die Grenzen der Strafbarkeit im Dunkeln[17].

Entscheidungsträger stehen ständig vor einem Dilemma: Einerseits besteht die Gefahr bei risikoreichen Entscheidungen, dass diese nachträglich als pflichtwidrig im Sinne des § 266 StGB angesehen werden. Andererseits ist es die Aufgabe der Entscheidungsträger, risikoreiche Entscheidungen zu treffen. Denn ohne Risiko können keine Gewinne erwirtschaftet werden, keine Umsätze gesteigert werden und keine Rendite erzielt werden. Das Risiko ist der Wirtschaft immanent[18]. Nur der Monopolist oder der Festgeldanleger vermag der Gefahr eines Nachteils durch mehr oder weniger vorhersehbare Entwicklungen entgehen, wobei auch in Zeiten der Finanzkrisen Festgeldanlagen nur noch eine Scheinsicherheit bieten. Die Dynamik des Wirtschaftslebens zwingt zu Prognoseentscheidungen, die auch immer in Verlusten enden können, unabhängig davon, wie sorgfältig eine Entscheidung vorbereitet wurde. Das Risiko und die damit einhergehende Möglichkeit eines Verlustes sind an der Tagesordnung. Es ist zu beobachten, dass sobald der *„erhoffte“* Erfolg ausbleibt, zunächst immer an der Qualität der Entscheidungsträger gezweifelt wird, egal wie erfolgreich diese bisher gearbeitet haben. Es werden zumeist sofort Rufe nach der Absetzung der Entscheidungsträger laut. Auf einer zweiten Stufe werden Schadensersatzklagen und Strafanzeigen wegen einer vermeintlichen Untreuestrafbarkeit erwogen[19]. Es gilt das alte Bonmot – *„Nichts ist erfolgreicher als der eingetretene Erfolg“*.

Risikogeschäfte sind nach unserer Rechtsordnung nicht verboten[20]. Sie sind für das Funktionieren unseres Wirtschaftssystems notwendig[21]. Ein Misserfolg kann hierbei nie ausgeschlossen werden, mag die Entscheidung auch noch so sorgfältig vorbereitet und durchgeführt worden sein. Prognosen basieren immer auf Unsicherheiten über die zukünftige Entwicklung. Die Zukunft kann nicht vorhergesagt oder berechnet werden. Es gibt auch keine allgemeingültigen Prüfungsmaßstäbe zur Durchführung von unternehmerischen Entscheidungen. Ebenso kann es keine eindeutigen Handlungsdirektiven geben. Bei unternehmerischen Entscheidungen handelt es sich immer um Einzelfallentscheidungen und -probleme. Trotz dieser Unsicherheiten müssen aber Entscheidungen getroffen und damit Risiken in Kauf genommen werden.

Dennoch besteht derzeit sowohl im Straf- als auch im Zivilrecht die Tendenz, dass Unternehmensentscheidungen einer gerichtlichen Überprüfung unterzogen

---

17 *Dierlamm*, MüKO StGB (Band 4), § 266, Rn. 3 ff.; *Tiedemann*, Wirtschaftsstrafrecht BT, S. 3.

18 BGH, NJW 1997, 1926 (1927); *Thomas*, Untreue in der Wirtschaft, in: *Michalke* [u.a.] (Hg.): FS *Riess*, 795 (800), *Bräunig*, Untreue in der Wirtschaft, S. 180 ff.

19 Ähnlich: *Lindemann*, Voraussetzungen und Grenzen legitimen Wirtschaftsstrafrechts, S. 9.

20 *Samson*, Strafrechtliche Rahmenbedingungen für unternehmerische Entscheidungen, in: *Samson* (Hg.): Gesellschaftsrecht in der Diskussion 2004, 109 (113); *Kindhäuser*, NK StGB, § 266, Rn. 73; *Fischer*, StGB, § 266, Rn. 64; *Otto*, JR 2000, 517 (517 ff.); *Schröder*, NJW 2010, 1169 (1171); BGH, NJW 2000, 2364 (2365).

21 *Murmann*, Jura 2010, 561 (561).

werden[22]. Aus der Enttäuschung über einen eingetretenen Misserfolg folgt meist die „*Erkenntnis*", es müsse eine fehlerhafte Entscheidung vorliegen, eine zivil- und strafrechtlich relevante Pflichtverletzung. An dieser Stelle stellt sich bereits die Frage, ob unternehmerische Entscheidungen überhaupt justiziabel sind. Und falls man dies bejahen sollte, wie weit die gerichtliche Nachprüfung gehen kann und darf. Komplexe Entscheidungen können nicht ohne Weiteres nachträglich überprüft werden. Bezweifelt werden darf auch, dass die Gerichte die notwendige Sachkunde mitbringen, komplexe wirtschaftliche Entscheidungsprozesse sachgerecht nachzuvollziehen. Wie soll ein Richter die Angemessenheit einer Information ex post beurteilen können? Kann er die tatsächlich eingetretenen Ereignisse bei seiner Beurteilung ausblenden, oder ist dies wegen kognitiver Beschränkungen überhaupt nicht möglich? Die Beurteilung eines Entscheidungsprozesses darf sich nicht an den letztlich eingetretenen Umständen orientieren, sondern hat anhand der zum Zeitpunkt der Entscheidung vorhanden Informationen zu erfolgen. Spätere Erkenntnisse dürfen diesen Prozess nicht mitbeeinflussen. Im Nachhinein ist es immer einfach, eine Entscheidung zu kritisieren.

Erschwerend kommt zu diesem Dilemma noch hinzu, dass bei Unternehmensentscheidungen im Rahmen der Untreuestrafbarkeit ein (faktischer) Fahrlässigkeitsmaßstab gilt[23]. In beiden Untreuetatbeständen besteht die Pflichtwidrigkeit in der Inkongruenz zwischen Verhaltensanforderungen und dem konkreten Handeln oder Unterlassen des Entscheidungsträgers. Hierbei ist zu berücksichtigen, dass die Normierung von Verhaltensanforderungen in der Wirtschaft nahezu unendlich ist. Sie werden nicht nur durch Gesetze oder Verordnungen statuiert, sondern auch durch Vertrag oder Verkehrssitte. Dabei ist zu beobachten, dass sich die Halbwertzeit der jeweiligen Regelungen stetig verringert[24]. Das Problem lässt sich an folgendem Beispiel verdeutlichen: Im Straßenverkehr führt nicht jede Abweichung von der Verhaltensforderung zu strafrechtlichen Sanktionen, dies noch nicht einmal, wenn hierdurch ein Unfall verursacht wurde. Im Rahmen des § 266 StGB beansprucht der faktische Fahrlässigkeitsmaßstab hingegen durchgehend Geltung. Damit wird eine bedenkliche Kopplung von Fahrlässigkeitskriterien und strafrechtlicher Pönalisierung bei einem Vermögensdelikt erzeugt. Grundsätzlich spielen fahrlässige Verletzungen von Rechtsgütern in unserer Rechtsordnung nur eine untergeordnete Rolle. Im Rahmen der Untreuestrafbarkeit kommt es jedoch zu einem lückenlosen Schutz, da sämtliche Divergenzen zwischen Verhaltensanforderung und Handlung bzw. Unterlassung pönalisiert werden[25].

Auch aufgrund dieser Struktur des Tatbestandes erscheint es sehr bedenklich, dass der Eintritt eines Vermögensschadens als Indiz für das Vorliegen einer

---

22 So auch: *Ibold*, Unternehmerische Entscheidungen als pflichtwidrige Untreuehandlungen, S. 25.
23 *Seier*, in: *Achenbach* [u.a.] (Hg.): Handbuch Wirtschaftsstrafrecht, 588 (622).
24 *Thomas*, StrafV in WirtStR, § 19, Rn. 40.
25 *Ebenda*.

strafrechtlichen Pflichtverletzung gesehen wird. Dies lässt sich nicht mit der allgemeingültigen Erkenntnis in Einklang bringen, wonach das Risiko und damit einhergehend die Möglichkeit eines Verlusts, der Wirtschaft immanent ist. Letztlich lässt sich deshalb aber auch keine klare Trennlinie zwischen unternehmerischer Freiheit und Kriminalität finden. Selbst Jahrzehnte der Diskussion über § 266 StGB konnten keine klare Abgrenzung diesbezüglich liefern. Über dem Entscheidungsträger schwebt immer das „*Damoklesschwert*" einer möglichen Strafbarkeit. Aber gerade auf dem Gebiet der unternehmerischen Entscheidungen müssen die Kriterien strafrechtlicher Verantwortlichkeit klar und verständlich sein. Diese Kriterien dürfen auch nur den tatsächlich strafwürdigen Bereich erheblicher, individueller pflichtwidriger Fehlentscheidungen mit vorhersehbaren Ergebnissen betreffen[26]. Dem Entscheidungsträger muss klar sein, wie er das „*Minenfeld*" der straf- und zivilrechtlichen Haftung sicher durchqueren kann. Nur auf diese Weise können wirtschaftliche Entscheidungen getroffen werden. Der Entscheidungsträger braucht Rechtssicherheit[27], anderenfalls wird er in seiner Entscheidungsfindung zurückhaltend werden. Keiner setzt sich dem Risiko einer Strafbarkeit und damit einhergehenden existenzbedrohenden Schadensersatzforderungen aus, wenn er nicht absehen kann, an welchen Kriterien er sich orientieren muss. Eine allgemeine Zurückhaltung der Entscheidungsträger hat aber nicht vorhersehbare, volkswirtschaftliche Konsequenzen zur Folge. Es seien hier nur die Stichworte Markterstarrung und internationale Wettbewerbsnachteile genannt. Eine Haftung für Fehlentscheidungen darf erst dann gefordert werden, wenn die Grenze des noch Vertretbaren weit überschritten ist. An dieser Stelle ist insbesondere zu berücksichtigen, dass die Untreuestrafnorm in diesem Bereich ein altruistisches Delikt ist[28]. Nur in den seltensten Fällen liegt eine Selbstbereicherung der Entscheidungsträger vor. Diese sind vielmehr davon ausgegangen, zum Wohle ihres Unternehmens zu handeln.

II. Untersuchungsgegenstand

Die vorliegende Arbeit beschäftigt sich mit der Problematik der strafrechtlichen Beurteilung von Unternehmensentscheidungen[29]. Es wird untersucht, ob unternehmerische Entscheidungen überhaupt justiziabel sind und welche Einschränkungen hier bestehen bzw. gemacht werden müssen. Im weiteren Verlauf wird der Versuch unternommen, einen sinnvollen Umgang mit Unternehmensentscheidungen im Rahmen der strafrechtlichen Beurteilung aufzuzeigen.

---

26 Zur Komplexität juristischer Entscheidungssituationen: *Towfigh*, Komplexität und Normenklarheit, S. 40 ff.

27 So auch: *Bräunig*, Untreue in der Wirtschaft, S. 67 f.

28 *Fehling* [u.a.], JuS 2006, 18 (22 f.), vertreten die Auffassung, dass das Vermögensstrafrecht nur solche Taten ahnden sollte, welche im besonderen Maße sittenwidrig und sozialschädlich seien.

29 Zum Begriff der unternehmerischen Entscheidung: *Ibold*, Unternehmerische Entscheidungen als pflichtwidrige Untreuehandlungen, S. 35 ff.

In Teil ***B.*** der Arbeit werden die dogmatischen und kriminologischen Grundlagen von § 266 StGB erläutert. Es wird die Frage beantwortet, ob eine Notwendigkeit dahingehend besteht, das Vermögen vor Angriffen von innen heraus zu schützen. Dabei ist besonders der Umstand näher zu analysieren, dass es sich bei § 266 StGB zum Teil um ein altruistisch motiviertes Delikt handelt. Abschließend erfolgt eine Einführung in die *„aktuelle“* Diskussion um § 266 StGB.

Teil ***C.*** beschäftigt sich vertiefend mit den Strukturproblemen der Norm und den daraus resultierenden Anwendungsunsicherheiten. Einen weiteren Schwerpunkt in diesem Abschnitt bildet die Frage, ob tatsächlich von einer *„neuerlichen Untreuemode“*[30] oder *„Untreuehypertrophie“*[31] gesprochen werden kann. Hierzu wurden die Kriminal- und Verurteilungsstatistiken der letzten 10 Jahre ausgewertet und gegenübergestellt. Ferner erfolgte eine kritische Auseinandersetzung mit der derzeitigen Strafverfolgungspraxis. Letztlich wird sich in diesem Abschnitt mit der Entscheidung des Bundesverfassungsgerichts zur Verfassungsmäßigkeit der Untreuestrafnorm auseinandergesetzt. Es wird aufgezeigt, dass auch durch diese Rechtsprechung eine weitere Restriktion nicht erreicht wurde und nicht erreicht werden kann. Die Probleme in der Anwendungspraxis bestehen weiterhin fort. Da das Bundesverfassungsgericht die *„gravierende Pflichtverletzung“* als zur Restriktion geeignet ansieht, beschäftigt sich dieser Abschnitt abschließend ausführlich mit der Entwicklung und Geeignetheit dieses Restriktionsansatzes.

Aufgrund der Akzessorietät der Untreue zum Zivil- und Gesellschaftsrecht kann eine Beurteilung unternehmerischer Entscheidungen unter strafrechtlichen Aspekten nur vorgenommen werden, wenn die zivilrechtlichen Haftungsansätze verdeutlicht und verstanden werden. Daher werden im Abschnitt ***D.*** die Grundzüge der zivilrechtlichen Haftung im Rahmen unternehmerischer Entscheidungen aufgezeigt, vereinheitlicht und verallgemeinert. Schwerpunkt dieses Abschnittes ist es, zivilrechtliche Haftungsvermeidungsstrategien aufzuzeigen. Wenn eine zivilrechtliche Haftung nicht vorliegt, so kann auch keine Strafbarkeit im Raum stehen.

Für die Frage der Beurteilung von unternehmerischen Entscheidungsprozessen ist es ferner unvermeidbar, sich mit der betriebswirtschaftlichen Entscheidungstheorie näher auseinanderzusetzen. Bevor man eine rechtliche Bewertung wirtschaftlicher Prozesse vornehmen kann, ist es unumgänglich, sich mit den Grundlagen und Grundstrukturen des Wirtschaftssystems vertraut zu machen, diese zu verstehen und die Erkenntnisse in die rechtliche Beurteilung einfließen zu lassen. Das Recht muss die Erkenntnisse der Betriebswirtschaftslehre und Entscheidungslehre respektieren. Im Abschnitt ***E.*** der Arbeit werden die Erkenntnisse der Entscheidungslehre und ihre Bedeutungen für den Prozess der gerichtlichen Überprüfung einer unternehmerischen Entscheidung dargelegt.

Ausgehend von den Erkenntnissen der Ökonomie und Entscheidungstheorie beschäftigt sich Abschnitt ***F.*** mit der ökonomischen Analyse des Rechts. Die

30 Diese Frage wird auch durch *Saliger*, HRRS 2006, 10 (10 ff.) aufgeworfen.
31 *Dierlamm*, MüKO StGB (Band 4), § 266, Rn. 3; *Dahs*, NJW 2000, 272 (272).

ökonomische Analyse des Rechts überträgt die Erkenntnisse der Ökonomie auf das Rechtssystem. Nach dieser Theorie hat sich das Recht an den Bedürfnissen des Marktes zu orientieren. Das Recht soll die Wirtschaft und den Markt fördern und dieses nicht behindern. Es wird die Frage beantwortet, ob die zivil- und strafrechtliche Haftung für Unternehmensentscheidungen dieser Forderung standhält.

In Abschnitt ***G.*** werden die Erkenntnisse der *„neuen"* Forschungsrichtung der Verhaltensökonomik aufgegriffen und eine Übertragbarkeit auf die rechtliche Beurteilung von unternehmerischen Entscheidungen analysiert. Ziel ist es, darzulegen, dass die Vorhersehbarkeit von Unternehmensentscheidungen eine Illusion ist. Es soll aufgezeigt werden, dass der Einfluss kognitiver Grenzen und intuitiver Entscheidungen bisher gänzlich vernachlässigt wurde. Jedoch kann das Strafrecht nicht mehr fordern, als der Mensch zu leisten in der Lage ist, sodass auch kognitive Grenzen verstanden und respektiert werden müssen.

In der Ökonomie wird häufig die Auffassung vertreten, dass intuitive Entscheidungen grundsätzlich schlecht wären. Analytisches Denken sei Grundprämisse für eine gute Entscheidung. Intuition wird nicht selten als unwissenschaftliche *„Gefühlsduselei"* abgestempelt. Im Abschnitt ***H.*** wird die Frage geklärt, ob intuitive Entscheidungen tatsächlich schlechter als rationale Entscheidungen sind.

Im Rahmen dieser Arbeit wurde eine Umfrage zum Entscheidungsverhalten durchgeführt, deren Ergebnisse im Abschnitt ***I.*** präsentiert und erläutert werden.

Abschnitt ***J.*** beschäftigt sich mit der Frage, ob die Erkenntnisse der Verhaltensökonomie auf das Strafrecht übertragen werden können.

Es ist allgemein anerkannt, dass die Untreue restriktiv gehandhabt werden muss. Im Abschnitt ***K.*** wird aufgezeigt, dass eine Restriktion durch eine Rückbesinnung auf die Strafrechtsdogmatik erreicht werden kann. Ferner wird dargelegt, dass die Lehre von der objektiven Zurechenbarkeit geeignet ist, die Untreue zu konturieren.

Im Abschnitt ***L.*** werden die Ergebnisse der Arbeit zusammengefasst. Es wird herausgearbeitet, welche Grundprinzipien einzuhalten sind, um eine strafrechtliche Haftung für unternehmerische Entscheidungen auszuschließen.

B. § 266 StGB – Dogmatik und Kriminologie

„Sofern nicht einer der klassischen Fälle der Untreue vorliegt, weiß kein Gericht und keine Anklagebehörde, ob § 266 StGB vorliegt oder nicht“[32]. Mit diesem Zitat kann noch heute nahezu jede Erörterung über Fragen des Untreuetatbestandes eingeleitet werden[33]. Bis heute sind die Tatbestandsvoraussetzungen des § 266 StGB in weiten Bereichen nicht geklärt[34]. Die Anwendung des § 266 StGB wird von großen Unsicherheiten begleitet. Diese entstehen aus der Unbestimmtheit und Konturenlosigkeit und der daraus resultierenden Weite des Tatbestands[35]. Gerade die Tathandlung ist unbestimmt. § 266 StGB ist nicht zu entnehmen, welche Pflichten für eine Strafbarkeitsbegründung verletzt werden müssen[36].

I. Grundlegungen

Bevor die Probleme im Umgang mit § 266 StGB vertieft dargestellt werden können, ist es unumgänglich, sich mit den Grobstrukturen der Norm auseinanderzusetzen. Zum Verständnis der Kritik ist es notwendig, sich mit dem Unrechtsgehalt und dem geschützten Rechtsgut zu beschäftigen. Hieraus ergeben sich Grund und Grenzen der Strafbarkeit. Diesseits wird die Auffassung vertreten, dass bei der Diskussion um § 266 StGB die Dogmatik aus dem Blickfeld verloren wurde. Eine Rückbesinnung auf dogmatische Grundstrukturen ist geeignet, einige Probleme im Umgang mit § 266 StGB lösen.

1. Geschütztes Rechtsgut und Unrechtsgehalt

Das im Rahmen von § 266 StGB geschützte Rechtsgut ist ausschließlich das Vermögen des Treugebers[37]. Die Untreue ist ein reines Vermögensdelikt[38]. Nicht geschützt sind hingegen die Dispositionsfreiheit[39] und die Befriedigungsinteressen

32 *Mayer*, Materialien zur Strafrechtsreform, S. 337.

33 So auch: *Anders*, Untreue zum Nachteil der GmbH, S. 7.

34 *Jahn*, JuS 2005, 379 (380 f.).

35 *Kubiciel*, NStZ 2005, 353 (353); *Beulke*, Wirtschaftslenkung im Zeichen des Untreuetatbestandes, in: *Müller* [u.a.] (Hg.): FS *Eisenberg*, 245 (246).

36 Zusammenfassend mit zahlreichen Nachweisen: *Saliger*, HRRS 2006, 10 (13 ff.).

37 BGH, NJW 2011, 88 (91); BVerfG, NJW 2010, 3209 (3212); *Wittig*, BeckOK StGB, § 266, Rn. 2; *Fischer*, StGB, § 266, Rn. 2; *Volhard*, Die Untreuemode, in: *Baurmann* [u.a.] (Hg.): FS *Lüderssen*, 673 (678).

38 Vgl. *Wittig*, BeckOK StGB, § 266, Rn. 2.

39 *Saliger*, SSW, § 266, Rn. 1. Zur Thematik: *Ibold*, Unternehmerische Entscheidungen als pflichtwidrige Untreuehandlungen, S. 144 ff.

von Gläubigern[40], auch wenn die Rechtsprechung hiervon in zum Teil bedenklicher Weise abrückt[41].

Hinzuweisen ist in diesem Zusammenhang auf die *Siemens ./. „ENEL"*-Entscheidung[42] des 2. Strafsenats des Bundesgerichtshofs. Der Bundesgerichtshof führt hier aus[43]:

> *„[...] die Möglichkeit zur Disposition über das eigene Vermögen gehört zum Kern der von § 266 StGB geschützten Rechtsposition."*[44]

Umstritten ist, ob diese Entscheidung eine Abkehr von der bisherigen Rechtsprechung (BGHSt 43, 293, 297; BGHSt 47, 295, 301) darstellt und der Bundesgerichtshof nunmehr die (dogmatisch nicht zu rechtfertigende) Auffassung vertrete, dass die Dispositionsfreiheit geschütztes Rechtsgut im Rahmen des § 266 StGB sei[45]. Das vorgenannte Zitat aus der Entscheidung könnte diesen Schluss zulassen. Diesseits wird jedoch davon ausgegangen, dass der Bundesgerichtshof seine bisherige Rechtsprechung zum Inhalt des Schutzgutes des § 266 StGB nicht aufgegeben hat. Die *Siemens ./. „ENEL"*-Entscheidung betraf den Sonderfall, dass die Dispositionsbefugnis dauerhaft entzogen wurde. Lediglich aus dem dauerhaften Entzug der Dispositionsmöglichkeit schlussfolgert der Bundesgerichtshof eine schadensgleiche Vermögensgefährdung[46].

> *„Die dauerhafte Entziehung der Verfügungsmöglichkeit über die veruntreuten Vermögensteile stellt für den Treugeber daher nicht nur eine („schadensgleiche") Gefährdung des Bestands seines Vermögens dar, sondern einen endgültigen Vermögensverlust, der, wenn er vorsätzlich verursacht wurde, zur Vollendung des Tatbestands der Untreue und zu einem Vermögensnachteil in Höhe der in der verdeckten Kasse vorenthaltenen Mittel führt."*[47]

Von § 266 StGB sind nicht die Fälle erfasst, in denen mit Zustimmung des Treugebers Gläubigerinteressen geschädigt werden. Der von der Strafrechtsprechung

---

40 BGH, NJW 2000, 154 (154 ff., 157); *Perron*, *Schönke Schröder* StGB, § 266, Rn. 1; Vgl. *Wittig*, BeckOK StGB, § 266, Rn. 2; *Saliger*, SSW, § 266, Rn. 1; *Dierlamm*, MüKO StGB (Band 4), § 266, Rn. 2; a.A. BGH, NJW 2009, 89 (92). Insbesondere ist hier auf die Rechtsprechung zu existenzvernichtenden Eingriffen hinzuweisen: BGH, NZG 2009, 1152 (1159). MwN: *Weller*, ZIP 2007, 1681 (1681 ff.); *Livonius*, wistra 2009, 91 (91 ff.).

41 *Saliger*, HRRS 2006, 10 (13 ff.).

42 BGH NStZ 2009, 95.

43 Kritisch hierzu: *Saliger*, SSW, § 266, Rn. 1.

44 BGH NStZ 2009, 95 (99).

45 Sowohl *Schlösser*, HRRS 2009, 19 (25); a.A. zutreffend: *Reinhold*, HRRS 2009, 107 (109, Fn. 20).

46 Durch das Urteil wurde auch die Frage aufgeworfen, ob Vorstand einer AG im Rahmen seiner Geschäftsführungsbefugnisse gem. § 76 Abs. 1 AktG dispositionsbefugt ist. Vgl. hierzu mit weiteren Nachweisen: *Wittig*, BeckOK StGB, § 266, Rn. 22.3.

47 BGH NStZ 2009, 95 (98, Rn. 46).

entwickelte *„existenzgefährdende Eingriff"* lässt sich mit dem geschützten Rechtsgut des § 266 StGB nicht in Einklang bringen[48].

Ebenfalls nicht geschützt ist das Vertrauen des Treugebers in die Redlichkeit des Bevollmächtigten[49]. Der Vertrauensbruch ist gerade die pönalisierte Angriffsart[50]. § 266 StGB ist kein Vermögensverschiebungsdelikt. Der Unrechtsgehalt der Untreue besteht in einem Fehlgebrauch eingeräumter Dispositionsmacht[51]. Das Erfolgsunrecht spiegelt sich in der Schädigung fremden Vermögens wieder[52]. § 266 StGB ist ein reines Fremdschädigungsdelikt[53]. Ferner ist das Vertrauen in die *„Redlichkeit und Funktionsfähigkeit des Rechts- und Wirtschaftsverkehrs"*[54], worum auch immer es sich hierbei handeln soll, nicht geschützt[55]. Die Notwendigkeit der Untreuestrafbarkeit ergibt sich daraus, dass der Täter besonders eng[56] mit fremden Vermögen verbunden ist und über dieses eigenverantwortlich verfügen kann[57]. Der Unrechtsgehalt der Norm resultiert aus einer besonderen Machtstellung[58]. Ein nur faktischer Zugriff auf fremdes Vermögen ist nicht ausreichend. Es bedarf immer einer besonderen Pflichtenstellung in Form einer qualifizierten Vermögensbetreuungspflicht[59]. Von diesem Erfordernis weicht die Rechtsprechung in zum Teil bedenklicher Weise ab[60]. Durch § 266 StGB wird ausschließlich das Vermögen vor Angriffen von innen heraus[61] geschützt[62].

---

48 *Beulke*, Wirtschaftslenkung im Zeichen des Untreuetatbestandes, in: *Müller* [u.a.] (Hg.): FS *Eisenberg*, 245 (245 ff.).

49 *Schünemann*, LK StGB, § 266, Rn. 1; *Wittig*, BeckOK StGB, § 266, Rn. 2.1.

50 *Wittig*, BeckOK StGB, § 266, Rn. 1.

51 *Dierlamm*, MüKO StGB (Band 4), § 266, Rn. 1 ff.

52 *Schünemann*, LK StGB, § 266, Rn. 1 ff.

53 *Wittig*, Wirtschaftsstrafrecht, S. 235.

54 BGH, NJW 2000, 154 (154 ff.); *Dierlamm*, MüKO StGB (Band 4), § 266, Rn. 1.

55 *Wittig*, BeckOK StGB, § 266, Rn. 1; *Saliger*, SSW, § 266, Rn. 1; *Dierlamm*, MüKO StGB (Band 4), § 266, Rn. 1.

56 *Mitsch*, Strafrecht BT II, § 8, Rn. 9, spricht hier von einer besonderen Machtstellung, die es dem Täter erlaubt, *„das Vermögen von innen auszuhöhlen"*.

57 *Wittig*, BeckOK StGB, § 266, Rn. 3; *Kindhäuser*, NK StGB, § 266, Rn. 3; BVerfG, NJW 2010, 3209 (3212).

58 *Ibold*, Unternehmerische Entscheidungen als pflichtwidrige Untreuehandlungen, S. 87 ff.; *Kindhäuser*, NK StGB, § 266, Rn. 2; *Schünemann*, LK StGB, § 266, Rn. 20; *Perron*, *Schönke Schröder* StGB, § 266, Rn. 1.

59 *Wittig*, BeckOK StGB, § 266, Rn. 3.1.

60 Vgl. die Rechtsprechung zur *„faktischen Geschäftsführung"* - NJW 1997, 66 (66 ff.) und NJW 2004, 2761 (2765), zuletzt BGH NStZ 2010, 89 (91). Zum Problem der *„faktischen Geschäftsführung"* vgl. ausführlich: *Dierlamm*, NStZ 1996, 153 (153 ff.), *Wittig*, BeckOK StGB, § 266, Rn. 28 f. Zur Treuepflicht aufgrund einer *„faktischen Dominanz"* mwN.: *Wittig*, BeckOK StGB, § 266, Rn. 28.1.

61 BVerfG, NJW 2010, 3209 (3212).

62 *Dierlamm*, MüKO StGB (Band 4), § 266, Rn. 1 ff.

2. Kriminologie

Eine Auswertung der Kriminalstatistik des BKA für den Zeitraum 2001 bis 2010 ergibt, dass die Untreue im Vergleich zu den übrigen Vermögensdelikten nur eine untergeordnete Rolle spielt. Die Untreue machte im vorgenannten Zeitraum gerade einmal ca. 1,030 % aller erfassten Vermögens- und Fälschungsdelikte aus und nur ca. 0,507 % der schadenserfassten Delikte.

a) *Täterstruktur*

Die Täterstruktur[63] stellt sich wie folgt dar:

Tabelle 1 – Täterstruktur bei Untreuestraftaten

Jahr	Ausländer	männl.	weibl.
2010	6,78%	71,60%	28,40%
2009	10,83%	68,90%	31,10%
2008	6,97%	71,43%	28,57%
2007	6,52%	74,06%	25,94%
2006	5,65%	73,42%	26,58%
2005	6,09%	73,78%	26,22%
2004	6,45%	74,67%	25,33%
2003	5,71%	75,16%	24,84%
2002	5,55%	75,68%	24,32%
2001	5,76%	75,77%	24,23%

Untreue wird hauptsächlich von männlichen, deutschen Tätern begangen. Durchschnittlich 73,45 % aller Täter im Zeitraum 2001 bis 2010 waren männlich. Nur ca. 7 % aller Täter waren Ausländer. Auffällig ist insoweit, dass die Kriminalstatistik für das Jahr 2009 eine Steigerung hinsichtlich der ausländischen Täter um 55,38 % aufweist. Während im gesamten betrachteten Zeitraum der Anteil ausländischer Täter bei durchschnittlich 6,09 % lag, wurden im Jahr 2009 10,83 % der Taten von Ausländern begangen. Im Jahr 2010 lag der Anteil bei 6,78 %.

Die Untreue wird mitunter als *„Oberschichtstrafrecht"* bezeichnet[64]. Zum Teil wird recht plakativ statuiert, dass § 266 zu den Strafnormen gehöre, welche sich hauptsächlich gegen die *„Großen und Mächtigen"* einer Gesellschaft wende[65]. Unter Berücksichtigung des Sozialprofils des typischen Untreuetäters ist festzustellen, dass

63 Zur Täterstruktur bei Wirtschaftsstraftaten: *Bussmann*, ZfWU 2004, 35 (40 f.).
64 *Schünemann*, LK StGB, § 266, Rn. 3.
65 *Ransiek*, ZStW 2004, 634 (636).

dieses zwar nicht übereinstimmt mit dem typischen Sozialprofil eines Kriminellen, dennoch ist es verfehlt, von einem „*Oberschichtstrafrecht*" zu sprechen. Der Untreuetäter muss eine Vermögensbetreuungspflicht[66] innehaben. Diese obliegen aber typischerweise nur Personen einer gehobenen sozialen Schicht, da Voraussetzung hierfür eine gewisse Bildung und gesellschaftliche Integration ist[67]. Aus diesem Anforderungsprofil folgt das Sozialprofil des typischen Untreuetäters: Dieser ist männlich, 40 Jahre alt, verheiratet und nur in den seltensten Fällen vorbestraft[68]. Er ist sehr gut in die Gesellschaft integriert, überdurchschnittlich gebildet und verfügt über ein überdurchschnittliches Einkommen. Er weicht insoweit von dem typischen Sozialprofil eines Kriminellen ab[69].

b) Untreue als wirtschaftsstrafrechtliches Delikt

Nicht zuletzt aufgrund des Täterprofils wird die Untreue zum Teil als wirtschaftsstrafrechtliches Delikt angesehen[70]. Dogmatisch ist die Untreue jedoch kein wirtschaftsstrafrechtliches Delikt, sondern aufgrund des geschützten Rechtsguts ein Vermögensdelikt.

Bis heute ist unklar, wie wirtschaftsstrafrechtliche Delikte definiert werden sollen[71]. Eine einheitliche Definition gibt es nicht[72]. Volk schrieb bereits 1982: „*Zur Zeit steht es so, dass man zwar theoretisch nicht genau weiß, was Wirtschaftskriminalität ist, sie aber erfolgreich bekämpft.*"[73] Dieses Zitat ist auch noch heute, nach 30 Jahren, äußerst treffend. Das Gesetz liefert keine Definition dafür, was Wirtschaftsstraftaten sind. In § 30 Abs. 4 Nr. 5b AO und § 74c Abs. 1 Nr. 6 GVG finden sich Andeutungen, eine Legaldefinition sucht man jedoch vergeblich. Gerade § 30 Abs. 4 Nr. 5b AO ist von einer besonderen Weite geprägt. Hiernach sind alle Straftaten von erheblicher gesamtwirtschaftlicher Bedeutung als Wirtschaftsstraftaten anzusehen[74]. Auch ein Blick in § 74c Abs. 1 Nr. 6 GVG hilft nicht weiter, die „*Notwendigkeit besonderer Kenntnisse des Wirtschaftslebens*" bietet keine aussagekräftige Definition.

Die Einordnung der Untreue als Wirtschaftsdelikt[75] erfolgt wohl nicht zuletzt aufgrund der „*white collar crime*"Theorie von *Sutherland*[76]. „*White collar*" Straftaten sind

66 *Brüning/Samson*, ZIP 2009, 1089 (1091).
67 *Rönnau*, ZStW 2007, 887 (890).
68 *Schwind*, Kriminologie, S. 454 ff.
69 Vgl. hierzu auch: *Kaiser*, Kriminologie, S. 852 f.
70 MwN.: *Bräunig*, Untreue in der Wirtschaft, S. 59 ff.
71 Vgl. hierzu: *Tiedemann*, Wirtschaftsstrafrecht AT, S. 21 ff.
72 Vgl. nur *Rönnau*, ZStW 2007, 887 (890 ff.).
73 *Volk*, JZ 1982, 85 (86).
74 *Dahs*, Probleme des Wirtschaftsstrafrechts aus der Sicht des Praktikers in: *Dahs* [u.a.] (Hg.): Wirtschaftsethik-Wirtschaftsstrafrecht, 61 (68).
75 Vgl. hierzu mit weiteren Nachweisen: *Müller-Dietz*, NStZ 1993, 57 (62); *Kaiser*, Kriminologie, S. 852 f.
76 *Sutherland*, White Collar Crime, S. 9, 29 ff.

hiernach solche, welche von Personen mit hohem sozialem Ansehen in Ausübung der beruflichen Tätigkeit begangen werden. Die Theorie wurde noch mehrfach modifiziert, insbesondere um auch untergeordnete Mitarbeiter erfassen zu können[77]. Jedoch kann nur über ein Täterprofil keine Einordnung der Untreue als Wirtschaftsdelikt erfolgen. Diese Theorie war zunächst auch nicht als Definition für Wirtschaftsstraftaten gedacht, sondern als Sozialkritik an der Rechtsordnung, welche Reiche bevorteile[78]. Heute wird „*white collar crime*" häufig gleichgesetzt mit dem Begriff der Wirtschaftskriminalität. Beide Begriffe sind aber nicht deckungsgleich. Über ein Sozialprofil kann der Begriff der Wirtschaftskriminalität nicht definiert werden. Über eine Begrenzung des Täterkreises wird der Begriff einerseits zu eng gefasst und andererseits werden alle Taten im Rahmen der Berufsausübung unabhängig von ihrem Bezug zur Wirtschaft erfasst[79]. Darüber hinaus birgt ein täterbezogener Begriff das Risiko einer ideologischen Aufladung. Die teils unreflektierte Abneigung gegen Manager spiegelt sich hierin wieder[80].

Auch die üblicherweise großen Vermögensschäden und die notwendigen Kenntnisse wirtschaftlicher Prozesse können für eine Einordnung nicht genügen. Hierbei wird verkannt, dass durch die Untreue nicht das Wirtschaftssystem geschützt wird, sondern der Treugeber. Es kann in diesem Zusammenhang auch nicht argumentiert werden, dass die Untreue ein wirtschaftsstrafrechtliches Delikt sei, da sie eine wesentliche Rolle in der Bekämpfung der Wirtschaftskriminalität spiele[81]. Die Auffassung stellt einen Zirkelschluss dar. Es handelt sich insoweit nur um Folgeerscheinungen, welche daraus resultieren, dass Untreuestraftaten hauptsächlich durch Täter im Rahmen der wirtschaftlichen Betätigung begangen werden. Dies ändert aber nichts daran, dass § 266 StGB nur das Vermögen schützt und nicht dem Schutz der Wirtschaft oder von Gläubigerinteressen dient. Diese Funktion resultiert aus einer verfehlten Anwendungspraxis unter Verkennung der dogmatischen Grundsätze.

Wirtschaftskriminalität lässt sich wie folgt definieren: Es handelt sich um Verhaltensweisen, die das Vertrauen in die Wirtschaftsordnung insgesamt oder in einzelne ihrer Institute verletzen und damit den Bestand und die Arbeitsweise der Wirtschaftsordnung gefährden. Über die Einzelinteressen hinaus muss eine Störung der Funktionsfähigkeit der Wirtschaft vorliegen[82]. Unerheblich ist, dass eine strafbare Handlung

---

77 Ausführlich: *Dannecker*, Die Entwicklung des Wirtschaftsstrafrechts in der Bundesrepublik Deutschland, in: *Wabnitz* [u.a.] (Hg.): Handbuch des Wirtschafts- und Steuerstrafrechts, 1 (6 ff.).

78 *Ebenda.*

79 *Ebenda.*

80 *Otto*, Außerstrafrechtliche Voraussetzungen des Wirtschaftsstrafrechts, in: *Dahs* [u.a.] (Hg.): Wirtschaftsethik-Wirtschaftsstrafrecht, 52 (52).

81 So z.B. *Hermann*, Die Begrenzung der Untreuestrafbarkeit in der Wirtschaft am Beispiel der Bankenuntreue, S. 16.

82 Vgl. mit weiteren Nachweisen: *Otto*, Außerstrafrechtliche Voraussetzungen des Wirtschaftsstrafrechts, in: *Dahs* [u.a.] (Hg.): Wirtschaftsethik-Wirtschaftsstrafrecht, 52, (53 f.); *Tiedemann*, Wirtschaftsstrafrecht AT, S. 22.

bei Ausübung der Berufstätigkeit erfolgt. Ebenso sind die Anonymität der Opfer und die geringe Sichtbarkeit des Täters für die Definition nicht von Bedeutung[83].

Einzelne Straftatbestände, welche eigentlich individuelle Rechtsgüter schützen, können die Wirtschaft erschüttern, jedoch folgt hieraus nicht, dass diese Tatbestände sodann generell als wirtschaftsstrafrechtliche Normen anzusehen sind. Dies würde den dogmatischen Grundsatz des Rechtsgüterschutzes überwinden und zu einer nicht hinnehmbaren Ausdehnung des Strafrechts führen. Nach dem rechtsdogmatischen Ansatz ist die Untreue kein wirtschaftsstrafrechtliches Delikt. Dieses schützt keine überindividuellen Rechtsgüter. Aber die Untreue weist Berührungspunkte zu wirtschaftsstrafrechtlichen Delikten auf. Es besteht keine Notwendigkeit, die Untreue als wirtschaftsstrafrechtliches Delikt anzusehen.

3. Sozialschädlichkeit

Die Verwirklichung des Tatbestandes von § 266 StGB kann sowohl altruistisch als auch eigennützig motiviert begangen werden[84]. § 266 StGB setzt nicht voraus, dass der Täter sich oder einen Dritten begünstigt hat bzw. begünstigen wollte. Irrelevant ist auch, ob der Täter sich einen Vorteil, gleich welcher Art, erhofft hat. Dies führt zu dem merkwürdigen Ergebnis, dass eine Untreuehandlung auch dann vorliegen kann, wenn der Täter davon ausgegangen ist, im Unternehmensinteresse zu handeln. Besonders deutlich wird diese *„Merkwürdigkeit“* bei einer Vielzahl von Fallvarianten, welche unter dem Begriff *„Risikogeschäfte“* zusammengefasst werden. Der Entscheidungsträger, der eine Entscheidung mit dem Ziel trifft, *„seinem“* Unternehmen einen Vorteil zu verschaffen, steht in dem Moment, wenn die Entscheidung nicht den erhofften Erfolg bringt, auf der gleichen strafrechtlichen Stufe mit dem, der Gelder in Bereicherungsabsicht für sich abzweigt. Dieser Vergleich macht deutlich, dass die Sozialschädlichkeit in beiden Varianten unterschiedlich stark ausgeprägt ist. Es stellt sich in diesem Zusammenhang die Frage der Strafbedürftigkeit und Strafwürdigkeit in der ersten Fallgestaltung. Wenig hilfreich ist ein Vergleich der Untreue mit den übrigen Vermögens- und Eigentumsdelikten und die Auffassung, die erste Variante sei ähnlich der Sachbeschädigung (§ 303 StGB). Der Entscheidungsträger wollte gerade kein fremdes *„Eigentum“* schädigen[85]. Der Bundesgerichtshof scheint dieses Problem auch gesehen zu haben und fordert von den Instanzgerichten eine besonders sorgfältige Prüfung der subjektiven Tatbestandsmerkmale[86]. Es bleibt

---

83 A.A. *Dannecker*, Die Entwicklung des Wirtschaftsstrafrechts in der Bundesrepublik Deutschland, in: *Wabnitz* [u.a.] (Hg.): Handbuch des Wirtschafts- und Steuerstrafrechts, 1 (6 ff.).; *Hermann*, Die Begrenzung der Untreuestrafbarkeit in der Wirtschaft am Beispiel der Bankenuntreue, S. 14.

84 Ausführlich zum Begriff *„altruistisch motivierter Delikte“*: *Samson/Langrock*, Der Betrieb 2007, 1684 (1684 ff.).

85 So aber mit weiteren Nachweisen: *Hermann*, Die Begrenzung der Untreuestrafbarkeit in der Wirtschaft am Beispiel der Bankenuntreue, S. 13 ff, 42 f.

86 Mit weiteren Nachweisen: *Schünemann*, LK StGB, § 266, Rn. 151, 152.

die Frage, ob eine Lösung erst auf der Ebene des subjektiven Tatbestands erfolgen sollte oder eine strafrechtliche Pönalisierung von Anfang an ausscheiden müsste. In diesem Zusammenhang ist an die Ausführungen von *Roxin* zu denken:

> *„Das Strafrecht ist ... nur die Letzte unter allen in Betracht kommenden Schutzmaßnahmen, d. h., es darf nur eingesetzt werden, wenn andere Mittel der sozialen Problemlösung – wie die zivilrechtliche Klage, polizei- oder gewerberechtliche Anordnungen, nichtstrafrechtliche Sanktionen usw. – versagen."*[87]

4. Systematik des Tatbestands

Nach § 266 StGB macht sich strafbar, wer die ihm durch Gesetz, behördlichen Auftrag oder Rechtsgeschäft eingeräumte Befugnis, über fremdes[88] Vermögen zu verfügen, missbraucht oder die ihm kraft Gesetzes, behördlichen Auftrags, Rechtsgeschäfts oder eines Treueverhältnisses[89] obliegende Pflicht, fremde Vermögensinteressen wahrzunehmen, verletzt und dadurch dem Treugeber einen Vermögensschaden zufügt[90]. Trotz dieser Struktur gilt § 266 StGB als unbestimmt und zu weitreichend. Die Anwendung der Untreue konzentriert sich auf nur zwei Problemfelder - die Pflichtverletzung und den Vermögensschaden[91].

§ 266 StGB gliedert sich in seiner seit 1933 geltenden Fassung in zwei Tatbestandsalternativen: den Missbrauchs[92]- und Treuebruchtatbestand[93]. Voraussetzung ist jeweils, dass durch eine Tathandlung dem Vermögensinhaber ein Nachteil zugefügt wird[94]. Das Einverständnis des Vermögensinhabers wirkt tatbestandsausschließend[95]. Die Untreue ist ein Vorsatzdelikt[96]. Eine Bereicherungs- oder

87 *Roxin*, Strafrecht AT/I, S. 45.

88 Die Fremdheit des Vermögens beurteilt sich akzessorisch nach dem zivil- und öffentlichen Recht - *Kühl*, *Lackner* StGB, § 266, Rn. 3.

89 Vgl. hierzu ausführlich: *Keuffel-Hospach*, Die Grenzen der Strafbarkeit wegen Untreue (§ 266 StGB) aufgrund eines tatsächlichen Treueverhältnisses.

90 *Fischer*, StGB, § 266, Rn. 1 ff, 19.

91 *Rönnau*, ZStW 2010, 299 (302 ff.).

92 Zum Missbrauchstatbestand vgl. mit ausführlichen Nachweisen: *Wittig*, BeckOK StGB, § 266, Rn. 6 ff.

93 Zum Treuebruchtatbestand vgl. mit ausführlichen Nachweisen: *Dierlamm*, MüKO StGB (Band 4), § 266, Rn. 142 ff.

94 *Kindhäuser*, NK StGB, § 266, Rn. 17 ff; *Schünemann*, LK StGB, § 266 StGB, Rn. 6 ff.

95 *Waßmer*, Risikogeschäfte und Untreue, S. 30. Zum Einverständnis bei Personengesellschaften vgl.: *Soyka*, Untreue zum Nachteil von Personengesellschaften, S. 141 ff., 169 ff. Voraussetzung ist jedoch, dass die Zustimmung frei von Willensmängeln ist (so auch: *Ibold*, Unternehmerische Entscheidungen als pflichtwidrige Untreuehandlungen, S. 196; *Bräunig*, Untreue in der Wirtschaft, S. 213). Zu Grenzen der Einwilligung: *Arnold*, Untreue im GmbH- und Aktienkonzern, S. 211 ff.

96 *Wittig*, BeckOK StGB, § 266, Rn. 47.

Nachteilszufügungsabsicht setzt § 266 StGB nicht voraus[97]. Deshalb kommt dem Untreuetatbestand ein weiterer Anwendungsbereich zu als anderen Vermögensdelikten. Die Rechtsprechung trägt diesem Umstand dadurch Rechnung, dass eine fehlende Bereicherungsabsicht im Rahmen der Strafzumessung strafmildernd bewertet werden kann. Dem liegt die Annahme zugrunde, dass das typische Vermögensdelikt eigennutzorientiert ist[98].

Die Untreue ist ein Erfolgsdelikt. Der Versuch ist nicht strafbar, §§ 23 Abs. 1, 12 Abs. 1, 2 StGB[99]. In diesem Zusammenhang ist bedenklich, dass die fehlende Versuchsstrafbarkeit *„durch die Hintertür“* über die *„schadensgleiche Vermögensgefährdung“* eingeführt wird[100].

Das Verhältnis der Tatbestandsalternativen zueinander ist umstritten[101]. Herrschende Meinung ist insoweit die *„monistische Lehre“*[102]. Hiernach ist der Missbrauchstatbestand lediglich ein Unterfall des umfassenderen Treuebruchtatbestands[103]. Auf Konkurrenzebene ist der Missbrauchstatbestand daher als lex specialis anzusehen[104]. Beide Alternativen stimmen darin überein, dass zentrales Merkmal jeweils die nicht gestattete Ausübung einer Herrschaft über fremdes Vermögen ist. Unterschieden werden die Tatbestandsalternativen auf der Ebene der Ausgestaltung der Herrschaft über fremdes Vermögen[105]. Hieraus folgt in der Konsequenz, dass die Vermögensbetreuungspflicht Tatbestandsvoraussetzung für beide Alternativen ist. Auch im Rahmen des Missbrauchstatbestands muss eine Vermögensbetreuungspflicht gegeben sein[106]. Der Begriff der Vermögensbetreuungspflicht ist darüber hinaus

97 *Ebenda*, Rn. 4 ff.

98 *Dierlamm*, MüKO StGB (Band 4), § 266, Rn. 256 f.

99 *Wittig*, BeckOK StGB, § 266, Rn. 50.

100 *Seier*, in: *Achenbach* [u.a.] (Hg.): Handbuch Wirtschaftsstrafrecht, 588 (662); ausführlich *Vrzal*, Die Versuchsstrafbarkeit der Untreue de lege ferenda?

101 Ausführlich: *Schünemann*, LK StGB, § 266, Rn. 5 ff.; *Kargl*, ZStW 2001, 565 (565 ff.).

102 *Kindhäuser*, *Kindhäuser* StGB, § 266, Rn. 11 ff.; BGHSt 47, 187 (192); BGHSt 50, 331 (342); *Fischer*, StGB, § 266 Rn. 6. Zur *„dualistischen Konzeption“* und *„typologischen Lehre“* mwN: *Wittig*, BeckOK StGB, § 266, Rn. 5.1.

103 *Wittig*, BeckOK StGB, § 266, Rn. 4 ff.; differenzierend: *Schünemann*, LK StGB, § 266, Rn. 25.

104 Differenzierend: *Schünemann*, LK StGB, § 266, Rn. 20 ff.

105 *Ebenda*, Rn. 20.

106 BGHSt 24, 386 (387); BGHSt 33, 244 (250); BGH wistra 1991, 305 (307); *Dierlamm*, MüKO StGB (Band 4), § 266, Rn. 14 ff.; *Fischer*, StGB, § 266, Rn. 6 f.; *Kühl*, *Lackner* StGB, § 266, Rn. 4; ausführlich mit weiteren Nachweisen: *Bräunig*, Untreue in der Wirtschaft, S. 114 ff.; *Rotsch*, ZJS 2008, 610 (610 f.); a.A. *Schünemann*, LK StGB, § 266, Rn. 11. Eine Zusammenfassung des Meinungsstreits findet sich bei: *Rojas*, Grundprobleme der Haushaltsuntreue, S. 72 ff.

in beiden Alternativen inhaltsgleich[107]. Der Missbrauchstatbestand[108] schützt vor Gefahren, die sich aus der Gewährung von Dispositionsbefugnissen im Außenverhältnis ergeben[109]. Die Treuebruchalternative schützt hingegen vor Gefahren, die aus der Gewährung von Dispositionsbefugnissen im Innenverhältnis resultieren[110].

Die Untreue ist ein Sonderdelikt[111]. Täter kann in beiden Alternativen nur sein, wer eine Vermögensbetreuungspflicht für fremdes Vermögen innehat[112]. Die Vermögensbetreuungspflicht ist ein besonderes persönliches Merkmal[113]. Ferner ist § 266 StGB ein sog. Pflichtverletzungsdelikt. Das bedeutet, dass nicht jede schädigende Verletzung fremden Vermögens tatbestandsmäßig ist. Eine Untreuehandlung kommt nur dann in Betracht, wenn aufgrund einer Pflichtverletzung ein Schaden entsteht[114]. Nur bei Verletzung einer Vermögensbetreuungspflicht und damit einhergehenden kausalen Schadensverursachung ist der objektive Tatbestand des § 266 StGB erfüllt[115].

Aufgrund der tatbestandlichen Weite[116] (insbesondere des Treuebruchtatbestands) sind an die Vermögensbetreuungspflicht strenge Anforderungen zu stellen[117]. Erforderlich ist eine besonders qualifizierte Pflichtenstellung zu dem fremden Vermögen[118]. Es müssen selbstständig und eigenverantwortlich fremde Vermögensinteressen von einiger Bedeutung wahrgenommen werden[119]. Die Vermögensbetreuungspflicht muss Hauptpflicht sein[120].

---

107 BGHSt 47, 187 (187 f.); BGHSt 50, 331 (342); *Dierlamm*, MüKO StGB (Band 4), 266, Rn. 15 ff., 31 ff.; BGH, NStZ 2010, 214 (216); *Fischer*, StGB, § 266, Rn. 6.

108 Im Rahmen des Missbrauchstatbestands gilt eine Zivilrechtsakzessorietät. Hieraus folgt, dass bei Fehlen einer rechtswirksamen Verpflichtung der Missbrauchstatbestand ausscheidet und nur die Treuebruchalternative in Betracht kommen kann, *Wittig*, BeckOK StGB, § 266, Rn. 17.1; a.A. mwN. *Schünemann*, ZIS 2012, 183 (186 ff.).

109 *Perron*, *Schönke Schröder* StGB, § 266, Rn. 18; *Kindhäuser*, NK StGB, § 266, Rn. 86; BGHSt 5, 61 (63); BGH, NJW 1984, 2539 (2539).

110 *Perron*, *Schönke Schröder* StGB, § 266, Rn. 2; a.A. *Schünemann*, LK StGB, § 266, Rn. 20.

111 *Wittig*, BeckOK StGB, § 266, Rn. 3; BGHSt 13, 330.

112 *Schünemann*, LK StGB, § 266, Rn. 201; *Saliger*, HRRS 2006, 10 (11).

113 *Wittig*, Wirtschaftsstrafrecht, S. 236.

114 *Fischer*, StGB, § 266, Rn. 111; *Perron*, *Schönke Schröder* StGB, § 266, Rn. 39.

115 *Mitsch*, JuS 2011, 97 (98).

116 *Seier*, Die Untreue (§ 266 StGB) in der Rechtspraxis, in: *Bernsmann* [u.a.] (Hg.), Bochumer Beiträge zu aktuellen Strafrechtsthemen, 145 (150, 153).

117 *Fischer*, StGB, § 266, Rn. 33, 40; *Saliger*, SSW StGB, § 266, Rn. 24, *Wittig*, BeckOK StGB, § 266, Rn. 29.

118 *Kindhäuser*, NK StGB, § 266, Rn. 33; *Wittig*, BeckOK StGB; § 266 StGB, Rn. 12.

119 BGHSt 13, 315; BGHSt 18, 313; BGH NStZ 2006, 39; *Fischer*, StGB, § 266, Rn. 33 ff., 37; *Kindhäuser*, *Kindhäuser* StGB, § 266, Rn. 32 ff; zur Vermögensbetreuungspflicht im Rahmen des Treuebruchtatbestands *Wittig*, BeckOK StGB, § 266, Rn. 32.

120 *Wittig*, BeckOK StGB, § 266, Rn. 31 ff.

Der subjektive Tatbestand setzt voraus, dass dem Täter die seiner besonderen Pflichtenstellung zugrunde liegenden Tatsachen bekannt sind und er diese zutreffend einordnet[121]. Bestandteil des Vorsatzes muss daher der Pflichtenverstoß sein. Beim Missbrauchstatbestand muss sich der Vorsatz auf den bestimmungswidrigen Gebrauch beziehen. Beim Treuebruchtatbestand muss sich der Vorsatz auf die Pflichtverletzung beziehen. Im Rahmen des Treuebruchtatbestands ist damit Voraussetzung, dass der Täter sich bewusst ist, gegen die im Innenverhältnis gesetzten Grenzen zu verstoßen. Die bloße Kenntnis der Tatsachen, aus denen sich die Pflichtwidrigkeit des Handelns ergibt, genügt nicht. Der Vorsatz muss ferner den Eintritt eines Vermögensnachteils umfassen[122]. Der Täter muss somit zumindest auch hinsichtlich eines möglichen Vermögensschadens mit *„dolus eventualis"* handeln. Dies erscheint gerade bei wirtschaftlichen Entscheidungen problematisch. Diese werden immer bewusst und damit vorsätzlich getroffen, ein Misserfolg muss bei Unternehmensentscheidungen immer mit einkalkuliert werden. Das Risiko einer Fehlentscheidung ist allgegenwärtig[123], aber gerade im Rahmen von Unternehmensentscheidungen erfolgt eine Handlung nicht, um dem Unternehmen zu schaden. Auch wenn sich eine Entscheidung später als Fehlentscheidung herausstellt, wurde diese doch in der Annahme getroffen, dem Unternehmen einen Vorteil zu verschaffen[124].

II. § 266 StGB in der wissenschaftlichen Diskussion

Dahs schrieb 2002: *„Die Untreue ist ins Gerede gekommen - beileibe nicht die moralische, sondern die strafrechtliche."*[125] Nicht zuletzt über die *„spektakulären"* Untreueverfahren der letzten Jahre wegen *„Lustreisen"*, Parteispenden und Managervergütungen[126] ist eine kontroverse Diskussion über Grund und Grenzen der Untreuestrafbarkeit entbrannt[127]. Trotz des Beschlusses des Bundesverfassungsgerichts vom 23.06.2010 ist die Kritik um die Verfassungsmäßigkeit der Norm noch immer nicht verstummt[128]. Es darf bezweifelt werden, ob der Beschluss des Bundesverfassungsgerichts die Diskussion

121 Zur subjektiven Tatseite: *Jakobs*, Bemerkungen zur subjektiven Tatseite der Untreue, in: *Widmaier* [u.a.] (Hg.): FS *Dahs*, 49 (49 ff., 62 f.).

122 *Dierlamm*, MüKO StGB (Band 4), § 266, Rn. 238 ff.; *Perron*, *Schönke Schröder* StGB, § 266, Rn. 49 ff.

123 So auch verdeutlichend am Beispiel von Sanierungsgeschäften: *Dierlamm*, MüKO StGB (Band 4), § 266, Rn. 239.

124 *Krekeler/Werner*, Unternehmer und Strafrecht, S. 306 ff.

125 *Dahs*, NJW 2002, 272 (272).

126 Vgl. zur Thematik Untreue bei Managervergütungen: *Tiedemann*, Der Untreuetatbestand - ein Mittel zur Begrenzung von Managerbezügen?, in: *Hilgendorf* [u.a.] (Hg.): FS *Weber*, 319 (319 ff, 331).

127 *Rönnau*, ZStW 2008, 887 (887); *Rentrop*, Untreue und Unterschlagung, S. 283.

128 Vgl. nur: *Beckemper*, ZJS 2011, 88 (91 f.); *Krüger*, NStZ 2011, 369 (369 ff.).

um die Untreuestrafbarkeit beenden wird[129]. Vielmehr ist davon auszugehen, dass die Praxis auch zukünftig mit enormen Auslegungsschwierigkeiten zurechtkommen muss. Die extensive Anwendung wird sich durch diesen Beschluss ebenfalls nicht ändern. Der Beschluss des Bundesverfassungsgerichts hat keine klare Grenze zwischen unternehmerischer Freiheit und pflichtwidriger Untreue gezogen. Es bestehen auch zukünftig noch erhebliche Abgrenzungsschwierigkeiten[130].

Kritiker sehen § 266 StGB als legislatorischen Schwachpunkt, denn § 266 StGB sei ein *„schwammiger Tatbestand von besonderer Unbestimmtheit"*[131]. Neben dieser Kritik an der Bestimmtheit der Norm wird immer wieder vorgebracht, dass es zu einer dogmatisch unzulässigen Vermischung von Moral und Recht komme[132]. Das Strafrecht werde sachfremd instrumentalisiert für politische, moralische und gesellschaftliche Erwartungen[133]. § 266 StGB werde als Mittel zur Wirtschaftslenkung *„missbraucht"*[134]. Der Bundesgerichtshof hat es in den letzten Jahrzehnten nicht geschafft, die Vorschrift zu konturieren. Vielmehr hat die zuweilen undurchschaubare und unvorhersehbare Rechtsprechung des Bundesgerichtshofs dazu beigetragen, dass die Anwendungsunsicherheiten weiter gefördert und ein Stück weit auch begründet wurden[135]. Exemplarisch hierfür ist die Rechtsprechung zum Vermögensnachteil. Einerseits werden durch die Rechtsprechung, beispielsweise im Rahmen des *„Hartz Prozesses"*[136], die Grundsätze der Gesamtsaldierung außer Acht gelassen, mit der Begründung, es fehle an einer Kompensationsfähigkeit erlangter Vorteile[137]. Andererseits wird durch den Bundesgerichtshof in anderen Fällen eine

---

129 a.A. *Saliger*, NJW 2010, 3195 (3198).

130 So auch: *Wessing/Krawczyk*, NZG 2010, 1121 (1121 ff.).

131 So beispielsweise *Tiedemann*, Wirtschaftsstrafrecht BT, S. 3; *Perron*, GA 2009, 219 (219 ff.).

132 So z.B. *Matt*, NJW 2005, 389 (389).

133 Zur Instrumentalisierung der Untreue: *Theile*, ZIS 2011, 616 (618 ff.); a.A. *Englisch*, NJW 2005, 2974 (2974 f.).

134 *Matt*, NJW 2005, 389 (390); *Hamm*, NJW 2005, 1993 (1993 ff.); *Beulke*, Wirtschaftslenkung im Zeichen des Untreuetatbestandes, in: *Müller* [u.a.] (Hg.): FS *Eisenberg*, 245 (245 ff.); ähnlich: *Tiedemann*, Der Untreuetatbestand - ein Mittel zur Begrenzung von Managerbezügen?, in: *Hilgendorf* [u.a.] (Hg.): FS *Weber*, 319 (319 ff.); *Achenbach*, StraFo 2011, 442 (422 ff.); *Knierim*, Zivil- und verwaltungsrechtliche Akzessorietät der Vermögensdelikte im Kreditwesen, in: *Schöch* (Hg.): FS *Widmaier*, 617 (617 ff.).

135 *Schünemann*, NStZ 2006, 196 (196 f.); a.A. *Fischer*, StraFO 2010, 329 (329 ff.).

136 LG Braunschweig, CCZ 2008, 32 (32 ff.).

137 *Ibold*, Unternehmerische Entscheidungen als pflichtwidrige Untreuehandlungen, S. 31, 107 ff., wirft die Frage auf, ob man von einer Pflichtverletzung ausgehen könne, wenn ein wirtschaftlicher Vorteil durch eine Pflichtverletzung erlangt wurde. *Bernsmann*, GA 2009, 296 (308 ff.), vertritt die Auffassung (für den Fall der Bildung schwarzer Kassen durch den Vorstand), dass eine Pflichtverletzung dann nicht vorliegen soll, wenn im Unternehmensinteresse gehandelt werde und dauerhafte Rentabilität Zielrichtung sei.

wirtschaftliche Betrachtung vorgenommen. So führte der Bundesgerichtshof in der *„Arminia-Bielefeld-Entscheidung“*[138] aus, dass die Bestechung gegnerischer Spieler aus den Mitteln eines Fußballvereins nicht zu einem Vermögensnachteil führt, wenn die finanzielle Einbuße durch die Erwartung künftiger Vorteile ausgeglichen und wirtschaftlich aufgehoben wird[139]. Bei Gegenüberstellung dieser beiden Entscheidungen drängt sich der Eindruck reiner *„Zufälligkeit“* auf. Man könnte aber auch zu dem Eindruck gelangen, dass § 266 StGB instrumentalisiert bzw. als Korruptionsdelikt *„missbraucht“* wird. Die Divergenzen in der Rechtsprechung können den Betroffenen schwerlich vermittelt werden[140].

Demgegenüber erfährt die Vorschrift in letzter Zeit auch Konsolidierungen. So wird die Untreue als zwar vielgestaltige, aber doch bestimmbare Strafvorschrift, auf die *„wegen der Vielgestaltigkeit des Lebens, des Wandels der Verhältnisse und der Besonderheiten des Einzelfalls“* nicht verzichtet werden könne, beschrieben[141]. Die Offenheit des § 266 StGB wird gerade als Vorteil gesehen. Diese führe zu einer Flexibilität und Anpassungsfähigkeit, ohne welche auf die sich immer weiterentwickelnde Wirtschaft nicht mehr reagiert werden könnte[142]. Noch weitergehender hat *Schünemann* die Kritik zurückgewiesen[143], indem er postuliert, § 266 StGB sei *„schärfer konturiert als der bis heute von jeder Grundsatzkritik freie Betrugstatbestand“*[144].

138 BGH, NJW 1975, 1234 (1234).
139 *Dierlamm*, MüKO StGB (Band 4), § 266, Rn. 182 ff.
140 *Albrecht*, Kriminologie, S. 333.
141 *Seier*, in: *Achenbach* [u.a.] (Hg.): Handbuch Wirtschaftsstrafrecht, 588 (Rn. 19).
142 *Altvater*, DRiZ 2004, 134 (134).
143 Vgl. *Schünemann*, ZIS 2012, 183 (183 ff., 193 f.).
144 *Schünemann*, NStZ 2005, 473 (474).

C. Unbestimmtheit und Auslegungsprobleme

Die Anwendung der Untreue konzentriert sich in Wirtschaftsstrafverfahren auf zwei Problemfelder: die Pflichtverletzung und den Vermögensschaden. Die Täterqualifizierung und der Kausalzusammenhang sowie die objektive Zurechenbarkeit werden in der Praxis zumeist als unproblematisch angesehen. Der subjektive Tatbestand spielt in der Praxis ebenso keine wesentliche Rolle. Gerade wegen der Beschränkung auf zwei Tatbestandsmerkmale ist zu beobachten, dass es zu einer Verschleifung der Tatbestandsmerkmale kommt[145].

Mit der Bedeutung von „*nur*" zwei Tatbestandsmerkmalen ist die Strukturanalyse eröffnet. Beide Tatbestandsmerkmale sind unbestimmt[146]. Legislatorisch unkonturiert sind vor allem die Tathandlungen der Untreue[147]. Die Missbrauchsalternative setzt die Überschreitung des rechtlichen Dürfens im Innenverhältnis im Rahmen des rechtlichen Könnens im Außenverhältnis voraus[148]. Der Treuebruch ist in der Verletzung einer Vermögensbetreuungspflicht zu sehen. Hier wird keine Tathandlung beschrieben, sondern ausschließlich eine Pflichtverletzung[149]. Charakteristisch für beide Alternativen ist eine Pflichtverletzung im Innenverhältnis. Aber welche Pflichten zur Strafbarkeitsbegründung verletzt werden müssen, ist dem Untreuetatbestand nicht zu entnehmen. Aus den genannten Entstehungsgründen für eine Vermögensbetreuungspflicht folgt, dass die gesamte Rechtsordnung als Quelle einer Pflichtverletzung in Betracht kommt[150]. Demzufolge ist die Untreue akzessorisch zu allen Rechtsgebieten. In dieser Akzessorietät liegt die Hauptursache für die Unterbestimmtheit[151]. Dies liegt insbesondere auch daran, dass außerstrafrechtliche Normen vielfach selbst Generalklauseln oder unbestimmte Rechtsbegriffe enthalten. Nicht selten werden deswegen außerstrafrechtliche Streitigkeiten in das Strafrecht verlagert und erschweren so weiter die Anwendung von § 266 StGB[152]. Bis heute

---

145 Mit zahlreichen Nachweisen: *Saliger*, SSW, § 266, Rn. 4, 8; *ders.*, HRRS 2006, 10 (11).

146 So auch: *Saliger*, HRRS 2006, 10 (12).

147 *Bräunig*, Untreue in der Wirtschaft, S. 62; *Saliger*, ZStW 2000, 563 (563 ff., 609 ff.); *Kubiciel*, NStZ 2005, 353 (353 f.); *Dierlamm*, MüKO StGB, § 266, Rn. 29 ff.; a.A. *Schünemann*, ZIS 2012, 183 (183 ff.).

148 Mit zahlreichen weiteren Nachweisen: BGHSt 5, 63 = NJW 1954, 202; *Schünemann*, LK StGB, § 266, Rn. 50.

149 *Bräunig*, Untreue in der Wirtschaft, S. 86. Zur Extensionsanfälligkeit aufgrund der Weite des Tatbestands: *Ransiek*, ZStW 2004, 634 (645 f.).

150 Zur Akzessorietät vgl.: *Knierim*, Zivil- und verwaltungsrechtliche Akzessorietät der Vermögensdelikte im Kreditwesen, in: *Schöch* (Hg.): FS *Widmaier*, 617 (617 ff); *Dinter*, Der Pflichtwidrigkeitsvorsatz der Untreue, S. 97 ff.

151 *Ransiek*, ZStW 2004, 634 (641 ff.); *Saliger*, HRRS 2006, 10 (12 f.).

152 *Hamm*, *NJW* 2005, 1993 (1993 ff.); *Albrecht*, In Treue gegen die Untreue, in: *Michalke* [u.a.] (Hg.): FS *Hamm*, Berlin 2008, 1 (2).

ist nicht abschließend geklärt, ob es sich bei der Akzessorietät um eine strenge Akzessorietät handelt oder ob auch strafrechtliche Betrachtungen zulässig sind[153].

I. Pflichtverletzung

Aus dem Grundsatz der Einheit der Rechtsordnung folgt methodologisch zwingend, dass eine Maßnahme, die das Zivilrecht billigt, das Strafrecht nicht missbilligen darf. Das Strafrecht ist insofern akzessorisch zum Zivilrecht. Das LG Düsseldorf hat dies in seinem Urteil in der Sache „*Mannesmann*" auf den Punkt gebracht: Was zivilrechtlich erlaubt ist, kann keine Pflichtverletzung im Sinne des Untreuetatbestandes begründen[154]. Dies muss auch für die Fälle gelten, in denen das Zivilrecht mehrere vertretbare Lösungen anbietet und der Handelnde sich für eine Lösung entscheiden muss. Was außerstrafrechtlich vertretbar und zu billigen ist, kann nicht strafbar sein. Vergleichbares muss auch bei der Verletzung außerstrafrechtlicher Normen gelten, die einen breiten Ermessens- oder Beurteilungsspielraum eröffnen. Gerade solche außerstrafrechtlich gesetzten Pflichten bergen die Gefahr einer Fehlentscheidung in sich. Das Strafrecht darf nur sanktionieren, was durch die Bezugsnormen klar, eindeutig und vorhersehbar als pflichtwidrig sanktioniert ist, Art. 103 II GG. Aber nicht jeder Verstoß gegen eine gesetzliche oder vertragliche Pflicht auf der Primärebene stellt zugleich eine strafrechtlich relevante Pflichtverletzung nach § 266 StGB dar[155]. Die Akzessorietät ist nicht umkehrbar, vielmehr ist diese asymmetrisch[156]. Was nicht von außerstrafrechtlichen Normen gedeckt ist, darf alleine deshalb noch nicht als strafrechtlich pflichtwidrig gelten[157]. Eine „*negative*" Akzessorietät gibt es nicht. Nicht jedes rechtswidrige Verhalten darf strafbar sein. Das ist eine triviale Grundregel der deutschen Strafrechtsdogmatik: Strafrecht kann als „*Ultima Ratio*" des Staates nicht gegen jedes fehlerhafte Verhalten, sondern nur gegen massive Angriffe auf

---

153 Vgl.: *Kubiciel*, NStZ 2005, 353 (353 ff.); *Brammsen*, wistra 2009, 85 (88); *ders.*, ZIP 2009, 1504 (1509).

154 LG Düsseldorf, NJW 2004, 3275 (3276); *Brammsen*, wistra 2009, 85 (87); *Saliger*, HRRS 2006, 10 (14); *Dierlamm*, StraFO 2005, 397 (398); *Murmann*, Jura 2010, 561 (564); *Zech*, Untreue durch Aufsichtsratsmitglieder, S. 216, geht in der Argumentation soweit, dass Sie ausführt, dass eine Strafbarkeit schon dann ausscheiden soll, wenn nur eine Person eine Ansicht vertritt, demzufolge ein Verhalten zivilrechtlich pflichtgemäß ist. Dieser Auffassung kann nicht uneingeschränkt gefolgt werden. Eine Mindermeinung kann nicht stets zu einem Strafbarkeitsausschluss führen.

155 So auch: *Bittmann*, wistra 2013, 1 (8).

156 *Waßmer*, Untreue bei Risikogeschäften, S. 73; *Tiedemann*, Der Untreuetatbestand - ein Mittel zur Begrenzung von Managerbezügen?, in: *Hilgendorf* [u.a.] (Hg.): FS *Weber*, 319 (323 ff.); *Matt*, NJW 2005, 389 (390).

157 *Michaelsen*, Abweichungen vom Deutschen Corporate Governance Kodex und von § 161 AktG als Pflichtverletzung im Sinne der Untreue, S. 184, schränkt dies für die Organuntreue bei Vorstandsmitgliedern ein, da deren Pflichtenkatalog zivilrechtlich abschließend geregelt sei.

Rechtsgüter eingesetzt werden[158]. Das Strafrecht dient dem Rechtsgüterschutz. Es ist nicht Aufgabe des Strafrechts bloße Verstöße gegen Normen der Sittlichkeit, Ethik oder Moral zu kriminalisieren[159]. In der Dogmatik des Vermögensstrafrechts schlägt sich diese Regel in dem bekannten Satz nieder, dass das Strafrecht nicht der *„Büttel des Zivilrechts"*[160] und nicht jede Vertragsverletzung eine Straftat sei. Zunächst sollte man sich verdeutlichen, dass eine strafbewehrte Pflichtwidrigkeit nicht gegeben ist, wenn eine Handlung im Einverständnis[161] mit dem Treugeber erfolgt. Der Wille des Treugebers ist ausschlaggebend für das Vorliegen einer Pflichtverletzung[162]. Erfolgt beispielsweise eine verlustbringende Entscheidung mit Einverständnis des Treugebers, so ist hier keine Untreuestrafbarkeit gegeben[163]. Demgegenüber ist ein Handeln entgegen dem Willen des Treugebers stets als eine strafbewehrte Pflichtverletzung zu sehen. Hier ist eine Restriktion schon aufgrund des Schutzzweckes der Norm nicht erforderlich[164].

II. Vermögensschaden

Aus der Unbestimmtheit der Tatbestandsmerkmale folgt eine kritisch zu beobachtende Extensionsanfälligkeit der Norm[165]. Diese lässt sich besonders an dem Tatbestandsmerkmal des Vermögensnachteils[166] aufzeigen: Eine rechtswidrige Versuchspönalisierung kann dadurch entstehen, dass vorschnell eine *„schadensgleiche Vermögensgefährdung"* angenommen wird[167].

Es besteht einerseits die Gefahr, dass bereits abstrakte Vermögensgefahren für eine Untreuestrafbarkeit ausreichen. Andererseits ist eine bedenkliche Personalisierung des Vermögens- und Schadensbegriffs zu beobachten[168]. Im Rahmen der Betrugsdogmatik wurde das Konstrukt des *„Gefährdungsschadens"* entwickelt, welches nicht unumstritten ist. Es bestehen Bedenken dahingehend, dass der Betrug zu einem

---

158 So auch *Bittmann*, wistra 2013, 1 (6); a.A.: *Dierlamm*, StraFO 2005, 397 (397 ff.).

159 *Dierlamm*, StraFO 2005, 397 (397 ff.).

160 *Satzger*, JA 1998, 570 (570).

161 Zur Feststellung der Pflichtverletzung bei fehlenden individuellen Vorgaben: *Kubiciel*, NStZ 2005, 353 (359); *Waßmer*, Untreue bei Risikogeschäften, S. 52, 58.

162 Mit weiteren Nachweisen: *Ibold*, Unternehmerische Entscheidungen als pflichtwidrige Untreuehandlungen, S. 128 f.

163 Das nicht untreuerelevante Handeln im Einverständnis hat Grenzen – bspw. § 30 GmbHG. Eingehend: *Waßmer*, Untreue bei Risikogeschäften, S. 32 ff; BGH, NJW 2010, 3458 (3458).

164 *Rose*, wistra 2005, 281 (288 f.).

165 *Saliger*, HRRS 2006, 10 (12 f.).

166 Instruktiv hierzu: *Saliger*, HRRS 2012, 363 (363 ff.). Zur Kritik am juristischen Vermögensbegriff siehe mwN: *Bräunig*, Untreue in der Wirtschaft, S. 225 ff.; *Bernsmann*, GA 2009, 296 (303).

167 *Mosenheuer*, NStZ 2004, 179 (179–181).

168 *Saliger*, HRRS 2006, 10 (13 ff.).

Gefährdungsdelikt *„verkommen"* könnte[169]. Bei der *„schadensgleichen Vermögensgefährdung"* handelt es sich stets um eine Gratwanderung. Es ist immer die Frage zu klären, ob ein Vermögenswert bereits so konkret gefährdet wurde, dass man von einem Vermögensschaden sprechen kann. Die Gerichte stehen hier vor einer denkbar schwierigen Aufgabe. Bei § 263 StGB wird das Problem nicht ganz so relevant wie bei § 266 StGB, denn bei Betrug kommt es durch den *„Gefährdungsschaden"* *„nur"* zu einer Verschiebung der Strafbarkeitsbereiche. Die Vollendung wird zeitlich in das Versuchsstadium vorverlagert. Dies ist zwar auch bedenklich, aber aufgrund der angeordneten Versuchsstrafbarkeit eher hinzunehmen als bei der Untreue. Aufgrund der fehlenden Versuchsstrafbarkeit im Rahmen der Untreue kommt es zu einer Verschiebung in den Bereich der Straflosigkeit[170].

Ferner ist zu beobachten, dass der Vermögens- und Schadensbegriff personalisiert wird. Die Untreue wird zu stark an der persönlichen Zwecksetzung des Vermögensinhabers ausgerichtet. Die Folge hiervon ist, dass es im Rahmen der Untreue immer mehr auch zum Schutz der Dispositionsfreiheit kommt[171]. Auch diese Tendenz stammt aus der Rechtsprechung und Dogmatik zum Betrugstatbestand und findet ihren Ausgangspunkt in der *„Melkmaschinenentscheidung"*[172]. Über den Vermögensbegriff wird der Schutzbereich der Norm enorm ausgedehnt. Aus dogmatischer Sicht müsste aber eigentlich der Grundsatz des Rechtsgüterschutzes diese Extension verhindern.

Auch die Problematik des Gefährdungsschadens war Gegenstand des Beschlusses des Bundesverfassungsgerichts vom 23.06.2010, wurde aber nicht als verfassungswidrig angesehen[173]. Das Bundesverfassungsgericht gibt insoweit nur vor, dass eine konkrete Vermögensgefährdung eingetreten sein muss; eine abstrakte Gefährdungslage hingegen ist nicht ausreichend[174]. Es ist aufgrund des Einzelfalles festzustellen, ob mit einem wirtschaftlichen Nachteil ernsthaft zu rechnen war, der Eintritt eines Schadens konkret bevorstand. Der Vermögenswert muss aufgrund der Verlustgefahr bereits gemindert sein[175]. Die Anforderungen an die Voraussetzungen eines *„Gefährdungsschadens"* wurden durch das Bundesverfassungsgericht erhöht[176]. Die konkrete Schadenslage muss durch das Gericht nachvollziehbar und anhand anerkannter Bewertungsverfahren festgestellt werden. Bei komplexen wirtschaftlichen Sachverhalten ist ein Sachverständiger hinzuzuziehen[177]. Im Zweifel hat ein Freispruch zu erfolgen[178]. Es verwundert sehr, dass diese eigentlich selbstverständlichen

---

169 *Hefendehl*, MüKO StGB (Band 4), § 263, Rn. 532 ff.
170 *Dierlamm*, MüKO StGB (Band 4), § 266, Rn. 195 ff.
171 *Saliger*, ZStW 2000, 563 (589 ff.).
172 *Hefendehl*, MüKO StGB (Band 4), § 263, Rn. 632 ff.
173 Siehe hierzu zusammenfassend: *Becker*, HRRS 2010, 383 (383 ff.).
174 *Bittmann*, wistra 2013, 1 (1), sieht hierin die Feststellung einer Selbstverständlichkeit.
175 *Fischer*, StGB, § 266, Rn. 150 ff.
176 Hierzu ausführlich: *Bittmann*, wistra 2013, 1 (5 f.).
177 Zur Gefahr des Sachverständigenstrafrechts: *Hefendehl*, wistra 2012, 325 (325 ff.); *Krause*, wistra 2012, 331 (331 f.).
178 *Knierim/Smok*, FD-StrafR 2010, Nr. 307157.

Voraussetzungen erst durch das Bundesverfassungsgericht klargestellt werden mussten. Dies zeigt aber deutlich, dass erhebliche Schwierigkeiten im Umgang mit der Norm bestehen. Bedenklich ist in diesem Zusammenhang jedoch die Forderung des Bundesverfassungsgerichts insbesondere im Rahmen der Kredituntreue, den Schaden anhand bilanzieller[179] Maßstäbe konkret zu berechnen. Es darf bezweifelt werden, ob die bilanzielle Forderungsbewertung zur Nachteilsfeststellung geeignet ist[180]. Die Zweckrichtung einer Bilanz als Gewinnermittlungs- und Informationsfunktion ist nicht gleichzusetzen mit einer Nachteilsfeststellung.

III. Verschleifung

Ein zentrales Strukturproblem des Untreuetatbestandes ist weiterhin, dass Tathandlung und Taterfolg nicht sorgfältig unterschieden werden und insoweit häufig eine Verschleifung erfolgt[181]. Zwei Erscheinungsformen dieser Verschleifung sind möglich: (*a*) Rückschluss vom Vermögensschaden auf die Pflichtwidrigkeit sowie[182] (*b*) der umgekehrte Fall – Rückschluss von der Tathandlung auf den Taterfolg[183]. *Ransiek* fasst das Problem treffend zusammen: *„Der Sache nach verschwimmt […] anscheinend alles in einem großen Prüfungspunkt"*[184]. Die erste Form dieser Verschleifung tritt insbesondere bei der Treuebruchalternative auf, da die Unbestimmtheit der Tathandlung einen Rückgriff auf den bestimmbaren eingetretenen Schaden nahelegt. Dieser Rückschluss stellt eine unzulässige Vereinfachung des Problems der Pflichtwidrigkeit dar. Die rechtlichen Kriterien für das Vorliegen einer untreuerelevanten Pflichtwidrigkeit werden auf unzulässige Art und Weise *„umschifft"*. Aber die rechtlichen Kriterien für das Vorliegen einer Pflichtwidrigkeit bleiben anspruchsvoll. Die zweite Form der Verschleifung tritt bei schwer bestimmbaren Vermögensnachteilen auf, sodass aus einer scheinbar gut bestimmbaren Pflichtwidrigkeit auf den Schaden geschlossen wird[185]. Die Gerichte verwerten die Pflichtverletzung nicht nur als Tathandlung, sondern als schadensgleiche Vermögensverfügung. Die Ausgestaltung als Erfolgsdelikt, also die Unterscheidung zwischen Tathandlung und Taterfolg, zählt zu den wenig gesicherten Konturen des Untreuetatbestandes. Die Verschleifung beider Tatbestandsmerkmale führt zu einer Aufweichung dieser Kontur. Das ist deshalb bedenklich, weil dies wiederum zu einem Verlust an Bestimmtheit führt. Probleme werden durch die Verschleifung auf eine unzulässige Art und Weise vereinfacht. Bei dieser Art

179 *Hefendehl*, wistra 2012, 325 (325 ff.); *Bittmann*, wistra 2013, 1 (5).
180 *Kempf*, *„Schwarze Kassen"*, in: *Hassemer* [u.a.] (Hg.): FS *Volk*, 231 (231 f., 242 ff.).
181 *Saliger*, ZStW 2000, 563 (569 f.); kritisch hierzu: *Bittmann*, wistra 2013, 1 (1 f.).
182 *Saliger*, SSW, § 266, Rn. 8; *Saliger*, HRRS 2012, 363 (363 ff., 364).
183 *Matt*, NJW 2005, 389 (390).
184 *Ransiek*, ZStW 2004, 634 (646 ff.).
185 *Thomas*, Das allgemeine Schädigungsverbot des § 266 Abs. 1 StGB, in: *Michalke* [u.a.] (Hg.): FS *Hamm*, 767 (767 ff.).

der Vereinfachung kann es im Ergebnis zu einer ungerechtfertigten Pönalisierung eigentlich zulässigen Verhaltens kommen[186].

1. Subjektiver Tatbestand

Hinsichtlich des subjektiven Tatbestandes besteht Einigkeit darüber, dass an dessen Feststellung erhöhte Anforderungen zu stellen sind[187]. Dies gilt besonders für die Sachverhaltskonstellation, dass eine nicht eigennützige Tat mit nur bedingtem Vorsatz vorliegt[188]. Es wird jedoch ein Problem, welches insbesondere in Rahmen unternehmerischer Entscheidungen auftritt, übersehen: Auch bei den erhöhten Anforderungen ist unstreitig, dass im Rahmen der Untreue „*dolus eventualis*" ausreichend ist. Jede wirtschaftliche Entscheidung birgt das Risiko eines Misserfolges in sich. Das sichere Geschäft gibt es in der freien Marktwirtschaft nicht. Ein guter Entscheidungsträger kalkuliert dieses Risiko immer mit ein. Er handelt in diesem Zusammenhang immer vorsätzlich[189]. Auch wird sich schwerlich argumentieren lassen, dass man ein Risiko nicht gesehen habe und deswegen gem. § 16 StGB der Vorsatz auszuschließen sei. Das Nichterkennen eines Risikos kann in diesem Zusammenhang Pflichtverletzung bedeuten. Der Entscheidungsträger hat seine Entscheidung dann nicht ordnungsgemäß vorbereitet[190].

2. Faktischer Fahrlässigkeitsmaßstab

Die Normierung von Pflichten durch Verordnung, Gesetz, Verkehrssitte oder auch Vertrag ist in der Wirtschaft nahezu unendlich. Es ist zu beobachten, dass sich die Halbwertzeiten der jeweiligen Regelungen stetig verringern[191]. In beiden Untreuetatbeständen besteht die Pflichtwidrigkeit in der Inkongruenz zwischen Verhaltensanforderung und tatsächlichem Handeln. § 266 StGB beansprucht damit einen faktischen Fahrlässigkeitsmaßstab, der einer Korrektur bedarf[192]. Der Eintritt eines Vermögensschadens wird als Indiz für das Vorliegen einer strafrechtlichen Pflichtverletzung

---

186 *Saliger*, HRRS 2006, 10 (14 f.).

187 BVerfG, NJW 2009 (2370, 2373); BGH, NJW 1975, 1234 (1236); BGHSt 47, 295 (302); *Schünemann*, LK StGB, § 266, Rn. 190. Zu den auftretenden Problemen: *Jakobs*, Bemerkungen zur subjektiven Tatseite der Untreue, in: *Widmaier* [u.a.] (Hg.): FS *Dahs*, 49 (55 ff.).

188 BGH NStZ 2002, 648 (650).

189 *Günther*, Die Untreue im Wirtschaftsstrafrecht, in: *Hilgendorf* [u.a.] (Hg.): FS *Weber*, 311 (313).

190 *Murmann*, Jura 2010, 561 (566): „*Liegt das tatbestandsmäßige Verhalten in der Eingehung eines riskanten Geschäfts, welches das Vermögen mit Verlustrisiken belastet und damit bereits einen Nachteil für das betreute Vermögen begründet, so muss sich der Vorsatz folglich auf die unerlaubt riskante Handlung und deren wirtschaftliche Relevanz beziehen.*"

191 *Thomas*, StrafV in WirtStR, § 19, Rn. 40.

192 *Perron*, GA 2009, 219 (225).

gesehen. Nahezu alle wirtschaftlichen Entscheidungen tragen die Gefahr eines Misserfolges in sich. Die Dynamik wirtschaftlicher Prozesse zwingt die Handelnden zu Prognoseentscheidungen, welche immer in Verlusten enden können[193]. Es stellt sich die Frage, wo bei unternehmerischem Handeln die Trennlinie zwischen unternehmerischer Freiheit und Kriminalität zu suchen ist. Die Kriterien strafrechtlicher Verantwortlichkeit müssen klar und verständlich sein und dürfen nur den tatsächlich strafwürdigen Bereich erheblicher, individueller, pflichtwidriger Fehlentscheidungen mit vorhersehbaren Ergebnissen betreffen.

3. Entwicklung zu einem Gefährdungsdelikt

Festzuhalten bleibt, dass § 266 StGB durch begriffliche Unbestimmtheiten und strukturelle Unschärfe charakterisiert ist[194]. Die strukturellen Defizite und der faktische Fahrlässigkeitsmaßstab führen dazu, dass es zu einer Verschleifung von Tathandlung und Taterfolg kommt. Hieraus resultieren Anwendungsunsicherheiten und es wird die Vorhersehbarkeit einer strafrechtlichen Handlung erschwert. In der Praxis führt diese Unbestimmtheit zu dem Problem, dass Untreuestrafverfahren von Anfang an mit erheblichen Unwägbarkeiten belastet sind. Prognosen können auch von spezialisierten Strafverteidigern nur schwerlich gegeben werden[195]. Für Entscheidungsträger in Unternehmen ist nicht vorhersehbar, welche Folgen eine Entscheidung haben könnte. Es drängt sich das Bild einer „*Misserfolgshaftung*" auf[196]. Durch die normativen Defizite besteht ferner das Problem einer ungleichen Rechtsanwendung. Dies führt zu Konflikten im Rahmen der Gleichheit und Gerechtigkeit. *Albrecht* verdeutlicht dies zutreffend an den Parteispendenverfahren: Während das Verfahren gegen Bundeskanzler a. D. *Helmut Kohl*[197] gem. § 153 a StPO eingestellt wurde, wurde Bundesinnenminister a. D. *Kanther* erstinstanzlich zu einer Freiheitsstrafe verurteilt. Dies, obwohl die Sachverhaltskonstellationen nahezu identisch waren[198]. Aufgrund der Verschleifung der Tatbestandsmerkmale und des Schadensbegriffes ist eine unheilvolle Entwicklung der Untreue zu einem konkreten Gefährdungsdelikt hin zu beobachten[199].

---

193 BGH, NJW 1997, 1926 (1926 ff.).

194 *Albrecht*, Kriminologie, S. 333.

195 *Seier*, Die Untreue (§ 266 StGB) als „*Allzweckwaffe*", in: *Kohlmann* (Hg.): Entwicklungen und Probleme des Strafrechts an der Schwelle zum 21. Jahrhundert, 105 (110).

196 *Albrecht*, In Treue gegen die Untreue, in: *Michalke* [u.a.] (Hg.): FS *Hamm*, Berlin 2008, 1 (3).

197 Vgl. zu den Problemen dieses Verfahrens: *Krüger*, NJW 2002, 1178 (1178 ff).

198 *Ders.*, Kriminologie, S. 334.

199 So auch: *Günther*, Die Untreue im Wirtschaftsstrafrecht, in: *Hilgendorf* [u.a.] (Hg.): FS *Weber*, 311 (313).

IV. „*Untreuemode*"[200] und Strafverfolgungspraxis

§ 266 StGB wird in der strafrechtlichen Literatur als Grundtyp des „*Wirtschaftsverbrechens*" angesehen[201]. Nicht selten wird die Untreue als „*Zentralnorm des Wirtschaftsstrafrechts*" bezeichnet[202]. Teilweise ist davon die Rede, dass es eine „*Untreuemode*" gäbe[203].

1. „*Untreuemode*"

§ 266 StGB wird schon seit Langem kontrovers diskutiert, bereits in den Fünfzigerjahren des letzten Jahrhunderts hat *Mayer* seine Grundsatzkritik zur Untreue deutlich gemacht[204]. Neu ist, dass eine Strafnorm von der breiten Öffentlichkeit so umfassend wahrgenommen wird. Es scheint, als sei die Untreuestrafnorm in der Presse dauerpräsent. Nicht zuletzt wegen spektakulärer Untreueverfahren wird die Untreue auch außerhalb der Fachwelt wahrgenommen. Oftmals handelt es sich hierbei um Verfahren, in denen es sich um große Schäden und/oder bekannte Persönlichkeiten dreht.

Durch die mediale Präsenz und fachliche Kontroverse drängt sich der Eindruck auf, § 266 StGB habe „*Hochkonjunktur*"[205]. Es scheint, als gäbe es eine „*Untreuemode*"[206]. Eine Auswertung der Kriminalstatistik des Bundeskriminalamtes (BKA) zeigt allerdings, dass die Ermittlungsverfahren wegen des Verdachts der Untreue in den letzten Jahren nicht exorbitant zugenommen haben. Aus der Kriminalstatistik ergibt sich vielmehr, dass die erfasste Untreuekriminalität im Zeitraum 2001–2010 sogar stabil war. Ein Anstieg lässt sich nicht erkennen[207]. Die Statistik erfasst nur bekannt gewordene Untreuestraftaten und gibt keine Auskunft darüber, wie viele Verfahren tatsächlich zunächst mit einem Anfangsverdacht wegen einer Untreuestraftat eingeleitet worden sind.

---

200 *Saliger*, HRRS 2006, 10 (10 f., 15, 23).
201 *Seier*, in: *Achenbach* [u.a.] (Hg.): Handbuch Wirtschaftsstrafrecht, 588 (588 ff.). Mit zahlreichen weiteren Nachweisen: *Rentrop* 2007, S. 253 ff.
202 *Rönnau/Hohn*, NStZ 2004, 113 (113 f.); *Seier*, in: *Achenbach* [u.a.] (Hg.): Handbuch Wirtschaftsstrafrecht, 588 (591).
203 *Saliger*, HRRS 2006, 10 (10 f., 15, 23).
204 *Mayer*, Materialien zur Strafrechtsreform, S. 337.
205 *Rönnau/Hohn*, NStZ 2004, 113 (113 f.).
206 *Saliger*, HRRS 2006, 10 (10 f., 15, 23).
207 Eine umfassende Auswertung der Statistiken findet sich im Anhang.

Tabelle 2 – In der PKS erfasste Untreuestraftaten

Jahr	Untreuestraftaten[208]
2010	10.861
2009	12577
2008	11005
2007	12761
2006	10385
2005	12032
2004	11020
2003	12640
2002	11758
2001	10.455

Ebenso verhält es sich mit den Verurteilungen wegen Untreue. Auch hier lässt sich ein exorbitanter Anstieg nicht erkennen, vielmehr sind die Verurteilungszahlen konstant. Erkennbar ist ein leichter Rückgang der Verurteilungen.

Tabelle 3 – Verurteilungen wegen § 266 StGB

Jahr	Verurteilungen
2010	1807
2009	1892
2008	2202
2007	2213
2006	1925
2005	2147
2004	1911
2003	1858
2002	1798

Auch im Vergleich zu anderen Straftaten spielt die Untreue eine untergeordnete Rolle an der Gesamtkriminalität. Der Anteil der Untreuedelikte an der Gesamtkriminalität beträgt durchschnittlich 0,183 %. Der durchschnittliche Anteil an den

208 Erfasste Untreuestraftaten § 266 StGB laut PKS (Tabelle 01).

schadenserfassten Delikten beläuft sich 0,507 %. Die Untreue hat einen durchschnittlichen Anteil von 1,030 % an den erfassten Vermögens- und Fälschungsdelikten.

Anders sieht es hingegen bei dem Anteil am Gesamtschaden aus, dieser beträgt durchschnittlich 11,79 % und damit jährlich durchschnittlich ca. € 1.084.549.261. Trotz einer geringen Deliktshäufigkeit entsteht der Gesellschaft jährlich ein enormer Schaden. Wobei noch zu berücksichtigen ist, dass die Kriminalstatistik die Dunkelziffer nicht berücksichtigt. Es ist davon auszugehen, dass der tatsächliche Schaden weit höher liegt.

Die Statistiken belegen, dass die Untreue keine *„Hochkonjunktur"*[209] hat. Die Fallzahlen der Untreueverfahren haben sich in den letzten 10 Jahren nicht so stark verändert, dass man von der Untreue als der neuen *„Zentralgestalt des Wirtschaftsstrafrechtes"* sprechen könnte. Auch wenn die verursachten Schäden im Vergleich zur Gesamtkriminalität hoch sind, so belegen diese Zahlen nur, dass mit Untreuehandlungen im Einzelfall große Vermögensschädigungen einhergehen[210].

Dennoch ist die Untreue in den letzten Jahren *„ins Gerede gekommen"*[211]. Nicht wegen eines Anstiegs der Untreuekriminalität, sondern wegen der medialen Wahrnehmung. Die Untreue wird medial instrumentalisiert[212]. Dies führt zu einer verzerrten Wahrnehmung und dem subjektiven Empfinden einer gestiegenen Tathäufigkeit. Was auch daran liegt, dass es sich bei den typischen Untreuetätern um Personen handelt, welche aus der *„Oberschicht"* stammen. Solche Verfahren interessieren die breite Öffentlichkeit[213].

2. Strafverfolgungspraxis

Die im Schrifttum beschriebene herausgehobene Stellung des Untreuetatbestandes ergibt sich aus der Strafverfolgungspraxis[214]. Die Untreuestrafnorm bietet aufgrund ihrer weiten Formulierung einen weiten Anwendungsbereich. Hieraus ergibt sich für die Strafverfolgungsbehörden eine weite Anwendungspalette und gewährt weitreichende Verfolgungsmöglichkeiten[215]. Der Straftatbestand der Untreue ist unbestimmt[216]. In der Praxis mag dies bisher nicht überzeugen. Man beruhigt sich damit, dass § 266 StGB zum überlieferten Bestand zähle und durch eine jahrzehntelange gefestigte Rechtsprechung hinreichend präzisiert und konturiert sei[217]. Eine Aussage, die gewagt erscheint. Auch der Beschluss des Bundesverfassungsgerichts vom 23.06.2010 wird

---

209 *Saliger*, HRRS 2006, 10 (10 f., 15, 23).
210 Zur Situation in Österreich vgl.: *Siller*, Kriminalistik 2012, 321 (321).
211 *Dahs*, NJW 2002, 272 (272).
212 *Saliger*, ZStW 2000, 563 (563 ff.).
213 Vgl. auch *Rentrop*, Untreue und Unterschlagung, S. 253 ff.
214 *Seier*, in: *Achenbach* [u.a.] (Hg.): Handbuch Wirtschaftsstrafrecht, 588 (Rn. 18 ff.); *Murmann*, Jura 2010, 561 (566 f.).
215 *Dierlamm*, NStZ 1997, 534 (534–536).
216 *Saliger*, ZStW 2000, 563 (563 ff.).
217 Vgl. Beschluss des BVerfG vom 23.06.2010 (2 BvR 2559/08, 105/09, 491/09).

an der Strafverfolgungspraxis, insbesondere hinsichtlich der Begründung eines Anfangsverdachts, in naher Zukunft nichts ändern. Es ist ehrlicher zu behaupten, dass § 266 StGB in der jetzigen Fassung wegen der Vielgestaltigkeit des Lebens und der Wirtschaft unverzichtbar ist[218].

a) Die Untreue im Ermittlungsverfahren

Aus prozessualer Sicht eröffnet die Untreue, dank ihrer Weite, den Strafverfolgungsorganen die Möglichkeit, Ermittlungsverfahren früher als bei anderen Vermögensdelikten zu eröffnen. Bei jedem als *„dubios"* anmutendem Geschäftsgebaren kann in Hinblick auf § 266 StGB häufig ein Anfangsverdacht nach § 152 II StPO mit der Folge bejaht werden, dass mit der Ermittlungstätigkeit und strafprozessualen Zwangsmaßnahmen begonnen werden kann[219]. Nahezu bei jeder wirtschaftlichen Betätigung, welche als *„anrüchig"* empfunden wird, wird eine Untreuestrafbarkeit zumindest in Betracht gezogen[220]. Hierfür ist es zum Teil schon ausreichend, dass aufgrund der Komplexität eines Vorganges auf eine Illegitimität geschlossen wird, ohne dass ein Sachverhalt unter eine Strafnorm subsumiert werden könnte[221]. Aufgrund der unheilvollen Verquickung von Tathandlung und Taterfolg lässt sich ein Anfangsverdacht leicht begründen[222]. Nicht selten wird aus dem Umstand, dass ein (wohl) unübersehbares Risiko eingegangen wurde, auf den Anfangsverdacht der Verletzung einer Vermögensbetreuungspflicht und eines Vermögensschadens geschlossen[223]. Die Untreuestrafnorm gerät so regelrecht zu einer *„Allzweckwaffe"*[224] für die Strafverfolgungsbehörden[225]. Die Ermittlungsverfahren verlaufen dann jedoch oft im Sande. Dies zeigt sich anhand eines Vergleichs der Kriminalstatistik mit der Verurteilungsstatistik. Während in den Jahren 2001–2010 pro Jahr durchschnittlich 11.549 Ermittlungsverfahren wegen Untreue in den Statistiken erfasst

---

218 *Altvater*, DRiZ 2004, 134 (134).

219 *Cappel*, Grenzen auf dem Weg zu einem europäischen Untreuestrafrecht, S. 135; a.A.: *Bittmann*, NStZ 2011, 361 (361 f.).

220 *Seier*, in: *Achenbach* [u.a.] (Hg.): Handbuch Wirtschaftsstrafrecht, 588 (Rn. 19 ff.); *Matt*, NJW 2005, 389 (389 f.).

221 *Schrödel*, Aktuelle Erscheinungsformen der Wirtschaftskriminalität und Schwierigkeiten ihrer Bewältigung - Verteidigung in Wirtschaftsstrafsachen, in: *Bannenberg* (Hg.): Wirtschaftskriminalität, 47 (50).

222 *Seier*, Die Untreue (§ 266 StGB) als *„Allzweckwaffe"*, in: *Kohlmann* (Hg.): Entwicklungen und Probleme des Strafrechts an der Schwelle zum 21. Jahrhundert, 105 (110 ff).

223 *Lüderssen*, Finanzmarktkrise, Risikomanagement und Strafrecht, in: *Kempf* [u.a.] (Hg.): Die Finanzkrise, das Wirtschaftsstrafrecht und die Moral, 211 (215).

224 *Seier*, Die Untreue (§ 266 StGB) als *„Allzweckwaffe"*, in: *Kohlmann* (Hg.): Entwicklungen und Probleme des Strafrechts an der Schwelle zum 21. Jahrhundert, 105 (105 ff., 115).

225 *Hamm*, NJW 2005, 1993 (1994); *Greeve*, Kann der Verstoß gegen die VOB/B eine Untreue sein?, in: *Michalke* [u.a.] (Hg.): FS *Hamm*, 120 (120 ff.).

wurden, stehen diesen gerade einmal durchschnittlich 2.700 Aburteilungen pro Jahr entgegen. Dies entspricht 23,4 % aller Ermittlungsverfahren, Verurteilungen erfolgten in durchschnittlich 1.970 Fällen (17,1 %). Aufgrund der Verurteilungsstatistiken stellt sich die Frage, warum die Strafverfolgungsbehörden so häufig Verfahren wegen des Verdachts der Untreue einleiten? Nicht selten ergeben sich in diesen Verfahren Hinweise auf weitere Straftaten, welche dann anstelle einer Untreuestraftat weiterverfolgt werden. Die Ermittlungsverfahren wegen Untreue stellen nur eine „*Hintertür*"[226] dar. Möglich wird dies, da der Anfangsverdacht für eine mögliche Untreuestrafbarkeit leicht zu begründen ist[227].

Durch die Strafverfolgungspraxis ist § 266 StGB zu der „*überragenden Zentralgestalt in Wirtschaftsstrafsachen*" befördert worden. Es lässt sich leicht umschreiben mit: „*§ 266 StGB passt immer. [...]. Es braucht nur ein Risiko für fremdes Vermögen [...]*"[228]. § 266 StGB ist ein Tatbestand, welcher aus der Praxis der Strafverfolgung in Wirtschaftsstrafsachen nicht mehr wegzudenken ist. Die Unsicherheiten in der Anwendung und Auslegung führen zu Unwägbarkeiten, welche vom Ermittlungsverfahren bis zum Ende der Hauptverhandlung fortwirken und den Ausgang eines Untreueverfahrens unkalkulierbar machen[229]. Man muss in diesem Zusammenhang aber auch berücksichtigen, dass die Strafverfolgungsbehörden mit einer „*Normenruine*" arbeiten müssen. So oft die Wissenschaft der Untreue auch attestieren mag, dass sie zu unbestimmt sei, muss die Praxis dennoch mit dieser Norm arbeiten. Den Strafverfolgungsbehörden sei nahegelegt, dass sie zukünftig vorsichtiger mit dieser Strafnorm umgehen, um den Vorwurf der Instrumentalisierung zu entkräften und um die Betroffenen vor Schäden zu bewahren. Denn auch wenn der Großteil der Ermittlungsverfahren ohne Ergebnis eingestellt wird, darf nicht unberücksichtigt bleiben, dass Ermittlungsverfahren bei den Betroffenen zum Teil große Schäden verursachen und sich die vermuteten Vermögensschäden erst realisieren. Gerade Investoren reagieren sensibel auf Ermittlungsverfahren und ziehen ihr Engagement im Zuge solcher nicht selten zurück. Imageschäden dürfen ebenfalls nicht unterschätzt werden[230].

---

226 *Albrecht*, Kriminologie, S. 293; *Seier*, in: *Achenbach* [u.a.] (Hg.): Handbuch Wirtschaftsstrafrecht, 588 (Rn. 20).

227 *Seier*, in: *Achenbach* [u.a.] (Hg.): Handbuch Wirtschaftsstrafrecht, 588 (Rn. 19 ff).

228 *Ransiek*, ZStW 2004, 634 (634); ähnlich *Günther*, Die Untreue im Wirtschaftsstrafrecht, in: *Hilgendorf* [u.a.] (Hg.): FS *Weber*, 311 (312); *Bernsmann*, GA 2007, 219 (219); *Aldenhoff/Kuhn*, ZIP 2004, 103 (103 ff).

229 *Murmann*, Jura 2010, 561 (567).

230 *Seier*, Die Untreue (§ 266 StGB) als „*Allzweckwaffe*", in: *Kohlmann* (Hg.): Entwicklungen und Probleme des Strafrechts an der Schwelle zum 21. Jahrhundert, 105 (111).

b) Bewertungsfähigkeit

Die Anwendungspraxis seitens der Staatsanwaltschaften legt eine Instrumentalisierung der Untreue nahe[231]. Die Staatsanwaltschaften werden so zu einer Art „*Rechnungshof*"[232], welcher im Nachhinein prüft, ob eine unternehmerische Entscheidung angemessen war[233]. Dies ist jedoch für Staatsanwaltschaften und Gerichte eine artfremde Aufgabe. Es kommt damit in Grundzügen zu einer „*Wirtschaftslenkung*"[234] durch die Strafverfolgungsbehörden. *Seier* bringt die „*Anwendungshypertrophie*"[235] treffend auf den Punkt, indem er fragt, ob demnächst mit einem Untreueverfahren gegen die Entscheidungsträger beim *FC-Bayern München* zu rechnen sei, weil die Staatsanwaltschaft davon ausgeht, dass für einen Neuzugang zu viel Geld gezahlt worden sei[236]. Diese Aussage ist (wenn auch überspitzt) symptomatisch. Eine Prognose darüber, welche wirtschaftlichen Entscheidungen als Untreuehandlung angesehen werden, ist nicht möglich. Die Strafverfolgungsbehörden und Gerichte sind nicht in der Lage, diese ihr aus der Anwendungspraxis zukommende Aufgabe zu bewerkstelligen.

aa) Einstellungspraxis[237]

Den Strafverfolgungsbehörden fehlen hierzu die nötigen Ressourcen und zum Teil auch die notwendigen wirtschaftlichen Kenntnisse. Dies zeigt sich darin, dass es im Rahmen von Untreueverfahren überdurchschnittlich oft zu einer Einstellung nach § 153a StPO kommt[238]. Im Zeitraum 2002 bis 2010 wurden durchschnittlich pro Jahr 2763 Untreueverfahren durch die Strafgerichte abgeurteilt. Hiervon wurden durch das Gericht durchschnittlich 597 Verfahren eingestellt. Insgesamt gab es durchschnittlich 1972 Verurteilungen, wovon 651 auf Freiheitsstrafe lauteten. Es finden sich keine Statistiken darüber, wie viele Ermittlungsverfahren, welche ursprünglich wegen Untreue eröffnet worden sind, wieder im Sande verlaufen oder eingestellt

231 *Ders.*, Die Untreue (§ 266 StGB) als „*Allzweckwaffe*", in: *Kohlmann* (Hg.): Entwicklungen und Probleme des Strafrechts an der Schwelle zum 21. Jahrhundert, 105 (106).
232 *Ebenda*, 105 (108).
233 *Ebenda*.
234 So auch: *Beulke*, Wirtschaftslenkung im Zeichen des Untreuetatbestandes, in: *Müller* [u.a.] (Hg.): FS *Eisenberg*, 245 (246).
235 *Dahs*, NJW 2002, 272 (272–273).
236 *Seier*, Die Untreue (§ 266 StGB) in der Rechtspraxis, in: *Bernsmann* [u.a.] (Hg.), Bochumer Beiträge zu aktuellen Strafrechtsthemen, 145 (156).
237 Vgl. hierzu ausführlich: *Bussmann/Lüdemann*, Klassenjustiz oder Verfahrensökonomie?
238 *Lüdemann/Bussmann*, KrimJ 1989, 54 (54 ff.).

worden sind[239]. Die *„Dunkelziffer"* dürfte hoch sein[240]. In diesem Zusammenhang darf nicht außer Acht gelassen werden, dass § 153a StPO voraussetzt, dass nach dem Verfahrensstand zum Zeitpunkt der Einstellung mit hoher Wahrscheinlichkeit von einer Verurteilung auszugehen ist[241]. Von einer Durchführung bzw. Weiterführung eines gerichtlichen Verfahrens kann nur deswegen abgesehen werden, weil das öffentliche Interesse wegen der Schwere der Schuld ein solches nicht zwingend erforderlich macht[242]. Die Schwere der Schuld steht einer Einstellung nicht entgegen. Es handelt sich bei einer Einstellung nach § 153a StPO um eine Momentaufnahme aufgrund des aktuellen Verfahrensstandes[243]. Die Einstellungspraxis ist bedenklich und lässt die Interessen der Betroffenen außen vor. Die Einstellungen erfolgen nicht deswegen, weil die Betroffenen sich aufgrund ihres Status leichter freikaufen können (Stichwort *„153a StPO als Millionärsschutzparagraf"*[244]), sondern weil erhebliche Unsicherheiten in der Anwendung des § 266 StGB bestehen. Wegen dieser Unsicherheiten und den daraus entstehenden Unwägbarkeiten hinsichtlich einer gerichtlichen Entscheidung wird ein Strafverteidiger seinem Mandanten zumeist anheimstellen, die Einstellung (wenn auch widerwillig) zu akzeptieren[245]. Denn auch der Verteidiger kann aufgrund der Anwendungsschwierigkeiten selten eine Prognose über den Verfahrensausgang geben. Einstellungen nach § 153a StPO hinterlassen nicht selten einen bitteren Nachgeschmack, auch wenn diese die Unschuldsvermutung nicht widerlegen[246]. Zum einen sind sie nach § 153a StPO nicht selten mit Imageschäden verbunden und zum anderen können sie ungeahnte Auswirkungen auf etwaige Haftungsprozesse haben. Bei den Zivilgerichten bestehen zum Teil erhebliche Unsicherheiten im Umgang mit § 153a StPO[247]. Die Einstellung nach § 153a StPO enthält zwar keine strafrechtliche Erkenntnis, dies wird von den Zivilgerichten zum Teil jedoch verkannt. Dies ist damit zu begründen, dass aus den Voraussetzungen einer Einstellung zum Teil fehlerhaft geschlussfolgert wird, dass eine strafbare Handlung vorliegen müsse. Dem ist aber nicht so. Voraussetzung ist nur ein Verdacht, nicht das Vorliegen einer Tat. Aber auch wenn eine Einstellung nach § 153a StPO die Unschuldsvermutung nicht widerlegt, muss berücksichtigt werden, dass eine solche dennoch immer im Spannungsfeld zur Unschuldsvermutung steht. Eine Einstellung nach § 153a StPO ist mit Auflagen verbunden. Aufgrund der Einstellungspraxis drängt sich der Eindruck auf, dass § 153a StPO instrumentalisiert werde, um die fehlende Rechtssicherheit

---

239 Vgl. auch: *Seier*, Die Untreue (§ 266 StGB) als *„Allzweckwaffe"*, in: *Kohlmann* (Hg.): Entwicklungen und Probleme des Strafrechts an der Schwelle zum 21. Jahrhundert, 105 (112).

240 *Thomas*, Untreue in der Wirtschaft, *Hanack* [u.a.] (Hg.): FS *Riess*, 795 (809).

241 *Pfeiffer*, *Pfeiffer* StPO, § 153a StPO, Rn. 2.

242 *Schoreit*, KK StPO, § 153a StPO, Rn. 1 ff.

243 So auch: *Gerkau*, Untreue und objektive Zurechnung, S. 11.

244 *Kaiser*, NStZ 1984, 343 (343).

245 Gem. § 153a Abs. 1 und Abs. 2 StPO ist die Zustimmung notwendige Voraussetzung.

246 BVerfG MDR 1991, 891 (891); NStZ-RR 1996, 168 (168).

247 Vgl. hierzu umfassend: *Fromm*, NZV 2007, 552 (552 ff.).

im Umgang mit § 266 StGB auszugleichen. Diese Instrumentalisierung lässt § 153a StPO in dem falschen Licht erscheinen, ein *„Millionärsschutzparagraf“* zu sein[248].

bb) Ressourcen und Fachkenntnisse

Den Strafverfolgungsbehörden fehlen zudem die Ressourcen und zum Teil auch die Kenntnisse zur Bewertung umfangreicher und komplexer Wirtschaftssachverhalte. Dies äußert sich in der beschriebenen Einstellungspraxis. Dass die Justiz im Hinblick auf Wirtschaftsstrafverfahren überlastet ist, zeigt sich in der oft langen Dauer der Verfahren[249]. Die Errichtung von bereichsübergreifenden Schwerpunktstaatsanwaltschaften für Wirtschaftsstrafsachen erfolgte nicht hauptsächlich wegen einer Bündelung von Kenntnissen und Ressourcen, sondern aus haushaltspolitischen Erwägungen. Es ist kein Geheimnis, dass sie überlastet sind und mit Mittelkürzungen zu kämpfen haben. Gerade Schwerpunktstaatsanwaltschaften zeichnen sich dadurch aus, dass Ermittlungsverfahren lange dauern und überdurchschnittliche viele Verfahren eingestellt werden. Ein deutliches Zeichen für die Überlastung[250]. Auch die Bildung von Wirtschaftsstrafkammern gem. § 74 c GVG ist kritisch zu betrachten. Zwar ist eine Bündelung von Ressourcen und Kenntnissen stets als vorteilhaft zu bewerten. Bei den Wirtschaftsstrafkammern verhält es sich aber so, dass diese Spezialkammern keine besonderen Voraussetzungen an die Berufsrichter dieser Kammern haben. Für die Besetzung einer Wirtschaftsstrafkammer ist es unerheblich, ob die eingesetzten Berufsrichter über spezielle Kenntnisse des Wirtschaftslebens verfügen. Sie haben keine Spezialausbildung, wirtschaftliche Kenntnisse und Fähigkeiten müssen im Rahmen der Tätigkeit selbst erworben werden. Es gilt (jedenfalls in der Anfangszeit) der Grundsatz *„learning by doing“*[251]. Die Kombination aus Komplexität, Überlastung, fehlenden Kenntnissen und Anwendungsunsicherheiten führt dazu, dass Wirtschaftsstrafverfahren und insbesondere Untreueverfahren zumeist eine überlange Verfahrensdauer aufweisen. Dies führt wiederum dazu, dass Verfahren mittels *„Deal“* oder über § 153a StPO beendet werden. Diese unheilvolle Kombination hat zur Folge, dass Wirtschaftsstrafverfahren und Untreueverfahren in das Spannungsfeld der strafprozessualen Grundziele von Gerechtigkeit und Wahrheit geraten. Es steht zu befürchten, dass diese wichtigen Grundsätze aus den Augen verloren werden.

---

248 *Thomas*, Untreue in der Wirtschaft, *Hanack* [u.a.] (Hg.): FS *Riess*, 795 (809).

249 Vgl. hierzu: *Schrödel*, Aktuelle Erscheinungsformen der Wirtschaftskriminalität und Schwierigkeiten ihrer Bewältigung, in: *Bannenberg* (Hg.): Wirtschaftskriminalität, 47 (52 ff.).

250 A.A. *Dannecker*, Die Entwicklung des Wirtschaftsstrafrechts in der Bundesrepublik Deutschland, in: *Wabnitz* [u.a.] (Hg.): Handbuch des Wirtschafts- und Steuerstrafrechts, 1 (125).

251 *Dahs*, Probleme des Wirtschaftsstrafrechts aus der Sicht des Praktikers in: *Dahs* [u.a.] (Hg.): Wirtschaftsethik-Wirtschaftsstrafrecht, 61 (82–85).

V. Zivilrechtliche Folgen

Gerade in der Praxis der Strafverteidigung stellt sich die Frage, welche zivilrechtlichen Folgen den Betroffenen im Anschluss an ein Strafverfahren drohen könnten[252]. Oftmals können zivilrechtliche Konsequenzen fatale Auswirkungen haben, wie beispielsweise Schadensersatzforderungen, welche die wirtschaftliche Existenz bedrohen können. Vielfach ist auch zu beobachten, dass bei eigentlich zivilrechtlichen Streitigkeiten eine „*Flucht in das Strafrecht*[253]" stattfindet. Prozessparteien sehen es zum Teil als Vorteil an, wenn der Gegner Beschuldigter in einem Ermittlungsverfahren ist, und rechnen sich hier eine bessere Ausgangsposition aus. Zivilverfahren werden als probates Mittel genutzt, um dem im Strafverfahren schweigenden Beschuldigten zu einer Aussage zu „*zwingen*", § 138 Abs. 1 ZPO. Es zeigt sich, dass zu berücksichtigende Wechselwirkungen zwischen Strafverfahren und sich möglicherweise anschließenden Zivilverfahren existieren. Auch in einem Zivilverfahren muss man auf die oben beschriebene „*Flucht in das Strafrecht*"[254] gegebenenfalls reagieren. Wenn auch keine Bindungswirkung strafrechtlicher Urteile für Zivilverfahren besteht, so müssen die Wechselwirkungen bei der Verteidigungsstrategie unbedingt berücksichtigt und der Mandant auf diese hingewiesen werden. Denn auch ohne Bindungswirkung kann ein etwaiges Strafurteil in das Zivilverfahren eingeführt werden. Im Rahmen der Beweiswürdigung muss sich der Zivilrichter hiermit auseinandersetzen. Dies gilt ebenfalls für die strafrechtlichen Beweisergebnisse. Die Wechselwirkungen müssen bereits zum Beginn des Ermittlungsverfahrens Berücksichtigung finden. Der Strafverteidiger muss die zivilrechtlichen Haftungsaspekte kennen. Eine besondere Rolle kommt diesem Aspekt zu, wenn der Mandant Organ einer Gesellschaft ist. In diesem Fall müssen Regressansprüche der Gesellschaft ins Kalkül gezogen werden. Dies gilt umso mehr, wenn bereits ein Insolvenzverfahren läuft. Besondere Vorsicht ist bei bereits laufenden Zivilverfahren geboten. In diesem Zusammenhang muss sowohl dem Strafverteidiger als auch dem Anwalt bewusst sein, dass Erklärungen im Rahmen des Zivilverfahrens auch in das Strafverfahren eingeführt werden können[255].

Aus den Wechselwirkungen ergibt sich auch, dass ein Gesellschaftsorgan unter Umständen eine Bestrafung wegen Untreue akzeptiert, wenn gleichzeitig etwaige Verfahren wegen §§ 283–283 d StGB gemäß § 154 bzw. § 154 a StPO eingestellt werden. Über dieses Vorgehen kann eine fünfjährige Amtsunfähigkeit nach § 6 Abs. 2 GmbHG verhindert werden, welche unter Umständen den wirtschaftlichen Ruin zur Folge hätte. Die Wechselwirkungen erklären auch, warum häufig Verfahrenseinstellungen

---

252 Strafverteidiger haben zudem arbeitsrechtliche und familienrechtliche Aspekte im Hinterkopf zu behalten. Diese spielen im Rahmen der vorliegenden Arbeit aber keine relevante Rolle, sodass hier eine Beschränkung auf zivilrechtlichen Konsequenzen erfolgt.

253 *Roxin*, Strafrechtliche Grundlagenprobleme, S. 41; *Ransiek*, ZStW 2004, 634 (635).

254 *Roxin*, Strafrechtliche Grundlagenprobleme, S. 41.

255 *Junker/Armatage*, Praxiswissen Strafverteidigung, Rn. 768.

nach §§ 153, 153 a StPO oder Strafbefehle hingenommen werden. Einem potenziellen Anspruchsteller werden so möglichst wenige Ansatzpunkte aus dem Strafverfahren geliefert[256]. Relevant wird dieser Umstand dann, wenn bereits ein Zivilverfahren gegen den Mandanten angestrengt ist und sich ein Strafverfahren erst anschließt oder bereits läuft. Während im Strafverfahren eine Berufung auf das Schweigerecht möglich ist und auch keine Wahrheitspflicht besteht, sieht dies im Rahmen eines Zivilverfahrens anders aus. Dem Mandanten obliegt gemäß § 138 Abs. 1 ZPO eine Wahrheitspflicht. Unwahrer Sachvortrag stellt zumindest versuchten Prozessbetrug dar. Diese Problematik könnte im Rahmen einer möglichen Strafzumessung relevant werden[257].

VI. Verfassungsmäßigkeit[258]

Kritiker sehen in § 266 StGB einen Verstoß gegen das verfassungsrechtliche Bestimmtheitsgebot, Art. 103 Abs. 2 GG[259]. Verfassungsrechtliche Bedenken gegen § 266 StGB sind angesichts der Probleme in der Anwendung nicht überraschend und seit Langem allgegenwärtig[260]. Mit Beschluss vom 23.06.2010 hat das Bundesverfassungsgericht zu der Frage der Verfassungsmäßigkeit Stellung genommen. Es attestiert, dass der Untreuetatbestand, trotz seiner Weite und offenen Formulierung, *„mit dem Bestimmtheitsgebot des Art. 103 Abs. 2 GG noch zu vereinbaren"* sei[261]. Die verfassungsrechtlichen Grundaussagen des Bundesverfassungsgerichts überzeugen. Das Signal, zukünftig die Strafgerichte verstärkt zu kontrollieren, ist begrüßenswert. Weniger spektakulär[262] sind die Feststellungen zum *„Gefährdungsschaden"*. Dass eine konkrete Gefährdung nachvollziehbar festzustellen ist, kann nicht als aufsehenerregend bezeichnet werden. Hierbei handelt es sich nur um die Klarstellung einer Selbstverständlichkeit[263]. Kein Gericht würde wegen Totschlages verurteilen, wenn keine Feststellungen zu Ursächlichkeit der Handlung für den Tod des Opfers getroffen wurden. Hinsichtlich der weiteren Ausführungen zur Untreuestrafbarkeit können die Erwägungen des Bundesverfassungsgerichts nicht überzeugen[264]. Wesentliche Punkte, insbesondere

---

256 *Hiebl/Becker*, Anwaltshandbuch Strafverteidigung, § 30, Rn. 1.

257 *Junker/Armatage*, Praxiswissen Strafverteidigung, Rn. 233.

258 Vgl. hierzu zusammenfassend: *Wittig*, BeckOK StGB, § 266, Rn. 1; *Schünemann*, LK, § 266, Rn. 24 ff., 28; *Dierlamm*, MüKO StGB (Band 1), § 266, Rn. 3.

259 *Seier*, Die Untreue (§ 266 StGB) in der Rechtspraxis, in: *Bernsmann* [u.a.] (Hg.), Bochumer Beiträge zu aktuellen Strafrechtsthemen, 145 (153); *Dierlamm*, MüKO StGB (Band 1), § 266, Rn. 3.

260 Zusammenfassend: *Dierlamm*, MüKO StGB (Band 4), § 266, Rn. 3–9.

261 BVerfG, Beschluss vom 23.06.2010, Az.: 2 BvR 2559/08, Rz. 85.

262 So *Saliger*, NJW 2010, 3195 (3195 f.), der den Beschluss als spektakulär ansieht.

263 So auch zum Verschleifungsverbot: *Bittmann*, wistra 2013, 1 (1); *Schlösser*, NStZ 2012, 473 (475), *Fischer*, StGB, § 1, Rn. 5.

264 So auch: *Becker*, HRRS 2010, 383 (383 ff.); ähnlich *Beukelmann*, NJW-Spezial 2010, 568 (568 f.).

hinsichtlich der Anwendungspraxis, werden in ihrer Relevanz verkannt. Auch nach der Entscheidung des Bundesverfassungsgerichts bleiben die bisherigen Anwendungsprobleme und Streitpunkte weiter bestehen.[265] *Safferling* fasst die Reichweite des Beschlusses treffend zusammen:

> *„Wer sich erhofft hatte, das BVerfG würde sich aufschwingen und hier eine endgültige Klärung über die Frage der Reichweite des § 266 StGB herbeiführen, sieht seine Hoffnung durch die Entscheidung enttäuscht. Zu einer substanziellen Restriktion des § 266 StGB führt der vorliegende Beschluss nicht. Allerdings liegt in einer solchen Erwartung auch eine Überforderung der Möglichkeiten des Verfassungsgerichts, dem es obliegt, die durch die Verfassung gezogenen Grenzen für Rechtsprechung und Gesetzgebung aufzuzeigen, aber nicht gleich einer (Super-)Revisionsinstanz das einfache Recht auszulegen. Dass die Bundesgerichtshof-Senate munter über die Auslegung von § 266 StGB weiterdiskutieren, verdeutlicht die jüngste Kontroverse zwischen dem 1. und dem 2. Strafsenat, die trotz der verfassungsgerichtlichen Rechtsprechung die Handhabung der „Schwarzen Kassen" unterschiedlich ausgestaltet sehen will".*[266]

Dem Beschluss des Bundesverfassungsgerichts lagen folgende Entscheidungen des Bundesgerichtshofs zugrunde: Zum einen ging es um Verurteilungen wegen der Bildung schwarzer Kassen (*Siemens-Komplex*[267]), zum anderen um die pflichtwidrige Bewilligung von Prämien seitens des Vorstandes einer Betriebskrankenkasse an Angestellte[268] und um pflichtwidrige Kreditvergaben (*Berlin-Hannoversche Hypothekenbank AG*[269]).

Das Bundesverfassungsgericht führt aus, dass § 266 StGB *„eine konkretisierende Auslegung zu [komme], die die Rechtsprechung in langjähriger Praxis umgesetzt [habe] und die sich in ihrer tatbestandsbegrenzenden Funktion als tragfähig erwiesen hat."*[270] *Angesichts der anhaltenden Anwendungsunsicherheiten und der tatsächlichen Anwendungspraxis überrascht diese Feststellung. Gerade die Problematik der strafrechtlichen Beurteilung unternehmerischer Entscheidungen macht deutlich, dass die Rechtsprechung bisher nicht in der Lage war, den Tatbestand zu konturieren und so eine Vorhersehbarkeit strafrechtlich relevanten Handelns zu gewährleisten.* Offen bleibt auch, ob es den Gerichten obliegen kann, einen unbestimmten Tatbestand zu konturieren. Dies ist eigentlich die ureigene Aufgabe der Legislative.

Gerade in großen Wirtschaftsstrafverfahren reduzieren sich die Probleme im Rahmen der Untreue auf die Pflichtwidrigkeit und den Vermögensschaden[271]. Auf das Tatbestandsmerkmal der Pflichtwidrigkeit wurde durch das Bundesverfassungsgericht in seiner Entscheidung nicht näher eingegangen. In dem zur Entscheidung

265 *Bittmann*, NStZ 2012, 57 (57 ff.).
266 *Safferling*, NStZ 2011, 376 (376).
267 BGH, NJW 2009, 89 (89 ff.).
268 BGH, Beschluss vom 17.12.2008 - 2 StR 451/08.
269 BGH, Beschluss vom 04.02.2009 - 5 StR 260/08.
270 BVerfG, Urteil vom 23.06.2010, Az. 2 BvR 2559/08, Rn. 105.
271 Vgl. mit weiteren Nachweisen: *Saliger*, HRRS 2006, 10 (11 ff., 12).

gelangten Verfahren spielte die Pflichtwidrigkeit jeweils nur eine untergeordnete Rolle. Dennoch sind die wenigen Ausführungen zur Pflichtwidrigkeit interessant, wenn auch wenig aufsehenerregend. Das Bundesverfassungsgericht stellt fest, dass durch die Fallgruppenbildung der Strafgerichte eine Konturierung der Untreue erfolgt[272]. An dieser Stelle verkennt das Bundesverfassungsgericht allerdings, dass die Anwendungsunsicherheiten nicht zuletzt genau aus den zahlreichen Fallgruppen resultieren, die die Strafgerichte in den letzten Jahrzehnten immer mehr gebildet hatten, um sich dann selbst in diesem *„Gestrüpp zu verlaufen“*[273]. Diese Fallgruppenbildung und die damit verbundene Abkehr von der Dogmatik haben die Anwendungsunsicherheiten mit begünstigt. Es ist problematisch, sich auf weitere Fallgruppen festzulegen, anstatt eine dogmatisch-methodische Lösung zu finden. Damit hat das Bundesverfassungsgericht eine Chance vergeben, den Tatbestand durch eine Rückbesinnung auf Dogmatik zu konturieren. Alle weiteren Versuche werden nicht dazu führen, das Problem an seiner *„Wurzel zu packen“*. Auch zukünftige Konturierungsversuche werden nur wieder einzelne *„Symptome“* behandeln, aber nicht zu einer Lösung des Grundproblems gelangen. Beizugeben ist dem Bundesverfassungsgericht, das es klargestellt hat, dass eine limitierte Akzessorietät im Rahmen der Untreuestrafbarkeit besteht[274]. Es kann eben nicht jede Verletzung außerstrafrechtlicher Pflichten eine strafrechtliche Untreue nach sich ziehen. Eine Strafbarkeit kommt nur bei *„evidenten“* Pflichtverletzungen infrage. Aber an dieser Stelle stellt sich das nächste Bestimmtheitsproblem: Was ist *„evident“*? Nicht zuletzt wegen der Rechtsprechung zur *„gravierenden“* Pflichtverletzung sieht das Bundesverfassungsgericht die Untreue als *„noch mit dem Bestimmtheitsgebot“*[275] vereinbar an. Bislang ist kein hinreichender Maßstab für eine graduelle Abstufung im Rahmen der Untreuestrafbarkeit erkennbar. Nichts anderes passiert aber letztlich durch die Einführung der Begriffe *„gravierend“* oder *„evident“*. Es wird ein Schwellenwert zur Strafbarkeit vorausgesetzt, der nicht hinreichend geklärt ist[276]. Durch seine Entscheidung hat das Bundesverfassungsgericht im Ergebnis die Fallgruppenbildung gebilligt und aufgefordert, weitere Fallgruppen zur weiteren Konkretisierung zu bilden. Diese neuen Fallgruppen sind dann wohl auch durch das Bundesverfassungsgericht überprüfbar.

Hinsichtlich der *„Verschleifung“* bringt die Entscheidung des Bundesverfassungsgerichts keine neuen Erkenntnisse. Das Bundesverfassungsgericht stellt die *„Selbstverständlichkeit“* klar, dass es zu keiner *„Verschleifung“* zwischen Pflichtverletzung und Vermögensnachteil kommen darf. Es bestünde zwar ein Zusammenhang zwischen

272 A.A. richtigerweise *Bräunig*, Untreue in der Wirtschaft, S. 68, welcher klarstellt, dass durch die Fallgruppenbildung eine Rechtsunsicherheit bewirkt werden kann.

273 *Schünemann*, NStZ 2006, 196 (196).

274 Mit weiteren Nachweisen: *Ibold*, Unternehmerische Entscheidungen als pflichtwidrige Untreuehandlungen, S. 91 ff.; *Bräunig*, Untreue in der Wirtschaft, S. 91 f.; *Kraatz*, ZStW 2011, 447 (447 ff.).

275 BVerfG, Beschluss vom 23.06.2010, Az.: 2 BvR 2559/08, Rz. 85.

276 *Safferling*, NStZ 2011, 376 (376 ff.).

beiden Tatbestandsmerkmalen, aber nicht in Form eines Automatismus. Dies ist keine neue verfassungsrechtliche Erkenntnis. Zur Vermeidung der „*Verschleifung*" genügt es nicht, dass die Tatbestandsmerkmale unabhängig voneinander geprüft werden. Es darf nicht durch die Hintertür eine Verschleifung eingeführt werden, etwa dann, wenn das Handelsbilanzrecht als Mittel der Nachteilsfeststellung herangezogen wird[277].

Es bleibt zu befürchten, dass sich trotz (oder wegen?) des Beschlusses des Bundesverfassungsgerichts auch zukünftig wenig an der Anwendungspraxis ändern wird[278]. Das Bundesverfassungsgericht hat die Offenheit der Untreue als mit dem Bestimmtheitsgebot vereinbar „*abgesegnet*"[279], sodass die Untreue weiterhin eine wesentliche Rolle im Wirtschaftsstrafrecht spielen wird[280]. Zu einer Konturierung des Untreuetatbestandes ist es durch die Entscheidung des Bundesverfassungsgerichts jedenfalls nicht gekommen[281]. Es ist noch völlig offen, wie das Bundesverfassungsgericht zukünftig sein Prüfungsprogramm umsetzen und konkretisieren wird.

Im Hinblick auf die Überprüfbarkeit unternehmerischer Entscheidungen lässt sich dem Beschluss nichts Neues entnehmen. Es bleibt weiter unvorhersehbar, ob eine Entscheidung später strafrechtliche Konsequenzen haben wird oder nicht. Oder wie es *Oğlakcıoğlu* zusammenfasst: Die Erwägungen der Karlsruher Richter sind „*sachlich nicht zu beanstanden, aber praktisch wenig hilfreich. Da der Beschluss die Bestimmtheit sowie Bestimmbarkeit des Untreuetatbestandes abgesegnet hat, kann § 266 StGB weiterhin als „Kaugummiparagraf" (so der Strafverteidiger Amelung) bzw. als „Mädchen für alles" im Wirtschaftsstrafrecht bezeichnet werden. Mit der Untreue im Recht bleibt es also vorerst wie mit der Untreue in der Partnerschaft: Die Grenzen zwischen einem Flirt und einem (verbotenen?) Seitensprung sind fließend.*"[282]

VII. Notwendigkeit von § 266 StGB

Untreue ist die vermögensschädigende Pflichtverletzung innerhalb einer anvertrauten Machtstellung. Über diesen Strafgrund ist die Untreue legitimiert. Es gibt hierfür im StGB keinen äquivalenten Ersatz. Der Schutz fremden Vermögens durch eine Pflichtverletzung „*von innen*" kann durch den Betrugstatbestand und die veruntreuende Unterschlagung nicht geleistet werden. § 266 StGB ist notwendig und über seinen Schutzzweck legitimiert. Die Norm erfasst unbestritten sozialschädliches und strafwürdiges Verhalten[283]. Die Wirtschaft braucht einen restriktiv angewandten und konturierten Untreuetatbestand. Unser Wirtschaftssystem setzt maßgeblich voraus, dass Vermögensinteressen durch Dritte wahrgenommen und

---

277 *Krüger*, NStZ 2011, 369 (375).
278 *Kudlich*, ZWH 2011, 1 (1 ff).
279 BVerfG, Beschluss vom 23.06.2010, Az.: 2 BvR 2559/08, Rz. 85.
280 *Oğlakcıoğlu*, LTO 17.08.2010.
281 Ähnlich: *Safferling*, NStZ 2011, 376 (379); *Krüger*, NStZ 2011, 369 (373).
282 *Oğlakcıoğlu*, LTO 17.08.2010.
283 *Altvater*, DRiZ 2004, 134 (134).

ausgeübt werden[284]. Die Vermögensgeber dürfen nicht schutzlos gestellt werden. Es muss im Rahmen der Untreuestrafbarkeit ebenso eine Bewertung wirtschaftlicher Vorgänge erlaubt sein. Aber es müssen deutliche Grenzen aufgezeigt werden. Die Wirtschaft ist ein eigenes, abgeschlossenes System, jedoch kein rechtsfreier Raum. Die Eingriffe des Staates mit dem Instrument des Strafrechts müssen daran angepasst sein. Wird im Rahmen der Untreue bei *„Risikogeschäften“* von einem *„Klumpenrisiko“*[285] gesprochen und verlangt, dass der Treunehmer alle wesentlichen Faktoren zu berücksichtigen habe, so muss dies auch bei Eingriffen mittels Strafrecht in das Wirtschaftssystem gelten. Es dürfen nicht isoliert einige Punkte betrachtet werden, sondern es muss eine Gesamtschau stattfinden. Die Besonderheiten der Wirtschaft müssen berücksichtigt werden.

Der Tatbestand der Untreue muss konturiert und der Schwerpunkt auf den objektiven Tatbestand gelegt werden. Hierbei zeigt sich, dass bei klarer Konturierung der Tatbestandsmerkmale Handlungssicherheit für die Strafrechtspraxis, aber auch für die Entscheidungsträger in Unternehmen gewonnen werden kann. Der Vermögensschutz nach § 266 StGB ist in der strafrechtlichen Praxis von eminenter Bedeutung. Die Kriterien strafrechtlicher Verantwortlichkeit müssen klar und verständlich sein.

VIII. Die *„gravierende Pflichtverletzung“*

Der Untreuetatbestand ist restriktiv zu handhaben. Das Bundesverfassungsgericht hat mit Beschluss vom 23.06.2010 festgestellt, dass die Pflichtverletzung im Rahmen der Untreue *„evident“* sein muss. Im objektiven Tatbestand käme dem Merkmal der Pflichtwidrigkeit die größte und in der Prüfungsreihenfolge eine primäre Filterwirkung zu.

Nachdem das Bundesverfassungsgericht davon ausgeht, dass die Beschränkung auf *„evidente“* Pflichtverletzungen zur Restriktion geeignet sei, soll sich im Folgenden ausgiebig mit der von der Rechtsprechung entwickelten, *„gravierenden Pflichtverletzung“*[286] auseinandergesetzt werden. Die Beschränkung auf *„gravierende Pflichtverletzungen“* ist eine durch die Rechtsprechung des 1. Strafsenates des Bundesgerichtshofs entwickelte Dogmatik[287]. Das Tatbestandsmerkmal der Pflichtverletzung hat bis zur Entscheidung BGHSt 46, 30 ein Schattendasein geführt. Der 1. Strafsenat des Bundesgerichtshofs hat in einer Entscheidungsserie herausgearbeitet, dass die Pflichtverletzung die zentrale Voraussetzung der Strafbarkeit ist und damit als Mittel zur Restriktion erkannt und konturiert[288].

---

284 So auch zutreffend: BVerfG, NJW 2010, 3209 (3212); *Wittig*, BeckOK StGB, § 266, Rn. 3.2.

285 *Bittmann*, NStZ 2011, 361 (361 ff.).

286 Zusammenfassend: *Ibold*, Unternehmerische Entscheidungen als pflichtwidrige Untreuehandlungen, S. 134 ff.

287 BGHSt 46, 30 (30); 47, 148 (148); 47, 187 (187).

288 *Thomas*, StrafV in WirtStR, § 19, Rn. 40.

Der 1. Strafsenat hat klargestellt, dass nicht jeder zivilrechtliche Pflichtenverstoß eine strafbewehrte Pflichtverletzung begründen könne. Eine zivilrechtliche Pflichtverletzung sei eine notwendige, aber nicht die alleinige Voraussetzung. Die Untergrenze des strafrechtlichen Verhaltens werde zwar durch die Grenze der zivilrechtlichen Rechtmäßigkeit markiert, aber die strafrechtliche Pflichtwidrigkeit werde über spezifische strafrechtliche Kriterien definiert. Der Pflichtverstoß müsse *„gravierend"* sein. Ob eine Pflichtverletzung gravierend sei, bestimme sich aufgrund einer Gesamtabwägung.[289]

1. Kreditvergabeentscheidungen

Die Kreditvergabeentscheidungen des Bundesgerichtshofs stellen den Ausgangspunkt bei der Entwicklung des Konstrukts der *„gravierenden Pflichtverletzung"* dar.

a) BGH, NJW 2000, 2364

In der Entscheidung BGH, NJW 2000, 2364 findet das Kriterium *„gravierend"* noch keine ausdrückliche Erwähnung. Aus der Entscheidung ist jedoch zu entnehmen, dass eine Verletzung einzelner Verhaltensanforderungen nicht genügen soll, um eine Pflichtverletzung nach § 266 StGB zu begründen. So wird im Urteil ausgeführt, dass

> *„die - hier allenfalls geringfügige - Verletzung der sich aus § 18 S. 1 KWG ergebenden Informationspflicht für sich die Annahme einer Pflichtverletzung iS. des § 266 StGB nicht"*

ausreicht[290]. Es komme vielmehr darauf an, dass

> *„Die Entscheidungsträger ihrer Prüfungs- und Informationspflicht bezüglich der Vermögensverhältnisse des Kreditnehmers insgesamt ausreichend nachgekommen sind"*[291].

Die Verletzung der außerstrafrechtlichen Norm wird nur als Indiz für etwaige strafrechtliche Verfehlungen gewertet. Es wird hier die Gleichstellung einer zwar außerstrafrechtlichen, aber für die Vermögensbetreuungspflicht relevanten, Norm mit der Pflichtverletzung iSd. § 266 StGB verworfen. Weiter wird durch den 1. Strafsenat ausgeführt:

> *„Jede Kreditbewilligung ist ihrer Natur nach ein mit einem Risiko behaftetes Geschäft. Bei einer Kreditvergabe sind auf der Grundlage umfassender Informationen diese Risiken gegen die sich daraus ergebenden Chancen abzuwägen. Ist diese Abwägung sorgfältig vorgenommen worden, kann eine Pflichtverletzung nicht deshalb angenommen werden, weil das Engagement später Not leidend wird."*[292]

---

289 *Dierlamm*, MüKO StGB (Band 4), § 266, Rn. 153 ff.
290 BGH, NJW 2000, 2364 (2365).
291 *Ebenda.*
292 *Ebenda.*

Daraus lässt sich eine weitere verallgemeinerungsfähige Formel ableiten, es kommt nicht auf das Ergebnis einer Entscheidung an. Für eine Strafbarkeit ist der Prozess der Entscheidungsfindung relevant.

> *„Tatsächliche Anhaltspunkte dafür, dass die Risikoprüfung nicht ausreichend vorgenommen worden ist, können sich nach der Erfahrung [...] insbesondere daraus ergeben, dass - die Informationspflichten vernachlässigt wurden;*
>
> - *die Entscheidungsträger nicht die erforderliche Befugnis besaßen;*
> - *im Zusammenhang mit der Kreditgewährung unrichtige oder unvollständige Angaben gegenüber Mitverantwortlichen oder zur Aufsicht befugten oder berechtigten Personen gemacht werden;*
> - *die vorgegebenen Zwecke nicht eingehalten wurden;*
> - *die Höchstkreditgrenzen überschritten wurden;*
> - *die Entscheidungsträger eigennützig handelten".*[293]

b) BGH, NJW 2002, 1211

In der Folgeentscheidung hat der 1. Strafsenat, verweisend auf BGH, NJW 2000, 2364, diese Kriterien bestätigt und weiter präzisiert. Der Senat stellt Folgendes fest:

> *„Für die Pflichtverletzung iS. des § 266 StGB ist indessen maßgebend, ob die Entscheidungsträger bei der Kreditvergabe ihre bankübliche Informations- und Prüfungspflicht bezüglich der wirtschaftlichen Verhältnisse des Kreditnehmers gravierend verletzt haben."*[294]

Entscheidend ist somit nicht, ob außerstrafrechtliche Pflichten überhaupt verletzt wurden. Es muss sich um eine *„gravierende"* Verletzung handeln. Nicht jede Pflichtverletzung ist zugleich eine Verletzung der Vermögensbetreuungspflicht. Hiermit ist der Bundesgerichtshof im Ergebnis dem Grundsatz der asymmetrischen Akzessorietät gefolgt. Aber auch eine neue Untiefe im Untreuestrafrecht tritt hervor. Es wird durch den Senat hervorgehoben, dass außerstrafrechtliche Bezugsnormen nur eine Leitfunktion haben. Entscheidend ist stets, ob die Informationspflichten vollständig erfüllt wurden. Die neue Untiefe – wann sind Informationspflichten vollständig erfüllt?

2. Die *„SSV Reutlingen"*-Entscheidung

In der Entscheidung BGH, NJW 2002, 1585 hat der 1. Strafsenat des Bundesgerichtshofs seine Rechtsprechung bestätigt und weiter entwickelt. Es war darüber zu entscheiden, ob Zuwendungen aus dem Vermögen einer Aktiengesellschaft an einen Sportverein den Tatbestand der Untreue erfüllen können. Im Leitsatz zu dieser Entscheidung heißt es[295]:

---

293 *Ebenda.*
294 BGH, NJW 2002, 1211 (1214).
295 BGH, NJW 2002, 1585 (1585).

„1. Vergibt der Vorstand einer Aktiengesellschaft aus deren Vermögen Zuwendungen zur Förderung von Kunst, Wissenschaft, Sozialwesen oder Sport, genügt für die Annahme einer Pflichtwidrigkeit iS. des Untreuetatbestands des § 266 StGB nicht jede gesellschaftsrechtliche Pflichtverletzung; diese muss vielmehr gravierend sein.

2. Ob eine Pflichtverletzung gravierend ist, bestimmt sich aufgrund einer Gesamtschau insbesondere der gesellschaftsrechtlichen Kriterien. Bedeutsam sind dabei: fehlende Nähe zum Unternehmensgegenstand, Unangemessenheit im Hinblick auf die Ertrags- und Vermögenslage, fehlende innerbetriebliche Transparenz sowie Vorliegen sachwidriger Motive, namentlich Verfolgung rein persönlicher Präferenzen.

3. Jedenfalls dann, wenn bei der Vergabe sämtliche dieser Kriterien erfüllt sind, liegt eine Pflichtverletzung iS. des § 266 StGB vor".

In diesem Urteil verweist der 1. Senat ausdrücklich auf die ARAG ./. Garmenbeck Entscheidung und übernimmt den Grundtenor, dass dem Vorstand bei der Leitung eines Geschäftsunternehmens ein breiter Handlungsspielraum zugebilligt werden muss. Auch übernimmt er, dass eine Strafbarkeit nicht an einzelnen Merkmalen festzumachen ist, sondern, dass eine Gesamtschau notwendig ist. Etwas im Dunkeln lässt der Bundesgerichtshof jedoch noch die Bedeutung und Beschreibung der Leitkriterien, nach welchen eine Gesamtschau anzustellen ist.

3. Die „*Kinowelt*"-Entscheidung[296]

In der „*Kinowelt*"-Entscheidung bestätigt der 1. Strafsenat das Erfordernis einer „*gravierenden Pflichtverletzung*" und wiederholt die Grundsätze der „*SSV Reutlingen*" Entscheidung. Der 1. Strafsenat führt aus, dass Entscheidungsträgern ein weiter Ermessensspielraum gewährt werden müsse. Eine Pflichtverletzung komme erst dann infrage, wenn bei einem Überschreiten der weit zu ziehenden Grenzen unternehmerischer Freiheit eine Hauptpflicht gegenüber dem Treuegeber verletzt werde und hieraus eine Verletzung gesellschaftsrechtlicher Pflichten erfolgte, „*die so gravierend ist, dass sie zugleich eine Pflichtwidrigkeit iS von § 266 StGB begründet.*"[297]

Der Bundesgerichtshof stellt mit dieser Entscheidung klar, dass unternehmerische Entscheidungen durch die Strafgerichte nur eingeschränkt überprüfbar sind. Kommt eine Risikoentscheidung auf Grundlage einer ausreichenden Risikoanalyse zustande, so ist sie auch dann nicht zu beanstanden, wenn sich das eingegangene Risiko verwirklicht. Auch wurde hier ein weiterer wichtiger Grundsatz geschaffen. Der Richter hat zwar den Entscheidungsprozess zu begutachten, es ist ihm aber grundsätzlich versagt, eigene Vorstellungen zu einer Entscheidung einzubringen. Der Bundesgerichtshof belässt durch das Urteil Entscheidungsträgern einen weitreichenden Ermessensspielraum. Der 1. Strafsenat bewegt sich mit seiner Grenzziehung in der Tradition der *ARAG ./. Garmenbeck* Entscheidung, welche durch das

---

296 Eine Anmerkung zu dieser Entscheidung findet sich bei: *Kutzner*, NJW 2006, 3541 (3541 ff.).

297 BGH, NStZ 2006, 221 (222).

UMAG seinerseits Bestätigung erfahren hat. Hiernach liegt keine Pflichtverletzung vor, wenn bei einer unternehmerischen Entscheidung angenommen werden durfte, auf Grundlage einer angemessenen Informationsbasis zum Wohle der Gesellschaft gehandelt zu haben[298]. Nach dem, in § 93 I S. 2 AktG implementiertem „*Safe Harbour*"-Prinzip ist die Einhaltung von fünf Kriterien Grundlage für den Ausschluss jedweden Rückgriffs auf eine Pflichtwidrigkeit: eine unternehmerische Entscheidung, Handeln auf der Grundlage angemessener Informationen, Handeln ohne Sonderinteresse und sachfremde Einflüsse, Handeln zum Wohle der Gesellschaft und Handeln im guten Glauben. Übertragbar sind diese Kriterien auf § 266 StGB, da diese eine erste Bedingung für ein nicht pflichtwidriges Verhalten darstellen. Umgekehrt dürfen diese nicht als notwendige Bedingung begriffen werden, da die strafrechtliche Pflichtwidrigkeit nicht automatisch aus jedem gesellschaftsrechtlichen Pflichtverstoß zu folgern ist. Aber dieses „*Safe Harbour*"-Prinzip kann zur Konturierung der Kriterien, nach der sich eine gravierende Pflichtwidrigkeit bestimmt, hinzugezogen werden[299].

4. Verallgemeinerung

Der 1. Strafsenat hat erkannt, dass das Strafrecht dem Rechtsgüterschutz dient und dies zur dogmatischen Grundlage seines Konstrukts der „*gravierenden Pflichtverletzung*" gemacht. Er hat damit klargestellt, dass es sich bei dem Verhältnis von Strafrecht und Zivilrecht um eine asymmetrische Akzessorietät handelt[300].

Durch diese Entscheidungsserie wurde ein zweistufiger Prüfungsaufbau für das Tatbestandsmerkmal der Pflichtwidrigkeit installiert. Neben der Verletzung von außerstrafrechtlichen Bezugsnormen ist ergänzend eine Gesamtschau notwendig, die dann ggf. der Pflichtenverletzung das Testat einer „*gravierenden*" Pflichtwidrigkeit verleiht. Der außerstrafrechtliche Pflichtenverstoß ist nur Indiz für das Vorliegen einer Treuepflichtverletzung. Es ist somit in der ersten Stufe notwendig, die außerstrafrechtliche Bezugsnorm genau und eingehend auf eine Pflichtverletzung hin zu analysieren. Erst wenn aufgrund dieser Analyse feststeht, dass ein außerstrafrechtlicher Pflichtenverstoß vorliegt, findet eine Gesamtabwägung statt. Die zweite Prüfungsebene der „*gravierenden Pflichtverletzung*" kann keine eingehende Analyse der Primärmaterie ersetzen[301].

Zusammenfassend heißt das, dass erst ein Pflichtenverstoß der Primärmaterie feststehen[302] muss, bevor spezielle strafrechtliche Kriterien die gravierende Pflichtwidrigkeit feststellen können. Dieser zweistufige Aufbau liegt, wenn auch vom Bundesgerichtshof nicht ausdrücklich so genannt, in der Konsequenz der asymmetrischen Akzessorietät.

---

298 Hierzu ausführlich: *Grundei/Axel*, AG 2005, 825 (834).

299 *Thomas*, StrafV in WirtStR, § 19, Rn. 86 ff.

300 So auch: *Murmann*, Jura 2010, 561 (563); *Dierlamm*, MüKO StGB (Band 4), § 266, Rn. 153.

301 *Dierlamm*, StraFO 2005, 397 (402 ff.).

302 BGH, NJW 2010, 3458 (3458).

Jedoch muss schon auf der ersten Stufe eine weitere Beschränkung vorgenommen werden. Bevor man zum Punkt der Pflichtwidrigkeit kommt, ist festzustellen, ob die außerstrafrechtlichen Pflichten überhaupt als Vermögensbetreuungspflichten im Rahmen des § 266 StGB infrage kommen. An dieser Stelle sind bereits die Pflichten herauszufiltern, welche nicht dem Schutz fremden Vermögens dienen. Denn eine Verletzung dieser Pflichten kann keine strafbare Untreue nach sich ziehen[303]. Es ist damit nach Feststellung des außerstrafrechtlichen Pflichtenkatalogs eine Überprüfung dahingehend vorzunehmen, ob die außerstrafrechtlichen Pflichten eine Vermögensbetreuungspflicht statuieren. Schutzgut muss daher fremdes Vermögen sein und dem Pflichtigen muss eine eigenverantwortliche Wahrnehmung fremder Vermögensinteressen von einiger Bedeutung obliegen[304]. Der Vermögensbetreuungspflichtige hat strafrechtlich auch nicht für jede Pflichtverletzung einzustehen. Erforderlich ist ein funktionaler Zusammenhang zwischen der Pflichtverletzung und dem Vermögensschutz[305].

Ob eine Pflichtverletzung gravierend ist, bestimmt sich nach dem 1. Strafsenat aufgrund einer Abwägung des Einzelfalles. Damit eine solche Gesamtabwägung nachvollziehbar, aber auch vorhersehbar angestellt werden kann, sind klar bestimmte Kriterien notwendig. Erste Kriterien hat der 1. Senat in seinen Entscheidungen zur Kreditvergabe entwickelt. In dem Bemühen das Merkmal „*gravierend*" mit greifbaren Konturen zu versehen, hat der 1. Senat folgende Leitkriterien für das Vorliegen einer „*gravierenden Pflichtverletzung*" vorgegeben:

- Vernachlässigung von Informationspflichten,
- fehlende Befugnisse,
- unrichtige oder unvollständige Angaben im Zusammenhang mit der Kreditgewährung,
- vorgegebene Zwecke wurden nicht eingehalten,
- die Höchstkreditgrenzen wurden überschritten
- oder die Entscheidungsträger handelten eigennützig[306].

Weitere Leitkriterien hat der 1. Senat in der „*SSV-Reutlingen*" Entscheidung entwickelt:

- fehlende Nähe zum Unternehmensgegenstand,
- Unangemessenheit im Hinblick auf die Ertrags- und Vermögenslage,
- fehlende innerbetriebliche Transparenz sowie das Vorliegen sachwidriger Motive.

---

303 *Kubiciel*, NStZ 2005, 353 (354).

304 BGH, NJW 1985, 2280 (2282); *Bittmann*, wistra 2013, 1 (7).

305 BGH, NJW 1992, 250 (251). Vgl. hierzu mit weiteren Ausführungen: *Gerkau*, Untreue und objektive Zurechnung, S. 42 ff.; *Bräunig*, Untreue in der Wirtschaft, S. 129 ff.

306 BGH, NJW 2000, 2364 (2365).

Verallgemeinert folgen hieraus vier noch eingehender zu betrachtende Leitkriterien für unternehmensbezogene Sachverhalte, anhand derer das Vorliegen einer *„gravierenden Pflichtverletzung"* zu prüfen ist:

- Verletzung von Informationspflichten,
- Unangemessenheit im Hinblick auf die Ertrags- und Vermögenslage,
- Vorliegen sachwidriger Motive und
- Überschreitung von Befugnissen[307].

Zur weiteren Konkretisierung ist von folgenden Vorgaben auszugehen:

(aa) Zunächst ist die Verletzung von Informationspflichten zu prüfen. Die innerbetriebliche Transparenz eines Entscheidungsvorganges kommt als Kriterium für das Maß der Pflichtwidrigkeit in Betracht. Wenn Sachverhalte verschleiert oder Informationen gar nicht oder nur unvollständig eingeholt werden, so handelt es sich hierbei um einen Anhaltspunkt für das Vorliegen einer *„gravierende Pflichtverletzung"*[308]. Daraus folgt, dass nur derjenige, der eine Dokumentation über seinen Entscheidungsprozess aufgestellt hat, erfolgreich behaupten kann, vollständig seinen Informationspflichten nachgekommen zu sein. Aber unternehmerische Entscheidungen beruhen zum Teil auch auf Instinkt bzw. einem bestimmten Gespür – dies ist nicht durch Informationen zu ersetzen. Diesem Umstand wird man Rechnung tragen müssen. Instinkt und Gespür sind zwar nur schwer nachvollziehbar, aber für wirtschaftliche Entscheidungen unersetzbar. Es ist fraglich, ob hier verlangt werden kann, dass eine Entscheidung immer nachvollziehbar dokumentiert werden muss.

(bb) Als weiteres Kriterium ist die Angemessenheit der Entscheidung im Kontext zur Vermögenslage des Unternehmens zu prüfen. Für das Vorliegen einer gravierenden Verletzung spricht, wenn Vermögensverschiebungen im Hinblick auf die wirtschaftliche Lage des Unternehmens unangemessen sind. Hieran fehlt es, wenn Bestand und Rentabilität des Unternehmens nicht beeinträchtigt sind.

(cc) Ein wesentlicher Aspekt im Rahmen der Gesamtabwägung ist die Motivlage. Eigennutz ist ein Anhaltspunkt für eine Pflichtverletzung. Dient die Entscheidung eigennützigen und den Unternehmensinteressen nicht entsprechenden Zwecken, so ist dies ein Indiz für eine *„gravierende Pflichtverletzung"*. Problematisch sind jedoch an dieser Stelle Konstellationen, in denen eine gemischte Motivlage vorliegt. Es gibt auch Entscheidungen, die sowohl im Interesse des Unternehmens und im persönlichen Interesse des Entscheiders sein können.

(dd) Die Überschreitung eingeräumter Befugnisse stellt ein weiteres Merkmal für eine *„gravierende Pflichtverletzung"* dar. Handlungen außerhalb der Zuständigkeit und außerhalb des eigenen Ressorts sprechen für das Vorliegen einer *„gravierenden Pflichtverletzung"*.

---

307 *Ebenda.*

308 *Dierlamm*, MüKO StGB (Band 4), § 266, Rn. 157.

Bei Feststellung der vorgenannten Kriterien stellt sich die Frage, wie diese im Rahmen der Gesamtabwägung zu gewichten sind. Ebenfalls bleibt offen, wie viele der genannten Kriterien erfüllt sein müssen, um das Testat *„gravierend"* aussprechen zu müssen. Mit dem Hinweis des 1. Senates, dass jedenfalls dann eine *„gravierende Verletzung"* vorliegt, wenn alle Indizien erfüllt sind, ist im Hinblick auf die Bestimmtheit wenig gewonnen. Diese Frage kann nicht schematisch beantwortet werden. Es kommt immer auf eine Einzelfallentscheidung auf Grundlage des jeweils spezifischen Sachverhaltes an. Es ist zu berücksichtigen, dass dieser Katalog weder abschließend noch zwingend ist.

In der Wissenschaft wird diese Restriktion dennoch überwiegend positiv aufgenommen[309]. Es lassen sich jedoch auch differenzierende Stellungnahmen[310] finden und sogar völlige Ablehnung dieser Konstruktion[311]. Im Folgenden soll auf die vorgetragenen Hauptkritikpunkte eingegangen werden.

In der Literatur[312] stößt besonders die Gesamtabwägung auf ablehnende Haltung und Kritik. Hier werden vor allem die Leitkriterien und deren Zusammenspiel im Rahmen der Gesamtabwägung problematisiert – das gilt insbesondere für das Indiz der Unangemessenheit[313].

Schünemann schreibt hierzu:

> *„Wenn die Pflichtwidrigkeit aus der Schädigung rückgeschlossen wird, kann es infolgedessen keine Tatbestandseinschränkung auf „gravierende Fälle" geben, denn das würde contra legem darauf hinauslaufen, Untreue erst ab einem größeren Schaden in Betracht zu ziehen und damit also den Untreuetäter in unhaltbarer Weise gegenüber einem Dieb oder Betrüger zu privilegieren, die sich auch bei ganz geringfügigen Schäden oder sogar bei der Wegnahme wertloser Sachen strafbar machen."*[314]

Schünemann führt weiter aus, dass dies schon mit der Systematik des Strafgesetzbuches nicht vereinbar sei, denn der Verweis aus § 266 Abs. 2 StGB auf § 248 a StGB mache deutlich, dass auch ein geringfügiger Schaden mit einem Unwerturteil verbunden werden kann. Die Kritik *Schünemanns* gipfelt in der Aussage, dass durch diese Leitkriterien und die Gesamtabwägung eine *„pure Klassenjustiz"* geschaffen werde. In

---

309 Zusammenfassend zum Meinungsstand: *Theile*, ZIS 2011, 616 (623). BVerfGE 126, 170 (211); *Dierlamm*, StraFO 2005, 397 (402 f.); *ders.*, MüKO StGB, § 266, Rn. 154 ff.; *Salditt*, NStZ 2005, 269 (270); *Ransiek*, ZStW 2004, 634 (643).

310 *Schünemann*, NStZ 2006, 196 (196, 203); *Schünemann*, NStZ 2005, 471 (471 f., 475); *Kubiciel*, NStZ 2005, 353 (354 f.); *Bittmann*, wistra 2013, 1 (7 ff.), welcher keine verfassungsrechtliche Notwendigkeit der Beschränkung auf gravierende Pflichtverletzungen sieht und die gravierende Pflichtverletzung einer Auffangfunktion zuerkennt.

311 *Beckemper*, NStZ 2002, 324 (324 f.); *Bräunig*, Untreue in der Wirtschaft, S. 136 ff.; *Hamm*, NJW 2005, 1993 (1995); *Rönnau*, NStZ 2006, 218 (220).

312 *Murmann*, Jura 2010, 561 (565).

313 *Saliger*, HRRS 2006, 10 (19 f.).

314 *Schünemann*, NStZ 2005, 471 (475 f.).

eine ähnliche Richtung geht die Kritik *Saligers*, er sieht als Folge der Gesamtabwägung keine Rechtssicherheit und Vorhersehbarkeit, sondern reine Willkür[315].

Schünemann und *Saliger* wäre nur zu folgen, wenn das Kriterium der Unangemessenheit im Hinblick auf die Ertrags- und Vermögenslage ganz isoliert betrachtet werden würde. Dies ist aber, wie festgestellt, gerade nicht der Fall. Die Unangemessenheit ist lediglich ein Kriterium, das in die Abwägung eingeht. Eine isolierte Betrachtung, auf die *Saliger* beispielsweise seine Kritik stützt, geht daher fehl[316].

Weiterhin führt Schünemann an, dass das Konstrukt der *„gravierenden Pflichtverletzung in Wahrheit nichts anderes als eine Umschreibung des Ermessensspielraums, den der Vorstand einer Aktiengesellschaft nach den §§ 76, 93 AktG“* genießt, sei[317].

Schünemann ist Recht zu geben, dass die o. g. Kriterien hier bereits auf der Ebene der Primärmaterie zu beachten sind. Aber Grundlage für eine *„gravierenden Pflichtverletzung“* ist der zweistufige Prüfungsaufbau. Es ist zuerst aufgrund einer Prüfung der Primärmaterie eine Pflichtverletzung festzustellen. Sodann ist zu klären, ob diese strafrechtlich relevant ist. Und hier können Kriterien anders gesehen und bewertet werden als in einer Auslegung der Primärmaterie – die Grenzen müssen weiter sein. Es geht um die Frage, ob der Staat ein Handeln als *„Ultima Ratio“* bestrafen muss. Die zivilrechtliche Beurteilung eines Sachverhalts erfolgt unter anderen Gesichtspunkten als eine strafrechtliche Bewertung. Die Verletzung außerstrafrechtlicher Bezugsnormen muss grob sachfremd sein, um den Tatbestand der Untreue zu erfüllen. Damit wird dem unternehmerischen Entscheidungsspielraum innerhalb des Tatbestandes Rechnung getragen. Das Strafrecht dient dem Rechtsgüterschutz. Die durch das Strafrecht geschützten Rechtsgüter werden durch außerstrafrechtliche Bezugsnormen definiert. Demgemäß stellen diese die Regeln auf, die im Umgang mit diesen Rechtsgütern gelten. Werden diese verletzt, so werden durch die Bezugsnormen die Rechtsfolgen festgelegt. Der Straftatbestand der Untreue verbietet unternehmerische Entscheidungen nur, wenn sie völlig außerhalb des unternehmerischen Zwecks und Nutzens erfolgen. Alles andere ist nicht mit dem *„Ultima Ratio“* Grundsatz vereinbar. Es kann nicht jede Pflichtwidrigkeit bestraft werden, dies würde die Glaubwürdigkeit des Strafrechts untergraben und den Sinn der Strafe ad absurdum führen. Strafrecht ist das letzte Mittel der Sanktionierung. Das Strafrecht mit seiner spezifischen Schärfe hat erst dort seinen legitimen Platz, wo alternative Instrumente versagen. *Roxin* formuliert treffend, Strafrecht ist

> *„die letzte unter allen in Betracht kommenden Schutzmaßnahmen, d. h., es darf nur dann eingesetzt werden, wenn andere Mittel der sozialen Problemlösung – wie die zivilrechtliche Klage ... nicht strafrechtliche Sanktionen usw. – versagen.“*[318]

---

315 *Ebenda*; *Saliger*, HRRS 2006, 10 (19 f.).

316 *Dierlamm*, MüKO StGB (Band 4), § 266, Rn. 155.

317 *Schünemann*, NStZ 2005, 471 (475 f.).

318 *Roxin*, Strafrecht AT/I, § 2, Rn. 38.

Gerade im Zivilrecht bestehen mannigfaltige Möglichkeiten, um auf Pflichtverletzungen zu reagieren. *Kubiciel* sieht in der Beschränkung auf „*gravierende Pflichtverletzungen*" einen Ansatz zur Beschränkung des Tatbestands, merkt jedoch an, notwendig sei, weitere „*generalisierbare Kriterien dafür zu finden, wann von einer gravierenden Pflichtverletzung gesprochen werden kann*"[319]. Ansonsten sei diese Restriktion nicht zu halten[320]. *Rönnau* verschärft diese Kritik, er ist der Ansicht, dass es einer Beschränkung auf „*gravierende Pflichtverletzungen*" nicht bedürfe[321].

> *„Da nach dem Bundesgerichtshof zur Feststellung, ob eine Pflichtverletzung gravierend ist, eine Gesamtschau insbesondere der gesellschaftsrechtlichen Kriterien, wie fehlende Nähe zum Unternehmensgegenstand, Unangemessenheit im Hinblick auf die Ertrags- und Vermögenslage, fehlende innerbetriebliche Transparenz sowie Vorliegen sachwidriger Motive vorgenommen werden muss, bleibt das zur Konkretisierung der Vermögensbetreuungspflicht herangezogene Merkmal sehr vage - und zudem in seinen Einzelkriterien und ihrem Zusammenspiel fragwürdig."*[322]

Dazu ist zu bemerken, dass die Restriktion des Untreuetatbestandes sehr wohl nötig ist. Aus der Analyse der Strukturprobleme folgt, dass § 266 StGB restriktiv gehandhabt werden muss und dass es sich anbietet, einen Haftungsfilter auf der Ebene Pflichtwidrigkeit zu suchen. Zuzugeben ist, dass durch das Problem der Gesamtabwägung das Leben mit der Untreue nicht leichter wird. Eine Gesamtabwägung bedeutet auch immer Einzelfallgerechtigkeit und nicht zwingend Rechtssicherheit. Die Rechtsprechung hat zahlreiche bestimmbare und konturierte Kriterien für diese Gesamtabwägung geschaffen. Auch wenn diese natürlich noch weiter konturiert und bestimmt werden müssen. Damit hat die Gesamtabwägung zur Bestimmtheit und zur besseren Vorhersehbarkeit strafrechtlicher Unwerturteile beigetragen, auch wenn die Kriterien zum Teil noch etwas im Dunkeln bleiben. Andererseits ist der vom Bundesgerichtshof entwickelte Katalog nicht abschließend und nicht zwingend. Es kann sein, dass eine Entscheidung ergeht, in der bereits ein Kriterium für hinreichend gehalten wird. Aber immerhin wissen Unternehmen nun, was „*best practice*" ist[323].

Bleibt abschließend zu klären, ob die dargestellten Grundsätze zur „*gravierenden Pflichtverletzung*" ausschließlich auf die Fallgruppen der Risikoentscheidungen und der der Kreditvergabe angewendet werden können[324] oder ob diese allgemeingültig sind. Der 3. Senat geht im „*Mannesmann Urteil*"[325] davon aus, dass die Figur der „*gravierenden Pflichtverletzung*" ausschließlich auf risikobehaftete Prognoseentscheidungen anzuwenden sei. Bei einem Risikogeschäft ist die Prognose, ob ein Geschäft zu einem Gewinn oder einen Verlust führt, mit einem erhöhten Maß an Ungewissheit

319 *Kubiciel*, NStZ 2005, 353 (357).
320 *Kubiciel*, NStZ 2005, 353 (357).
321 *Rönnau*, NStZ 2006, 218 (220).
322 *Ebenda*, 218 (219 f.).
323 NJW 2002, 1585 (1585).
324 *Kindhäuser*, *Kindhäuser* StGB, § 266, Rn. 18.
325 BGHSt 50, 331 (343 f.).

belastet. Der Begriff erweckt den Eindruck, es müsse sich um einen außergewöhnlichen Geschäftsvorfall handeln. Realität ist jedoch, dass das Eingehen von Risiken dem Wirtschaftsleben immanent ist. Die Dynamik des Wirtschaftslebens zwingt zu Prognoseentscheidungen, welche immer in Verlusten enden können. Risikogeschäfte sind an der Tagesordnung und durch die Begrenzung auf *„gravierende Pflichtverletzungen"* werden auch hier Strafbarkeiten vorhersehbar und damit vermeidbar[326]. An der *„SSV Reutlingen"*-Entscheidung sieht man, dass die herausgearbeiteten Kriterien nicht nur auf Risikogeschäfte anwendbar sind. Die vom Bundesgerichtshof entwickelten Kriterien können als Grundlage für alle Unternehmensentscheidungen herangezogen werden. Die Figur der *„gravierenden Pflichtverletzung"* ist auf alle Unternehmensentscheidungen anwendbar, solange dem Entscheider ein Handlungsspielraum eröffnet ist.

---

326 *Thomas*, StrafV in WirtStR, § 19, Rn. 83 ff.

D. Grundzüge der zivilrechtlichen Innenhaftung[327] für unternehmerische Entscheidungen

Um eine Beurteilung unternehmerischen Entscheidungen unter strafrechtlichen Aspekten vornehmen zu können, ist es - aufgrund der limitierten Akzessorietät - unumgänglich, sich mit den Grundzügen der zivilrechtlichen Haftungsgrundsätze bezüglich unternehmerischer Entscheidungen auseinanderzusetzen. Es ist vorab die Frage zu klären, wann eine zivilrechtliche Haftung für Unternehmensentscheidungen infrage kommt.

Was das Zivilrecht nicht als schadensersatzauslösende Pflichtverletzung ansieht, kann auch keine strafrechtlichen Sanktionen nach sich ziehen[328]. Nicht erst seit der *ARAG ./. Garmenbeck* Entscheidung[329] steht fest, dass nicht jeder Fehler im Prozess der Entscheidungsfindung als Pflichtverletzung eingestuft werden kann. Den Entscheidungsträgern muss ein weiter Handlungsspielraum zugebilligt werden[330]:

> *„Dazu gehört neben dem bewussten Eingehen geschäftlicher Risiken grundsätzlich auch die Gefahr von Fehlbeurteilungen und Fehleinschätzungen, der jeder Unternehmensleiter, mag er auch noch so verantwortungsbewusst handeln, ausgesetzt ist.“*[331]

Im Folgenden ist daher zu klären, wie weit der durch die Zivilgerichtsbarkeit zugebilligte Ermessensspielraum gesteckt ist und wann dessen Grenzen überschritten sind. Dies muss sodann als Anhaltspunkt dafür gesehen werden, ab welchem Grad der Pflichtverletzung eine strafrechtliche Relevanz in Betracht kommen kann. Übertragbar sind die zivilrechtlichen Kriterien auf die strafrechtliche Betrachtung insoweit, als unter Hinblick auf die asymmetrische Akzessorietät und die Subsidiarität

---

327 Im Zivilrecht ist zwischen der Innen- und Außenhaftung (Instruktiv zu den Begriffen: *Ries/Peiniger*, Haftung und Versicherung von Managern, S. 18.) zu unterscheiden. Die Außenhaftung beschäftigt sich mit Fragen der Haftung des Entscheidungsträgers gegenüber Dritten, beispielsweise Vertragspartnern der Gesellschaft. Sie ist nicht spezialgesetzlich geregelt, sondern folgt aus den allgemeinen Haftungsgrundsätzen des Zivilrechts (*Dahnz/Grimminger*, Manager und ihr Berufsrisiko, Rn. 68 ff). Die Innenhaftung beschäftigt sich mit der Haftung der Entscheidungsträger gegenüber der Gesellschaft selbst und/oder deren Gesellschaftern (*Zöllner/Noack*, *Baumbach/Hueck* GmbHG, § 43, Rn. 1). Schwerpunkt der Innenhaftung ist die Haftung für fehlerhafte unternehmerische Entscheidungen, weshalb sich die vorliegende Analyse auch ausschließlich mit dieser beschäftigt.

328 Vgl. nur: *Roxin, Strafrecht AT*/I, § 2 Rn. 97 ff.

329 BGH, NJW 1997, 1926 (1926 ff.).

330 BGH, NJW 1997, 1926 (1926 ff.).

331 BGH, NJW 1997, 1926 (1927).

des Strafrechts bei deren Vorliegen noch nicht von einem strafrechtlich relevanten Verhalten ausgegangen werden kann.

Die vorliegende Betrachtung befasst sich ausschließlich mit der Innenhaftung von GmbH-Geschäftsführern, Vorständen und Aufsichtsräten von Aktiengesellschaften. Die zivilrechtliche Haftung von leitenden Angestellten und im Rahmen von Personengesellschaften bleibt unberücksichtigt. Zwar nehmen Organmitglieder und leitende Angestellte häufig die gleichen Aufgaben wahr, es gelten jedoch unterschiedliche Haftungsgrundsätze[332]. Für Organmitglieder ergibt sich eine etwaige Haftung aus dem Gesellschaftsrecht, für leitende Angestellte aus dem Arbeitsrecht[333]. Personengesellschaften sind inhabergeführt bzw. die Gesellschafter haben weitgehenden Einfluss auf die Geschäftsleitung[334], sodass sich die Frage der zivilrechtlichen Haftung für fehlgeschlagene unternehmerische Entscheidungen gegenüber der Gesellschaft bzw. den Inhabern des Gesellschaftsvermögens nur selten stellt.

I. Grund der Innenhaftung

Ausgangspunkt für die Notwendigkeit einer Innenhaftung bei Kapitalgesellschaften ist, dass eine Trennung von Kapital und Unternehmensleitung stattfindet. Die

---

332 *Dahnz/Grimminger*, Manager und ihr Berufsrisiko, S. 223 ff.

333 Dies bedeutet jedoch nicht, dass leitende Angestellte nicht einem ähnlichem bzw. gleichem strafrechtlichen Haftungsrisiko ausgesetzt wären. Leitende Angestellte sind einem ähnlichen strafrechtlichen Haftungsrisiko ausgesetzt wie auch Organmitglieder von Kapitalgesellschaften (vgl. nur: BGH, NJW 2009, 3173 (3177); *Seier*, in: *Achenbach* [u.a.] (Hg.): Handbuch Wirtschaftsstrafrecht, 588 (631 ff.)). Voraussetzung ist jedoch, dass die Führungskraft eine qualifizierte Vermögensbetreuungspflicht, d.h. eine vertragliche Hauptflicht und nicht nur vertragliche Nebenpflicht getroffen hat (vgl. nur: *Mitsch*, JuS 2011, 97 (100)). Die zivilrechtliche Unterscheidung in den Haftungsgrundsätzen folgt ausschließlich aus der Qualifizierung als Arbeitnehmer und den daraus folgenden Haftungserleichterungen, welche das Strafrecht nicht kennt.

334 Das Handelsgesetzbuch geht für die OHG und die KG von der sog. Selbstorganschaft aus, d.h., dass die Geschäftsführung (und auch Vertretung) durch die (persönlich haftenden) Gesellschafter erfolgt (§§ 114, 164 HGB). Die Gesellschafter sind schon von Gesetzes wegen zur Vertretung und Geschäftsführung berufen. Aufgrund der Selbstorganschaft ist eine Berufung von nicht Gesellschaftern zu Geschäftsführern nicht möglich (§§ 114 Abs. 1, 125 HGB). Im Gegensatz dazu ist bei Kapitalgesellschaften immer sog. Fremdorganschaft gegeben. Zulässig -aber nicht allzu häufig anzutreffend- ist bei Personengesellschaften zwar auch, dass Geschäftsführungs- und Vertretungsrechte auf Dritte (Nicht-Gesellschafter) übertragen werden (Prokuristen usw.), auch in Form einer von (Einzel-)Anweisungen freien Betriebsführung. Jedoch bleiben immer sämtliche Gesellschafter (gemeinsam) weisungsbefugt und können auf die Geschäftsführung Einfluss nehmen (vgl. nur: *Hopt, Baumbach* HGB, § 114, Rn. 24; *Axhausen*, Handbuch der GmbH, § 5, Rn. 4; *Erle/Berberich*, Handbuch der GmbH, § 1, Rn. 24 f.).

Geschäftsführung wird an Dritte delegiert[335]. Die Unternehmensform der Kapitalgesellschaft birgt deshalb Risiken, die wirtschaftlichen Vorteile überwiegen jedoch. Durch Kapitalgesellschaften wird Investoren die Möglichkeit gegeben, ihr Kapital nutzbringend anzulegen, ohne aber gleichzeitig aktiv an der Geschäftsführung teilnehmen zu müssen. Auch der Einsatz von nicht kapitalgebenden Managern hat Vorteile. So kann sichergestellt werden, dass erfahrene Manager die Vermögensverwaltung übernehmen und so im Idealfall das Vermögen vermehren[336]. Gleichsam sind mit der Trennung von Kapital und Unternehmensleitung Risiken verbunden. Die Kapitalgeber tragen nicht nur das Verlustrisiko, sondern auch das Risiko, dass der eingesetzte Geschäftsführer seine Position missbraucht und so den Kapitalgeber schädigt.

Durch die Innenhaftung soll dem Risiko, der Schädigung von innen heraus, begegnet werden. Aufgrund der angedrohten Haftungskonsequenzen soll der Unternehmensleiter zur ordnungsgemäßen Ausübung seiner Rechte angehalten werden. Es handelt sich um eine Präventionsmaßnahme. Die im Ergebnis aber nur Wirkung entfalten kann, wenn die weiteren Rahmenbedingungen - zu denken ist hier insbesondere an eine angemessene Vergütung - passen. Sollte dennoch eine Schädigung von innen heraus erfolgen, kommt die zweite Funktion der Innenhaftung zum Tragen: die Kompensation von Schäden.

II. Geschäftsführerhaftung

Dem GmbH-Geschäftsführer kommt nach den gesetzlichen Regelungen eine Doppelfunktion zu. Einerseits muss er unternehmerische Entscheidungen eigenverantwortlich treffen, andererseits ist er Verwalter fremden Vermögens, welches ihm treuhänderisch anvertraut wurde. Aus dieser gespaltenen Position resultiert das besondere Haftungsrisiko des Geschäftsführers. Dieser muss eigenverantwortliche agieren, seine Handlungen aber gleichwohl gegenüber der Gesellschaft und den Gesellschaftern rechtfertigen. Er muss bei seinen Entscheidungen mehrere Interessen wahren und zum Ausgleich bringen. Grundsätzlich hat der Geschäftsführer die Interessen der Gesellschaft wahrzunehmen, es muss aber immer auch das Gesellschafterinteresse (welches mitunter dem Gesellschaftsinteresse zuwiderlaufen kann) berücksichtigt werden. Auch die Interessen der Gläubiger und Arbeitnehmer sind zu fokussieren und zum Ausgleich zu bringen. Gleichzeitig muss der Geschäftsführer stets bedenken, dass er fremdes Vermögen verwaltet und daher bei seinen Entscheidungen besonderes Augenmerk auf sorgfältiges Handeln richtet[337].

---

335 *Steffek*, JuS 2010, 295 (296).
336 aaO.
337 *Ziemons*, Praxishandbuch GmbH, § 22, Rn. 1 ff.

1. Ausgangspunkt – Die GmbH in der Krise

Besonders deutlich wird das Haftungsrisiko[338] des Geschäftsführers, wenn man analysiert, mit welchem Hintergrund Haftungsprozesse angestrengt werden[339]. Geschäftsführer werden zumeist immer dann in die Haftung genommen, wenn sich die Gesellschaft in der Krise befindet. Dies erklärt sich aus dem Umstand, dass das Eigenkapital bei Gesellschaften mit beschränkter Haftung häufig niedrig ist und es die primäre Aufgabe des Insolvenzverwalters ist, die Insolvenzmasse aufzufüllen. Er muss hierbei - um pflichtgemäß zu handeln - stets prüfen, ob ein Anspruch gegen den Geschäftsführer besteht. Sobald auch nur ein Anzeichen für die Mitverantwortlichkeit des Geschäftsführers an der Insolvenz ersichtlich ist, muss der Insolvenzverwalter etwaige Ansprüche geltend machen. Des Weiteren resultieren Haftungsprozesse nicht selten aus einer Unzufriedenheit der Gesellschafter. Werden die Erwartungen der Gesellschafter nicht erfüllt oder Verluste realisiert, wird versucht, über ein etwaiges Fehlverhalten der Geschäftsführer die Erwartungen zu kompensieren. Ähnlich wie im Strafrecht, ist auch hier eine *„verhängnisvolle"* Verknüpfung von Tathandlung und Taterfolg gegeben. Aufgrund eines Schadens wird auf eine Pflichtverletzung geschlossen. Wegen der Beweislastverteilung ist diese Rückschlussfolgerung problematisch und es kann ihr nur dadurch begegnet werden, dass die Tatbestandsmerkmale voneinander getrennt betrachtet werden.

2. Allgemeine Haftungsvoraussetzungen

Eine Haftung auf Schadensersatz kommt nach den Grundsätzen des Schadensrechts nur in Betracht, wenn ein schuldhaftes Tun oder Unterlassen vorliegt[340]. Voraussetzung ist, dass durch eine nach § 276 BGB schuldhafte Pflichtverletzung ein Schaden verursacht wurde. Die Pflichtverletzung muss kausal für den Schadenseintritt und die Schadenshöhe sein.

a) Sorgfaltsmaßstab

Für die Haftung des GmbH-Geschäftsführers wird dieser Regelfall über § 43 Abs. 1 GmbHG modifiziert und erweitert. Der Geschäftsführer muss, wegen seiner besonderen Machtstellung, nicht nur die jedermann treffenden Sorgfaltspflichten des § 276 BGB berücksichtigen, sondern auch die Sorgfalt eines ordentlichen Geschäftsmannes beachten[341]. Der Sorgfaltsmaßstab ist nahezu identisch mit dem des § 93

338 Zum strafrechtlichen Risiko: *Birkholz*, Untreuestrafbarkeit als strafrechtlicher *„Preis"* der beschränkten Haftung.

339 *Ebenda*, Rn. 3.

340 Etwaige verschuldensunabhängige Ansprüche, etwa aus der Sach- und/oder Betriebsgefahr einer Sache (Ansprüche nach ProdHaftG, UmweltHaftG, Halterhaftung nach StVG usw.) bleiben hier unberücksichtigt, treffen ohnehin auch nicht den Geschäftsführer, sondern nur die Gesellschaft.

341 *Wicke*, GmbHG, § 43, Rn. 4.

Abs. 2 AktG, der von der Sorgfalt eines ordentlichen und gewissenhaften Geschäftsleiters ausgeht[342]. Der Geschäftsführer schuldet die Sorgfalt, die ein ordentlicher Geschäftsmann in verantwortlich leitender Position bei selbstständiger Wahrnehmung fremder Vermögensinteressen zu beachten hat[343]. Der Sorgfaltsmaßstab ist in seinem Umfang nicht starr festgelegt, sondern anhand der konkreten Begleitumstände festzulegen. Über den Unternehmensgegenstand, die Größe, die Struktur und die finanziellen Gegebenheiten der Gesellschaft wird der Sorgfaltsmaßstab für den Einzelfall festgelegt[344]. Im Rahmen der Festlegung des Sorgfaltsmaßstabes kommt es nicht auf die individuellen Fähigkeiten des jeweiligen Geschäftsführers an. Der Sorgfaltsmaßstab ist aufgrund der objektiven Umstände zu ermitteln. Es wird vorausgesetzt, dass der Geschäftsführer über die notwendigen Kenntnisse und Fähigkeiten verfügt. Individuelle Defizite können die geschuldete Sorgfalt niemals mindern oder gar ausschließen[345].

b) „Erfolgshaftung"

Grundsätzlich sind alle anspruchsbegründenden Tatsachen vom Anspruchsteller vorzutragen und zu beweisen. Der Anspruchsgegner muss nur die anspruchsvernichtenden und anspruchsmindernden Tatsachen darlegen und beweisen[346].

Im Aktienrecht hat der Gesetzgeber von diesem Grundsatz in § 93 Abs. 2 Satz 2 AktG eine Ausnahme gemacht und eine Beweislastumkehr angeordnet. Werden Schadensersatzansprüche gegen Vorstandsmitglieder geltend gemacht, so müssen diese beweisen, dass sie die Sorgfalt eines *„ordentlichen und gewissenhaften Geschäftsleiters angewandt haben"* und eine Pflichtverletzung nicht vorliegt[347]. § 93 Abs. 2 Satz 2 AktG wird analog auf die Haftung von Geschäftsführern angewendet. Die Anwendung der Beweislastumkehr auch im GmbH-Recht ist aufgrund der zivilrechtlichen Grundsätze zur Geschäftsbesorgung konsequent. Nur der Geschäftsführer bzw. der Vorstand verfügt über die notwendigen Informationen[348]. Eine Beweislastumkehr wird nicht mehr angenommen, wenn der Geschäftsführer aus der Gesellschaft ausgeschieden

342 *Zöllner/Noack, Baumbach/Hueck* GmbHG, § 43 GmbHG, Rn. 7.

343 *Ebenda*; LG Köln, Urteil vom 20.3.1998 - 87 O 148/97, NJW-RR 2000, 1056–1057; OLG Koblenz; Urteil vom 24.09.2007, Az.: 12 U 1437/04.

344 OLG Zweibrücken, NZG 1999, 506–508.

345 BGH, NJW 1983, 1856 (1856 f.).

346 *Foerste, Musielak* ZPO, § 286 ZPO, Rn. 34 ff., 37.

347 *Hüffer*, AktG, § 1, Rn. 16 ff.

348 *Foerste, Musielak* ZPO, § 286 ZPO, Rn. 34 ff., 37: § 93 Abs. 2 Satz 2 AktG bringt den allgemeinen Grundsatz zum Ausdruck, dass es dem Geschäftsbesorger obliegt, Rechenschaft über seine Tätigkeit abzulegen, § 666 BGB. Die Notwendigkeit der Beweislastumkehr folgt schon daraus, dass ausschließlich der Geschäftsbesorger die Herrschaft über die notwendigen Informationen hat. Im Ergebnis bedarf es im Rahmen der Geschäftsführerhaftung keiner Analogie zu § 93 Abs. 2 Satz 2 AktG, da sich die Beweislastumkehr bereits aus den zivilprozessualen Grundsätzen ergibt.

ist. Dies wird damit begründet, dass der Geschäftsführer dann nicht mehr sachnäher sei und keinen Zugriff mehr auf die benötigten Dokumente und Strukturen habe[349].

Für einen Haftungsprozess gegen einen GmbH-Geschäftsführer ergibt sich daher folgende Darlegungs- und Beweislast: Die Gesellschaft muss einen konkreten Schaden darlegen und beweisen. Sie muss ferner einen Sachverhalt substantiiert vortragen, aus dem sich schlüssig die Möglichkeit einer Pflichtverletzung des Geschäftsführers ergibt, welche ursächlich für den Schadenseintritt ist[350]. Wenn die Gesellschaft diese relativ niedrig gesetzte Hürde genommen hat, wird eine schuldhafte Pflichtverletzung vermutet. Dieser muss dann beweisen, dass er die Sorgfalt eines ordentlichen Geschäftsmanns gewahrt hat und eine schuldhafte Pflichtverletzung nicht vorliegt[351].

Die Beweislastumkehr hat zur Folge, dass das Haftungsrisiko des Geschäftsführers erweitert wird. In einem Haftungsprozess muss der Geschäftsführer nicht nur beweisen, dass er nicht schuldhaft gehandelt hat, er muss auch beweisen, dass eine Pflichtverletzung nicht vorliegt. Im Ergebnis wird so eine Erfolgshaftung statuiert. Durch die Beweislastverteilung wird die Möglichkeit für die Gesellschaft eröffnet, bei fehlgeschlagenen unternehmerischen Entscheidungen Regress beim Geschäftsführer zu nehmen. Dieser befindet sich dann in der misslichen Lage, beweisen zu müssen, dass er entsprechend den Sorgfaltsmaßstäben gehandelt hat. Auch bei der zivilrechtlichen Haftung herrscht, nicht zuletzt aufgrund der Beweislastverteilung, große Unsicherheit darüber, wann und ob ein pflichtwidriges Handeln vorliegt. Man muss sich insoweit verdeutlichen: Lässt sich im Prozess nicht aufklären, ob ein pflichtwidriges Verhalten vorliegt, haftet der Geschäftsführer, da er die Vermutung, dass er nicht pflichtwidrig gehandelt hat, nicht widerlegen konnte. Schon alleine aus dem Grund, dass angebliche Pflichtverletzungen und Schadenseintritte erst nach geraumer Zeit zutage treten, finden Haftungsprozesse meist erst mit einer erheblichen zeitlichen Verzögerung zu dem streitgegenständlichen Verhalten statt. Auch dies macht es dem Geschäftsführer schwer zu beweisen, dass entsprechend der Sorgfaltsmaßstäbe gehandelt wurde. Es besteht damit unzweifelhaft ein beträchtliches Haftungsrisiko für GmbH-Geschäftsführer. Dies insbesondere bei dem „*Tagesgeschäft*" der unternehmerischen Entscheidungen, welches nicht nur aus strafrechtlichen Gesichtspunkten ein „*Minenfeld*" ist. Das Haftungsrisiko ist immer dann besonders immanent, wenn unternehmerische Entscheidungen fehlschlagen. Dies rechtfertigt, von einer Art Erfolgshaftung zu sprechen.

---

349 *Ziemons*, Praxishandbuch GmbH, § 22, Rn. 15.

350 *Altmeppen*, *Altmeppen/Roth* GmbHG, § 37, Rn. 106.

351 Vgl. nur mit weiteren Nachweisen: *Ziemons*, Praxishandbuch GmbH, § 22 Rn. 13. *Altmeppen*, *Altmeppen/Roth* GmbHG, § 43, Rn. 106 führt aus, dass eine Kausalitätsvermutung ausreichend sein soll, wenn die Art des Schadens einen deutlichen Hinweis darauf gibt, dass eine Pflichtverletzung vorliegt.

c) Schaden

Eine Haftung kommt letztlich immer nur dann in Betracht, wenn durch eine Pflichtverletzung der Gesellschaft ein kausaler Schaden entstanden ist. Die Darlegungs- und Beweislast hierfür trifft die Gesellschaft.

Art und Umfang des Schadensersatzes richten sich auch bei der Innenhaftung des Geschäftsführers nach § 249 BGB[352]. Die Höhe des Schadensersatzes wird nach der sog. Differenzhypothese berechnet[353]: Die Feststellung des Schadens wird durch einen Vergleich des tatsächlichen Vermögens mit dem hypothetischen Vermögen, welches ohne schädigendes Ereignis vorhanden wäre, vorgenommen. Die Schadensberechnung beschränkt sich dabei nicht nur auf das konkret beschädigte Rechtsgut, sondern ermittelt den Schaden aufgrund eines Gesamtvermögensvergleichs. Hierdurch soll sichergestellt werden, dass der Schadensausgleich gewährleistet ist, auch wenn mehrere Rechtsgüter betroffen sind[354].

Aus den Grundsätzen der Totalreparation und des Bereicherungsverbotes folgt, dass im Rahmen des § 249 BGB der Schaden immer konkret zu beziffern ist. Es kommt stets nur auf den tatsächlich eingetretenen Schaden und die tatsächlichen entgangenen Gewinne an.

Nun führen die soeben dargelegten Schadensgrundsätze bei der Geschäftsführerhaftung zu einem Problem: Der Schaden wird aufgrund eines Vergleiches mit einer Hypothese (*wie würde sich das Vermögen ohne schädigendes Ereignis zusammensetzen*) berechnet. Nun ist es im Wirtschaftsalltag aber an der Tagesordnung, dass mehrere Handlungsalternativen zur Verfügung stehen, welche jeweils unterschiedliche Auswirkungen auf die Gesamtvermögensentwicklung gehabt hätten. Mitunter ist es daher möglich, dass verschiedene hypothetische Vermögensentwicklungen auch mit erheblichen Unterschieden errechnet werden können. Diese können mitunter nicht oder nur sehr schwer festgestellt werden. Es lässt sich nachträglich nicht feststellen, wie sich eine Handlungsalternative entwickelt hätte und ebenso wenig ein hypothetisches Vermögen berechnen.

Im Zivilprozess wird diesem Problem dadurch begegnet, dass bei der Entwicklung des hypothetischen Gesellschaftsvermögens bei mehreren Handlungsalternativen dasjenige zugrunde gelegt wird, das am niedrigsten ist. Man trägt damit der dem Umstand Rechnung, dass dem Geschäftsführer mehrere Handlungsalternativen mit unsicherem Handlungsausgang zur Verfügung gestanden haben[355].

Der Geschäftsführer kann sich im Rahmen der Schadensfeststellung auf das Rechtsinstitut des pflichtgemäßen Alternativverhaltens berufen. Soweit der Geschäftsführer den Beweis dafür erbringt, dass auch bei einem pflichtgemäßen Alternativverhalten ein Schaden eingetreten wäre, ist eine Haftung ausgeschlossen. Es muss aber feststehen, und insoweit ist der Geschäftsführer vollumfänglich beweisbelastet, dass der

352 *Ziemons*, Praxishandbuch GmbH, § 21, Rn. 11.
353 Vgl. *Grüneberg*, *Palandt* BGB, Vorbem. zu § 249, Rn. 21 ff.
354 Vgl. *Grüneberg*, *Palandt* BGB, Vorbem. zu § 249, Rn. 21 ff.
355 Vgl. nur: *Altmeppen*, *Altmeppen/Roth* GmbHG, § 43, Rn. 97 ff.

konkrete Erfolg auch bei dem rechtmäßigen Alternativverhalten im gleichen Ausmaß eingetreten wäre. Die bloße Möglichkeit genügt nicht, dass es auch bei einem pflichtgemäßen Verhalten zu einem Schaden gekommen wäre. Sämtliche Unsicherheiten gehen insoweit zulasten des Geschäftsführers[356].

Dies gilt auch für den Fall, dass ein Verstoß gegen Verfahrensvorschriften oder innergesellschaftliche Kompetenzregelungen vorliegt. Im Aktienrecht wurde teilweise angenommen, dass eine Berufung auf das pflichtgemäße Alternativverhalten ausscheide, wenn eine Verletzung gegen Verfahrensvorschriften vorliege. Dieser Ansicht ist nicht zu folgen, da dies nicht mit den Grundsätzen des Schadensrechts in Einklang zu bringen ist. Ansonsten würde über das Schadensrecht eine Pönalisierung für etwaige Verhaltensreglungen vorgenommen und damit eine Art *„punitive damages"* statuiert werden. Das deutsche Schadensrecht will aber nicht ahnden, sondern nur konkrete Vermögensnachteile zum Ausgleich bringen. Ein Vermögensnachtteil besteht aber dann nicht, wenn bei einem rechtmäßigen Alternativverhalten der Schaden trotzdem eingetreten wäre[357].

3. Sorgfaltspflichten

Ausgangspunkt für eine zivilrechtliche Haftung des GmbH-Geschäftsführers ist immer, dass dieser eine ihm obliegende Pflicht verletzt hat. Die Pflichtverletzung ist, ähnlich wie bei § 266 StGB, das zentrale Tatbestandsmerkmal im Rahmen der zivilrechtlichen Haftung. Es gibt keinen allgemeingültigen, gesetzlich normierten Pflichtenkatalog für Geschäftsführer. Ausgangspunkt der Geschäftsführerhaftung ist § 43 Abs. 2 GmbHG. Diese ist generalklauselartig ausgestaltet und bedarf einer Konkretisierung und Konturierung.

a) Allgemeine Sorgfaltspflichten

Der Pflichtenkreis des Geschäftsführers ergibt sich aus der Geschäftsführeraufgabe nach § 35 GmbHG, welche durch die Satzung und die gesetzlichen Regelungen definiert wird[358] und durch den Geschäftsführeranstellungsvertrag weiter konturiert werden kann. § 43 Abs. 1 GmbHG legt den Verschuldensmaßstab fest und gibt die Grenzen des unternehmerischen Handelns vor. § 43 Abs. 1 GmbHG gibt zwangsläufig vor, welche Handlungen durch den Geschäftsführer hätten getroffen werden müssen[359].

Die grundlegenden Pflichten des Geschäftsführers sind die Unternehmensleitung und die Geschäftsführung, §§ 35, 37[360].

---

356 Zum pflichtgemäßen Alternativverhalten: *Schubert*, BeckOK BGB, § 249, Rn. 94 ff.; *Grüneberg*, *Palandt* BGB, § 249, Rn. 64–66.
357 So auch: *Altmeppen*, *Altmeppen/Roth* GmbHG, § 43, Rn. 98.
358 *Wicke*, GmbHG, § 43, Rn. 8.
359 *Ziemons/Haas*, BeckOK GmbHG, § 43, Rn. 42, 43.
360 *Ziemons*, Praxishandbuch GmbH, § 22, Rn. 5.

Geschäftsführung bedeutet, dass alle notwendigen unternehmerischen Entscheidungen zur Erreichung des Gesellschaftszweckes durch den Geschäftsführer eigenständig[361] getroffen werden müssen[362]. Dem Geschäftsführer obliegt auch die Unternehmensleitung, das heißt die Festlegung, Überwachung und gegebenenfalls Korrektur der strategischen Unternehmensziele und der Unternehmenspolitik und die Kommunikation selbiger an die Mitarbeiter. Er muss die Unternehmensziele festlegen und Maßnahmen zu deren Umsetzung entwickeln[363]. Hieraus resultiert die Pflicht, ständig zu überwachen, ob die Ziele unter Berücksichtigung der wirtschaftlichen Gesamtsituation noch erreicht werden können oder eine Neudefinition notwendig wird. Die Zielbildung wird von folgenden Interessen beeinflusst:

- Die Kapitalgeber erwarten eine Verzinsung ihres Kapitals, sie erwarten Gewinne.
- Die Kunden erwarten Produkte/Dienstleistungen, die ihren Ansprüchen (Preis/Leistung) gerecht werden.
- Die Mitarbeiter erwarten realistische Arbeitsentgelte und ein passendes Arbeitsumfeld[364].

Aus diesen Grundaufgaben lassen sich weitere Pflichten ableiten: Der Geschäftsführer muss die zur Zielerreichung notwendigen internen Strukturen schaffen. Er muss durch geeignete Maßnahmen sicherstellen, dass er jederzeit Überblick über die wichtigsten Informationen betreffend die wirtschaftliche und finanzielle Situation der Gesellschaft hat[365]. Ferner muss die Überwachung der Mitarbeiter der Gesellschaft sichergestellt werden und, dass diese sich an die Legalitätspflicht halten, die Interessen der Gesellschaft wahrnehmen und die Vorgaben der Geschäftsleitung entsprechend umgesetzt werden[366].

Aus den obigen Ausführungen ergibt sich, dass es einen einheitlichen Pflichtenkatalog für alle Geschäftsführer nicht gibt und auch nicht geben kann. Für den konkret-individuellen Pflichtenkreis eines Geschäftsführers kommt es immer auf die Gesellschaft und deren wirtschaftliche Position an. Es lässt sich aus der Unternehmens- und Geschäftsführungsaufgabe ein Grundpflichtenkatalog ableiten, der in seinen Grundzügen für alle Geschäftsführer Geltung beansprucht.

(aa) Der Geschäftsführer steht in einem besonders engen Verhältnis zur Gesellschaft. Ihm kommt eine besondere Vertrauensposition zu. Der Geschäftsführer hat Einblick in alle Angelegenheiten und Unterlagen. Aufgrund seiner Position beeinflusst er maßgeblich das Wohl und Wehe der Gesellschaft. Wegen dieser

361 *Ebenda*, Rn. 33.
362 *Ebenda*, Rn. 28 ff.
363 *Ziemons*, Praxishandbuch GmbH, § 22, Rn. 6 ff.
364 *Specht*, Unternehmensführung, S. 2.
365 *Ziemons*, Praxishandbuch GmbH, § 22, Rn. 9.
366 *Ebenda*.

besonderen Vertrauensposition wurde die ungeschriebene Regel der Treuepflicht entwickelt[367].

In allen Angelegenheiten der Gesellschaft ist der Geschäftsführer verpflichtet, eigene Interessen zurückzustellen und immer zugunsten der Gesellschaft zu entscheiden. Einziges Handlungsmotiv darf stets nur das Interesse der Gesellschaft sein. Er darf niemals seinen eigenen Vorteil oder den Vorteil eines Dritten im Auge haben[368].

(bb) Der Geschäftsführer hat über alle Angelegenheiten der Gesellschaft Stillschweigen zu bewahren[369]. Der Umfang der Treue- und Verschwiegenheitspflicht orientiert sich stets am objektiven Gesellschaftsinteresse. Dieses gibt auch die Grenzen für die Treue- und Verschwiegenheitspflicht vor. Es kann unter Umständen auch im Interesse der Gesellschaft sein, bestimmte Informationen zu veröffentlichen[370]. Probleme ergeben sich hinsichtlich der Treuepflicht immer dann, wenn einerseits legitime Interessen des Geschäftsführers bestehen und andererseits entgegenstehende Gesellschaftsinteressen vorhanden sind. Problematisch wird es, wenn Interessen der Gesellschaft und des Geschäftsführers gleichlaufend sind. Zu denken ist beispielsweise an Spenden und Repräsentationsaufwendungen der Gesellschaft, die auch im privaten Interesse des Geschäftsführers sind oder aber die Erstattung von Spesen und Reisekosten. Spenden und Aufwendungen, die nur im Interesse des Geschäftsführers liegen, sind grundsätzlich unzulässig. Zu weitgehend ist aber die Ansicht, dass solche Zuwendungen auch dann nicht erlaubt sind, wenn ein gleichlaufendes Eigeninteresse des Geschäftsführers besteht[371]. Die Treuepflicht findet dort ihre Grenzen, wo die legitimen Interessen des Geschäftsführers beginnen.

(cc) Der Geschäftsführer ist verpflichtet, dass die Gesellschaft ihr Unternehmen entsprechend den geltenden gesetzlichen Vorschriften führt. Alle Handlungen haben sich im Rahmen der geltenden Rechtsordnung und an der Satzung und den Beschlüssen der Gesellschafterversammlung zu orientieren[372]. Hinsichtlich der Einhaltung der geltenden Gesetze kann sich der Geschäftsführer auch nicht dadurch exkulpieren, indem er argumentiert, der Gesetzesverstoß erfolgte im Interesse der Gesellschaft[373].

(dd) Der Geschäftsführer ist verpflichtet, den Weisungen der Kompetenzorgane Folge zu leisten. Er ist jedoch nicht verpflichtet, Weisungen auszuführen, durch die er gegen öffentlich-rechtliche Normen verstoßen oder sich

---

367 Vgl. nur mit zahlreichen Nachweisen: *Ziemons/Haas*, BeckOK GmbHG, § 43, Rn. 139 f.

368 *Altmeppen*, *Altmeppen/Roth* GmbHG, § 43, Rn. 28 ff.

369 *Ebenda* Rn. 187 f.

370 So auch *Ziemons/Haas*, BeckOK GmbHG, § 43, Rn. 203 f.

371 So aber für den Fall der Öffentlichkeitsarbeit: *Ziemons*, Praxishandbuch GmbH, § 22, Rn. 12.

372 *Ebenda*, Rn. 48 ff.; *Ziemons*, Praxishandbuch GmbH, § 22, Rn. 21 ff.

373 *Zöllner/Noack*, *Baumbach/Hueck* GmbHG, § 43, Rn. 23 ff.

schadensersatzpflichtig machen würde. Der Geschäftsführer darf den Weisungen nicht blind folgen. Er muss immer prüfen, ob diese rechtmäßig oder anfechtbar sind. Nur wenn dies der Fall ist, handelt der Geschäftsführer bei Befolgung der Weisungen nicht pflichtwidrig. Dies folgt bereits aus § 43 Abs. 3 GmbHG und der Erkenntnis, dass der Wille der Gesellschaft durch die Gesellschafter gebildet wird, wobei durch das GmbHG die Grenzen[374] der möglichen Willensbildung vorgegeben werden[375].

(ee) Der Geschäftsführer ist verpflichtet, sämtliche Entscheidungen an dem Grundsatz der Rentabilität und Bestandserhaltung auszurichten. Der Geschäftsführer ist auch immer den Interessen der Gesellschafter verpflichtet. Hauptinteressen der Gesellschafter sind die Bestandserhaltung und Gewinnmaximierung. Der Geschäftsführer hat sicherzustellen, dass die unternehmerischen Entscheidungen auf Erhaltung der Gesellschaft und nachhaltiger Rentabilität lauten. Das bedeutet, dass grundsätzlich Leistungen der Gesellschaft nicht unter Wert veräußert werden dürfen und Ansprüche der Gesellschaft außergerichtlich und gerichtlich durchgesetzt werden müssen[376]. Aus dem Grundsatz der Orientierung an Bestand und Rentabilität folgt nicht, dass es dem Geschäftsführer verboten wäre, unternehmerische Risiken einzugehen. Dies ergibt sich bereits denknotwendig aus dem Grundsatz, dass jede unternehmerische Entscheidung im Ergebnis immer ein Risiko in sich birgt. Dies bedeutet aber nicht, dass der Geschäftsführer jedes Risiko eingehen darf. Ob und bis zu welchem Grad der Inhaber der Befugnis ein Risiko eingehen darf, ergibt sich damit primär aus dem Innenverhältnis und den Weisungen der Gesellschafter[377]. Die Grenze ist dort zu ziehen, wo die Existenz der Gesellschaft gefährdet wird[378]. Das Bestandsinteresse der Gesellschafter zieht damit die Grenzen für

---

374 Die Grenzen ergeben sich insbesondere aus den Gläubigerschutzvorschriften des GmbHG und dem Grundsatz der Kapitalerhaltung. Dies ist die dogmatischlogische Konsequenz der Haftungsbegrenzung. Eine GmbH haftet immer nur mit dem Stammkapital, die Gesellschafter haften nicht persönlich – bestimmen aber die Entwicklung der Gesellschaft wesentlich mit. Es muss daher sichergestellt werden, dass die Gläubigerinteressen gewahrt werden, ansonsten könnte das Konstrukt der GmbH wirtschaftlich nicht funktionieren, da Geschäfte mit einer GmbH nicht gemacht würden – das Haftungsrisiko wäre zu groß.

375 *Zöllner/Noack, Baumbach/Hueck* GmbHG, § 43, Rn. 33 ff.

376 Etwas Anderes kann jedoch gelten, wenn besondere Interessen ausnahmsweise ein anderes Vorgehen rechtfertigen. Dies ist der Fall, wenn weitere Folgeaufträge aus einem eigentlich zu günstigen Angebot generiert werden können oder auch der Imageschaden der Gesellschaft größer wäre, als ein gewonnener Prozess (*Zöllner/Noack, Baumbach/Hueck* GmbHG, § 43, Rn. 33 ff.).

377 *Wittig*, BeckOK StGB, § 266, Rn. 19.1; *Perron, Schönke Schröder* StGB, § 266, Rn. 20.

378 *Lutter*, GmbHR 2000, 301 (305); *Ziemons*, Praxishandbuch GmbH, § 22, Rn. 14 schränkt diese Grenze insoweit ein, als sie darauf hinweist, dass es immer auf die jeweilige Wahrscheinlichkeit des Risikoeintritts ankommen muss, da ansonsten eine GmbH mit geringer Kapitaldeckung kaum Geschäfte abschließen könnten,

die Entscheidungsfreiheit des Geschäftsführers. Ein Risikogeschäft ist immer dann pflichtwidrig, wenn ein Risiko unter Abwägung der Gesamtumstände unvertretbar erscheint. Dies ist dann der Fall, wenn die möglichen Gefahren größer sind als die zu erwartenden Chancen[379]. Die Risikobeurteilung ist ex ante vorzunehmen[380]. Insoweit gilt, dass von dem Eintritt eines Schadens ex post nicht auf die Pflichtwidrigkeit - da Unvertretbarkeit - des Risikogeschäfts geschlussfolgert werden darf[381]. Aus dem Grundsatz der nachhaltigen Unternehmensentscheidungen ist auch abzuleiten, dass der Geschäftsführer grundsätzlich auf Risikovermeidung bzw. -verringerung setzen muss. Er muss, soweit möglich, versuchen, seine Geschäfte abzusichern und Ausfallrisiken durch geeignete Maßnahmen zu begegnen.

b) Spezielle Sorgfaltspflichten

Neben den allgemeinen Sorgfaltspflichten gibt es noch verschiedene spezielle Sorgfaltspflichten, welche im GmbHG normiert sind und aus der sich eine Innenhaftung ergeben kann. Die nachfolgende Darstellung beschränkt sich auf die in der Praxis bedeutsamsten Pflichten und erhebt keinen Anspruch auf Vollständigkeit.

Der Geschäftsführer ist zu einer sorgfältigen Buchführung und zur Erstellung eines Jahresabschlusses verpflichtet, § 41 GmbHG, § 264 Abs. 1 HGB. Hierbei handelt es sich um eine Konkretisierung der Pflicht zur sorgfältigen Unternehmensführung. Dies bedeutet aber nicht, dass er die Buchführung und die Erstellung des Jahresabschlusses selbstständig erbringen müsste, er kann diese Aufgaben delegieren[382]. Der Geschäftsführer ist nach § 49 GmbHG verpflichtet, die Gesellschafterversammlung einzuberufen. Weiter trifft den Geschäftsführer die Insolvenzantragspflicht nach § 15a InsO, wenn die Voraussetzungen dafür vorliegen. Im Zusammenhang mit § 15a InsO ist auch § 64 GmbHG zu berücksichtigen, der Verhaltensanweisungen in der Insolvenz betrifft.

Der Geschäftsführer ist weiter gemäß § 51a GmbHG verpflichtet, den Gesellschaftern Auskunft zu erteilen und Einsichtnahme in alle Angelegenheiten der Gesellschaft zu ermöglichen. Gemäß § 43 Abs. 3 GmbHG ist der Geschäftsführer zur Erhaltung des Stammkapitals verpflichtet. Bei Zahlungen an die Gesellschafter muss der Geschäftsführer zwingend die Vereinbarkeit der Zahlungen mit den §§ 30 ff. GmbHG überprüfen.

---

da auch schon der Ausfall eines Großauftrages existenzbedrohend sein kann. Es muss daher immer die Vertretbarkeit des Risikos näher untersucht werden.

379 *Lutter*, GmbHR 2000, 301 (305).

380 So auch bei der strafrechtlichen Beurteilung: *Fischer*, StGB, § 266, Rn. 68; *Wittig*, BeckOK StGB, § 266, Rn. 19.

381 *Ziemons*, Praxishandbuch GmbH, § 22, Rn. 14.

382 *Zöllner/Noack*/Ulrich, *Baumbach/Hueck* GmbHG, § 41, Rn. 4.

4. „*Unternehmerischer Ermessensspielraum*“

Die vorgenannten Ausführungen machen deutlich, dass es kein Schema zur Bewertung unternehmerischer Entscheidungen gibt. Es gibt auch nicht „*die*“ richtige Entscheidung. Vielmehr steht der Geschäftsführer vor der Aufgabe, aus mehreren Handlungsalternativen eine auszuwählen. Damit besteht das Risiko ex post zu der Erkenntnis zu gelangen, dass die falsche Alternative gewählt wurde. Im Nachhinein kann der Entscheidungsvorgang daher nicht anhand starrer Regeln und Schemata auf „*Richtigkeit*“ geprüft werden, sondern dem Geschäftsführer ist ein weiter Ermessensspielraum[383] einzuräumen. Die Entscheidungen des Geschäftsführers sind nur eingeschränkt nachprüfbar. Die Nachprüfung hat aus ex ante Sicht zu erfolgen. Die Entscheidung ist nur eingeschränkt auf Wirtschaftlichkeit und Zweckmäßigkeit zu überprüfen. Für das Aktienrecht hat der Bundesgerichtshof dies in der *ARAG ./. Garmenbeck*[384] Entscheidung grundlegend ausgeführt[385]. Die Entscheidung ist auch auf den GmbH-Geschäftsführer anzuwenden, da sie sich instruktiv mit der Überprüfbarkeit unternehmerischer Entscheidungen auseinandersetzt:

> *„[...] bei der Leitung der Geschäfte des Gesellschaftsunternehmens ein weiter Handlungsspielraum zugebilligt werden muss, ohne den eine unternehmerische Tätigkeit schlechterdings nicht denkbar ist. Dazu gehört neben dem bewussten Eingehen geschäftlicher Risiken grundsätzlich auch die Gefahr von Fehlbeurteilungen und Fehleinschätzungen, der jeder Unternehmensleiter, mag er auch noch so verantwortungsbewusst handeln, ausgesetzt ist.“*[386]

Mit Entscheidung vom 03.12.2001 hat der Bundesgerichtshof[387] dies bestätigt:

> *„Dabei ist zwar dem Vorstand im Grundsatz bei der Leitung der Geschäfte ein weiter Handlungsspielraum zuzubilligen, ohne den eine unternehmerische Tätigkeit schwerlich denkbar ist (BGHZ 135, 244, 253). Dieser Handlungsspielraum kann auch im Ansatz das bewusste Eingehen geschäftlicher Risiken mit der Gefahr von Fehlbeurteilungen und Fehleinschätzungen umfassen. Er ist jedoch dann überschritten, wenn aus der Sicht eines ordentlichen und gewissenhaften Geschäftsleiters einer Genossenschaftsbank das hohe Risiko eines Schadens unabweisbar ist und keine vernünftigen geschäftlichen Gründe dafür sprechen, es dennoch einzugehen. So ist eine Pflichtverletzung insbesondere dann gegeben, wenn das Vorstandsmitglied gegen die in dieser Branche anerkannten Erkenntnisse und Erfahrungsgrundsätze verstößt. Wie schon das Landgericht zutreffend ausgeführt hat,*

---

383 Zusammenfassend zur Reichweite des Ermessensspielraums: Lohse, Unternehmerisches Ermessen, S. 487 ff.

384 BGH, NJW 1997, 1926 (1926 ff.).

385 Die Relevanz dieser Entscheidung zeigt sich daran, dass diese durch das UMAG kodifiziert wurde und nun in § 93 Abs. 1 S. 2 AktG ihren Niederschlag gefunden hat (eingeführt durch Gesetz vom 22.9.2005, BGBl. I S. 2802).

386 BGH, NJW 1997, 1926 (1927 f.).

387 BGH, BKR 2002, 168 (168 ff.).

bedeutet das Gebot, Risiken nur in sinnvoller kaufmännischer Interessenabwägung einzugehen, für Vorstandsmitglieder einer Genossenschaftsbank, dass sie Kredite grundsätzlich nicht ohne übliche Sicherheiten gewähren dürfen und zudem für die ordnungsgemäße Bewertung der Sicherheiten sowie die Beachtung der Richtlinien über Beleihungsobergrenzen Sorge zu tragen haben.“

Aus der Rechtsprechung lassen sich folgende Aussagen ableiten:

1. Unternehmerische Tätigkeit ist nur denkbar, wenn auch Risiken eingegangen werden. Jede unternehmerische Entscheidung ist risikobehaftet.
2. Jeder Unternehmer unterliegt dem Risiko von Fehlbeurteilungen und Fehlentscheidungen[388]. Es gibt keinen Unternehmer, der nur richtige Entscheidungen trifft[389].
3. Es gibt gute und weniger gute Unternehmer. Die Leistungen der einzelnen Entscheidungsträger sind unterschiedlich. Leistung, welche sich durch Erfolg und Misserfolg äußert, ist jedoch kein Sorgfaltsmaßstab. Die Leistungen der Entscheidungsträger müssen durch die Kontrollorgane überwacht und ggf. geahndet werden[390].

Ein Schadensersatzanspruch wegen einer etwaigen Pflichtverletzung im Rahmen unternehmerischer Entscheidungen kommt damit nur in Betracht, wenn:

- sich nicht ausschließlich am Unternehmenswohl orientiert wurde;
- die Entscheidungsgrundlagen nicht sorgfältig ermittelt worden sind und
- die Bereitschaft, Risiko einzugehen, in unverantwortlicher Weise überspannt wurde;

Der Bundesgerichtshof räumt Geschäftsleitern ein weites unternehmerisches Ermessen ein. Er stellt aber auch fest, dass dieses Ermessen nur eingeräumt werde, wenn die Vorbereitung der Entscheidungsfindung einem strengen und kontrollierbaren Sorgfaltsmaßstab genügt.

Mit seiner Entscheidung vom 14.07.2008[391] hat der Bundesgerichtshof nochmals die Anforderungen an eine ordnungsgemäße Vorbereitung konkretisiert:

„Nach der Rechtsprechung des Senats (BGHZ 152, 280 = NZG 2003, 81 = NJW 2003, 358) ist ***Voraussetzung einer Haftungsprivilegierung*** *des Geschäftsführers einer GmbH im Rahmen des unternehmerischen Ermessens, dass sein unternehmerisches Handeln auf einer sorgfältigen Ermittlung der Entscheidungsgrundlagen beruht.* ***Danach hat der Geschäftsführer in der konkreten Entscheidungssituation alle verfügbaren Informationsquellen tatsächlicher und rechtlicher Art auszuschöpfen und auf dieser***

388 *Bräunig*, Untreue in der Wirtschaft, S. 183 ff.; *Lindemann*, Voraussetzungen und Grenzen legitimen Wirtschaftsstrafrechts, S. 9.
389 *Lutter*, NZG 2010, 601 (602).
390 *Ries/Peiniger*, Haftung und Versicherung von Managern, S. 41.
391 BGH, NZG 2008, 751 (751 ff.).

***Grundlage die Vor- und Nachteile der bestehenden Handlungsoptionen sorgfältig abzuschätzen und den erkennbaren Risiken Rechnung zu tragen** (Goette, in: Festschr. 50 Jahre Bundesgerichtshof, S. 123, 140 f. m. W. Nachw.). Nur wenn diese Anforderungen erfüllt sind, ist Raum für die Zubilligung unternehmerischen Ermessens.*“[392]

Nur wenn diese Vorgaben eingehalten worden sind, wird ein weiter Ermessensspielraum eingeräumt. Wann dem strengen und kontrollierbaren Sorgfaltsmaßstab genüge getan ist, kann nicht schematisch beantwortet werden. Insbesondere ist nicht ausreichend, wenn plakatiert wird, dass der Geschäftsleiter alle Informationen eingeholt haben muss[393]. Im Zeitalter der Globalisierung ist es nicht mehr möglich, alle Informationen zu bekommen[394]. Auch ist es ein Trugschluss, wenn man von der Hypothese ausgeht, dass mit der Menge der Informationen die Qualität der Entscheidungen exponentiell steigt[395].

5. Business Judgement Rule[396]

Die *ARAG ./. Garmenbeck* Entscheidung lehnt sich an die US-amerikanische Rechtsprechung zur Nachprüfbarkeit unternehmerischer Entscheidungen und die *Business Judgement Rule* an[397]. Diese kommt aus dem angloamerikanischen Recht und beschreibt das Prinzip, dass eine Haftung für Unternehmensentscheidungen nur infrage kommt, wenn bestimmte Anforderungen, welche bereits im Vorfeld festgelegt werden, nicht eingehalten worden sind, wobei der Anspruchssteller die Beweislast trägt[398].

Entsprechend § 93 Abs. 1 Satz 2 AktG gilt für unternehmerische Entscheidungen[399], dass eine unwiderlegbare Vermutung für pflichtgemäßes Verhalten vorliegt, wenn die Entscheidung auf folgender Basis getroffen wurde[400]:

- Beachtung der Legalitätspflicht,
- Angemessene Informationen[401] wurden eingeholt und zur Basis der Entscheidung gemacht,

392 BGH, NZG 2008, 751 (752).
393 So aber: BGH, NZG 2008, 751 (751 ff.).
394 *Hildebrand*, Informationsmanagement, S. 21; *Weck*, Informationsmanagement im globalen Wettbewerb, S. 14 ff.; *Redeke*, NZG 2009, 496 (497), der zu dem Ergebnis kommt, dass „*eine sorgfältige Ermittlung der Entscheidungsgrundlagen, die zu einer angemessenen Information führt*“ ausreichend sei. Fraglich bleibt dann im Einzelfall immer noch, was als ausreichend anzusehen ist.
395 *Gigerenzer*, Gut feelings, S. 36 ff.
396 Einführend: *Brömmelmeyer*, WM 2005, 2065 (2065 ff.).
397 *Lutter*, GmbHR 2000, 301 (308).
398 *Ries/Peiniger*, Haftung und Versicherung von Managern, S. 42.
399 Zum Begriff: *Schneider*, DB 2005, 707 (707 ff.).
400 *Ziemons*, Praxishandbuch GmbH, § 22, Rn. 49.
401 Der Begriff der „*angemessenen Informationen*“ ist abstrakt und unscharf definiert, *Weiss/Buchner*, WM 2005, 162 (164).

- Handlung zum Wohl der Gesellschaft – ohne Eigeninteressen und sachfremde Einflüsse,
- Handlung im guten Glauben.

Ein pflichtgemäßes Verhalten liegt vor, wenn der Geschäftsleiter die Entscheidung umfassend vorbereitet. Dies ist dann der Fall, wenn er sich alle für eine sachgerechte Entscheidung erforderlichen Informationen beschafft und beurteilt hat. Und er alle Handlungsalternativen erfasst und geprüft und der Umfang der Informationsbeschaffung sich am jeweiligen Einzelfall orientiert hat[402].

Die auf dieser Basis getroffene Entscheidung muss sich ausschließlich am Wohl der Gesellschaft orientieren, sachfremde Einflüsse insbesondere Eigeninteressen dürfen den Entscheidungsprozess nicht mitbestimmen. Ferner hat sich die Entscheidung im Rahmen der gesetzlichen Vorschriften und Vorgaben zu orientieren.

Der Geschäftsleiter muss im „*guten Glauben*" handeln, das heißt, es muss von der Richtigkeit seiner Entscheidung überzeugt sein. Dieser „*gute Glaube*" muss objektiv nachvollziehbar sein[403]. Auch wenn der Gesetzgeber richtigerweise erkannt hat, dass nicht jede Entscheidung objektiv getroffen wird, hält er an diesen Vorgaben fest[404].

III. Vorstandshaftung

Das Haftungsrisiko von AG-Vorständen ist in den letzten Jahren enorm gestiegen[405]. Spielte noch in den 1980 Jahren die zivilrechtliche Haftung von Vorständen für fehlgeschlagene unternehmerische Entscheidungen rechtstatsächlich keine Rolle, so hat sich dies seit spätestens Mitte der 1990 Jahre deutlich verändert[406]. Vorstände werden regelmäßig zur Haftung herangezogen, wenn sie bei Ausübung ihrer Tätigkeit Sorgfaltspflichten nicht beachten und hierdurch Schäden verursachen. Aber auch, wenn keine Haftungsprozesse angestrengt werden, werden Vorstände für Fehlleistungen zur Verantwortung gezogen.

Lehn und *Zhao* haben in einer empirischen Studie untersucht, welche Folgen Fehlentscheidungen für Vorstandsmitglieder haben:[407]

> *"We examine the relation between bidder returns and the probability of chief executive officer (CEO) turnover in acquiring firms. Using a sample of 714 acquisitions during 1990 to 1998, we find that 47% of CEOs of acquiring firms are replaced within 5 years, including 27% by internal governance, 16% by takeovers, and 4% by bankruptcy. A significant inverse relation exists between bidder returns and the likelihood of CEO turnover. This relation is*

402 *Ziemons*, Praxishandbuch GmbH, § 22, Rn. 52; zur Fragwürdigkeit dieser Festlegung: *Gigerenzer/Kober*, Bauchentscheidungen, S. 45 ff.

403 Vgl. mit weiteren Nachweisen: *Ziemons*, Praxishandbuch GmbH, § 22, Rn. 54.

404 Deutscher Bundestag 2005, Rn. 11–12.

405 Einen Überblick über die Entwicklung der Innenhaftung geben: *Harnos/Rudzio*, JuS 2010, 104 (105).

406 *Reese*, DStR 1995, 532 (532 f., 534).

407 *Lehn/Zhao*, The Journal of Finance 2006, S. 1759 (1759).

not associated with governance structure. It also is not significantly different in stock versus cash acquisitions, which appears to be inconsistent with Shleifer and Vishny's theory of "stock market driven" acquisitions."[408]

"Based on a sample of 714 firms that complete acquisitions during 1990 through 1998, we document that managers who make value-reducing acquisitions face a significantly higher probability of being replaced than managers who make value-enhancing acquisitions, either by internal governance, takeovers, or bankruptcy. In contrast, CEOs who cancel an acquisition after observing a diminution in their company's stock price face significantly lower replacement risk than their counterparts who proceed with value-reducing acquisitions. Finally, among firms not subject to a takeover or bankruptcy, we find no association between a firm's governance characteristics and the probability that CEOs who make value-reducing acquisitions are replaced. This suggests that firms generally select the "right" governance structures, at least in the context studied in this paper."[409]

"These results suggest that negative bidder returns are indicative of value-destroying acquisitions and not of managers using overvalued equity to make acquisitions that serve the interests of their stockholders."[410]

Lehn und *Zhao* haben aufgezeigt, dass Vorstände die Fehlentscheidungen getroffen haben, in der Regel abberufen werden. Sie ziehen auch die richtigen Schlussfolgerungen aus den von ihnen erhobenen Daten. Durch interne und externe Kontrollmechanismen, insbesondere durch die Möglichkeit der Abberufung, werden Vorstände *„diszipliniert"*.

Aktiengesellschaften und GmbHs weisen in ihrer gesellschaftsrechtlichen Struktur Gemeinsamkeiten auf, unterscheiden sich in einigen Bereichen jedoch erheblich. Besonders deutlich wird dies bei einem Vergleich der leitenden Organe, der Kompetenzen, Aufgaben und Pflichten. Obwohl sich die Vorschriften des AktG von denen des GmbHG unterscheiden, sind die Grundzüge für die Haftung für unternehmerische Entscheidungen nahezu identisch. Die weiteren Ausführungen beschränken sich auf die Darstellung der Unterschiede.

Die zentrale Haftungsnorm im Recht der Aktiengesellschaften ist § 93 Abs. 2 Satz 1 AktG[411]. Vorstandsmitglieder, die die ihnen obliegenden (Sorgfalts-)Pflichten verletzen, sind der Gesellschaft zum Ersatz des daraus entstandenen Schadens verpflichtet. Bei § 93 Abs. 2 Satz 1 AktG handelt es sich ebenfalls um eine haftungsrechtliche Generalklausel[412]. Das Aktiengesetz regelt nicht explizit, wann eine

---

408 *Ebenda.*

409 *Ebenda*, 1759 (1809).

410 *Ebenda*, 1759 (1810).

411 Vorliegend kann dahingestellt bleiben, ob es sich bei § 93 Abs. 2 Satz 1 AktG um eine gesetzliche angeordnete Organhaftung handelt oder als ein besonderer Fall der Vertragsverletzung handelt, einer praktischen Relevanz kommt dieser Meinungsstreit nicht zu.

412 *Hüffer*, AktG, § 93, Rn. 11.

entsprechende Pflichtverletzung vorliegen soll[413]. Aus der Funktion der Haftung als Sanktions- und Steuerungsmittel folgt jedoch, dass die Pflichten aus der Organstellung und den übertragenen Aufgaben resultieren müssen[414].

1. Allgemeine Sorgfaltspflichten

Ein Rückgriff auf die allgemeinen Sorgfaltspflichten ist immer dann notwendig, wenn eine vertraglich oder gesetzlich normierte Pflicht nicht ersichtlich ist. Ausgangspunkt für die Ermittlung dieser allgemeinen Sorgfaltspflichten sind § 93 Abs. 1 AktG, der den allgemeinen Verhaltensstandard festlegt[415], und § 76 Abs. 1 AktG, der die Leitungsfunktion des Vorstands normiert. § 93 Abs. 1 AktG kommt wie § 43 Abs. 1 GmbHG eine Doppelfunktion zu: Einerseits enthält die Norm einen Verschuldensmaßstab, andererseits werden objektive Verhaltenspflichten generalklauselartig umschrieben. Hieraus können sich durch weitere Konkretisierung Einzelpflichten ergeben[416]. Die allgemeinen Sorgfaltspflichten resultieren aus dem allgemeinen Verhaltensstandard, wonach unter Berücksichtigung von § 76 Abs. 1 AktG die *„Sorgfalt eines ordentlichen und gewissenhaften Geschäftsleiters anzuwenden“* ist. Eine Konkretisierung der allgemeinen Sorgfaltspflichten hat sich an der Leitungsaufgabe des Vorstandes (§ 76 Abs. 1 AktG) und der besonderen Stellung als Organ zu orientieren.

Vorstandsmitglieder haben die Sorgfalt eines ordentlichen und gewissenhaften Geschäftsleiters einzuhalten, der als Treuhänder fremde Vermögensinteressen wahrnimmt. Die Sorgfaltspflichten lassen sich nicht allgemein für alle Vorstände verbindlich festlegen. Vielmehr hat sich die Konkretisierung an der konkreten Struktur des betroffenen Unternehmens zu orientieren. Aus der Stellung als Organ lassen sich jedoch wiederum Grundpflichten ableiten. Diese Grundpflichten sind identisch mit den Grundpflichten des GmbH-Geschäftsführers. Dies folgt schon daraus, dass die gesellschaftsrechtliche Grundstruktur von Geschäftsführern und Vorständen gleich ist. Beide sind Organe einer juristischen Person, treffen unternehmerische Entscheidungen für fremdes Kapital und bestimmen das Wohl und Wehe der Gesellschaft. Vorstände trifft daher ebenso wie Geschäftsführer, eine Legalitäts- und Treuepflicht gegenüber der Gesellschaft, aus der sich weitere Einzelpflichten ableiten lassen[417].

Die Haftungsvoraussetzungen des § 93 Abs. 2 AktG sind nahezu identisch mit denen des § 43 Abs. 2 GmbHG. Unterschiede ergeben sich hauptsächlich aus den besonderen (Sorgfalts-)Pflichten des AG-Vorstands und dem Umstand, dass die *ARAG ./. Garmenbeck* Rechtsprechung durch den Gesetzgeber in das AktG übernommen

---

413 Zur zivilrechtlichen Haftung von Vorstandsmitgliedern mit strafrechtlichen Bezügen: *Michaelsen*, Abweichungen vom Deutschen Corporate Governance Kodex und von § 161 AktG als Pflichtverletzung im Sinne der Untreue, S. 84 ff.

414 *Harnos/Rudzio*, JuS 2010, 104 (105).

415 *Hüffer*, AktG, § 93, Rn. 3.

416 *Ebenda*; *Spindler*, MüKO AG (Band 2), § 93, Rn. 20; a.A. *Zöllner/Noack*, *Baumbach/Hueck* GmbHG, § 43, Rn. 11, 16 f.

417 Mit weiteren Nachweisen: *Harnos/Rudzio*, JuS 2010, 104 (105 f.).

wurde[418]. Diese Kodifizierung bringt im Ergebnis nichts Neues, sondern ist eher als eine Klarstellung anzusehen. Hierin liegt auch ihre eigentliche Bedeutung. Der Gesetzgeber hat klargestellt, dass unternehmerische Entscheidungen immer ein Risiko beinhalten, welches niemals ausgeschlossen werden kann. Unternehmerische Entscheidungen können nicht schematisch getroffen werden. Durch die gesetzliche Klarstellung werden auch die erkennenden Gerichte an diese Erkenntnisse gebunden und gezwungen, bei unternehmerischen Entscheidungen aus ex ante Sicht zu prüfen, ob der unternehmerische Ermessensspielraum unverantwortlich überschritten wurde[419]. Es verbietet sich für die Gerichte, Aspekte einfließen zulassen, die erst nach der Entscheidung eingetreten sind oder sich gar erst nach der Realisierung eines Schadens gezeigt haben[420].

Die Voraussetzungen der Innenhaftung sind bei AG-Vorständen identisch mit den Haftungsvoraussetzungen von GmbH-Geschäftsführern. Beide haben bei der Wahrnehmung ihrer Leitungsfunktion die Sorgfalt eines ordentlichen und gewissenhaften Geschäftsleiters anzuwenden. Wann diese Sorgfalt nicht mehr eingehalten ist, kann nicht einheitlich beantwortet werden, sondern hängt von den Umständen des konkreten Einzelfalls ab. Zu berücksichtigen sind der Unternehmensgegenstand, die Unternehmensgröße, die aktuelle Finanzlage und die konkrete Entscheidungssituation. Den Vorständen wird zur Leitung der Gesellschaft bei unternehmerischen Entscheidungen ein weiter Ermessensspielraum anerkannt. Eine Haftung kommt erst dann infrage, wenn der Vorstand seine Entscheidungen nicht entsprechend des § 93 Abs. 1 Satz 2 AktG trifft.

2. Besondere Sorgfaltspflichten

Neben den allgemeinen Sorgfaltspflichten treffen die Vorstände noch weitere spezielle Sorgfaltspflichten. Diese sind im Aktiengesetz normiert und sind zum Teil weitreichender als die Pflichten die Geschäftsführer. Die besonderen Sorgfaltspflichten resultieren insbesondere aus der gesellschaftsrechtlichen Struktur der Aktiengesellschaften.

a) Gesetzlich normierte Pflichten

§ 93 Abs. 3 AktG nennt hierbei die wichtigsten Pflichten, die es einzuhalten gilt und deren Verletzung zu einer Schadensersatzpflicht führen. Der Haftungstatbestand des § 93 Abs. 3 AktG erfasst die Fälle der gesetzeswidrigen Minderung des Gesellschaftsvermögens. Das Aktiengesetz bringt mit der Haftungsanordnung zum Ausdruck, dass

418 Mit dem Gesetz zur Unternehmensintegrität und Modernisierung des Anfechtungsrechtes (UMAG) wurde 2005 die Business Judgement Rule in den neu eingeführten § 93 Abs. 1 Satz 2 AktG kodifiziert.

419 *Roth*, Unternehmerisches Ermessen, S. 103 ff.

420 *Dahnz/Grimminger*, Manager und ihr Berufsrisiko, S. 156.

es sich um besonders schwerwiegende Verstöße handelt, da sie den Vermögensbestand der Gesellschaft und die Kapitalgrundlage betreffen[421].

Weitere spezifische Vorstandspflichten ergeben sich etwa aus §§ 76 I, 80, 81, 83, 90, 91 oder 92 AktG. Diese umfassen insbesondere die Pflichten des Vorstands gegenüber der Hauptversammlung (§ 83 AktG), gegenüber dem Aufsichtsrat hinsichtlich bestehender Berichtspflichten (§ 90 AktG), bezüglich der Buchführungspflicht (§ 91 AktG) und den Pflichten bei Verlust oder drohender Insolvenz (§ 92 AktG).

b) Risikomanagementsysteme[422]

Besondere Bedeutung unter den speziellen Sorgfaltspflichten kommt § 91 Abs. 2 AktG zu. Hiernach hat der Vorstand dafür zu sorgen, dass ein Risikomanagementsystem eingerichtet wird[423]. Hiermit reagierte der Gesetzgeber auf zahlreiche Unternehmenskrisen in den 1990 Jahren, die den Verdacht haben aufkommen lassen, dass den Vorständen der Überblick über ihre Unternehmen fehle[424]. Eine Notwendigkeit zur Einführung dieser Norm bestand nach diesseitiger Auffassung nicht, da schon aus der Pflicht zur ordnungsgemäßen Unternehmensführung folgt, dass die notwendigen organisatorischen Voraussetzungen zur frühzeitigen Risikoerkennung geschaffen werden müssen. Es handelt sich insoweit nur um eine Klarstellung der ohnehin bestehenden Verpflichtungen[425].

Nach § 91 Abs. 2 AktG ist der Vorstand verpflichtet, geeignete Maßnahmen zu treffen, damit Entwicklungen, welche geeignet sind, den Fortbestand der Gesellschaft zu gefährden, frühzeitig erkannt werden. Dementsprechend ist der Vorstand verpflichtet, ein entsprechendes Überwachungssystem zu schaffen[426].

---

421 *Spindler*, MüKO AG (Band 2), § 93, Rn. 192.

422 Zur Untreue bei Unterlassung der Einrichtung von Risikomanagementsystemen siehe ausführlich: *Waßmer*, Untreue bei Risikogeschäften, S. 62 ff., 72; *Bräunig*, Untreue in der Wirtschaft, S. 183 ff.

423 Zu strafrechtlichen Folgen bei unterlassener Einrichtung: *Mosiek*, wistra 2003, 370 (370 ff., 375).

424 *Spindler*, Handbuch des Vorstandsrechts, § 19, Rn. 1 ff.; *Martin/Bär*, Grundzüge des Risikomanagements nach KonTraG, S. 4 ff.; Es drängt sich hierbei der Verdacht auf, dass sich der Gesetzgeber beim KonTraG von einigen spektakulären Unternehmenskrisen hat leiten lassen. Die Pflicht zur Errichtung von Früherkennungssystemen existiert gesetzlich geregelt nur für Aktiengesellschaften. Dies obwohl die Insolvenzrate bei Aktiengesellschaften wesentlich geringer war und ist, als bei Gesellschaften mit beschränkter Haftung (vgl. mit einer ausführlichen Analyse *Martin/Bär*, Grundzüge des Risikomanagements nach KonTraG, S. 1 ff.). Die Insolvenz von Aktiengesellschaften ist aber seit jeher spektakulärer, da es sich um Großunternehmen handelt und eine Insolvenz auch hinsichtlich des Arbeitsplatzverlustes zahlreicher Angestellter ein größeres öffentliches Interesse erweckt.

425 *Spindler*, Handbuch des Vorstandsrechts, § 19, Rn. 6.

426 Der Gesetzgeber ging bei Verabschiedung des KonTraG davon aus, dass dieses auch Ausstrahlungswirkung auf andere Gesellschaften haben werde. Seit Einführung

Welche Anforderungen an ein solches System zu stellen sind, kann nicht einheitlich beantwortet werden. Hier kommt es auf den konkreten Einzelfall an. Unabhängig von dieser Frage ist festzustellen, dass der Vorstand nicht verpflichtet ist, ein bestimmtes betriebswirtschaftliches Kontrollkonzept zu übernehmen. Es steht vielmehr in seinem Ermessen zu entscheiden, welches Erkennungssystem am besten zu dem Unternehmen passt. Unter Umständen bedarf es auch keiner Einrichtung eines Überwachungssystems, wenn spezifische Gefahren nicht vorhanden oder zu erwarten sind. § 91 Abs. 2 AktG verlangt nicht, dass ein Erkennungssystem stets einzurichten ist. Auch hier steht dem Vorstand ein Ermessen zu[427].

Aus § 91 Abs. 2 AktG resultiert mithin die Pflicht, dass geeignete Maßnahmen zur Früherkennung bestandsgefährdender Entwicklungen zu treffen sind. Es müssen jedoch nicht alle nachteiligen Entwicklungen und Risiken frühzeitig erkannt werden, sondern nur solche, die den Bestand der Gesellschaft gefährden können[428]. Dies ist der Fall, wenn sich nachteilige Veränderungen auf die Vermögens-, Ertrags- oder Finanzlage der Gesellschaft wesentlich auswirken können[429].

IV. Aufsichtsratshaftung

In den letzten Jahrzehnten ist das Haftungsrisiko für Vorstände beträchtlich gestiegen. Verglichen damit ist das Haftungsrisiko für Aufsichtsräte, nicht zuletzt wegen personeller Verflechtungen, noch immer als gering einzuschätzen[430]. Dennoch geraten gerade in den letzten Jahren nun auch Aufsichtsräte vermehrt in das Minenfeld der Organhaftung und werden in Regress genommen[431]. Das subjektive Gefühl der *„Angst vor der Haftung"* ist bei Aufsichtsräten in letzter Zeit deutlich erkennbar geworden. Dies zeigt sich nicht zuletzt an den Abschlüssen von D&O Versicherungen

---

wird daher diskutiert, ob auch bei GmbH eine Pflicht zur Errichtung eines Risikomanagementsystems bestünde (befürwortend: *Ballof*, Gesellschaftsrecht für die Praxis, Rn. 92, 105). Ebenso kann die Frage, wann eine Pflichtverletzung vorliegt, da durch den Geschäftsführer kein Risikomanagementsystem eingerichtet wurde, nicht schematisch beantwortet werden. Bei *Klein*eren oder mittleren Gesellschaften wird hierfür keine Veranlassung bestehen, die strukturellen Unterschiede zur Aktiengesellschaft sind zu groß. Bei Großunternehmen in Form der GmbH ist von einer entsprechenden Verpflichtung auszugehen. Die Ausgestaltung ist wiederum abhängig vom konkreten Einzelfall. Es darf auch nicht verkannt werden, dass Geschäftsführer aufgrund der Bestandserhaltungspflicht ohnehin verpflichtet sind, die bestehenden Risiken ständig zu überwachen, *Steffan*, Praxishandbuch der GmbH-Geschäftsführung, § 37, Rn. 11 ff.

427 *Spindler*, Handbuch des Vorstandsrechts, § 19, Rn. 7; *Hüffer*, AktG, § 91, Rn. 5.

428 *Spindler*, MüKO AktG (Band 2), § 91, Rn. 21; *Hüffer*, AktG, § 91, Rn. 6.

429 *Spindler*, Handbuch des Vorstandsrechts, § 19, Rn. 9.

430 *Peltzer*, Der Aufsichtsrat 2009, 65 (65); zur strafrechtlichen Haftung vgl. *Rönnau/Hohn*, NStZ 2004, 113 (123).

431 *Rubner*, NJW-Spezial 2009, 111 (111); *Schaefer/Missling*, JA 1998, 441 (441); *Buchta/van Kann* DStR 2003, 1665 (1670); *Habersack*, MüKO AktG (Band 2), § 116, Rn. 7 f.

seitens der Aufsichtsräte[432]. Während es bis Ende der 1990 Jahre kaum Fälle gab, in denen Aufsichtsräte in die Haftung genommen wurden, ist nun evident, dass auch gegen Aufsichtsratsmitglieder vorgegangen wird[433].

Jede Aktiengesellschaft verfügt über einen Aufsichtsrat. Zwar regelt das Aktiengesetz nicht explizit, dass jede Aktiengesellschaft einen Aufsichtsrat haben muss, dies folgt aber aus dem „*dualistischen System*", auf dessen Basis die Ordnungsstruktur der Aktiengesellschaft nach dem Aktiengesetz fußt.[434] Das Aktiengesetz trennt strikt zwischen dem Vorstand als Leitungsorgan und dem Aufsichtsrat als Überwachungsorgan.

Aus dieser Ordnungsstruktur heraus wird deutlich, dass dem Aufsichtsrat andere Aufgaben zukommen als dem Vorstand. Der Aufsichtsrat trifft keine geschäftsführenden Entscheidungen. Er ist gem. § 111 Abs. 4 AktG von der Geschäftsführung ausgeschlossen. Er kann geschäftsführende Tätigkeiten auch nicht im Rahmen der Delegation wahrnehmen. Der Aufsichtsrat ist eine Art internes Kontrollorgan, der in seiner Tätigkeit kaum nach außen hin in Erscheinung tritt. Trotzdem trifft er auch unternehmerische Entscheidungen und ihm kommen haftungsrelevante Pflichten und Aufgaben zu. Der Aufsichtsrat hat eigenverantwortlich den Vorstand zu bestellen und diesen zu überwachen, §§ 84, 111 AktG.

Aus den Pflichten ergibt sich das besondere Haftungsrisiko des Aufsichtsrats. Trifft der Vorstand pflichtwidrige Entscheidungen und verursacht hierdurch Schäden, muss sich der Aufsichtsrat immer fragen lassen, ob er seinen Überwachungspflichten nachgekommen ist und ob er die geeigneten Personen zum Vorstand bestellt hat. Die Aufgabe des Aufsichtsrates ist zwar eine andere als die des Vorstandes, seine Aufgaben sind jedoch immer im Zusammenhang mit den Aufgaben des Vorstandes zu sehen[435].

Zentrale Haftungsnorm im Rahmen der Haftung der Aufsichtsratsmitglieder ist § 116 AktG. Hiernach ist § 93 AktG mit Ausnahme von § 93 Abs. 2 Satz 3 AktG entsprechend anzuwenden. Bei der Wahrnehmung seiner Pflichten hat der Aufsichtsrat die Sorgfalt eines ordentlichen und gewissenhaften Mitglieds zu wahren. Der Aufsichtsrat haftet damit in seinem Pflichtenkreis wie der Vorstand. Dem Aufsichtsrat kommt grundsätzlich die in § 93 Abs. 1 AktG kodifizierte *Business Judgement Rule* zugute. Dem Aufsichtsrat steht ein unternehmerisches Ermessen zu. Dies soll laut der *ARAG ./. Garmenbeck* Entscheidung aber nicht für die Geltendmachung von Schadensersatzforderungen gegen den Vorstand gelten. Bestehen durchsetzbare Schadensersatzforderungen gegen den Vorstand, ist der Aufsichtsrat gehalten, diese geltend zu machen. Nur in engen Grenzen darf von dieser Prämisse abgewichen werden[436]. Die Frage, ob ein Schadensersatzanspruch geltend gemacht werden muss oder ob die Geltendmachung ausnahmsweise unterbleiben sollte, ist damit eine unternehmerische Entscheidung. Entgegen der Auffassung des Bundesgerichtshofs

---

432 *Tödtmann*, Handelsblatt - Management Blog 13.11.2010.
433 *Habersack*, MüKO AktG (Band 2), § 116, Rn. 7.
434 *Habersack*, MüKO AktG (Band 2), Vorbem. zu §§ 95–116, Rn. 1.
435 *Schaefer/Missling*, NZG 1998, 441 (441).
436 *Rubner*, NJW-Spezial 2009, 111 (111).

handelt es sich hierbei nicht nur um eine nachträgliche Überwachungsaufgabe[437]. Die Entscheidung, ob Schadensersatz geltend gemacht wird, bedarf immer einer Abwägung der relevanten Umstände und hat sich am Interesse der Gesellschaft zu orientieren. Es ist aber gerade nicht immer im Interesse der Gesellschaft, Pflichtverletzungen publik zu machen; dies kann erhebliche Auswirkungen haben. Das bedeutet nicht, dass etwaigen Pflichtverletzungen nicht nachgegangen werden soll, sondern nur, dass gegebenenfalls andere Regulierungsmaßnahmen ergriffen werden sollten. Es muss dem Aufsichtsrat bei dieser Abwägung ein weiter Ermessensspielraum eingeräumt werden, wenn auch mit der Einschränkung, dass Schadensersatzansprüche grundsätzlich geltend zu machen sind. Die Entscheidung hat aufgrund einer Gesamtabwägung zu erfolgen und sich an den Interessen der Gesellschaft zu orientieren. Der Aufsichtsrat muss abwägen, ob die Vorteile der Geltendmachung im Vergleich zu den etwaigen Nachteilen für die Gesellschaft überwiegen würden. Dies geht nur durch Einräumung eines entsprechenden Ermessensspielraums[438].

Hauptpflicht des Aufsichtsrats ist es, die Geschäftsführung zu überwachen, § 111 Abs. 1 AktG. Aus dem Begriff „*Überwachung*“ wird deutlich, dass sich die Aufgabe des Aufsichtsrats nicht nur auf eine nachträgliche Kontrolle beschränkt, sondern zukunftsgerichtet ist. Die Überwachung hat sich auch auf die zukünftige Geschäftspolitik zu beziehen. Besonders deutlich wird dies durch § 111 Abs. 4 Satz 2 AktG, hiernach bedürfen bestimmte Geschäfte immer der vorherigen Zustimmung des Aufsichtsrats. Auch aus den Berichtspflichten des Vorstandes gemäß § 90 AktG wird deutlich, dass neben der Überwachungspflicht dem Aufsichtsrat auch eine Beratungspflicht zukommt[439].

Hieraus ist abzuleiten, dass der Aufsichtsrat verpflichtet ist, die entsprechenden Strukturen zu schaffen, womit sichergestellt ist, dass der Aufsichtsrat die notwendigen Informationen erhält. Hierunter fällt auch die Verpflichtung ein Compliancesystem, welches den Verhältnissen der Gesellschaft entspricht, zu installieren und zu überwachen[440]. Insbesondere ist der Aufsichtsrat verpflichtet zu prüfen, ob der Vorstand geeignet ist, die Geschicke der Gesellschaft in der jeweils aktuellen Situation zu lenken und gegebenenfalls entsprechend zu reagieren.

Die Intensität der Überwachungspflichten kann nicht schematisch festgelegt werden. Hier kommt es auf die äußeren Rahmenumstände an. Befindet sich die Gesellschaft in einer kritischen Phase, oder sind dem Aufsichtsrat etwaige Missstände bekannt, sind höhere Anforderungen an die Überwachungspflichten zu stellen. Es kommt immer auf die Lage der Gesellschaft an[441]. Die Überwachungspflicht ist abgestuft[442].

---

437 BGH, NJW 1997, 1926 (1928).
438 So auch *Paefgen*, AG 2008, 761 (761, 768 f.); a.A. *Koch*, AG 2009, 91 (100 ff.).
439 *Habersack*, MüKO AktG (Band 2), § 116, Rn. 20.
440 *Hüffer*, AktG, § 111, Rn. 7.
441 *Rubner*, NJW-Spezial 2009, 111 (111).
442 *Hüffer*, AktG, § 111, Rn. 7.

V. Eckpunkte zur Haftungsvermeidung[443]

Aus den vorstehenden Ausführungen wird deutlich, dass Organe von Kapitalgesellschaften, insbesondere bei unternehmerischen Entscheidungen, einem nicht unerheblichen Haftungsrisiko ausgesetzt sind. In Anlehnung an *Lutter*[444] ergeben sich folgende Eckpunkte zur Haftungsvermeidung:

Basis für die Vermeidung von Haftungsfällen ist, dass die verantwortlichen Organe die Legalitätspflicht beherzigen und sämtliche gesetzlichen Normen, die Satzung und die Geschäftsordnung der Gesellschaft einhalten. Alle Handlungen müssen sich an den internen und externen Verhaltensvorschriften orientieren. Hierzu gehört ferner die Einhaltung der Vereinbarungen aus dem Anstellungsvertrag und im Rahmen des GmbH-Rechts die Befolgung der Gesellschafterweisungen. Zur Basis der Haftungsvermeidung gehört auch, dass die Organe sich ihrer Treuepflichten bewusst sind und Interessenkonflikte unverzüglich offenlegen und vermeiden. Hierauf aufbauend müssen, bevor unternehmerische Entscheidungen getroffen werden können, die notwendigen organisatorischen Strukturen in der Gesellschaft geschaffen werden und deren Funktionalität sichergestellt sein. Davon müssen sich insbesondere Manager überzeugen, die in ein bestehendes Unternehmen eintreten. An dieser Stelle kann kein allgemeiner Maßstab für eine ordnungsgemäße Organisation gegeben werden. Eine ordnungsgemäße Organisation ist immer abhängig von den konkreten Verhältnissen der Gesellschaft. Die Anforderungen an eine ordnungsgemäße Organisation variieren je nach Geschäftsfeld, Umsatz, Anzahl der Arbeitnehmer usw. Weiterhin müssen die verantwortlichen Organe stets sicherstellen, dass sie zu jeder Zeit über die wichtigsten Entwicklungen Kenntnis haben. Es ist Grundvoraussetzung, dass sie zu jeder Zeit über die aktuelle Finanzlage informiert sind. Es muss fortlaufend sichergestellt werden, dass Kenntnis über Liquidität und Verschuldung besteht. Die Finanzlage muss geplant und überwacht werden.

Auf dieser Grundlage können sodann unternehmerische Entscheidungen getroffen werden. Wobei davon auszugehen ist, dass jede unternehmerische Entscheidung risikobehaftet ist. Man muss sich immer auch vor Augen führen, dass eine Sicherheit von 99 % sehr trügerisch sein kann. Denn 1 % Verlustrisiko heißt, dass ein Verlust zwar sehr unwahrscheinlich, aber nicht ausgeschlossen ist. Wahrscheinlichkeiten ergeben sich aus einer ex ante Betrachtung einer Situation, daher haben sie nur begrenzte Aussagekraft für zukünftige Entwicklungen. Auch hängen Wahrscheinlichkeiten stets davon ab, wie die zugrunde liegenden Faktoren (subjektiv) eingeschätzt werden. Eine unternehmerische Entscheidung muss auf der Grundlage vollständiger Informationen und aus der Überzeugung der Richtigkeit getroffen werden, sowie sich am Wohle der Gesellschaft orientieren. Unternehmerische Entscheidungen bedürfen daher einer umfassenden Vorbereitung. Diese Vorbereitungsphase muss dokumentiert werden, denn der Entscheidungsträger hat nachzuweisen, dass er

---

443 Vgl. einführend: *Krause*, BB 2009, 1370 (1370 ff, 1374 f.).

444 *Lutter*, GmBHR 2000, 301 (301 ff.).

diese Vorgaben eingehalten hat. Falsch ist die Vorgabe, dass alle Entscheidungen immer auf vollständiger Information beruhen müssen. Auch spontane Entscheidungen dürfen nicht verboten sein. Wenn Lutter postuliert, dass

> *„Jeder weiß, dass spontane Entscheidungen ein höheres Risiko des Fehlschlags in sich bergen als sorgsam überlegte. Auch das ist heute anerkannt. Und weil das so ist, wird die sorgfältige Vorbereitung zur Rechtspflicht“*[445],

kann dieser Auffassung nicht gefolgt werden. Im weiteren Verlauf wird noch aufgezeigt werden, dass intuitive Entscheidungen zu besseren Ergebnissen führen können, als *„sorgsam überlegte“*.

Die Entscheidungsträger müssen entsprechende Maßnahmen treffen, damit negative, bestandsgefährdende Entwicklungen frühzeitig erkannt werden und der Fortbestand der Gesellschaft sichergestellt wird. Für das Aktiengesetz ist dies in § 91 AktG mit der Vorgabe geregelt, entsprechende Überwachungssysteme zu schaffen. Es haben aber alle Manager - mehr oder weniger ausgeprägt - die Pflicht sicherzustellen, dass negative Entwicklungen frühzeitig erkannt werden, damit diesen entgegengesteuert werden kann. Mindestanforderung ist daher immer, getroffene Entscheidungen in ihrer Durchführung zu überwachen.

Für besonders risikoreiche Entscheidungen gilt, dass hier erhöhte Sorgfalt gewahrt werden muss. Besonders risikoreiche Geschäfte liegen vor, wenn das Risiko eines Verlustes deutlich erhöht ist und ein Fehlschlag bestandsgefährdend sein kann. Sodann muss eine Abwägung stattfinden, ob der erwartete Gewinn in einem vertretbaren Ergebnis zum möglichen Verlust steht.

Besonders risikoreiche Entscheidungen führen bei einem Fehlschlag nicht zu einer Haftung, wenn folgenden Voraussetzungen eingehalten werden[446]:

- Umfassende Vorbereitung des Geschäfts und Sicherstellung einer angemessenen Überwachung der Durchführung,
- Handlung auf Basis angemessener Informationen,
- Risikominimierung, soweit dies möglich ist,
- Mögliche Schäden können durch die Gesellschaft noch abgefangen werden,
- Gesamtabwägung zwischen erwarteten Gewinnen und möglichen Verlusten unter dem Aspekt der Vertretbarkeit.

VI. Haftung und Strafbarkeit

Welche Schlussfolgerungen können nun aus den zivilrechtlichen Haftungsgrundsätzen für eine etwaige Strafbarkeit im Rahmen unternehmerischen Handelns gezogen werden?

---

445 *Ebenda*, (307).
446 *Ebenda*, (305).

Weder im Rahmen der Untreue noch im Rahmen der zivilrechtlichen Haftung geht es hauptsächlich um die Fälle eigennützig handelnder Entscheidungsträger, welche versuchen, sich zu Lasten des Treugebers zu bereichern. Es handelt sich nicht um persönliche Bereicherung, sondern um vermeintliche Fehler in der Berufsausübung. Es geht um die Frage, ob sich eine Entscheidung im Nachhinein als Erfolg oder Misserfolg herausgestellt hat. Der Vorwurf, eine unternehmerische Entscheidung sei nicht ordnungsgemäß abgelaufen und das Risiko sei falsch eingeschätzt worden, wird immer erst dann erhoben, wenn der gewünschte Erfolg ausbleibt. *„Nothing succeeds like success"*. Sowohl das Strafrecht als auch eine zivilrechtliche Haftung kommen nur dann zum Zuge, wenn der erwartete Erfolg ausbleibt.

Fest steht aber auch: Aus den zivilrechtlichen Haftungsgrundsätzen kann keine allgemeingültige Formel abgeleitet werden, wie eine unternehmerische Entscheidung getroffen werden muss, sodass eine Haftung von vornherein ausgeschlossen werden kann. Unternehmerische Entscheidungen betreffen immer ungewisse, zukünftige Entwicklungen. Für solche Prozesse gibt es keine zuverlässigen Prüfungsmaßstäbe, welche es den Entscheidungsträgern ermöglichen, von vornherein feststellen zu können, ob die Entscheidung richtig ist. Auch die unternehmerischen Regelwerke und Anweisungen für ein richtiges Vorgehen sind nicht der Weisheit letzter Schluss. Diese - und auch die *Business Judgement Rule* - sind zu allgemein formuliert und zu unbestimmt. Handlungsdirektiven für den Einzelfall lassen sich nicht ableiten.

Zur Beantwortung der eingangs aufgeworfenen Frage ist das Verhältnis des Strafrechts zu den außerstrafrechtlichen Bezugsnormen näher zu betrachten:

Aus dem Grundsatz der Einheit der Rechtsordnung folgt methodologisch zwingend, dass eine Maßnahme, die das Zivilrecht billigt, das Strafrecht nicht missbilligen darf. Das Strafrecht ist insofern akzessorisch zum Zivilrecht. Ein Verhalten, das zivilrechtlich nicht zu beanstanden ist, kann strafrechtlich nicht als pflichtwidrig angesehen werden. Dies muss auch für die Fälle gelten, in denen beispielsweise das Zivilrecht mehrere vertretbare Lösungen anbietet, und der Handelnde sich für einen Weg entscheiden muss. Was außerstrafrechtlich vertretbar ist, kann nicht strafbar sein. Vergleichbares muss auch bei der Verletzung außerstrafrechtlicher Normen gelten, die einen Ermessens- oder Beurteilungsspielraum eröffnen. Gerade solche außerstrafrechtlich gesetzten Pflichten bergen die Gefahr einer Fehlentscheidung in sich. Hier ist die Akzessorietät nachhaltig einzufordern, insbesondere dann, wenn die Bandbreite der möglichen Entscheidungen umso größer und desto unbestimmter die Vorgaben der Bezugsmaterie sind[447]. Das Strafrecht darf nur sanktionieren, was durch die Bezugsnormen klar, eindeutig und vorhersehbar als pflichtwidrig sanktioniert ist. Dies folgt schon aus Art. 103 II GG.

Aber nicht jeder Verstoß gegen eine gesetzliche oder vertragliche Pflicht auf der Primärebene stellt zugleich eine strafrechtlich relevante Pflichtverletzung dar[448].

---

447 *Dierlamm*, MüKO StGB (Band 4), § 266, Rn. 152 ff.

448 *Cahn*, Corporate Governance und Strafrecht, in: *Kempf* [u.a.] (Hg.): Die Handlungsfreiheit des Unternehmers, 3 (3 ff.).

Die Akzessorietät ist nicht umkehrbar, vielmehr ist diese asymmetrisch. Was nicht von außerstrafrechtlichen Normen gedeckt ist, darf alleine deshalb noch nicht als strafrechtlich pflichtwidrig gelten. Das ist eine triviale Grundregel der Strafrechtsdogmatik: Strafrecht kann als „*Ultima Ratio*“ des Staates nicht gegen jedes fehlerhafte Verhalten, sondern nur gegen massive Angriffe auf Rechtsgüter eingesetzt werden[449]. Es ist nicht Aufgabe des Strafrechts, bloße Verstöße gegen Normen der Sittlichkeit, Ethik oder Moral zu kriminalisieren[450]. In der Dogmatik des Vermögensstrafrechts schlägt sich diese Regel in dem bekannten Satz nieder, dass nicht jede Vertragsverletzung einen Straftatbestand erfüllt. Das Strafrecht ist nicht der „*Büttel des Zivilrechts*“[451].

Die zivilrechtlichen Haftungsgrundsätze sind unter Hinblick auf den Grundsatz der asymmetrischen Akzessorietät dahingehend auf die Diskussion um die strafrechtliche Beurteilung übertragbar, als diese einen ersten Hinweis geben, wann eine strafrechtliche Haftung ausscheidet. Kommt man zu dem Ergebnis, dass eine zivilrechtliche Haftung nicht gegeben ist, muss eine strafrechtliche Haftung ausscheiden. Wurden die durch die Rechtsprechung in der *ARAG ./. Garmenbeck* Entscheidung entwickelten Grundsätze eingehalten, liegt kein strafrechtlich relevantes Verhalten vor. Die zivilrechtlichen Haftungskriterien setzen die Grenzen für eine eventuelle Strafbarkeit.

Zukünftig muss daher kritisch beobachtet werden, ob diese Grundsätze nicht dadurch unterlaufen werden, dass über das Strafrecht neue zivilrechtliche Haftungsgrundsätze entwickelt werden. Mit Besorgnis ist zu beobachten, dass zumeist Strafverfahren eingeleitet und abgewartet werden, bevor zivilrechtliche Ansprüche geltend gemacht werden[452]. So besteht das Risiko, dass Haftungsansprüche zukünftig vermehrt über § 823 Abs. 2 BGB[453] geltend gemacht werden könnten und die zivilrechtlichen Haftungsgrundsätze unterlaufen werden[454].

VII. Unternehmerische Freiheit

Jeder Entscheidungsträger verfolgt ein primäres Ziel: Erreichung der gesetzten Umsatz- und Ergebnisziele mit dem langfristigen Augenmerk auf Gewinnmaximierung.

---

449 Dies ist nicht unumstritten: *Dierlamm*, StraFO 2005, 397 (398); *Lüderssen*, Finanzmarktkrise, Risikomanagement und Strafrecht, in: *Kempf* [u.a.] (Hg.): Die Finanzkrise, das Wirtschaftsstrafrecht und die Moral, 211 (229); *ders.*, Risikomanagement und „*Risikoerhöhungstheorie*“ - auf der Suche nach Alternativen zu § 266 StGB, in: *Hassemer* (Hg.): FS *Volk*, 345 (345 ff.).

450 *Dierlamm*, StraFO 2005, 397 (398).

451 *Krey* [u.a.], Strafrecht BT (Band 2), Rn. 564; vgl. auch mit weiteren Ausführungen: *Dinter*, Der Pflichtwidrigkeitsvorsatz der Untreue, S. 26 f.

452 Kritisch hierzu auch: *Kubiciel*, NJW 2005, 353 (353, Fn. 41).

453 Zur Bedeutung von § 266 StGB im Rahmen von § 823 Abs. 2 BGB: *Dannecker*, NZG 2000, 243 (243 ff.).

454 *Volk*, Untreue und Gesellschaftsrecht, in: Michalke [u.a.] (Hg.): FS *Hamm*, 803 (805).

Dies ist aber nur möglich, wenn wirtschaftliche Risiken eingegangen werden. Nur durch die Übernahme von Risiken können sich Unternehmen weiterentwickeln[455].

1. Freiheit des Unternehmers

Unternehmer und Manager benötigen einen weiten Ermessensspielraum, um ihrer Arbeit nachgehen zu können. Sie benötigen unternehmerische Freiheit, ohne die wirtschaftliches Handeln schlicht nicht möglich ist. Man kann wirtschaftliche Entscheidungen in der Praxis nicht anhand klar definierbarer Schemata festlegen und treffen. Die Faktoren, welche bei einer wirtschaftlichen Entscheidung mitspielen, sind vielfältig. Insoweit ist auch klarzustellen, dass es im Rahmen der Entscheidungstheorie, einer Unterform der Betriebswirtschaftslehre, eben nicht immer nur ein richtiges Ergebnis gibt. Vielmehr ist auch das Ergebnis der unterschiedlichen Entscheidungstheorien stets davon abhängig, ob alle wesentlichen Faktoren erkannt wurden und richtig eingeschätzt wurden. Je nach Risikoneigung und Einschätzung variieren die Ergebnisse.

Vor allem Manager benötigen Klarheit darüber, was sie dürfen und was nicht. Aber dies scheint ein großes Problem zu sein. Es ist in weiten Teilen nicht absehbar, was erlaubt ist und was nicht. Es kann auch nicht vorausgesetzt werden, dass jeder Manager umfassende Kenntnis über die zivilrechtlichen, gesellschaftsrechtlichen und wirtschaftsstrafrechtlichen Entwicklungen hat. Es ist die Aufgabe des Gesetzgebers und der Gerichtsbarkeit deutlich herauszuarbeiten (und vorhersehbar zu entscheiden) was erlaubt ist und was nicht. Man sollte nicht dem Irrglauben verfallen, dass vor jeder wirtschaftlichen Entscheidung alle etwaigen rechtlichen Aspekte geprüft werden (könnten). Dies würde auch zu einer Blockade wirtschaftlicher Entscheidungsfreiheit führen. Nicht das Recht trifft die wirtschaftlichen Entscheidungen, sondern das Rechtssystem schafft nur die Rahmenbedingungen hierfür. Ohne klare rechtliche Vorgaben ist unternehmerische Freiheit nicht denkbar. Klare rechtliche Vorgaben sind die notwendige Voraussetzung für die notwendige unternehmerische Freiheit[456].

Aber das Recht darf nur die Rahmenbedingungen vorgeben und nicht versuchen, jeden Aspekt unternehmerischer Entscheidung über einer Ausweitung der Haftung zu regulieren. Dies würde den Verlust unternehmerischer Freiheit bedeuten. Die Wirtschaft ist ein in sich geschlossenes komplexes System mit eigenen Regeln und mit eigenen Regulierungsmöglichkeiten. Das Marktgeschehen ist eine ordnende und regulierende Kraft. Wenn man es zulässt, reguliert sich die Wirtschaft selber[457]. Das wirtschaftliche System entscheidet, was richtig und was falsch ist und auch was

---

455 Instruktiv: *Hermann*, Aspekte eines Unternehmers, in: *Kempf* [u.a.] (Hg.): Die Handlungsfreiheit des Unternehmers, 10 (10 ff.).

456 *Ebenda*, (11 ff.).

457 *Smith* hat dies mit der Metapher von der *„unsichtbaren Hand"* umschrieben, *Smith*, An inquiry into the nature and causes of the wealth of nations, S. 184.

gewollt ist und was nicht[458]. Erst wenn diese Selbstregulierung versagt, darf sich der Gesetzgeber einmischen. Diese Eingriffe müssen dabei auf ein Mindestmaß reduziert sein. Ansonsten besteht die Gefahr, dass das System der Wirtschaft blockiert wird. Auch die Rufe nach einer weitergehenden Haftung sind unter diesem Aspekt kritisch zu beobachten. Schärfere Haftungsvorschriften führen zu einer Zurückhaltung der Entscheider und bei zu weitgehenden Haftungsvorschriften zu einer Blockade des Systems. *Herrmann*, Vorsitzender der Geschäftsführung von *Wolters Kluwer Deutschland*, umschreibt dieses Problem treffend:

> *„Es entsteht bei mir subjektiv der Eindruck einer zunehmenden Verrechtlichung des Wirtschaftslebens: einer neu gefassten Verantwortlichkeit des Geschäftsführers. Es entsteht auch der Eindruck eines weitreichenden Eingriffs in unternehmerisches Handeln als solches."*[459]

> *„Für die Unternehmer entsteht ohnehin bereits genügend zusätzliche Unsicherheit, da nicht nur das amerikanische Wirtschaftsgebahren, sondern auch Institute des Anlegerschutzes aus dem amerikanischen Kapitalmarktrecht unreflektiert in das deutsche Recht hineinzuwachsen scheinen, mit allen Konsequenzen. Es wird mehr und mehr entscheidend, was man als Unternehmer in einem börsennotierten Unternehmen ‚vorher hätte wissen müssen, wenn man den Fall im Nachhinein betrachtet'. Über den Tellerrand schauend muss der deutsche Gesetzgeber sich fragen lassen, ob die Anwendung von mehr Strafrecht, mehr Aufsicht, von Honorarbegrenzung, persönlicher Haftung aufgrund von ex post Betrachtungen, ob die Marktferne von Richtern, Staatsanwälten, Politikern und auch Journalisten, ob all dies seinen Unternehmen und seiner Wirtschaft förderlich ist."*[460]

2. Die Fallgruppe: „*Risikogeschäfte*"[461]

Sowohl im Zivilrecht als auch im Strafrecht[462] lässt sich die Fallgruppe des „*Risikogeschäfts*"[463] finden. Obwohl dieser Begriff in nahezu jedem Lehrbuch und Kommentar zum Haftungsrecht und zur strafrechtlichen Untreue verwendet wird, gibt es keine einheitliche Definition[464]. *Hellmann* spricht insoweit von einem

---

458 *Hassemer*, Die Basis des Wirtschaftsstrafrechts, 29 (34).

459 *Hermann*, Aspekte eines Unternehmers, in: *Kempf* [u.a.] (Hg.): Die Handlungsfreiheit des Unternehmers, 10 (15).

460 *Ebenda*, (16).

461 Zusammenfassend: *Hellmann*, ZIS 2007, 433 (433 ff.); *Lindemann*, Voraussetzungen und Grenzen Legitimen Wirtschaftsstrafrechts, S. 29 ff.; *Ibold*, Unternehmerische Entscheidungen als pflichtwidrige Untreuehandlungen, S. 41 ff.; *Bräunig*, Untreue in der Wirtschaft, S. 181 ff.; eingehend: *Waßmer*, Untreue bei Risikogeschäften, S. 5 ff.

462 Zum strafrechtlichen Risikogeschäft vgl. zusammenfassend: *Bittmann*, NStZ 2011, 361 (361 ff.).

463 Mit weiteren Nachweisen: *Ibold*, Unternehmerische Entscheidungen als pflichtwidrige Untreuehandlungen, S. 35 ff.

464 *Murmann*, Jura 2010, 561 (561); *Burger*, Untreue (§ 266 StGB) durch das Auslösen von Sanktionen zu Lasten von Unternehmen, S. 82 f.

„schillernden" Begriff ohne präzisen Inhalt[465]. Diese Fallgruppe impliziert, dass es sich um besondere Geschäfte handeln muss, welche nicht alltäglich sind. Es wird ein falscher Anschein erweckt. Es gibt nicht die Fallgruppe des *„Risikogeschäfts"* im Rahmen unternehmerischer Entscheidungen[466]. Jede unternehmerische Entscheidung ist risikobehaftet[467]. Auch ein Verlustrisiko von 1 % bedeutet nicht, dass ein Totalverlust nicht eintreten kann. Jede wirtschaftliche Entscheidung bedarf einer prognostischen Entscheidung und jede Entscheidung birgt auch das Risiko[468], dass Erwartungen nicht eintreten[469]. Durch die Fallgruppe *„Risikogeschäft"* wird der Eindruck erweckt, es liege ein außergewöhnliches Entscheidungsverhalten vor, dabei umschreibt es nur die tägliche Praxis von unternehmerischen Entscheidungsträgern[470].

Verfehlt ist die Ansicht, wonach ein Risikogeschäft vorliegen soll, wenn *„[…] die Prognose, ob die fragliche Maßnahme zu einem Gewinn oder Verlust führt, mit einem erhöhten Maß an Ungewissheit belastet ist […]."*[471] Diese Auffassung verkennt die tatsächlichen Gegebenheiten. Sehr häufig findet man eine *„gesteigerte"* Ungewissheit. Aufgrund der Komplexität, der Globalisierung und dem Umstand, dass es gar nicht mehr möglich ist, alle entscheidungsrelevanten Tatsachen zu ermitteln, besteht ein gesteigertes Maß an Ungewissheit. Nach dem Bundesgerichtshof liegt ein Risikogeschäft vor[472]:

> *„wenn der Täter bewusst und entgegen den Regeln kaufmännischer Sorgfalt eine äußerst gesteigerte Verlustgefahr auf sich nimmt, nur um eine höchst zweifelhafte Gewinnaussicht zu erhalten (BGH NStZ 1990, 437 f.). Für die Beurteilung des eingeräumten Spielraums maßgebend ist dabei das zugrunde liegende Treueverhältnis, danach beurteilt sich, wie weit diesem das Eingehen oder Vermeiden von Verlustrisiken innewohnt, sowie ob und in welchem Umfang sich eine Begrenzung der Dispositionsmacht daraus ergibt."*

---

465 *Hellmann*, ZIS 2007, 433 (433).

466 *Waßmer*, Untreue bei Risikogeschäften, S. 10; *Saliger*, SSW, § 266, Rn. 47.

467 *Waßmer*, Untreue bei Risikogeschäften, S. 10; *Lenckner/Perron, Schönke Schröder* StGB, § 266, Rn. 20.

468 Zur Definition des Begriffs Risiko aus wirtschaftstheoretischer Sicht: *Ibold*, Unternehmerische Entscheidungen als pflichtwidrige Untreuehandlungen, S. 41 ff.

469 *Wittig*, BeckOK StGB, § 266, Rn. 19.

470 So auch: *Dierlamm*, S. 200 ff.; *Kindhäuser* 2009, Rn. 73.

471 *Perron, Schönke Schröder* StGB, § 266, Rn. 20. Einen ähnlich weitgehenden Begriff des Risikogeschäfts vertreten *Waßmer*, Untreue bei Risikogeschäften, S. 10 und *Murmann*, Jura 2010, 561 (562). Nach dieser Ansicht soll bereits eine geschäftliche Disposition ausreichend sein, deren Erfolg ungewiss ist. Damit ist jede unternehmerische Entscheidung als ein Risikogeschäft anzusehen. Jede unternehmerische Entscheidung ist letztlich ungewiss. A.A. *Lindemann*, Voraussetzungen und Grenzen legitimen Wirtschaftsstrafrechts, S. 30 f.

472 BGH, Entscheidung vom 04.02.2004, Az.: 2 StR 355/03.

Es zeigt sich damit, fast jeder verwendet im Rahmen des § 266 StGB den Begriff des Risikogeschäfts, einen präzisen Inhalt hat er aber nicht[473]. Einmal wird damit das Überschreiten des rechtlichen Dürfens im Innenverhältnis umschrieben, ein anderes Mal das Eingehen besonders großer Risiken. Eine präzise Definition lautet anders. Man benötigt diesen *„schillernden“* Begriff[474] nicht, zumal er falsche Eindrücke erweckt. Unter dem Begriff versteht man die Frage danach, ob der Entscheidungsträger die kaufmännischen Sorgfaltspflichten eingehalten hat. Wenn man schon mit Fallgruppen arbeitet, dann ist die Fallgruppe *„unternehmerische Entscheidung“*[475] angebrachter. Dies ist zwar kein *„schillernder“* Begriff[476], umschreibt aber neutral die eigentliche Fragestellung. Sofern es um die Frage geht, ob ein rechtliches Dürfen im Innenverhältnis überschritten wurde, bedarf es ohnehin keiner Fallgruppe. Hier spricht man gewöhnlich von einem Missbrauch der Verfügungsmacht[477].

473 Von einer Definition kann nicht gesprochen werden, wenn der BGH ausführt, dass ein Risikogeschäft dann vorliegen soll, wenn die Gefahr eines Verlustes größer sei, als die Möglichkeit eines Gewinns (BGH, NJW 1975, 1234 (1236)).

474 *Hellmann*, ZIS 2007, 433 (433).

475 So auch: *Ibold*, Unternehmerische Entscheidungen als pflichtwidrige Untreuehandlungen, S. 95 ff. Zum Inhalt dieses Begriffs vgl. die ausführlichen wirtschaftstheoretischen und strafrechtlichen Ausführungen (mit weiteren Nachweisen) bei *Ibold*, Unternehmerische Entscheidungen als pflichtwidrige Untreuehandlungen, S. 35 ff. *Ibold* (aaO., S. 39 f.) arbeitet hier den Begriff der Unternehmensentscheidung deutlich heraus. Eine Unternehmensentscheidung ist, eine mit nicht unerheblicher Verantwortung verbundene Teilnahme an der wirtschaftlichen Tätigkeit eines Unternehmens, mit dem Ziel der langfristigen Maximierung des Unternehmenswerts. *Ibold* arbeitet deutlich heraus, dass eine Unternehmensentscheidung nicht primär über das Risiko definiert wird, sondern dies nur ein zweites Element der Definition darstellt (*Ibold*, aaO. S. 40 ff.). Das Risiko ist ein typisches Merkmal einer unternehmerischen Entscheidung.

476 *Hellmann*, ZIS 2007, 433 (433).

477 So andeutungsweise auch: *Leitner*, StraFo 2010, 323 (324). Leitner schreibt: *„Es lassen sich vielleicht drei Bereiche unterscheiden: Pflichtverletzung durch Boni und andere Zuwendungen, Pflichtverletzung durch Risikoentscheidungen und Pflichtverletzung durch die Verletzung von Aufsichts- und Überwachungspflichten. Das alles sind Bereiche, die regelmäßig das unternehmerische Ermessen betreffen.“*

E. Einführung in Fragen der allgemeinen Betriebswirtschafts- und Entscheidungslehre

Wenn uns im Rahmen der Finanzmarkt- und Wirtschaftskrise zum Teil auch ein anderer Eindruck vermittelt wurde, so ist die Wirtschaft dennoch „*kein chaotisches Feld von Zufälligkeiten oder Sinnlosigkeiten*[478]". Die Wirtschaft ist ein in sich geschlossenes, komplexes System mit einer eigenen Ordnung, eigenen normativen und funktionalen Strukturen, welche durch das Rechtssystem nicht abschließend beschrieben werden können. Das geltende Recht kann immer nur den Rahmen vorgeben, innerhalb dessen sich das Wirtschaftssystem eigenständig entwickelt und bewegt. Unabhängig von einer zivil- oder strafrechtlichen Bewertung wirtschaftlicher Prozesse darf dies nicht außer Acht gelassen werden. Das Wirtschaftssystem hat im Rahmen des geltenden Rechts eigenständig zu entscheiden, was angemessen ist und was nicht mehr toleriert werden kann. Das Recht darf erst in dieses komplexe System eingreifen, wenn schützenswerte Interessen und/oder Rechtsgüter Dritter ohne Rechtfertigung tangiert werden[479].

Bevor eine rechtliche Bewertung wirtschaftlicher Prozesse vorgenommen werden kann, muss man sich zumindest mit den Grundlagen und Grundstrukturen des Wirtschaftssystems vertraut machen, diese verstehen und die Erkenntnisse in die rechtliche Bewertung transferieren. Das Recht muss die Erkenntnisse der Betriebswirtschaftslehre und Entscheidungslehre respektieren. Im Folgenden ist daher ein kurzer Exkurs in die Betriebswirtschaftslehre und die damit eng verknüpfte Entscheidungstheorie notwendig. Die Betriebswirtschaftslehre wird hier als angewandte Wissenschaft verstanden, in deren Mittelpunkt die Entscheidung steht[480]. Aufgabe der vorliegenden Arbeit ist es nicht, den Standpunkt der Betriebswirtschaftslehre in der Wissenschaft zu klären oder sich mit der Kritik an der Wirtschaftswissenschaft als „*dismal science*[481]" auseinanderzusetzen. Ziel ist es vielmehr, aus den Erkenntnissen Ableitungen für die rechtliche Beurteilung von Unternehmensentscheidungen zu ziehen. Die Betriebswirtschaftslehre ist zum einen zwar eine theoretische Disziplin,

---

478 *Hassemer*, Die Basis des Wirtschaftsstrafrechts, 29 (34).

479 *Ebenda*, wobei diesseits die Auffassung vertreten wird, dass das Recht und insbesondere das Strafrecht schon dann eintreten muss, wenn die Gefährdung fremder Rechtsgüter zu besorgen ist. Es ist auch Aufgabe des Strafrechts Beschädigungen fremder Rechtsgüter zu vermeiden.

480 *Wöhe/Döring*, Einführung in die allgemeine Betriebswirtschaftslehre (2002), S. 17.

481 *Carlyle Thomas*, Occasional Discourse on the Negro Question, 1849, http://www.newschool.edu/nssr/het/texts/carlyle/carlodnq.htm.

zum anderen muss sie aber verhaltensorientiert sein und sich mit verhaltenswissenschaftlichen Aspekten auseinandersetzen[482].

I. Allgemeine Betriebswirtschaftslehre

Untersuchungsgegenstand sämtlicher Wirtschaftswissenschaften ist die Ökonomie. Hierunter versteht man die Gesamtheit aller Einrichtungen und Abläufe, die mit der Herstellung und dem Verbrauch von Gütern verbunden sind[483]. Somit alle Tätigkeiten und Einrichtungen, die darauf abzielen, menschliche Bedürfnisse zu befriedigen[484]. Die menschlichen Bedürfnisse sind grenzenlos, die Mittel zur Bedürfnisbefriedigung jedoch natürlich begrenzt. Aufgrund der Güterknappheit besteht die Notwendigkeit die vorhandenen Güter und Rohstoffe derart effektiv einzusetzen, dass möglichst viele Bedürfnisse befriedigt werden können.

Die Wirtschaft ist der Inbegriff aller Tätigkeiten und Einrichtungen, die der Überwindung der Spannung zwischen Bedarf und Deckung dienen[485]. Wirtschaft bedeutet vereinfacht, dass der natürlichen Güter- und Rohstoffknappheit durch ständiges Entscheidungsverhalten begegnet wird, um möglichst viele Bedürfnisse befriedigen zu können. Ein zentrales Problem der Wirtschaft ist das Entscheidungsverhalten. Erfolgreiches Wirtschaften ist nur möglich, wenn die richtigen Entscheidungen getroffen werden.

1. Standort

Im Rahmen der Wirtschaftswissenschaften ist zu unterscheiden zwischen der Betriebswirtschaftslehre, der Volkswirtschaftslehre und der Finanzwissenschaft. Die Volkswirtschaftslehre beschäftigt sich mit grundlegenden wirtschaftlichen Zusammenhängen und Gesetzmäßigkeiten in einer Gesellschaft. Die Betriebswirtschaftslehre hingegen befasst sich mit einzelnen Wirtschaftseinheiten, das heißt mit den Betrieben bzw. Unternehmen.

Die Betriebswirtschaftslehre ist eine angewandte Wissenschaft und will Handlungsempfehlungen für das Wirtschaften in Unternehmen geben. Es sollen Lösungen für praktische Entscheidungsprobleme erarbeitet werden. Das unternehmerische Handeln ist der zentrale Untersuchungsgegenstand der Betriebswirtschaftslehre. Es wird der Entscheidungsprozess in privaten Betrieben zum Hauptgegenstand der wissenschaftlichen Untersuchungen gemacht[486].

Ausgangspunkt der Betriebswirtschaftslehre ist, dass die Güterknappheit dazu zwingt, betriebliche Prozesse sorgfältig zu planen, um das primäre Ziel einer möglichst

---

482 *Wöhe/Döring*, Einführung in die allgemeine Betriebswirtschaftslehre (2010), S. 3 ff.
483 *Kirchner* [u.a.], Das Lexikon der Wirtschaft, S. 55.
484 *Wöhe/Döring*, Einführung in die allgemeine Betriebswirtschaftslehre (2002), S. 1.
485 *Buscher/Bauer-Emmerichs*, Wirtschaft heute, S. 20.
486 *Wöhe/Döring*, Einführung in die allgemeine Betriebswirtschaftslehre (2002), S. 27, 37.

weitreichenden Befriedigung zu erreichen. Dazu ist es notwendig, die betrieblichen Entscheidungsprobleme zu erkennen, zu analysieren und zu systematisieren. Damit ist auch die Hauptaufgabe der Betriebswirtschaftslehre umrissen – die Analyse unternehmerischer Entscheidungen[487].

2. Methodologische Grundlagen

Die Erkenntnisse zum Entscheidungsprozess und -verhalten können nur im Kontext mit den methodologischen Grundlagen der Wirtschaftstheorie verstanden werden.

a) Der „homo oeconomicus“ *und das ökonomische Prinzip*

Es ist bis dato zwischen der wirtschaftstheoretisch-fundierten und der verhaltenswissenschaftlich-fundierten Betriebswirtschaftslehre zu unterscheiden. Gleich ist beiden Theorien, dass Ökonomen bei der Erklärung und Voraussage wirtschaftlichen Verhaltens von vereinfachenden Menschenbildern und daraus entwickelten Modellen ausgehen.

aa) Modellbildung

Wenn derzeit die verhaltenswissenschaftlich orientierte Betriebswirtschaftslehre auch immer mehr Anhänger gewinnt und zum Teil überraschende Erkenntnisse[488] liefert, so hat bisher kein Umdenken in der Betriebswirtschaftslehre stattgefunden. Nach wie vor entspringen die herrschenden Meinungen und Theorien[489] der wirtschaftstheoretisch-fundierten Betriebswirtschaftslehre. Aber auch hier sind ein langsames Annähern und eine Auseinandersetzung mit den „*neuen*“ Erkenntnissen und Ansätzen zu erkennen[490].

Die wirtschaftstheoretisch-fundierte Betriebswirtschaftslehre unterstellt rationales Entscheidungsverhalten und allgemeine Gesetzmäßigkeiten im Entscheidungsfindungsprozess. Es wird insoweit von einem strengen Rationalitätsdogma ausgegangen, welches sich aus dem zugrunde liegenden Menschenbild ableitet. Verhaltenswissenschaftliche Erkenntnisse werden bisher komplett ausgeblendet. Man geht vom „*homo oeconomicus*“ aus. Dieses Menschenbild, das auch in der Rechtswissenschaft - wenn auch deutlich kritischer hinterfragt - zu finden ist[491], stellt eine starke Vereinfachung

487 *Ebenda.*

488 Zur Einführung siehe: *Ariely*, Denken hilft zwar, nützt aber nichts, S. 21 ff.

489 *Wöhe/Döring*, Einführung in die allgemeine Betriebswirtschaftslehre (2010), S. 4 ff.

490 Vgl. beispielsweise: von *Nell*, Der *Homo oeconomicus*, in: von *Nell* (Hg.): *Homo oeconomicus*, 7 (7 ff.); *Manstetten*, Menschenbild und Wirtschaft, in: von *Nell* (Hg.): *Homo oeconomicus*, 42 (42 ff.); *Raab*, Ist der *Homo oeconomicus* noch zu retten?, in: von *Nell* (Hg.): *Homo oeconomicus*, 107 (107 ff.); *Kirchgässner*, Das ökonomische Verhaltensmodell, Der *Homo oeconomicus*, in: von *Nell* (Hg.): *Homo oeconomicus*, 81 (81 ff.).

491 Vgl.: *Wittig*, Der rationale Verbrecher, S. 137 ff; *Lüdemann*, Die Grenzen des *homo oeconomicus* und die Rechtswissenschaft, S. 2 ff.; *Schmidtchen*, *Homo oeconomicus*

der Realität dar. Ausgangspunkt für die Entwicklung eines ökonomischen Modells muss das jeweilige Erkenntnisobjekt sein. Das Erkenntnisobjekt ist insoweit der wirtschaftende Mensch. Ohne ein Menschenbild lässt sich kein wirtschaftliches Modell entwickeln. Dieses Menschenbild muss vereinfacht sein und kann nur einen Ausschnitt der Realität darstellen, da ansonsten kein Modell entwickelt werden kann[492]. Modelle beruhen immer auf einer Vereinfachung[493]. Die Aussagekraft eines Modells ist umso wirklichkeitsnäher, desto realistischer das zugrunde liegende Menschenbild ist. Realistische Schlussfolgerungen können nur aus ökonomischen Modellen abgeleitet werden, wenn das zugrunde liegende Menschenbild annähernd realistisch ist. Die Zugrundelegung idealtypischer Vorstellungen ist nicht zielführend. Solchen Modellen kommt keine Aussagekraft zu.

bb) „Homo oeconomicus"

Den heutigen ökonomischen Modellen liegt das Modell des *„homo oeconomicus"* zugrunde[494]. Es handelt sich hier um eine idealtypische Vorstellung der Neoklassik[495]. Dieses Menschenbild ist vereinfacht und begrenzt auf die Wesenszüge, welche das wirtschaftliche Handeln betreffen[496].

Der *„homo oeconomicus"* ist ein fiktiver Akteur, er verfügt über ein widerspruchsfreies Zielsystem, Zielkonflikte sind ihm unbekannt. Er ist ein Eigen-Nutzen-Maximierer, er wählt immer diejenige Handlungsalternative, die seinen Zielen am besten dient und seinem eigenen Nutzen von Vorteil ist. Er handelt eigeninteressiert, streng rational und reagiert auf veränderliche Restriktionen[497]. Der *„homo oeconomicus"* hat feststehende Präferenzen und verfügt über vollständige Informationen. Alle denkbaren Entscheidungsalternativen sind ihm bekannt. Der *„homo oeconomicus"* besitzt vollständige Voraussicht, er kann die Konsequenzen seiner Alternativen

und das Recht, S. 3 ff.; *Eidenmüller*, JZ 1999, 53 (53 ff.); *ders.*, Der *homo oeconomicus* und das Schuldrecht, in: *Alexy* (Hg.): Juristische Grundlagenforschung, 13 (13 ff.); *Becker*, Journal of Political Economy 1968, 169 (176); *Englerth*, Der beschränkt rationale Verbrecher, S. 17, 43, 55 ff., 147 ff.

492 Zur Modellbildung ausführlich: *Wittig*, Der rationale Verbrecher, S. 69 ff.

493 *Buscher/Bauer-Emmerichs*, Wirtschaft heute, S. 16.

494 *Thaler/Sunstein/Case*, Nudge, S. 16 f.

495 *Görgens/Ruckriegel*, Makroökonomik, S. 5.

496 Eine kritische (philosophische) Auseinandersetzung mit dem *„homo oeconomicus"* findet sich bei: *Binswanger*, Die Glaubensgemeinschaft der Ökonomen, S. 47 ff. *Binswanger* arbeitet deutlich heraus, dass das Konstrukt des *„homo oeconomicus"* nur im Zusammenhang mit der *„unsichtbaren Hand"* (*Adam Smith*) funktionieren kann. Da ohne eine *„unsichtbare Hand"* die Eigennutzmaximierung, der Egoismus, dazu führen würde, dass die Starken die Schwachen ausnutzen und eine Marktwirtschaft nicht funktionieren kann.

497 *Binswanger*, Die Glaubensgemeinschaft der Ökonomen, S. 46 ff.

immer abschätzen, uneingeschränkt Informationen aufnehmen und verarbeiten. Er hat die vollständige Markttransparenz[498].

Der „*homo oeconomicus*" beschreibt nicht nur den Entscheidungsträger im Unternehmen, sondern auch den Leistungsnachfrager. Die Wirtschaftstheorie unterstellt, dass auch im privaten Bereich stets rational unter den vorgenannten Prämissen gehandelt wird[499].

Ein Wirtschaftssubjekt handelt nach dieser Auffassung rational, wenn es sich bei der Wahl zwischen mehreren Alternativen für die bessere Lösung entscheidet. Die bessere Lösung ergibt sich hierbei aus der Nutzenmaximierung und dem „*ökonomischen Prinzip*"[500].

cc) Das „ökonomische Prinzip"

Aus dem Modell des „*homo oeconomicus*" wurde das „*ökonomische Prinzip*"[501] abgeleitet, welches noch heute die Basis der Wirtschaftstheorie darstellt[502]. Das „*ökonomische Prinzip*" trifft Aussagen darüber, wie vernünftiges wirtschaftliches Handeln unter dem Eindruck der Güterknappheit erfolgen sollte[503]. Das „*Rationalitätsprinzip*" besagt, dass mit einem gegebenen Aufwand an Produktionsfaktoren der größtmögliche Güterertrag zu erzielen ist (*Maximalprinzip*) bzw. dass ein vorgegebener Gütertrag mit dem geringstmöglichen Aufwand zu realisieren ist (*Minimalprinzip*)[504].

Wirtschaftliches Handeln bedeutet hiernach verallgemeinert, ein möglichst günstiges Verhältnis zwischen Ertrag und Aufwand zu realisieren[505].

Das „*ökonomische Prinzip*" trifft keine Aussagen darüber, welche Motive und Zielsetzungen als erstrebenswert anzusehen sind. Es ist ein rein formales Prinzip, welches Handlungsanweisungen zur Umsetzung der Zielvorgaben gibt[506].

b) Aussagekraft der wirtschaftstheoretischen Modelle

Es stellt sich die Frage, nach der tatsächlichen Aussagekraft der Modelle, die auf der Grundlage des „*homo oeconomicus*" basieren. Ein Modell kann immer nur dann aussagekräftige Ergebnisse liefern, wenn das zugrunde liegende Menschenbild realitätsnah ist. Beim Menschenbild des „*homo oeconomicus*" bestehen daran erhebliche Zweifel:

---

498 *Stephan*, Grundlagen des ökonomischen Ansatzes, S. 4 f.

499 *Wöhe/Döring*, Einführung in die allgemeine Betriebswirtschaftslehre (2010), S. 41 ff.

500 *Ebenda*, S. 33 ff.

501 Das „*ökonomische Prinzip*" wird auch als „*Rationalitätsprinzip*" bezeichnet.

502 *Walter/Kampmann*, Einfach vernünftig handeln.

503 *Wöhe/Döring*, Einführung in die allgemeine Betriebswirtschaftslehre (2010), S. 34.

504 *Korndörfer*, Allgemeine Betriebswirtschaftslehre, S. 46.

505 *Schierenbeck/Wöhle*, Grundzüge der Betriebswirtschaftslehre, S. 4 f.

506 *Korndörfer*, Allgemeine Betriebswirtschaftslehre, S. 46.

Das Menschenbild des „*homo oeconomicus*" stellt eine starke Vereinfachung dar und entspricht nicht der Realität. Deshalb sind die Annahmen der bisher vorherrschenden Betriebswirtschaftslehre kritisch zu überprüfen. *Jonas* fasst dies treffend zusammen:

> „*Die Wirtschaftssubjekte sind keine ‚Halbgötter', denen alle Daten, nach denen sie sich zu verhalten haben, genau gegeben sind, es sind Menschen, die durch ihr eigenes Verhalten die Daten, nach denen sich ihr Verhalten zu richten hat, mitbestimmen.*"[507]

In der heutigen, globalisierten Welt ist es nicht möglich, dass ein Akteur über vollkommene Marktransparenz verfügt oder nur ansatzweise alle notwendigen Informationen erhalten und erfassen kann. Auch die Annahme, dass der Mensch über ein geschlossenes und immer widerspruchsfreies System von Wünschen, Motiven und Zielen verfügen würde, entspricht nicht der Realität. Dieses Menschenbild lässt außer Betracht, dass Handlungen von weiteren Faktoren bestimmt werden. Insbesondere Emotionen können nicht grundsätzlich ausgeblendet werden[508]. Eine strenge Rationalität ist aufgrund kognitiver Beschränkungen nicht möglich[509].

Der Realität entspricht, dass der Mensch nur beschränkt rational handelt bzw. handeln kann[510]. Menschen können auch nur beschränkte Informationsmengen aufnehmen und verarbeiten[511]. Selbst wenn in einer Entscheidungssituation alle Informationen bekannt wären, so könnten diese nicht verarbeitet werden.

Auch verfügt kein Entscheidungsträger über eine vollständige Markttransparenz, dies ist schlicht unmöglich im Zeitalter der Globalisierung[512]. Insoweit darf behauptet werden, dass der Verbraucher noch nicht einmal Transparenz über das Lebensmittelangebot in seiner Region haben kann. Entscheidungen liegen immer subjektive und unvollständige Bilder unserer Umwelt zugrunde. Subjektive Einschätzungen und Risikopräferenzen beeinflussen das Entscheidungsverhalten. Allein aufgrund dieses Umstandes ist es möglich, dass Menschen mit den gleichen Informationen unterschiedlich handeln und dies als rational ansehen.

Ein Hauptkritikpunkt am „*homo oeconomicus*" ist, dass er egoistisch sei und die Menschen zu Egoisten mache[513]. Er könne keine soziale Verantwortung übernehmen. In diesem Punkt kann der Kritik nicht gefolgt werden. Der Mensch ist egoistisch und denkt an seinen eigenen Nutzen. Es spricht auch nichts dagegen, den eigenen Nutzen in den Vordergrund zu stellen. Es muss aber berücksichtigt werden, dass der Mensch

---

507 *Jonas*, Das Selbstverständnis der Ökonomischen Theorie, S. 200.
508 *Loewenstein*, The American Economic Review 2000, 426 (429 ff.).
509 Ein zusammenfassender Überblick findet sich bei: *Schweizer*, Kognitive Täuschungen vor Gericht, S. 53 ff., 77 ff.
510 *Brunner*, Rationalität und Effizienz – einige Lehren aus der Verhaltensökonomik für die Wohlfahrtstheorie, S. 6 f.
511 MwN.: *Gaissmaier*, Kann Vergessen hilfreich sein?, 1 (37, 40).
512 *Gottschalk*, Der Kühle Denker, S. 3.
513 A.A. (mit weiteren Nachweisen): *Wittig*, Der rationale Verbrecher, S. 61: Die Annahme rationalen Verhaltens bedeute nicht gleichsam, dass der *homo oeconomicus* egoistisch sei.

auch soziale Verantwortung zeigen kann. Die soziale Interaktion dient vielleicht auch nur der Erreichung der eigenen Ziele und entspringt nicht einem irgendwie gearteten Gutmenschentum. Der „*homo oeconomicus*" entspricht nämlich in dem Punkt des stetigen Strebens nach Eigen-Nutzen-Maximierung sehr wohl der Realität. Jeder möchte seinen eigenen Nutzen maximieren, soziale Interaktion ist hierzu ein Mittel zum Zweck und damit rational. Dies belegen die Erkenntnisse der Spieltheorie[514]. Die Spieltheorie untersucht das Verhalten in sozialen Situationen und in Entscheidungssituationen, an denen mehrere Akteure beteiligt und voneinander abhängig sind[515]. Eine Spielart ist das sog. Ultimatumspiel. Hier erhält ein Spieler einen bestimmten Geldbetrag und muss diesen mit einem anderen Spieler teilen. Er muss ein Angebot unterbreiten und dieses muss von dem anderen Spieler angenommen werden, ansonsten gehen beide leer aus[516]. Veranschlagt man nun das traditionelle „*Rationalitätsprinzip*", so müsste schon ein Angebot von einem Cent ausreichen, um das Spiel zu „*gewinnen*". Vielfache Laborversuche haben aber gezeigt, dass dieser eigentlich rationale Betrag nicht angeboten wird. Vielmehr hat sich gezeigt, dass die Spieler sozial interagieren und Beträge meist in Richtung 50 % des Betrages unterbreiten. Die soziale Interaktion erfolgt hier also rational. Der Anbietende weiß, dass er mit Widerstand seitens des Annehmenden zu rechnen hat, wenn sein Angebot zu „*schlecht*" ist. Er weiß, dass die Emotionen des Gegenspielers das Geschäft scheitern lassen würden[517]. Sein Verhalten ist rational, wenn auch nicht nach der traditionellen Begriffsbestimmung. Hier zeigt sich, dass der Begriff der Rationalität kein feststehender ist, sondern je nach Situation definiert werden muss[518].

Auch das „*ökonomische Prinzip*" darf nicht überschätzt werden. Es weist erhebliche Schwachstellen auf. Als „*formales Prinzip*" und Versuch einer Handlungsanweisung ist es jedoch selbst bei Loslösung vom „*homo oeconomicus*" geeignet. Das „*ökonomische Prinzip*" ist als Wegweiser zu verstehen, um die Güterknappheit zu überwinden. Als strenge Handlungsanweisung darf es nicht verstanden werden. Das „*ökonomische Prinzip*" kann nur dann Handlungsanweisungen geben, wenn, was schier unmöglich ist, eine völlige Markttransparenz herrscht[519]. Aber selbst bei vollständiger Information kann über dieses Prinzip nicht das „*eine*" richtige Ergebnis gefunden werden, denn auch hier bestehen wieder Abhängigkeiten von subjektiven Einschätzungen. Risiko, Nutzen und Aufwand werden individuell unterschiedlich eingeschätzt. In allen Fällen unvollkommener Information stößt dieses Prinzip an seine Grenzen, verliert seine

---

514 Vgl. hierzu mit weiteren Nachweisen: *Ariely*, Wer denken will, muss fühlen, S. 14 ff.

515 *Brandstätter*, Experimentelle Wirtschaftsforschung, in: *Frey* [u.a.] (Hg.): Wirtschaftspsychologie, 83 (84).

516 Mit weiteren Nachweisen: *Schmidtchen*, Vertrauen und Recht, S. 7 ff.

517 *Kahneman* [u.a.], Journal of Political Economy 1990, 1325 (1346 ff.); *Manhart*, „*Anomalien*" der rationalen Entscheidungstheorie, S. 16 ff.

518 *Brandstätter*, Experimentelle Wirtschaftsforschung, in: *Frey* [u.a.] (Hg.): Wirtschaftspsychologie, 83 (84).

519 *Walter/Kampmann*, Einfach vernünftig handeln, S. 4.

Bedeutung als Verhaltensmaxime jedoch nicht. Es ist dahingehend zu modifizieren, dass das Optimum beim vorhandenen Informationsstand zu suchen ist.[520]

Die methodologischen Grundprinzipien der Betriebswirtschaft können nicht ohne weiteres auf die Rechtswissenschaft übertragen werden. Die traditionelle Betriebswirtschaft hat sich zu sehr von den Sozialwissenschaften gelöst und versucht, berechenbare Modelle zu entwickeln. Hauptmangel war, dass sie den Menschen und seine Eigenarten zu sehr unberücksichtigt gelassen hat. Es gibt keinen streng rationalen Entscheider.

Auch im Gesellschafts- und Wirtschaftsstrafrecht sind die Einflüsse der traditionellen Betriebswirtschaftslehre zu finden. Selbst dort wird noch an der strengen Rationalität festgehalten. Sogar an der *Business Judgement Rule*, die eine Haftungserleichterung sein soll, sind diese Tendenzen noch zu erkennen. Sie geht zwar von der möglichst umfassenden Informationsbeschaffung aus, lässt aber andere Einflussfaktoren auf das Entscheidungsverhalten außer Betracht.

II. Wirtschaftsethik

Zum Verständnis des im Rahmen dieser Arbeit gestellten Problems ist es notwendig, sich mit zwei weiteren grundlegenden Fragen auseinanderzusetzen. Erstens: Wie ist der typische Unternehmer zu beschreiben, was macht ihn aus? Und zweitens: Braucht die Wirtschaft eine übergestülpte Moral oder Ethik?

Besonders letztere Frage ist aktueller denn je, da gerade in Phasen der Rezession und Krise Rufe nach einer *„moralischeren"* Wirtschaft laut werden[521].

1. Entscheidungsträger

Die vorliegende Arbeit beschäftigt sich mit unternehmerischen Entscheidungen. Nun liegt der Verdacht nahe, dass unternehmerische Entscheidungen von Unternehmern getroffen werden. Es stellt sich also die Frage, wer Unternehmer ist und ob Manager keine Unternehmensentscheidungen treffen? Manager sind häufig keine Unternehmer. Im klassischen Sinn ist ein Unternehmer der Inhaber eines Unternehmens, das dieser eigenverantwortlich führt und wofür er auch das Risiko wirtschaftlicher Fehlentscheidungen trägt. Diese Form ist heute kaum noch anzutreffen. Selbst im Mittelstand wird es schwierig, diese Gestaltungsvariante noch zu finden.

Vielmehr herrscht heute die Konstellation vor, dass Finanzmittel zur Verfügung gestellt werden, aber die Geldgeber nicht unbedingt die unternehmerischen Entscheidungen treffen. Dies wird Managern überlassen. Es ist daher zwischen Shareholdern und Stakeholdern zu differenzieren[522]. Shareholder investieren ihr Kapital,

---

520 *Schierenbeck/Wöhle*, Grundzüge der Betriebswirtschaftslehre, S. 4 ff.

521 Überblick über die Problemstellung: *Dilk* [u.a.], PWC: Das Magazin für Vorausdenker 2009, 4 (4 ff.).

522 Zum Shareholder- und Stakeholer-Value Ansatz vergleiche: *Forst/Moser*, Verallgemeinerbare Modelle für die Gemeinwohlorientierung von Unternehmen, in:

ohne direkt an der Unternehmensführung beteiligt zu sein. Sie tragen damit das Verlustübernahmerisiko. Stakeholder hingegen haben zwar auch ein Interesse am wirtschaftlichen Erfolg eines Unternehmens, sind mit diesem zum Teil auch eng verbunden, haben aber kein Verlustübernahmerisiko. Stakeholder sind beispielsweise die Angestellten eines Unternehmens oder auch Lieferanten und Kunden.[523] Gerade in der jetzigen Zeit wird ersichtlich, dass eigentlich jeder steuerzahlende Bürger ein Stakeholder ist. Kommen Unternehmen in wirtschaftliche Schieflagen und werden Steuermittel zur Rettung aufgewendet, werden die Bürger zu Stakeholdern, da diese ein Interesse daran haben, dass die Steuermittel rückgeführt werden[524].

Damit werden einige Probleme deutlich: (*1*) Wesentliche Entscheidungen werden nicht unbedingt von einzelnen Kapitalgebern getroffen, sondern von Stakeholdern. Die Auswirkungen der Entscheidungen schlagen aber hauptsächlich auf die Shareholder durch, welche das Verlustübernahmerisiko tragen. (*2*) Es werden von vielen Seiten enorme Erwartungen an Unternehmen und damit an die Unternehmensführung gestellt, welche sich zum Teil widersprechen. In diesem Konfliktraum müssen sich die Entscheidungsträger bewegen und die Konflikte zum Ausgleich bringen. Hier stellt sich sodann das Anschlussproblem, welche (auch strafrechtlichen) Auswirkungen hat es, wenn Entscheidungsträger einen Zielkonflikt zugunsten der Stakeholder entscheiden und dadurch ein Verlust auf Seiten der Shareholder entsteht? Entscheidungsträger bewegen sich in einem *Minenfeld* und aufgrund der zum Teil bestehenden persönlichen Haftung können erhebliche Folgen auf sie zu kommen.

Diesseits kann die Frage nicht beantwortet werden, ob nun richtigerweise dem Shareholder-Value oder dem Stakeholder Ansatz zu folgen ist[525]. Auch lässt sich dieses komplexe Problem nicht auf diese beiden Standpunkte reduzieren. Es ist vielmehr zu versuchen, einen Konsens zu finden. Hauptziel bei allen Entscheidungssituationen muss immer die Unternehmenswertsteigerung sein. Dieses Ziel ist allen Positionen immanent. Aber eine Unternehmenswertsteigerung ist nicht gleichzusetzen mit kurzfristigen Gewinnen oder Renditen. In unserer medialen Welt darf zu keinem Zeitpunkt die Macht der negativen Schlagzeile aus den Augen verloren werden. Der Shareholder-Value-Ansatz kann nur umgesetzt werden, wenn dem jeweiligen Unternehmen gute Mitarbeiter zur Verfügung stehen und sich auch langfristig gute Zulieferer binden lassen. Dies sind wesentliche Voraussetzungen für einen dauerhaften Erfolg. Dies ist wiederum nur möglich, wenn die Geschäftspolitik nicht auf einseitige Renditesteigerung ausgelegt ist. Notwendig ist eine auf

---

Kempf [u.a.] (Hg.): Die Finanzkrise, das Wirtschaftsstrafrecht und die Moral, 107 (108–111).

523 *Wöhe/Döring*, Einführung in die allgemeine Betriebswirtschaftslehre 2010, S. 69 f.

524 *Tanski* [u.a.], Managerhaftung und Risikomanagement, S. 13.

525 Das Wirtschaftsrecht in Deutschland ist insoweit auch seit jeher auf Kompromiss ausgerichtet. Dies zeigt sich beispielsweise an vielen Mitbestimmungsrechten für Arbeitnehmer und an Kündigungsschutzvorschriften.

Ausgleich der Interessen gerichtet Politik bei gleichzeitiger Zielsetzung der langfristigen Unternehmenswertsteigerung[526].

2. Invisible Hand

Auch die Frage nach einer neuen Wirtschaftsethik[527] spielt im Anschluss an die Banken- und Wirtschaftskrise wieder einmal eine große Rolle. Während Wirtschaftsethik eher nur ein Randthema in den Wirtschaftswissenschaften darstellt, avancierte sie zu einem zentralen Thema in der Öffentlichkeit[528]. Manager stehen unter dem Generalverdacht, dass sie keine Moral mehr hätten und deshalb schuld an der aktuellen Krise seien[529].

Wer nun denkt, dass mit Einführung einer Wirtschaftsethik alle Probleme gelöst würden, greift zu kurz[530]. Zumal schon nicht geklärt ist, wie dies geschehen soll. Die Wirtschaft braucht keine übergestülpte Moral. Auch über die „*Hintertür*" des Strafrechts darf nicht versucht werden, eine solche Moral zu installieren.

Auch dürfen wir nicht aus den Augen verlieren, dass es keine feststehende oder allgemeingültige Moral gibt. Von einigen Grundwerten abgesehen, unterliegen moralische und ethische Auffassungen seit jeher dem stetigen Wandel. Moral ist ein subjektives und kollektives Empfinden der jeweiligen gesellschaftlichen Mehrheit[531].

Der Markt wird von Menschen gemacht. Wenn das jetzige System so oft kritisiert wird, müssen wir verstehen, dass wir das System sind. Wir haben das System geschaffen und auch nur wir können das System wieder ändern.

Ethische Grundsätze waren schon immer Bestandteil wirtschaftlichen Erfolgs[532]. Ein Unternehmen kann nur auf Dauer existieren und seinen Unternehmenswert steigern, wenn es nach ethischen Grundsätzen handelt. Ein Unternehmen ist auf

---

526 *Forst/Moser*, Verallgemeinerbare Modelle für die Gemeinwohlorientierung von Unternehmen, in: *Kempf* [u.a.] (Hg.): Die Finanzkrise, das Wirtschaftsstrafrecht und die Moral, 107 (111), *Suchanek*, Unternehmensethik und Eigeninteresse, in: *Kempf* [u.a.] (Hg.): Die Finanzkrise, das Wirtschaftsstrafrecht und die Moral, 47 (50 f.).

527 Vgl. hierzu *Homann*, Die Relevanz der Ökonomik für die Implementation ethischer Zielsetzungen, in: *Korff* [u.a.] (Hg.): Handbuch der Wirtschaftsethik (Band 1.1), 322 (322 ff.); *Homann*, Die Legitimation von Institutionen, in: *Korff*, [u.a.] (Hg.): Handbuch der Wirtschaftsethik (Band 2), 50 (55, 60 ff.).

528 *Hoyos*, Wirtschaftsethik, in: *Frey* [u.a.] (Hg.): Wirtschaftspsychologie, 407 (407 ff.).

529 *Hank*, Die Grenzen von Strafrecht und Moral, in: *Kempf* [u.a.] (Hg.): Die Finanzkrise, das Wirtschaftsstrafrecht und die Moral, 363 (369 ff.).

530 Dies soll nun aber nicht bedeuten, dass die Wirtschaft ohne Moral und Ethik auskommen kann. Die Wirtschaft braucht ein Grundmaß an Moral und Ethik (vgl. sehr treffend: *Binswanger*, Die Glaubensgemeinschaft der Ökonomen, S. 62 ff.), sonst kann unser Wirtschaftssystem nicht funktionieren.

531 *Vöneky*, Recht, Moral und Ethik, S. 60 ff.

532 Überzeugende Überlegungen zu Moral und Unternehmensethik finden sich bei: *Suchanek* Unternehmensethik und Eigeninteresse, in: *Kempf* [u.a.] (Hg.): Die Finanzkrise, das Wirtschaftsstrafrecht und die Moral, 47 (47 ff.).

seine Mitarbeiter angewiesen und kann sich nur entwickeln, wenn die Mitarbeiter motiviert sind. Dies funktioniert aber nur, wenn das Unternehmen auf seine internen Stakeholder eingeht, auch wenn dies bedeutet, dass die Rendite der Stakeholder geringer ausfällt. Ebenso verhält es sich mit den Lieferanten und Kunden[533].

Der anerkannte Theologe und Sozialethiker *Hengsbach* sieht in der Wirtschaft zunächst einen Raum, in dem Moral zunächst scheinbar hinderlich ist. Es geht augenscheinlich um rein rationale Entscheidungen, in denen subjektive Empfindungen, was moralische Vorstellungen nun einmal sind, keinen Raum haben. Gleichsam geht es aber auch in der Wirtschaft nicht ohne Moral. In der Finanz- und Wirtschaftskrise wurde bei der Ursachenanalyse festgestellt, dass fehlendes „*Vertrauen*" ein wesentlicher Faktor für die Krise war. Vertrauen ist aber nicht rational, es handelt sich vielmehr um ein subjektives Empfinden, welches moralische Grundsätze beinhaltet[534]. Es zeigt sich, dass die Wirtschaft kein moralfreier Raum ist. Die Moral ist vorhanden und fungiert als „*unsichtbare Hand*"[535]. Es sind die Menschen, die Handlungssätze empfehlen[536]. Die Forderung nach mehr Moral ist eine Forderung nach gesellschaftlichem Wandel. Das Wirtschaftssystem wurde von Menschen geschaffen, Menschen sind noch die Akteure auf dem Markt. Der Markt leistet seinen Dienst für das Allgemeinwohl und das Wohl der Individuen, auch wenn dies nicht immer ganz offensichtlich ist[537]. Geht der Einzelne zur Befriedigung seiner Interessen dem Handel am Markt nach, befriedigt er gleichwohl die Interessen der Allgemeinheit. Sein Gewinnstreben kommt gleichsam dem Allgemeinwohl zugute. Der Markt kann in seiner Gesamtheit nur das umsetzen, was die Gesellschaft ihm vorgibt. Dies hat bereits *Adam Smith* erkannt[538]:

> *„Nicht vom Wohlwollen des Metzgers, Brauers und Bäckers erwarten wir das, was wir zum Essen brauchen, sondern davon, dass sie ihre eigenen Interessen wahrnehmen. Wir wenden uns nicht an ihre Menschen-, sondern an ihre Eigenliebe, und wir erwähnen nicht die eigenen Bedürfnisse, sondern sprechen von ihrem Vorteil."*

> *„Nun ist aber das Volkseinkommen eines Landes immer genau so groß wie der Tauschwert des gesamten Jahresertrags ... Wenn daher jeder einzelne so viel wie nur möglich danach trachtet, sein Kapital zur Unterstützung der einheimischen Erwerbstätigkeit einzusetzen und dadurch diese so lenkt, dass ihr Ertrag den höchsten Wertzuwachs erwarten lässt, dann bemüht sich auch jeder einzelne ganz zwangsläufig, dass das Volkseinkommen im Jahr so groß wie möglich werden wird. Tatsächlich fördert er in der Regel nicht bewusst das Allgemeinwohl, noch weiß er, wie hoch der eigene Beitrag ist. Wenn er ... dadurch die Erwerbstätigkeit*

533 *Homann/Lüttge*, Einführung in die Wirtschaftsethik, S. 24 ff., 82 ff.
534 *Bauchmüller*, SZ 23.11.2009.
535 *Smith*, Vom Wohlstand der Nationen.
536 Vgl. bspw. *Ariely*, Wer denken will, muss fühlen, S. 15.
537 *Isensee*, Im Spannungsfeld: Marktwirtschaft - Moral - Recht – Verfassungsstaat, in: *Dahs*, [u.a.] (Hg.): Wirtschaftsethik, 88 (88 ff., 99 f.).
538 *Smith*, Vom Wohlstand der Nationen: Übersetzung entnommen aus: Recktenwald (Hg.): *Smith*, Der Wohlstand der Nationen, S. 16 ff.

so fördert, dass ihr Ertrag den höchsten Wert erzielen kann, strebt er lediglich nach eigenem Gewinn. Und er wird in diesem wie auch in vielen anderen Fällen von einer unsichtbaren Hand geleitet, um einen Zweck zu fördern, den zu erfüllen er in keiner Weise beabsichtigt hat... ja, gerade dadurch, dass er das eigene Interesse verfolgt, fördert er häufig das der Gesellschaft nachhaltiger, als wenn er wirklich beabsichtigt, es zu tun. Alle, die jemals vorgaben, ihre Geschäfte dienten dem Wohl der Allgemeinheit, haben meines Wissens niemals etwas Gutes getan ... Der einzelne vermag ganz offensichtlich aus seiner Kenntnis der örtlichen Verhältnisse weit besser zu beurteilen, als es irgendein Staatsmann oder Gesetzgeber für ihn tun kann, welcher Erwerbszweig im Lande für den Einsatz seines Kapitals geeignet ist und welcher einen Ertrag abwirft, der den höchsten Wertzuwachs verspricht."

Der Markt wurde von den Menschen geschaffen, sein Wohl und Wehe hängt von den Menschen ab. Schon aufgrund dieses Umstandes werde moralische Aspekte bei Markthandlungen eine Rolle spielen. Der Markt setzt nur das um, was ihm durch seine Akteure vorgegeben wird. Eine Einschränkung gilt jedoch für entpersonalisierte Geschäfte, dort greift diese Feststellung nicht. Der Kapitalmarkt kommt ohne persönliche Kontakte aus und ist größtenteils bereits automatisiert.

Unternehmen müssen seit geraumer Zeit darauf achten, dass sie ihrer gesellschaftlichen Verantwortung nachkommen. Das Auftreten nach außen muss auf Akzeptanz bei den Abnehmern treffen[539]. Ansonsten ist zu beobachten, dass Kunden gezielt nicht zu Unternehmen gehen, die den Eindruck erwecken, dass sie ihrer gesellschaftlichen Verantwortung nicht nachkommen oder unmoralisch handeln. Eine übergestülpte Moral braucht es also nicht, die Moral ist längst in der Wirtschaft verankert und fungiert als Korrektiv. Ebenso darf man nicht vergessen, dass die moralischen Wertvorstellungen sich ändern. Die Unternehmen mussten sich seit jeher dem gesellschaftlichen Wandel anpassen[540].

III. Entscheidungslehre

Wesentliche Voraussetzung für den Unternehmenserfolg ist das Erkennen von Entscheidungsproblemen und -potenzialen und in der weiteren Konsequenz das Treffen und Umsetzen günstiger Entscheidungen[541]. Eine besonders zentrale Rolle kommt dieser Voraussetzung in Zeiten des Wandels und Umbruchs zu. Langfristiger Unternehmenserfolg ist nur möglich, wenn Potenziale und Probleme frühestmöglich erkannt und die passenden Entscheidungen getroffen werden.

Entscheidungsträger in Unternehmen müssen unter Beachtung der gesamtwirtschaftlichen Rahmensetzung Unternehmensziele definieren und diese realisieren. Hierzu ist es notwendig, dass ständig Entscheidungen getroffen werden. Betrachtungsgegenstand der Betriebswirtschaftslehre ist das wirtschaftliche Handeln

539 *Schranz*, Wirtschaft zwischen Profit und Moral, S. 19 f.

540 *Ebenda*, S. 69 ff.

541 *Flaig*, Investitionsentscheidungen, in: *Frey* [u.a.] (Hg.): Wirtschaftspsychologie, 174 (174 ff.).

von Menschen in und für Unternehmen unter besonderer Berücksichtigung des Entscheidungsprozesses im privaten Betrieb und im wirtschaftlichen Wettbewerb. Zentraler Untersuchungsgegenstand ist der Planungs- und Entscheidungsprozess. Entscheidungen werden immer dann notwendig, wenn (Unternehmens-) Ziele aus ex ante Sicht durch mehrere Handlungsalternativen erreicht werden können. Im Folgenden werden die Erkenntnisse und Schlussfolgerungen der Betriebswirtschafts- und Entscheidungslehre zum Planungs- und Entscheidungsprozess dargestellt. Es wird untersucht, ob diese Erkenntnisse und Schlussfolgerungen im Rahmen einer rechtlichen Beurteilung herangezogen werden können.

1. Phasenschema

Unabhängig von den verschiedenen Ausgangssituationen lässt sich ein idealtypisches Phasenschema für den Entscheidungsprozess entwickeln[542]. Jede Entscheidungssituation durchläuft bestimmte Phasen, wobei diese je nach Entscheidungssituation mehr oder weniger ausgeprägt sind[543]. Diese Phasen werden nicht immer bewusst wahrgenommen, sondern laufen zum Teil unterbewusst ab und gehen zum Teil fließend ineinander über.

Ausgangspunkt ist immer, dass die gesetzten (Unternehmens-)Ziele mit verschiedenen Lösungsvarianten erreicht werden können. Der Begriff „*Entscheidung*“ bezeichnet den Prozess ab Erkennen eines bestimmten Problems oder Potenzials bis hin zur Durchsetzung der gewählten Handlungsalternative[544]. Die Überwachung einer getroffenen Entscheidung gehört noch zu dem eigentlichen Entscheidungsprozess. Es muss auch in der Durchsetzungsphase geprüft und entschieden werden, ob die Entscheidung tatsächlich zur Zielerreichung dienen kann.

Der Entscheidungsprozess gliedert sich in 7 Phasen[545]. Bevor er aber überhaupt in Betracht kommt, müssen konkrete Ziele definiert sein, welche durch die Entscheidungsträger umzusetzen sind. Die Zielvorgaben stellen die Intention des Handelns dar. Es sind die Maßstäbe, an die sich die Beurteilung der Handlungsalternativen und Ergebnisse zu richten hat. Ohne Ziele kann keine sinnvolle Planung erfolgen[546]. Die Ziele müssen konkret definiert werden, da ansonsten bereits Unsicherheiten bei der Zielinterpretation entstehen können und so schon ein erster Störfaktor im Entscheidungsprozess zum Tragen kommen kann[547]. Dies darf aber nicht darüber

---

542 *Hagenloch*, Einführung in die Betriebswirtschaftslehre, S. 99.
543 *Ebenda*, S. 99 ff.
544 *Adam*, Planung und Entscheidung, S. 31.
545 A.A. *Hagenloch*, Einführung in die Betriebswirtschaftslehre, S. 99: Dieser beschreibt die Entscheidung in 6 Phasen und sieht auch die Zielbildung nicht als übergeordnete Voraussetzung. Zum Meinungsstand, ob die Zielbildung bereits in die Planungsphase einzuordnen ist, siehe mwN.: *Wöhe/Döring*, Einführung in die allgemeine Betriebswirtschaftslehre (2010), S. 77.
546 *Corsten*, Betriebswirtschaftslehre, S. 16 f.
547 *Laux*, Entscheidungstheorie, S. 10.

hinwegtäuschen, dass bereits die Zielsetzung einem gewissen Maß an Unbestimmtheit ausgesetzt ist. Auch bei der Zielplanung handelt es sich um einen Entscheidungsprozess, welcher von Unsicherheiten begleitet ist. An den Zielbildungsprozess schließt sich dann der eigentliche Entscheidungsprozess in 7 Phasen an, die aber in 4 Gruppen eingeteilt werden können: Planung, Entscheidung, Umsetzung und Kontrolle.

<table>
<tr><th colspan="2">Zielbildung
Zielformulierung Zielkonkretisierung Zielstrukturierung</th></tr>
<tr><td>1. PLANUNG</td><td>1. Erkennen des Problems
2. Problembeschreibung
3. Alternativenermittlung
4. Bewertung</td></tr>
<tr><td>2. ENTSCHEIDUNG</td><td>5. Auswahl einer Alternative</td></tr>
<tr><td>3. DURCHSETZUNG</td><td>6. Umsetzung der gewählten Alternative</td></tr>
<tr><td>4. KONTROLLE</td><td>7. Kontrolle - Zielerreichung</td></tr>
</table>

a) Planungsphase

Die Planungsphase setzt sich zusammen aus der *Problemerkennung*, *Problembeschreibung*, *Alternativenermittlung* und *Bewertung der Lösungsalternativen*. Am Anfang steht die Erkenntnis, dass die Zielumsetzung auf verschiedene Art und Weisen möglich ist. Die Problemerkennung und Problembeschreibung kann zusammenfassend auch als Problemanalyse bezeichnet werden. Diesseits wird jedoch insbesondere der Problembeschreibung eine besondere Rolle zugeordnet. Erst über die Problembeschreibung kann die Problematik in ihrer Gesamtheit erfasst werden und Anschlussprobleme können erkannt werden. Durch die Visualisierung der Probleme kann sichergestellt werden, dass der Entscheidungsträger das Problem in seiner Gesamtheit erkennt.

Die Problemanalyse beginnt mit der Feststellung des Istzustands. Es schließt sich eine Prognose der maßgebenden Einflussfaktoren an, wobei der angestrebte Sollzustand berücksichtigt wird. Im Rahmen der Problemanalyse werden komplexe Probleme in einfache Teilprobleme zerlegt und diese dann strukturiert[548].

Nachdem das Problem vollständig erfasst ist, tritt man in die kreative Entscheidungsphase ein. Es wird versucht, anhand der Problemanalyse Lösungsalternativen zu ermitteln. In der Praxis hat sich gezeigt, dass insbesondere erfahrene Entscheidungsträger eine größere Anzahl an Lösungswegen erarbeiten können und so kreativere Lösungen gefunden werden können. An die Erarbeitung der Lösungsvarianten schließt sich die Bewertung der Alternativen an. Die Alternativenbewertung stellt den Abschluss der Planungsphase dar. Die Bewertung erfolgt aufgrund

548 *Corsten*, Betriebswirtschaftslehre, S. 20 ff.

einer Prognose unter Orientierung an den konkreten Zielen. Die Bewertung ist die schwierigste Phase, denn je komplexer die Problemstellung ist, umso komplexer wird auch die Bewertung der Alternativen. Da sie immer anhand der Zielsetzung abläuft, zeigt sich die Notwendigkeit, die Ziele möglichst konkret zu definieren. Die Bewertung der Alternativen ist stets mit einer Prognose verbunden. Es findet eine Art Planspiel mit der Fragestellung statt, wie sich eine Lösungsalternative zukünftig entwickeln wird. Zu berücksichtigen ist wiederum, dass nicht alle Informationen für eine Entscheidung bekannt sein können. Die Zukunft kann nicht vorhergesagt werden. Es können nur Wahrscheinlichkeitsaussagen getroffen werden.

b) Entscheidungsphase

An die Planungsphase schließt sich die eigentliche Entscheidungsphase an. Hier erfolgt die Auswahl einer konkreten Lösung aus den gefunden Alternativen. Bewertung und Auswahl gehen fließend ineinander über. Für die Entscheidungsfindung wurden verschiedenste Modelle und Berechnungsmethoden entwickelt, welche die Entscheidungsfindung erleichtern sollen.

c) Umsetzungsphase

An die Entscheidungsphase schließt sich die Umsetzungsphase an. Während in den Phasen 1 und 2 die Willensbildung im Vordergrund stand, beschäftigen sich die Phasen 3 und 4 mit der Willensdurchsetzung. In dieser Phase wird mittels organisatorischer Entscheidungen die gefundene Lösung im Unternehmen umgesetzt.

d) Kontrolle

In der Kontrollphase werden laufend die Erwartungen mit den tatsächlichen Ergebnissen überprüft. Anhand dieser Soll-Ist-Analyse ist zu überprüfen, ob die getroffene Entscheidung in der getroffenen Umsetzung tatsächlich geeignet ist, die Ziele zu erreichen. Bei Abweichung der Istwerte von den Sollvorstellungen sind Anpassungen durchzuführen oder ein neuer Planungsprozess muss eingeleitet werden[549].

2. Entscheidungstheorie

Zur Erreichung von Zielen stehen zumeist verschiedene Handlungsalternativen zur Verfügung. Untersuchungsgegenstand der Entscheidungstheorie ist die Auswahl der *„richtigen“* Handlungsalternative. Zentraler Untersuchungsgegenstand ist die Entscheidung unter Unsicherheitsaspekten. Von Unsicherheit spricht man, wenn die Zukunftsentwicklung nicht vorhersehbar ist, da verschiedene Szenarien zur Verfügung stehen. Die Entscheidungslehre hat unterschiedliche Modelle entwickelt, mit denen die richtige Entscheidung gefunden werden soll.

---

549 *Laux*, Entscheidungstheorie, S. 100; *Corsten* 2008, S. 68 f.

a) Grundlagen

In der Entscheidungslehre wird unterschieden zwischen präskriptiven und deskriptiven Theorien[550]. Die präskriptiven Entscheidungstheorien verfolgen einen normativen Ansatz und versuchen, Entscheidungsregeln für rationales Handeln zu finden. Das *„Rationalitäts-Dogma“* spielt eine entscheidende Rolle. Ausgehend von diesem Dogma wird die *„theoretisch richtige“* Entscheidung gesucht[551].

Die deskriptive Entscheidungstheorie hingegen versucht, das tatsächliche Entscheidungsverhalten zu erfassen und zu beschreiben[552]. Sie geht nicht vom *„Rationalitäts-Dogma“*, sondern von der Grundannahme aus, dass Menschen nur beschränkt rational handeln und zu absoluter Rationalität nicht in der Lage sind. Faktische und wertende Entscheidungsprämissen werden nicht als gegeben angenommen, sondern als erklärende Größen[553]. Die deskriptive Theorie befasst sich nicht mit Modellbildungen, sondern damit Widersprüche im Rahmen der bestehenden Modelle zu finden.

Unter dem Eindruck der Erkenntnisse der Verhaltensökonomik wurde das *„Rationalitäts-Dogma“* etwas abgeschwächt und man spricht nun von einer *„subjektiven Rationalität“*. Hiernach soll eine Entscheidung auch dann *„richtig“* sein, wenn Sie mit den subjektiven Informationen des Entscheidungsträgers übereinstimmen[554]. Es bleibt die Frage offen, wie diese *„subjektive Rationalität“* in den Berechnungsmodellen erfasst werden kann?

Heute ist in der Betriebswirtschaftslehre noch immer der präskriptive Ansatz vorherrschend[555]. Es wird stets das Ziel verfolgt, normative Regeln für Entscheidungssituationen aufzustellen. Auch wenn die Erkenntnis, dass die Feststellungen des deskriptiven Ansatzes nicht außer Betracht gelassen werden können, immer mehr an Bedeutung gewinnt[556]. Jedoch ist es bisher so, dass die deskriptiven Theorien, insbesondere auch in der Ausbildungstheorie, nur angeschnitten und die präskriptiven Ansatzpunkte hauptsächlich vermittelt werden[557]. Selbst wenn die Betriebswirtschaft sich zwischenzeitlich als Anwendungswissenschaft versteht, besteht immer noch der

---

550 *Bamberg* [u.a.], Betriebswirtschaftliche Entscheidungslehre (2008), S. 1 ff.

551 *Dörsam*, Grundlagen der Entscheidungstheorie, S. 7; *Bamberg* [u.a.], Betriebswirtschaftliche Entscheidungslehre (2008), S. 3 ff.

552 Vgl. hierzu mit weiteren Nachweisen: *Ariely*, Wer denken will, muss fühlen, S. 15 ff.

553 *Bamberg* [u.a.], Betriebswirtschaftliche Entscheidungslehre (2008), S. 1 ff.; Nicht zu folgen ist in diesem Zusammenhang *Corsten*, Betriebswirtschaftslehre, S. 50, der die deskriptive Entscheidungstheorie auf *„intuitives Entscheidungsverhalten“* reduziert. Das intuitive Entscheidungsverhalten ist nur ein Teilbereich der deskriptiven Entscheidungslehre.

554 *Bamberg* [u.a.], Betriebswirtschaftliche Entscheidungslehre (2008), S. 3.

555 *Corsten*, Betriebswirtschaftslehre, S. 9, 50–52.

556 *Bamberg* [u.a.], Betriebswirtschaftliche Entscheidungslehre (2008), S. 8 ff.; *Laux*, Entscheidungstheorie, S. 15.

557 *Bamberg* [u.a.], Betriebswirtschaftliche Entscheidungslehre (2011), S. 11 ff.; *Eisenführ/Weber*, Rationales Entscheiden, S. 2, 357 ff., welche zwar auf die Erkenntnisse der

Wunsch, das Entscheidungsverhalten berechenbar zu machen[558]. Bisweilen ist auch noch keine Loslösung vom „*Rationalitäts-Dogma*“ festzustellen, da dies nach den Anhängern der präskriptiven Theorien bedeuten würde, dass Menschen irrational handeln[559]. Dies ist ein Zirkelschluss, vielmehr ist in diesem Zusammenhang die Definition des Rationalitätsbegriffs zu überdenken.

Trotz der offensichtlichen Anwendungsgrenzen sind die normativen Rationalitätstheorien vorherrschend. Begründet wird dies auch mit dem Argument, dass die Erkenntnisse der deskriptiven Ansätze empirisch nicht vollends nachweisbar seien. Aber die Rationalitätstheorien finden dort ihre Grenzen, wo die Informationslage diffus ist. In diesen Situationen bleiben nur „*intuitive*“ Entscheidungen. Auch kann nur die deskriptive Entscheidungslehre überhaupt erforschen, was von den Entscheidungsträgern verlangt werden kann und was nicht[560]. Es ist nicht zielführend, wenn Modelle entwickelt werden, die von Voraussetzungen ausgehen, welche von den praktischen Anwendern nicht erfüllt werden können. Die präskriptive Theorie lässt des Weiteren den Umstand außer Betracht, dass Entscheidungsträger einen Großteil ihrer Entscheidungen nicht rational treffen. Entscheiden setzt sich aus den Prozessen der Informationsgewinnung und Verarbeitung zusammen. Diese kognitiven Prozesse benötigen Zeit und Kapazität. Daher kann nur ein Bruchteil der täglichen Entscheidungen rational vollzogen werden.

b) Entscheidungslehre

Folgende Entscheidungssituationen werden unterschieden[561]: (*a*) Entscheidungen unter Ungewissheit, (*b*) Entscheidungen unter Risiko und der seltene Zustand der (*c*) Entscheidung unter Sicherheit. Man differenziert noch diverse Mischformen der vorgenannten Zustände sowie die Situation der mehrstufigen Entscheidung, der Entscheidung in Gremien und der Entscheidung bei bewusst handelnden Gegenspielern. Auf die Darstellung der Misch- und Sonderformen wird verzichtet[562], da sich bereits aus den Grundzuständen die vorliegend benötigten Ableitungen bilden lassen.

Bei einer Entscheidungssituation unter Sicherheit sind alle Informationen verfügbar und können von den Entscheidungsträgern erfasst werden. Man hat vollständige Sicherheit hinsichtlich aller Umweltzustände. Schon aus der Voraussetzung der vollständigen Information lässt sich erkennen, dass diese Entscheidungssituation in der Realität nur sehr selten anzutreffen ist. Vielmehr handelt es sich hier um einen

---

deskriptiven Theorie zurückgreifen, aber dennoch das rationale Entscheidungsverhalten in den Vordergrund stellen; *Corsten* Betriebswirtschaftslehre, S. 9 ff.

558 *Bamberg* [u.a.], Betriebswirtschaftliche Entscheidungslehre (2008), S. 11.

559 *Dörsam*, Grundlagen der Entscheidungstheorie.

560 *Laux*, Entscheidungstheorie, S. 15.

561 Zu den Anwendungsvoraussetzungen der Entscheidungstheorie: *Schneider*, Informations- und Entscheidungstheorie, S. 1 ff.

562 Hierfür siehe die Ausführungen bei: *Bamberg* [u.a.], Betriebswirtschaftliche Entscheidungslehre (2008).

Zustand zur wissenschaftlichen Modellbildung[563] und ist daher für die folgenden Betrachtungen nicht relevant.

Relevanz hingegen kommt den Modellen zur Entscheidung unter Ungewissheit und Risiko zu. Eine Entscheidung unter Unsicherheit liegt vor, wenn nicht alle Informationen verfügbar sind und damit die Eintrittswahrscheinlichkeiten der möglichen Umweltzustände nicht benannt werden können. Eine Entscheidung unter Risiko ist gegeben, wenn die möglichen Umweltzustände zwar bekannt sind, aber man nicht mit Sicherheit sagen kann, welcher Umweltzustand eintreten wird. Man kann nur Eintrittswahrscheinlichkeiten zuordnen[564].

Wahrscheinlichkeiten gelten nicht erst dann als bekannt, wenn sie statistisch fundiert sind, sondern auch dann, wenn sie sich lediglich aus der Sicht des Entscheidungsträgers ergeben. Man spricht insoweit von *„subjektiver Wahrscheinlichkeit“*[565]. In einer Vielzahl von Entscheidungssituationen in der Wirtschaft werden sich nur *„subjektive Wahrscheinlichkeiten“* bilden lassen. Ein Rückgriff auf statistisch fundierte Werte ist häufig nicht möglich. Durch das Schätzen subjektiver Wahrscheinlichkeiten wird eine Entscheidung unter Unsicherheit zu einer Entscheidung unter Risiko.

aa) Zielkonflikt

Der Entscheidungsprozess weiter wird durch Zielkonflikte beeinflusst. Das menschliche und das wirtschaftliche Zielsystem sind nicht vollends konfliktfrei. Mitunter verfolgen Entscheidungsträger nicht nur ein Ziel, sondern eine Vielzahl von Zielen. Diese sind im Rahmen des Entscheidungsprozesses zum Ausgleich zu bringen, was den Prozess noch zusätzlich verkomplizieren kann. Es müssen die unterschiedlichen Zielgrößen untereinander ausgeglichen werden. Unter Durchführung eines Vorteil-Nachteil-Ausgleiches müssen alle möglichen Handlungsalternativen in Bezug auf das Zielsystem untersucht werden, um am Ende eine Entscheidung treffen zu können. Es muss akzeptiert werden, dass nicht alle Ziele gleichsam erreicht werden können[566].

Bei Vorliegen eines Zielkonfliktes stehen mehrere Möglichkeiten zu Verfügung, um die beste Alternative zu ermitteln[567]:

(a) Man beschränkt sich auf **effiziente Alternativen**. Eine Alternative ist dann effizient, wenn es keine andere Alternative gibt, die mindestens hinsichtlich eines Zieles besser und bezüglich keines Zieles schlechter ist. Ineffiziente Alternativen sind zu streichen, da diese im weiteren Verlauf keine Berücksichtigung finden[568].

---

563 *Bamberg* [u.a.], Betriebswirtschaftliche Entscheidungslehre (2008), S. 41.
564 *Ebenda*, S. 19.
565 *Dörsam*, Grundlagen der Entscheidungstheorie, S. 12.
566 *Laux*, Entscheidungstheorie, S. 68.
567 *Dörsam*, Grundlagen der Entscheidungstheorie, S. 23 ff.
568 *Ebenda.*

(b) Eine weitere Möglichkeit ist das Abstellen auf die **Zieldominanz**, die Auswahl erfolgt nach dem für den Entscheidungsträger wichtigsten Ziel[569].
(c) Die **lexikografische Methode** ermittelt die beste Alternative dadurch, dass die Ziele durch den Entscheidungsträger nach ihrer Bedeutung gewichtet werden. Man wählt aus den Alternativen diejenigen Ziele, welche das Hauptziel am besten verwirklichen und bringt diese in eine Rangfolge. Kann aufgrund des Hauptzieles noch keine Entscheidung getroffen werden, wird eine weitere Gewichtung nach den übrigen Zielen in der Rangfolge vorgenommen. Dies geschieht so lang, bis man die beste Alternative gefunden hat[570].
(d) Der Zielkonflikt kann über eine **Nutzenfunktion** gelöst werden. Man berechnet den maximal realisierbaren Wert[571].
(e) Letztlich kann über eine **Zielgewichtung** das Problem gelöst werden. Den einzelnen Zielen werden Gewichte zugeordnet. Die gewichteten Ergebniswerte werden dann für jede Alternative addiert. Am Ende wählt man die Alternative mit dem höchsten Wert aus. Bei erheblich unterschiedlichen Gewichtungen (beispielsweise ⅕ zu ⅘) muss eine weitere Normierung eingeführt werden, da die Ergebnisse sonst verfälscht würden[572].

bb) Grundstrukturen

Sämtliche Entscheidungsregeln beruhen auf einer Grundstruktur, die entsprechend der jeweiligen Ausgangssituation ergänzt werden[573]:

Wesentliches Element ist die Ergebnismatrix zur Beschreibung des Entscheidungsfeldes. Zur Erarbeitung der Ergebnismatrix ist mitunter die Entwicklung eines Entscheidungsbaumes notwendig, um die verschiedenen Handlungsalternativen hinsichtlich ihrer Auswirkungen beschreiben zu können. Häufig werden Entscheidungsbäume auch bei variablen Informationszuständen angewandt. Ein weiteres Grundelement der Entscheidungstheorie ist die Zielfunktion, das heißt die im Ergebnis angewandte Entscheidungsregel. In die Ergebnismatrix sind die erwogenen Handlungsalternativen und die Umweltzustände aufzunehmen. Als Elemente der Matrix werden die unterschiedlichen Ergebnisse festgehalten. Im Rahmen von Risikoentscheidungen sind noch die jeweiligen Wahrscheinlichkeiten aufzuführen.

569 *Ebenda.*
570 *Ebenda.*
571 *Ebenda.*
572 *Ebenda.*
573 *Bamberg* [u.a.], Betriebswirtschaftliche Entscheidungslehre (2012), S. 13 ff.

Tabelle 4 – Ergebnismatrix für Entscheidungen unter Risiko[574]

	$w(S_1)$	$w(S_2)$	...	$w(S_s)$	...	$w(S_s)$
	S_1	S_2	...	S_s	...	S_1
A_1	E_{11}	E_{12}	...	E_{1S}	...	E_{1S}
A_2	E_{21}	E_{22}	...	E_{2S}	...	E_{2S}
...	...	...	...	...	...	...
...	...	...	...	...	...	...
A_a	E_{a1}	E_{a2}	...	E_{aS}	...	E_{aS}
...	...	...	...	...	...	...
...	...	...	...	...	...	...
A_A	E_{A1}	E_{A2}	...	E_{AS}	...	E_{AS}

In der vorstehenden Tabelle bezeichnet A die jeweiligen Handlungsalternativen, S die denkbaren Umweltzustände und $w_{(S)}$ die (subjektiven) Wahrscheinlichkeiten für die jeweiligen Umweltzustände. Die Summe von $w_{(S1)} + w_{(S2)} + ... + w_{(Ss)}$ muss immer 1 ergeben.

Mit dem Erstellen der Ergebnismatrix ist das Entscheidungsproblem allerdings noch nicht gelöst. Diese gibt nur eine Darstellung des Problems und der Handlungsalternativen dar. In einem weiteren Schritt muss anhand der jeweiligen Zielfunktion das Ergebnis berechnet werden. Erst unter Einführung der Zielfunktion ist das Entscheidungsproblem vollständig dargestellt.

Die in der Ergebnismatrix geführten Alternativen (A_1, A_2, ... A_A) schließen sich gegenseitig aus. Es muss eine Auswahl zwischen diesen Alternativen erfolgen. Dabei muss darauf geachtet werden, dass nicht zu viele Alternativen gebildet werden, ansonsten würde der Vorgang zu komplex geraten. Bei den dargestellten Alternativen handelt es sich daher nicht um alle objektiv möglichen Varianten, sondern nur um einen Ausschnitt. Jede Alternative muss in Hinblick auf die möglichen Umweltzustände analysiert und bewertet werden. Um den Aufwand in Grenzen zu halten, muss der Entscheidungsträger von Anfang an den Handlungsspielraum begrenzen. Dies geschieht meist schon unterbewusst. Sämtliche Alternativen, die nach Auffassung des Entscheidungsträgers dem Zielsystem nicht gerecht werden, sind außer Betracht zu lassen.

Auch die möglichen Umweltzustände müssen begrenzt werden, da ansonsten der Aufwand wiederum zu umfangreich würde. Man muss sich dies mathematisch verdeutlichen: Es gibt 5 Zustände, die jeweils 3 verschiedene Entwicklungen nehmen können, also sind im Ergebnis $3^5 = 243$ Zustände zu berücksichtigen. Einen solchen

574 *Laux*, Entscheidungstheorie, S. 35.

Planungsaufwand wird man nicht leisten können. Bei der Beschreibung der Zustände ist deshalb darauf zu achten, dass dieser Vorgang nicht unnötig erschwert wird. Es muss berücksichtigt werden, dass nur Daten erfasst werden, welche tatsächlich relevant werden können. Nicht jedes Ergebnis kann determiniert werden. Vielmehr sind auch bei den Ergebnissen verschiedene Wahrscheinlichkeitseinschätzungen möglich. Dieser Umstand soll hier aus Vereinfachungsgründen außer Acht gelassen werden.

cc) Entscheidung unter Unsicherheit

Von Entscheidungen unter Unsicherheit spricht man, wenn mit mehreren Umweltzuständen zu rechnen ist, deren Eintrittswahrscheinlichkeit nicht bekannt ist. In dieser Situation kommen folgende mathematischen Entscheidungsregeln zur Anwendung[575]:

Entscheidungsregel	Vorgehen	Kritik
Maximin	Hier wählt man die Alternative mit dem maximalen Minimum. Man sucht bei jeder Alternative das Minimum und entscheidet sich für die Alternative mit dem größten Minimum.	Sowohl die Maximin als auch die Maximax Regel sind unrealistisch, da sie nur Extremwerte als Entscheidungskriterium nutzen. Entweder wird eine komplett risikoscheue oder eine risikofreudige Einstellung bevorzugt. Beide Extreme lassen sich in der Realität aber nicht finden.
Maximax	Die Regel ist das Gegenstück zu Maximin Methode, man wählt die Methode mit dem größten Maximum.	
Hurwicz	Hierbei handelt es sich um eine Kombination aus der Maximax und Maximin Regel. Es wird ein Optimismusparameter (λ) eingeführt. Je näher λ an 1 liegt, umso optimistischer ist der Entscheidungsträger. Sodann wird ein Präferenzwert (φ) aus dem Maximum (*λ) und dem Minimum (*1–λ) gebildet. Verglichen werden sodann die Präferenzwerte der Alternativen. $\varphi = \lambda * \max(A_A) + (1-\lambda) * \min(A_A)$	Auch diese Regel berücksichtigt nur 2 Werte, sodass in bestimmten Situationen die Regel zu widersinnigen Ergebnissen kommt.

575 Vgl. hierzu: *Dörsam*, Grundlagen der Entscheidungstheorie; *Bamberg* [u.a.], Betriebswirtschaftliche Entscheidungslehre (2012), S. 13 ff.

Entscheidungsregel	Vorgehen	Kritik
Savage – Niehans	Auch als *„Regel des kleinsten Bedauerns"* bezeichnet. Ziel ist es, das nachträgliche Bedauern des Ergebnisses zu minimieren. Zunächst wird eine Bedauernsmatrix erstellt; hierzu wird für jeden Zustand das Spaltenmaximum ermittelt. Von diesem werden dann die übrigen Zeilenwerte pro Zustand abgezogen. Die Differenz ist das *„Bedauern"* und dieses ist in die Bedauernsmatrix einzustellen. Die Entscheidung fällt dann auf die Alternative mit dem minimalen maximalen Bedauern.	Auch hier wird im Ergebnis wieder nur (wenn auch modifiziert) die Minimax Regel angewendet. Ebenso ist diese Regel nur Ausdruck eines sehr pessimistischen Entscheiders.
Laplace - Kriterium	Hier wird für jede Alternative der Durchschnitt aller Umweltzustände gebildet. Die Alternative mit dem höchsten Durchschnitt ist demzufolge die richtige Lösung.	Die Regel geht davon aus, dass der Eintritt für alle Umweltzustände gleich wahrscheinlich ist. Dies entspricht nicht der Realität. Aus dem Umstand, dass die Wahrscheinlichkeiten nicht bekannt sind, folgt nicht, dass diese gleich sind.

dd) Entscheidung unter Risiko

Eine Entscheidung unter Risiko ist dann gegeben, wenn der Entscheidungsträger den vorhersehbaren Umweltzuständen Eintrittswahrscheinlichkeiten zuordnen kann. Wie oben bereits festgestellt, soll insoweit das Vorliegen sog. *„subjektiver Wahrscheinlichkeiten"* genügen[576]. Für Entscheidungen unter Risiko wurden umfangreiche Berechnungsmodelle erstellt. Häufig lässt sich damit der Hinweis finden, dass durch Schätzen von Wahrscheinlichkeiten aus einer Entscheidung unter Ungewissheit, eine Entscheidung unter Risiko herbeigeführt werden könne[577]. Dies macht aber nur dann Sinn, wenn Wahrscheinlichkeiten von Menschen tatsächlich richtig erfasst werden können. Die subjektive Wahrscheinlichkeit darf nicht darüber hinwegtäuschen, dass auch bei wirtschaftlichen Entscheidungen objektive

576 *Bamberg* [u.a.], Betriebswirtschaftliche Entscheidungslehre (2012), S. 67.
577 *Dörsam*, Grundlagen der Entscheidungstheorie, S. 13.

Wahrscheinlichkeiten möglich sind[578]. Besonders im Logistikbereich lassen sich über Zeitreihen objektive Wahrscheinlichkeitsaussagen für die Zukunft bilden. Die Berechnungen bei Entscheidungen unter Risiko sind immer abhängig von den Eintrittswahrscheinlichkeiten. Werden diese bereits erfasst, insbesondere im Rahmen subjektiver Wahrscheinlichkeiten, kann die Berechnung nicht mehr zu einem „*richtigen*" Ergebnis kommen. Weiterhin kann sich trotz aller Berechnungen das gefundene Ergebnis in der Zukunft als falsch erweisen. Dies ist immer dann der Fall, wenn aufgrund von zukünftigen Entwicklungen die Eintrittswahrscheinlichkeiten nicht eingetreten sind. Auch eine Wahrscheinlichkeit von 99,9 % bedeutet nicht, dass das so bewertete Ereignis tatsächlich eintritt.

Für Entscheidungen unter Risiko wurden verschiedene Berechnungsmodelle entwickelt. Vorliegend wird nur auf die drei Hauptmodelle eingegangen. Ausgehend von diesen drei Grundmodellen wurden weitere Formeln gebildet.

(1) μ-Kriterium (Bayesregel)

Bei der Bayesregel werden die Erwartungswerte (μ) der einzelnen Alternativen ausgerechnet. Am Ende entscheidet man sich für die Alternative mit dem höchsten Erwartungswert. Der Erwartungswert ist der Wert, der sich als Mittelwert ergibt, wenn man die Entscheidungssituation unendlich oft wiederholen würde. Der Erwartungswert (μ) errechnet sich durch die Multiplikation der Ergebniswerte mit der zugeordneten Wahrscheinlichkeit[579]. Es ergibt sich folgende Formel: $\mu A_A = w(S_S) * E(A_A)$. Die so errechneten Erwartungswerte sind zu vergleichen und die Alternative mit dem höchsten Erwartungswert ist zu wählen. Keine Berücksichtigung im Rahmen dieser Berechnung findet das Risikoverhalten des Entscheidungsträgers. Die Berechnungsmethode geht von einem risikoneutralen Entscheidungsträger aus, der das Risiko immer ausblendet und nur nach Erwartungswerten entscheidet[580]. Einen solchen Entscheidungsträger wird man in der Praxis nicht finden.

Die Bayesregel geht von einem Mittelwert bei unendlicher Wiederholung aus. Bei der unendlichen Wiederholung wird aber das Risikomoment eliminiert. Nach dem Gesetz der großen Zahlen ist bei einer unendlichen Wiederholung die relative Abweichung gegen 0. Die Regel kann daher eigentlich nur in großen Unternehmen bei Entscheidungen von geringer Tragweite angewendet werden. Hier wird angenommen, dass sich durch die Vielzahl der Entscheidungen, die im Laufe der Zeit getroffen werden, die guten und schlechten Entscheidungen ausmitteln[581].

578 *Bamberg* [u.a.], Betriebswirtschaftliche Entscheidungslehre (2012), S. 67.
579 *Laux*, Entscheidungstheorie, S. 146 ff.
580 *Dörsam*, Grundlagen der Entscheidungstheorie, S. 44.
581 *Ebenda*, S. 44.

(2) μσ-Kriterium

Das μσ-Kriterium ist eine Modifizierung der Bayesregel. Die Risikoeinstellung des Entscheidungsträgers wird in die Formel miteinbezogen. Problematisch ist, dass bei der Anwendung dieser Regel ein Verstoß gegen das Dominanzprinzip möglich ist. Dennoch wird sie insbesondere bei Wertpapierinvestitionen eingesetzt[582].

(3) Bernoulli-Prinzip

Das Bernoulli-Prinzip ist nur ein Entscheidungsprinzip, da häufig eine eindeutige Entscheidung hiernach nicht als Ergebnis feststeht. Das Bernoulli-Prinzip erweitert die Bayesregel um die Risikoeinstellung des Entscheidungsträgers.

Ausgangspunkt ist die Erkenntnis, dass es dem Entscheidungsträger nicht primär auf die möglichen Auszahlungsbeträge der Alternativen ankommt, sondern der ihm daraus zuteilwerdende Nutzen. Geld hat jedoch einen abnehmbaren Grenznutzen und je nach Entscheidungsträger mehr oder weniger Bedeutung. Dem Millionär ist wahrscheinlich der Zuwachs um ein paar Tausend Euro im Jahr egal, dem kleinen Handwerker eher nicht. Daher wird dieser Zusammenhang mittels einer Nutzenfunktion ausgedrückt. Der Erwartungswert wird nicht aus den Ergebniswerten bezogen, sondern aus den Nutzwerten. Zur Bestimmung der Nutzenfunktion muss vorab eine Bernoulli-Befragung durchgeführt werden, bei der Risikoaspekte einfließen. Es ergibt sich folgende Formel:

$$\max_{i} : \varphi ai = \sum_{i} \omega j * u(eij)$$

Bernoulli Prinzip

Beim Bernoulli-Prinzip müssen die Ergebnisse der Alternative mit einer Risikonutzenfunktion in Nutzenwerte umgewandelt werden. Die Risikonutzenfunktion ist individuell für jeden Entscheidungsträger zu ermitteln und spiegelt dessen Risikoeinstellung wider.

c) Anwendungsbeispiele

Im Folgenden soll anhand von Anwendungsbeispielen die normative Entscheidungstheorie veranschaulicht werden. Die mathematischen Problemstellungen werden vereinfacht dargestellt.

aa) Zielkonflikte

Der Farben- und Lackhersteller B will sowohl seinen Umsatz als auch seinen Gewinn steigern. Aufgrund des in den letzten Jahrzehnten gestiegenen Umweltbewusstseins seiner Kunden will B vermehrt auch auf Umweltbelange achten. Somit soll ausgeschlossen werden, dass auf Dauer Kunden verloren werden. Mittels des Preises kann B

582 *Ebenda*, S. 83 ff.

den Absatz seiner Produkte beeinflussen. Der Preis wiederum wird bestimmt durch die Produktionsmethoden und hat somit direkten Einfluss auf die Umweltbilanz. Durch den Preis werden ferner der Absatz und der Gewinn beeinflusst. Unter Berücksichtigung der möglichen Handlungsalternativen ergibt sich folgende Ergebnismatrix. Der Einfluss auf die Umweltbilanz wird als Zahl zwischen −4 und +4 dargestellt, wobei negative Werte einen schlechten Einfluss widerspiegeln:

Alternative	Preis / Liter Farbe	Absatz in tausend Liter	Gewinn	Umweltbilanz
A_1	30	1000	9000	−4
A_2	45	800	9000	−1
A_3	60	600	5000	+1
A_4	75	400	2000	+1

B will wissen, welche Alternative er unter Berücksichtigung seiner Zielvorgaben wählen soll.

Anhand der vorgestellten Berechnungsmöglichkeiten ergeben sich folgende Lösungsvorschläge:

Effiziente Alternative:
Vorliegend ist A_4 ineffizient. A_4 kann niemals besser als A_3 sein und ist hinsichtlich Absatz und Gewinn schlechter. Ein rationaler Entscheidungsträger wird nicht A_4 wählen. Dieses Beispiel zeigt aber auch, dass nur A_4 ineffizient ist und das Entscheidungsproblem zwischen A_1 – A_3 weiter besteht. Es muss daher mindestens ein zusätzliches Verfahren angewandt werden, um zu einer Lösung zu kommen.

Zieldominanz:
Auch über die Zieldominanz kann (ohne weitere Gewichtung) vorliegend keine Entscheidung erfolgen.

Lexikografische Methode:
Nach Streichung der ineffizienten Alternative verbleibt folgende Matrix:

Alternative	Preis / Liter Farbe	Absatz in tausend Liter	Gewinn	Umweltbilanz
A_1	30	1000	9000	−4
A_2	45	800	9000	−1
A_3	60	600	5000	+1

Als Hauptziel wird von B die Gewinnmaximierung definiert, als zweitwichtigstes Ziel die Berücksichtigung der Umweltbilanz. Das Hauptziel wird von A_1 und A_2 am besten *erfüllt, sodass nun das zweitwichtigste Ziel herangezogen werden muss. Hinsichtlich der Umweltbilanz ist A_2 besser als A_1, sodass A_2 zu wählen ist. Die Gewichtung der Ziele ist hier aber noch sehr allgemein, sodass eine weitere Stufe notwendig wird.*

Zielgewichtung:
B will den Gewinn maximieren (zur Vereinfachung bleibt der Absatz außer Betracht) und hierbei die Umweltbilanz berücksichtigen. Die Ziele werden von B wie folgt gewichtet:

$$\text{Faktor Gewinn} = \tfrac{4}{5}$$
$$\text{Faktor Umweltbilanz} = \tfrac{1}{5}$$

Die Gewichtung findet durch einfache Multiplikation Berücksichtigung. Die Alternative wird sodann bewertet, indem die Ergebnisse aus der Multiplikation addiert und die Summen dann verglichen werden. Die höchste Summe ist die beste Alternative. Vorab müssen jedoch die Multiplikanden mathematisch vereinheitlicht werden:

$$A_1 = 0{,}8 * 9000 + 0{,}2 * -4000 = 6400$$
$$A_2 = 0{,}8 * 9000 + 0{,}2 * -1000 = 7000$$
$$A_3 = 0{,}8 * 5000 + 0{,}2 * 1000 = 4200$$

Hiernach errechnet sich ebenfalls A2 als beste Alternative. Berücksichtigen muss man hier jedoch, dass aufgrund des wertmäßigen Verhältnisses Gewinn – Umweltbilanz A_2 rein rechnerisch nach dieser Methode zumeist am besten sein wird. Es muss daher eine weitere Normierung der zu vergleichenden Werte vorgenommen werden. Es ergibt sich dann (nach einer Normierung mit Gewichtungsverhältnis) folgende Berechnung:

$$A_1 = 0{,}8 * 1 + 0{,}2 * -1 = 0{,}6$$
$$A_2 = 0{,}8 * 1 + 0{,}2 * -0{,}25 = 0{,}75$$
$$A_3 = 0{,}8 * 0{,}55 + 0{,}2 * 0{,}25 = 0{,}494$$

Ergebnis
Aufgrund der präskriptiven Entscheidungstheorie ist daher vorliegend A_2 als rational beste Variante anzusehen. Das Beispiel ist jedoch stark vereinfacht und beschäftigt sich nur mit Zielkonflikten. Fragen der Unsicherheit und des Risikos fanden keine Anwendung.

bb) Entscheidung unter Unsicherheit

Der Farben- und Lackhersteller B steht im Rahmen einer Reorganisation vor der Entscheidung, ob er zukünftig sein Geschäftsfeld auf Standard-Produkte, ein Niedrig-Preis-Segment oder ein Hoch-Preis-Segment umstellt. Aus produktionstechnischen Gesichtspunkten kann nur eine dieser 3 Geschäftsfelder erschlossen werden. Eine Produktion nach Bio-Kriterien kann derzeit nicht erfolgen. Unternehmer B sieht die Marktentwicklung so, dass seine Abnehmer sich innerhalb der nächsten Jahre für eine der 4 Produktgruppen entscheiden und diese präferieren werden. Aufgrund der wirtschaftlichen Entwicklung (Wirtschaftskrise, Atom-Ausstieg, Euro-Krise) kann nicht eingeschätzt werden, welche Produktgruppe zukünftig bevorzugt werden wird.

Aufgrund seiner Angaben wurde für ihn folgende Ergebnismatrix (Gewinnerwartungen) entwickelt. Er möchte nun wissen, wie er sich entscheiden soll (sein Optimismusfaktor (λ) ist 0,4):

Entscheidung für: Marktentwicklung

	S_1 Standard	S_2 Niedrig-Preis-Sektor	S_3 Luxus-Sektor	S_4 Bio-Markt
A_1 Standard	6000	3500	5000	5500
A_2 Niedrig-Preis	1000	14000	1000	1000
A_3 Luxus	−3000	10000	13000	12000

Gewinnerwartung

Unter Zugrundelegung der vorgestellten Entscheidungstheorien ergeben sich folgende „beste Alternativen"[583]*:*

Entscheidungsregel	Beste Alternative
Maximin	A_1
Maximax	A_2
Hurwicz	A_2
Savage – Niehans	A_3
Laplace - Kriterium	A_3

cc) Entscheidung unter Risiko

Ein Unternehmen steht vor einer Investitionsentscheidung: Alternative 1 erbringt mit Wahrscheinlichkeit von 55 % einen Gewinn von € 40.000 und mit einer Wahrscheinlichkeit von 45 % einen Gewinn von € 50.000,00. Alternative 2 erbringt mit einer Wahrscheinlichkeit von 55 % einen Gewinn von € 20.000 und mit einer Wahrscheinlichkeit von 45 % einen Gewinn von € 80.000. Die Nutzenfunktion für den Entscheidungsträger stellt sich wie folgt dar: $u(x) = -(x^2/100.000) + 2x$.

*Nach der **Bayesregel** würde sich das Unternehmen für Alternative 2 entscheiden, der Erwartungswert ist höher.*

$$\mu_1 = 0{,}55 * 40.000 + 0{,}45 * 50.000 = 44.500$$
$$\mu_2 = 0{,}55 * 20.000 + 0{,}45 * 80.000 = \mathbf{47.000}$$

*Aufgrund der **Nutzenfunktion** würde nach dem **Bernoulli-Prinzip** die Entscheidung für Alternative 1 ausfallen:*

583 Auf eine Dokumentation der Rechenwege wurde verzichtet.

$$E_1\,(u(x)) = 0{,}55 * (-40.000^2/100.000 + 2 * 40.000) + 0{,}45 * (-50.000^2/100.000 + 2 * 50.000) = \mathbf{68.950}$$

$$E_2\,(u(x)) = 0{,}55 * (-20.000^2/100.000 + 2 * 20.000) + 0{,}45 * (-80.000^2/100.000 + 2 * 80.000) = \mathbf{63.000}$$

Wegen der Risikoneutralität der Entscheidung (es sind nur Gewinne zu erwarten) erscheint diese Empfehlung fragwürdig. Zwar wird auf die individuelle Risikoneigung abgestellt, dennoch wirkt diese Entscheidung auf einem Außenstehenden nicht rational.

IV. Entscheidungslehre im Strafrecht

Entscheidungsregeln und Modelle können unbestritten Hilfsmittel im Entscheidungsprozess sein. Aber auch das beste Hilfsmittel kann die Unsicherheit und das Risiko in keinem Fall auf 0 reduzieren. Unsichere Zukunftsdaten werden auch nach Berechnungen nicht sicherer. Die Entscheidungsregeln können jedoch helfen, dass Unsicherheiten und Risiken klar definiert und somit für den Entscheidungsträger erkennbar werden[584].

1. Phasenschema

Das Phasenschema hilft den Entscheidungsprozess zu systematisieren; es darf jedoch nicht verkannt werden, dass es sich *„nur"* um eine Vereinfachung, also um ein idealtypisches Modell handelt. Auch hier gilt, dass ein idealtypisches Schema nur eine erste Empfehlung für ein Verhalten in einer bestimmten Situation geben kann. Im Einzelfall sind die Modelle kritisch zu hinterfragen und an die jeweilige Situation anzupassen[585]. In der Praxis lässt sich das Schema nicht aufeinanderfolgend abarbeiten, einzelne Phasen sind untereinander bereits eng verknüpft[586].

a) Allgemeine Bedeutung

Dennoch können allgemein verbindliche Aussagen abgeleitet werden. Im Rahmen betriebswirtschaftlicher Entscheidungen ist immer im Blick zu halten, dass es unterschiedliche Entscheidungsebenen gibt, welche jeweils zu beachtende Besonderheiten aufweisen. Besonders verdeutlichen lässt sich dies anhand des Unterschiedes zwischen operativen und strategischen Entscheidungen. Strategische Entscheidungen sind darauf ausgelegt, langfristig ein Erfolgspotenzial zu erreichen. Es steht nicht der kurzfristige Erfolg im Vordergrund, sondern eine langfristige Entwicklung und Steigerung. Operative Entscheidungen betreffen hingegen nur eine kurzfristige Problemlösung. Der kurzfristige Erfolg ist das primäre Ziel. Strategische Entscheidungen betreffen beispielsweise Investitionsentscheidungen,

584 *Altrogge*, Fallstudien Investition, S. 12.
585 *Laux*, Entscheidungstheorie, S. 12.
586 *Korndörfer*, Unternehmensführungslehre, S. 66 f.

operative Entscheidungen beispielsweise die Nutzung des vorhandenen Maschinenparks. Schon aus dieser Zielsetzung wird deutlich, dass nicht alle Phasen des Entscheidungsprozesses in jeder Situation gleich gewichtet werden können. Im Rahmen der strategischen Entscheidungen wird die Umsetzungs- und Kontrollphase deutlich mehr zu gewichten sein als bei operativen Entscheidungen.

b) Nutzen für die strafrechtliche Beurteilung

Es fragt sich, ob das Phasenschema für die strafrechtliche Beurteilung von Unternehmensentscheidungen nutzbar gemacht werden kann. Unter Berücksichtigung der beschränkten Aussagekraft von Modellen für die Praxis lassen sich hier folgende Ableitungen bilden:

1. Es kann von einem Entscheidungsträger nicht verlangt werden, dass jede Entscheidung anhand des Phasenmodells getroffen wird. Das Modell kann nur eine Hilfestellung sein. Es muss für jeden Entscheidungsprozess kritisch überdacht und angepasst werden. Eine Abweichung von dem Modell kann daher nicht als Indiz für eine etwaige Pflichtverletzung herangezogen werden.
2. Anhaltspunkte für Pflichtverletzungen im Rahmen eines Entscheidungsprozesses sind anzunehmen, wenn es der Entscheidungsträger versäumt hat, die Problemstellung ausreichend zu analysieren und/oder die Entscheidung in ihrer Durchsetzung nicht kontrolliert wurde. Die Kontrolle und die Problemanalyse sind wesentliche Faktoren eines jeden Entscheidungsprozesses und immer durchzuführen.
3. Zugunsten des Entscheidungsträgers muss geprüft werden, ob die ihm vorgegebenen Ziele hinreichend konkret formuliert waren (sofern er für die Zielbestimmung nicht selbst verantwortlich ist). Es ist nicht ausreichend, wenn nur vage Oberziele vorgegeben werden.
4. Der Entscheidungsprozess ist einer rechtlichen Überprüfung nur schwer zugänglich. Es handelt sich um Prognoseentscheidungen, welche nur durch Wahrscheinlichkeitsaussagen zugänglich sind und regelmäßig von subjektiven Einschätzungen geprägt sind. Eine strafrechtliche Relevanz kann hier nur in Betracht kommen, wenn entgegen jeglicher Lebenserfahrung gehandelt wird.

2. Entscheidungsregeln

Bei Entscheidungsregeln handelt es sich um theoretisch-wissenschaftliche Modelle, welche für einen Idealraum entwickelt wurden. Die Regeln gehen sämtlich von einer normativen Entscheidungstheorie aus, von einem stets rationalen Entscheidungsverhalten bei Kenntnis sämtlicher Informationen. Erkenntnisse der Verhaltensökonomik und Psychologie zum Entscheidungsverhalten haben in diese theoretischen Anforderungen bisher keinen Eingang gefunden. Die Modelle haben daher Defizite, treffen aber auch Grundaussagen, die für die weitere Betrachtung relevant werden. Die vorgestellten Entscheidungsregeln und Modelle sind unzweifelhaft als Hilfestellungen im Entscheidungsprozess zu werten. Eine Entscheidungsfindung nur aufgrund von Entscheidungsregeln zu realisieren, ist nicht möglich. Es handelt sich nur um Modelle, die nicht alle möglichen Variablen erfassen können. Die Fallbeispiele zeigen eindrucksvoll, dass es nicht das „*eine*“ richtige Ergebnis in Entscheidungssituationen gibt. Vielmehr kommen die Regeln bei gleichem Sachverhalt zu unterschiedlichen, teilweise obskuren Ergebnissen. Man muss sich vor Augen führen, dass sich die objektiven Wahrscheinlichkeiten, welche zumeist unbekannt sein werden, nicht ändern. Einem Entscheidungsträger ist also auch damit nicht geholfen, wenn er eine Entscheidung nach allen möglichen Methoden berechnet. Am Ende steht er immer noch vor dem Entscheidungsproblem. Auch ist die Gefahr nicht gebannt, dass am Ende nicht die Auffassung vertreten wird, dass seine Entscheidung (trotz Berechnung) falsch war. Im Allgemeinen werden die Entscheidungsregeln bei Anwendung auf den gleichen Sachverhalt zu unterschiedlichen Ergebnissen führen. Nur in Ausnahmefällen kommen alle Berechnungen zum gleichen Ergebnis[587]. Die Modelle sind in ihren Aussagen nicht eindeutig.

Es darf nicht verkannt werden, dass die Entscheidungsregeln nicht ganz unerhebliche kognitive und mathematische Fertigkeiten voraussetzen. Entscheidungsregeln werden nochmals verkompliziert (besonders in mathematischer Hinsicht), wenn man diese in Entscheidungssituationen mit variabler Informationsstruktur bei bewusst handelnden Gegenspielern oder bei Gremienentscheidungen anwenden will[588].

Ergo ist festzuhalten, dass es die richtige (rationale) Entscheidung nicht gibt. Es kommt immer auf eine subjektive Rationalität an. Hier zeigt sich auch der größte Schwachpunkt der Regeln, sie sind stets abhängig von den Vorgaben der Entscheider. Fehleinschätzungen verfälschen das gesamte Ergebnis. Auch sind diese Methoden nur dann annähernd nutzbar, wenn Menschen tatsächlich Wahrscheinlichkeiten erfassen und verarbeiten können. Die Modelle, insbesondere das wohl am meisten empfohlene Bernoulli-Prinzip, sind sehr aufwendig und binden hohe Kapazitäten. Die verschiedenen Berechnungen sind mathematisch sehr anspruchsvoll.

a) Berechenbarkeit[589]

Entscheidungssituationen zeichnen sich dadurch aus, dass immer eine Auswahl aus vielfältigen Handlungsalternativen erfolgen muss. Sämtliche Entscheidungen müssen in Ungewissheit über zukünftige Entwicklungen getroffen werden und nicht alle Informationen sind verfügbar. Modellrechnungen können nur eine Hilfestellung geben. Es darf allerdings nicht die Illusion entstehen, wirtschaftliche Entscheidungen seien berechenbar. Rechenmodelle können nicht alle Umweltzustände erfassen und verarbeiten. Kleinere und mittelständische Unternehmen haben zumeist auch nicht die Kapazitäten, Entscheidungen entsprechend der Entscheidungstheorie zu berechnen. Verkennen darf man insbesondere nicht, dass bei den verschiedenen

---

587 *Dörsam*, Grundlagen der Entscheidungstheorie, S. 39.

588 Vgl. nur: *Bamberg* [u.a.], Betriebswirtschaftliche Entscheidungslehre (2008), S. 127 ff.

589 Zur Unberechenbarkeit menschlichen Verhaltens: *Wittig*, Der rationale Verbrecher, S. 162 ff.

Rechenwegen der Unsicherheitsfaktor Mensch und dessen subjektive Einschätzungen zum Tragen kommen. Viele Faktoren lassen sich nicht mit einheitlichen Wahrscheinlichkeiten beziffern. Ebenfalls ist zu bedenken, dass die Berechnungen auf Daten basieren, die mit Unsicherheiten behaftet sind. Modellberechnungen vermitteln einen trügerischen Eindruck der Berechenbarkeit und Vorhersehbarkeit wirtschaftlicher Entscheidungen, den sie nicht erfüllen können[590].

b) Berechnungsmodelle im Strafprozess

Es stellt sich nun die Frage, ob Berechnungsmodelle in Haftungs- oder Untreueprozessen als Indiz für eine Pflichtverletzung herangezogen werden können[591].

Mit einer solchen Annahme ist zurückhaltend umzugehen. Aufgrund des psychologischen Phänomens des „*hindsight-bias*"[592] ist davon auszugehen, dass im Nachhinein anhand von Modellberechnungen nicht auf etwaige Pflichtverletzungen geschlossen werden kann. Insbesondere dann nicht, wenn bestimmten Faktoren eine subjektive Wahrscheinlichkeit zugeordnet werden muss. Aufgrund des adaptiven Lernens besteht die Neigung, dass die Vorhersehbarkeit des Eintritts eines Ereignisses im Nachhinein überschätzt wird[593]. Im Ergebnis stellt dies eine Überschätzung der eigenen Fähigkeiten dar. Ferner ist eine Ursache in der fehlenden Fähigkeit zur Informationsverarbeitung zu suchen. Der Rückschaufehler resultiert gerade daraus, dass neue Erkenntnisse und Entwicklungen nicht ohne Weiteres ausgeblendet werden können und in die Bewertung einfließen.

Dieses Phänomen betrifft nicht nur Laien, sondern auch (wenn auch etwas weniger stark[594]) Experten: Studien[595] haben gezeigt, dass Rückschaufehler auch bei Richtern[596] und Wirtschaftsprüfern anzutreffen[597] sind.

Wirtschaftsprüfern wurden Informationen über ein fiktives Unternehmen vorgelegt. Sie wurden aufgefordert, die finanzielle Situation des Unternehmens anhand dieser Daten zu analysieren. Die Daten waren so ausgewählt, dass jeweils die gleiche Anzahl an Fakten für und gegen eine finanziell angeschlagene Situation gesprochen hat. Die Studie wurde in verschiedenen Gruppen durchgeführt. Einer Gruppe wurde die Information gegeben, dass das Unternehmen zwischenzeitlich insolvent sei. Im Rahmen der Studie wurde festgestellt, dass die Gruppe, die Kenntnis von der Insolvenz

---

590 *Altrogge*, Fallstudien Investition, S. 2.

591 So wohl: *Altrogge*, Fallstudien Investition, S. 2, der so feststellen möchte, ob entschuldbare Fehleinschätzungen oder Fehler im Planungsprozess vorliegen.

592 Vgl. einleitend hierzu: *Schweizer*, Justice 2008/1, Rn. 1 ff.

593 *Fischhoff*, Journal of Experimental Psychology 1975, 288 (288 ff.).

594 *Hastie/Viscusi*, Arizona Law Review 1998, 901 (920 f.).

595 *Emby* [u.a.], Behavioral Research in Accounting 2002, 87 (87 ff.); *Taylor*, A Journal of Practice & Theory 2011, 249 (249–251, 269 f.); *Hastie/Viscusi*, Arizona Law Review 1998, 901 (920 f.); *Guthrie* [u.a.], Cornell Law Review 2001, 777 (802).

596 *Emby [u.a.]*, Behavioral Research in Accounting 2002, 87 (87 ff., 104 ff.).

597 *Guthrie* [u.a.], Cornell Law Review 2001, 777 (802).

hatte, die Fakten für eine Insolvenz signifikant höher gewichtet hat und zu dem Ergebnis kam, dass die Insolvenz vorhersehbar gewesen wäre. In der Gruppe ohne Kenntnis von der fiktiven Insolvenz konnte dieses Ergebnis nicht festgestellt werden. Weitere Studien haben gezeigt, dass bei Kenntnis des Ausgangs einer Situation die vorliegenden Fakten angepasst wurden, um das vermeintliche Ergebnis begründen zu können.

In weiteren Studien wurde festgestellt, dass das Risiko, einem Rückschaufehler zu unterliegen umso höher ist, je größer ein tatsächlich eingetretener Schaden ist. Tatsächliche Pflichtverletzungen treten, je größer der Schaden ist, in den Hintergrund. Es findet ein Rückschluss von einem möglichen Schaden auf eine Pflichtverletzung statt. Die unheilvolle Verquickung von Tathandlung und Taterfolg im Rahmen des § 266 StGB[598] ist damit psychologisch erklärbar. *Kadous* fasst dies wie folgt zusammen[599]:

> *„This study investigates whether providing higher quality audits increases auditors' chances of avoiding legal liability. Negligence rules hold auditors responsible for plaintiff losses only when the quality of the audit provided fails to meet standards of care. The results of my experiment suggest that the ex post observed consequences of audit failure can affect the standards of care to which jurors hold auditors. Specifically, participants serving in the role of jurors assessed higher standards of care for auditors when the consequences of audit failure were more severe. Furthermore, when the consequences of audit failure were more severe, participants' evaluations of the auditor did not depend on the quality of the audit provided-auditors who provided higher quality audits were evaluated just as negatively as those who provided lower quality audits. In contrast, when audit failure led to only moderately negative consequences, auditors who provided higher quality audits received more favorable evaluations. These results suggest that providing higher quality audits will not necessarily protect auditors from legal liability when the consequences of audit failure are severe. "*

Im Rahmen etwaiger Gerichtsprozesse und Sachverständigengutachten werden auch die psychologischen Phänomene „*overconfidence*" und „*confirmation bias*" relevant. „*Overconfidence*" bedeutet, dass eigene Fähigkeiten und das eigene Wissen grundsätzlich überschätzt werden. Dies ist insbesondere im Zusammenhang mit dem Rückschaufehler zu beobachten. Unter dem Terminus „*confirmation bias*" versteht man das Phänomen, dass Informationen, die eine eigene Hypothese bestätigen, eher gesucht, wahrgenommen, stärker gewichtet und besser in Erinnerung behalten werden. Widersprechende Informationen werden hingegen zumeist gar nicht gesucht oder werden nicht oder nur vermindert wahrgenommen[600].

---

598 Vgl. mit weiteren Nachweisen: *Matt*, NJW 2005, 389 (390); *Schünemann*, LK StGB, § 266, Rn. 94 ff.

599 *Kadous*, The Accounting Review 2000, 327 (339 ff.).

600 Vgl. hierzu mit zahlreichen Nachweisen: *Schweizer*, Justice 2007/3, Rn. 1 ff.; Justice 2009/4, Rn. 16 ff.

F. Ökonomische Analyse des Rechts

Die Wirtschaftswissenschaft beschäftigt sich mit der Frage, wie die knappen Güter eingesetzt werden müssen, damit eine optimale Bedürfnisbefriedigung erreicht wird. Die Effizienz einer Wirtschaft richtet sich nach dieser Frage. Effizienz ist dann gegeben, wenn möglichst wenig Mittel *„verschwendet"* werden[601]. Die ökonomische Analyse des Rechts überträgt diese Fragestellung auf das Rechtssystem[602]. Während diese Fachrichtung in Deutschland[603] noch kaum Beachtung findet, beschäftigt sich die US-amerikanische Rechtswissenschaft schon seit den 1970 Jahren mit diesem Ansatz[604].

I. Definition

Nach der ökonomischen Analyse des Rechts hat sich das Recht an den Bedürfnissen des Marktes zu orientieren. Das Recht soll die Wirtschaft und den Markt fördern und diese nicht behindern. Nur so ist eine möglichst hohe Bedürfnisbefriedigung und damit gesellschaftlicher Wohlstand möglich[605]. Optimierungsmaßstab soll die Effizienz sein. Diese Auffassung steht somit im direkten Gegensatz zu den bisherigen rechtsphilosophischen Ansätzen, denen das Gerechtigkeitstheorem zugrunde liegt[606]. Sichtbar wird dies beispielsweise an dem Problem des Schadensrechts. *Heinrichs* schlägt vor, bei Sachschäden eine Kosten-Nutzen-Analyse heranzuziehen, um Sorgfaltsmaßstäbe bei der Fahrlässigkeitshaftung zu bestimmen. Unter Berücksichtigung dieser Erkenntnisse stellt *Heinrichs* dar, dass Sorgfaltsmaßnahmen zur Vermeidung von Fahrlässigkeit nur erforderlich seien, wenn der notwendige Aufwand geringer sei als der durch ihre Nichtanwendung entstehende Schaden[607]. Eingewendet wird hiergegen, dass dies nicht mit dem Gerechtigkeitsdenken in Einklang zu bringen sei und Schädiger bevorteilt würden[608].

---

601 Vgl. hierzu zusammenfassend: *Wittig*, Der rationale Verbrecher, S. 47 ff.

602 *Schäfer/Ott*, Lehrbuch der ökonomischen Analyse des Zivilrechts, S. 1; *Adams*, Ökonomische Theorie des Rechts.

603 In Deutschland hat sich insbesondere *Wittig* mit der Frage des Verhältnisses von Ökonomie und Recht beschäftigt: *Wittig*, Der rationale Verbrecher, S. 28 ff.

604 Vgl. hierzu zusammenfassend: *Posner*, Economic analysis of law; *Aaken*, *„Rational Choice"* in der Rechtswissenschaft, S. 146 ff.

605 *Kirstein*, Ökonomische Analyse des Rechts, S. 9.

606 *Baumann*, Die ökonomische Analyse des Rechts, S. 6 ff., 27 ff.

607 *Heinrichs, Palandt* BGB, § 276, Rn. 19.

608 Zur Kritik an der ökonomischen Analyse des Rechts: *Eidenmüller*, Effizienz als Rechtsprinzip, S. 7 ff.; *Schäfer/Ott*, Lehrbuch der ökonomischen Analyse des Zivilrechts, S. 39.

1. Grundlegungen

Grundlage der Theorie ist eine Kosten-Nutzen-Analyse in Bezug auf das Normensystem. Es soll geklärt werden, ob der Aufwand in Verhältnis zum erreichbaren Nutzen steht[609]. Ausgangspunkt ist, dass ineffiziente Gesetze den Markt belasten und deshalb Wohlstand durch Bedürfnisbefriedigung nicht erreicht werden kann[610].

Bei der Theoriebildung geht man davon aus, dass das Entscheidungsverhalten dem Modell des *„homo oeconomicus"* entspricht[611]. Der Handelnde stellt eine Kosten-Nutzen-Analyse an und entscheidet so, ob er sich an eine Norm hält oder Sanktionen bewusst in Kauf nimmt. Ferner ist eine Norm dann erstrebenswert, wenn durch diese der gesellschaftliche Wohlstand erhöht wird. Dies soll dann der Fall sein, wenn der Nutzen, der durch eine Norm erreicht wird, in der Gesamtheit größer ist als der Schaden, welcher durch eine Norm verursacht wird. Als Beurteilungssystem soll die Wohlstandsökonomik dienen. Und die Effizienz soll der einzige Bewertungsmaßstab für ein Rechtssystem sein[612]. Ausgehend hiervon sollen der Gesetzgeber, die Verwaltung und die Judikatur handeln, da nur so die Ziele verwirklicht werden können[613].

2. Kritik

Besonders in Deutschland ist die ökonomische Analyse des Rechts noch erheblicher Kritik ausgesetzt. Während in den USA dieser Ansatz eine Grundlage der Rechtstheorie bildet, ist sie in Deutschland noch *„exotisch"*[614].

Ansatzpunkt der Kritik ist insbesondere die Grundlegung, wonach der *„homo oeconomicus"* als Menschenbild herangezogen wird. Das Handlungsverhalten der Menschen lässt sich mit diesem Modell nicht beschreiben. Es vereinfacht zu stark und blendet die Erkenntnisse der Psychologie und Verhaltensökonomik aus.

Eingewendet wird weiter, dass der Gesetzgebungs- und Rechtsprechungsprozess nicht nach reinen Effizienzgesichtspunkten gestaltet werden könne. Effizienz als alleiniges Rechtsprinzip sei nicht denkbar. Effizienz könne höchstens ein Teil der zu beachtenden Rechtsprinzipien sein, der sich aber auch unterzuordnen habe[615]. Ein reines Effizienz-Prinzip würde im Konflikt zu ethischen Grundsätzen und im Konflikt zur Grundrechtsordnung stehen. Effizienz kennt keine geschützten Kernbereiche. Das Gerechtigkeitsdenken und die soziale Absicherung dürften nicht

---

609 *Eidenmüller*, Effizienz als Rechtsprinzip, S. 4.

610 *Schäfer/Ott*, Lehrbuch der ökonomischen Analyse des Zivilrechts, S. 24 ff.

611 *Aaken*, *„Rational Choice"* in der Rechtswissenschaft, S. 146 ff.; *Schäfer/Ott*, Lehrbuch der ökonomischen Analyse des Zivilrechts, S. 58 ff.

612 *Eidenmüller*, Effizienz als Rechtsprinzip, S. 9.

613 *Ebenda*, S. 4.

614 Dies hängt wohl auch damit zusammen, dass bei Juristen die Angst besteht, dass man bei Umsetzung dieser Theorie überflüssig werde - *Eidenmüller*, Effizienz als Rechtsprinzip, S. 9.

615 *Schäfer/Ott*, Lehrbuch der ökonomischen Analyse des Zivilrechts, S. 6.

der Effizienz geopfert werden[616]. Nach Ansicht weiterer Kritiker müssten einzelne Rechtsbereiche vom Effizienzgebot ausgenommen werden.

3. Stellungnahme

Trotz der geäußerten Bedenken kann die Theorie nicht in Gänze verworfen werden. Die Grundaussagen sind zutreffend und müssen in modifizierter Form Berücksichtigung finden. Der Mensch ist zwar kein „*homo oeconomicus*" und handelt nicht als solcher, dies führt aber nicht dazu, dass die gesamte Theorie ihren Nutzen verlieren würde. Hieraus folgt nur, dass Modifizierungen der Theorie notwendig werden. Es muss das Normenverständnis weiter untersucht werden. Aufgrund der bisherigen Erkenntnisse ist anzunehmen, dass im Rahmen der Normenanwendung das Entscheidungsverhalten dem „*homo oeconomicus*" angenähert ist. Bei der Entscheidung, ob man eine Norm befolgt oder nicht, findet eine Kosten-Nutzen-Analyse statt.

Effizienz kann nicht alleiniges Rechtsprinzip sein. Dies würde ein Rückschritt in der gesellschaftlichen Entwicklung bedeuten. Effizienz muss dennoch Eingang in die Rechtsprinzipien finden.

Insbesondere für das Gesetzgebungsverfahren ist der Nutzen unverkennbar. Das Gesetzgebungsverfahren muss so gestaltet werden, dass die so gefundenen Normen dem Markt die Möglichkeit lassen, sich frei zu entfalten. Bürokratische Belastungen müssen abgebaut werden. Es muss immer geprüft werden, ob die durch eine Norm verursachten Aufwendungen in Relation zu dem erreichbaren Nutzen stehen. Die Tendenz, alle Eventualitäten normieren zu wollen, ist nicht zielführend und lässt das gesellschaftliche und wirtschaftliche System unberücksichtigt. Es verkennt, dass durch eine ineffiziente Regulierung Nachteile entstehen. Nur auf Grundlage von effizienten Normen kann sich die Wirtschaft entwickeln. Ineffiziente Normen führen nur zu erhöhten Transaktionskosten, welche wiederum auf die Verbraucher abgewälzt werden und so das Konsumverhalten nachteilig beeinflussen. Das Recht darf nur die Rahmenbedingungen setzen, innerhalb derer sich die Wirtschaft frei entwickeln kann. Dennoch müssen Einschränkungen gemacht werden, rechtliche Rahmenbedingungen müssen (insoweit auch gegen die Bedürfnisse des Marktes) gesetzt werden. Das Recht darf sich dem Markt nicht unterordnen. Der Markt darf nicht zum beherrschenden Kriterium werden. Ethische Grundsätze müssen gewahrt bleiben. Insbesondere die Wahrung der Grundrechte darf nicht dem Effizienz-Prinzip geopfert werden. Trotz der Forderungen des Marktes müssen Schutzmechanismen erhalten bleiben. Es muss insoweit aber stets analysiert werden, ob beispielsweise ein gewisser Schutzmechanismus benötigt wird und hierdurch nicht zu große (unnötige Belastungen) geschaffen werden. Bestes Beispiel hierfür ist der Verbraucherschutz, vor allem in Fernabsatzgeschäften. An dieser Stelle werden Schutzmechanismen geschaffen, die erheblichen Aufwand von den Unternehmen fordern. Der Nutzen bleibt fraglich. Möchte ein Unternehmen auf dem Markt dauerhaft bestehen,

---

616 *Eidenmüller*, Effizienz als Rechtsprinzip, S. 231.

müsste es sich ohnehin auf die Verbraucher einstellen und deren Bedürfnisse erfüllen. Hierfür braucht man keine Vielzahl an gesetzlichen Vorschriften[617]. Es darf auch nicht verkannt werden, dass rechtliche Besserstellungen der Verbraucher aufgrund von Vorschriften einhergehen mit Kostensteigerungen und mit Preiserhöhungen[618].

Die Grundannahmen der ökonomischen Analyse des Rechts können nicht in Gänze übernommen werden. Wenn auch eine Modifizierung notwendig ist, kann das Effizienzprinzip nicht vollständig verworfen werden.

II. Innenhaftung – Eine ökonomische Analyse

Es stellt sich die Frage, ob die „*Managerhaftung*" einer ökonomischen Analyse standhält oder die eingangs erwähnten Bedenken manifestiert werden.

1. Prinzipal-Agenten-Konflikt

Die Frage ist auf zwei Ebenen zu beantworten. Es ist zum einen zu klären, ob das Institut der Haftung geeignet ist, das Problem effizient zu lösen. Und zum anderen, ob die bisherige Ausgestaltung effizient ist.

Ausgangsproblem ist, dass in einer Vielzahl der Fälle Eigentum und Entscheidungsbefugnis im Unternehmen auseinanderfallen. Seitens der Eigentümer besteht ein Interesse an der Kontrolle der Entscheidungsträger[619], da diese mit den Geldern der Eigentümer arbeiten. Die Interessen der Entscheidungsträger und Eigentümer sind nicht immer deckungsgleich[620]. Es besteht häufig die Gefahr, dass sich die Entscheidungsträger am Unternehmen und damit am Vermögen der Eigentümer unberechtigt bereichern. Aus dem Prinzipal-Agenten-Problem[621] resultiert eine asymmetrische Risikowahrnehmung. Entscheidungsträger nehmen das Risiko anders wahr als Inhaber, denn sie tragen das wirtschaftliche Risiko nicht persönlich. Auch bei einer fehlgeschlagenen Entscheidung drohen zunächst nur Imageverluste, aber keine Beteiligung am wirtschaftlichen Schaden. Die Risikoverteilung muss zur Grundlage der Analyse gemacht werden[622].

Es gibt zwei juristische Wege, diesem Problem gerecht zu werden. Einmal kann ihm durch zwingendes Gesellschaftsrecht begegnet werden. Zum anderen besteht

---

617 A.A. *Schäfer/Ott*, Lehrbuch der ökonomischen Analyse des Zivilrechts, S. 341 f.

618 *Ebenda*, S. 8.

619 *Mansdörfer*, zur Theorie des Wirtschaftsstrafrechts, Rn. 346; *Bräunig*, Untreue in der Wirtschaft, S. 39; *Lindemann*, Voraussetzungen und Grenzen Legitimen Wirtschaftsstrafrechts, S. 10.

620 Vgl. zu den strafrechtlichen Folgen dieser Konstruktion: *Murmann*, Jura 2010, 561 (561 ff.).

621 Zur Problematik vgl. ausführlich: *Birkholz*, Untreuestrafbarkeit als strafrechtlicher „*Preis*" der beschränkten Haftung, S. 246 ff.

622 *Lüderssen*, Finanzmarktkrise, Risikomanagement und Strafrecht, in: *Kempf* [u.a.] (Hg.): Die Finanzkrise, das Wirtschaftsstrafrecht und die Moral, 211 (228 f.).

die Möglichkeit, durch Haftungsregelungen opportunistisches Verhalten zu sanktionieren und die Risikowahrnehmung zu normalisieren. Die erstgenannte Alternative ist präventiv und will vermeiden, dass es überhaupt zu opportunistischen Handlungen kommt. Die zweite Alternative zieht die Entscheidungsträger nach einer fehlerhaften Handlung zur Verantwortung und möchte so auch die Verantwortung für Entscheidungen wieder in den Vordergrund rücken[623].

2. Lösung nach der Theorie der ökonomischen Analyse

Aus ökonomischer Sicht ist die zweite Alternative zu bevorzugen. Die erste Alternative führt zu erhöhten Transaktionskosten und zu einem starren Formalismus, der der heutigen Wirtschaft nicht mehr gerecht wird. Diese Variante ist einfach und bietet den Vorteil der Rechtssicherheit. Verstöße können leichter festgestellt und geahndet werden. Aber die fehlende Flexibilität hebt die Vorteile wieder auf. Ein strenger Formalismus ist mit der sich schnell wandelnden Wirtschaftswelt nicht vereinbar.

Durch das Haftungsmodell bleibt die Flexibilität erhalten. Ohne starre Vorgaben kann jedes Unternehmen selbst entscheiden, wann es eine Haftung ihrer Entscheidungsträger herbeiführen will. Außerdem wird hierdurch das Risikobewusstsein der Entscheidungsträger aktiviert. Aufgrund der Beteiligung am Verlust mit eigenem Vermögen über Schadensersatzforderungen wird das Verantwortungsbewusstsein stärker in den Vordergrund gerückt. Voraussetzung ist aber, dass die Haftungsregelungen auch praktisch umgesetzt werden und nicht zu tiefgreifend sind. Eine zu strenge Haftung würde den Effekt umkehren in das Extrem der Risikoaversion.

3. Stellungnahme

Das deutsche Haftungsrecht hat einen Mittelweg gewählt. Wesentliche Punkte sind durch formales Gesellschaftsrecht geregelt. Gleichsam wird einer Überregulierung dadurch entgegengewirkt, dass das Haftungsrecht als zweite Schiene zur Verhaltenssteuerung mitläuft.

Auf der ersten Ebene ist damit festzuhalten, dass die deutschen Haftungsgrundsätze als effizient zu bezeichnen sind. Es wurde ein Mittelweg gewählt, der eine Flexibilität sicherstellt, aber gleichsam über Haftungsregelungen Grenzen statuiert.

Auf der zweiten Ebene kann das deutsche System nicht mehr überzeugen. Die Haftungsgrundsätze sind vage und weit formuliert. Hierdurch kommt es zu einer Blockade im Entscheidungsverhalten, das heißt zu einer Risikoaversion. Das Ziel der Effizienz wird nicht erreicht. Das mögliche Gewinnpotenzial kann nicht ausgeschöpft werden.

Ein weiteres Problem entsteht, wenn unternehmerische Entscheidungen nur über einzelne Kriterien, etwa dem Bilanzgewinn, kontrolliert werden. Bilanzergebnisse stellen nur einen momentanen Ausschnitt der Entwicklung der Gesellschaft dar. Aus ihnen alleine kann nicht geschlussfolgert werden, ob eine unternehmerische

---

623 *Schäfer/Ott*, Lehrbuch der ökonomischen Analyse des Zivilrechts, S. 648.

Entscheidung gut oder schlecht war. Es kommt immer auf die langfristigen Auswirkungen und Ergebnisse an. Entscheidungsträger werden sich im Entscheidungsverhalten zurückhaltend zeigen, wenn sie befürchten müssen, dass sie alleine nach Bilanzergebnissen beurteilt werden. Dies führt wiederum dazu, dass die Gesamtergebnisse auch zukünftig deutlich niedriger ausfallen werden[624].

Das Haftungssystem kann ferner nur funktionieren, wenn entsprechend qualifizierte Richter und entsprechend formulierte Haftungsvoraussetzungen vorhanden sind. Bereits an der ersten Voraussetzung mangelt es aber. Die eingesetzten Richter verfügen oftmals nicht über die notwendigen Kenntnisse, um wirtschaftliche Entscheidungen zu beurteilen. Dadurch wird das System ineffizient, da nicht absehbar ist, welche Entscheidung am Ende herauskommt. Die Gesetzgebung kann nur die allgemeinen Haftungsvoraussetzungen vorgeben. Es ist dann die Aufgabe der Rechtsprechung, im Einzelfall das jeweilige Verhalten zu analysieren. Starre Vorschriften schaffen keine Rechtssicherheit. Die Fälle der Wirtschaft sind so vielfältig, dass sie durch starre Normen nicht erfasst werden können. Es kommt entscheidend auf die Qualität der Rechtsprechung an.

Über haftungsrechtliche Maßnahmen kann dem Prinzipal-Agenten-Konflikt begegnet werden. Aber die Haftungsvoraussetzungen können aufgrund der vielfältigen Erscheinungsmöglichkeiten nicht abschließend festgelegt werden. Eine entscheidende Rolle kommt der Justiz zu. Diese kann das Problem derzeit aber nicht annehmen und lösen, da es an wirtschaftlicher Qualifikation fehlt. Deswegen wird zu häufig auf einzelne Kriterien abgestellt, wo es jedoch entscheidend auf das Gesamtergebnis ankommen würde.

III. § 266 StGB – Eine ökonomische Analyse

Im Folgenden ist zu untersuchen, ob die Theorie der ökonomischen Analyse des Rechts auf das Strafrecht übertragen werden kann[625].

1. Ökonomische Analyse des Strafrechts

In der deutschsprachigen Literatur[626] wurde sich bisher noch kaum mit der Frage beschäftigt, ob die ökonomische Analyse auf das Strafrecht übertragen werden kann[627].

---

624 *Ebenda*, S. 645.

625 Vgl. hierzu auch: *Bräunig*, Untreue in der Wirtschaft, S. 78 ff.

626 *Eidenmüller*, Effizienz als Rechtsprinzip, S. 451. Eine Aufarbeitung des Themas findet sich bei: *Bräunig*, Untreue in der Wirtschaft, S. 78 ff.

627 Aus wirtschaftspsychologischer Sichtweise: *Fetchenhauer*, Finanzielle Unehrlichkeit, in: *Frey* [u.a.] (Hg.): Wirtschaftspsychologie, 96 (96 ff.): Zur Wirkung von Kontrolle und Sanktionen im Rahmen von Betrugsstraftaten; *Adams*, Ökonomische Theorie des Rechts, S. 506 ff.

Die deutschsprachigen Anhänger[628] der ökonomischen Analyse beschränken sich auf das Zivil- und Verwaltungsrecht. Nicht zuletzt deshalb, weil die ökonomische Analyse des Rechts dort ihren Ursprung findet[629]. Das Strafrecht wird vernachlässigt, da die Prämissen der Theorie nicht zu passen scheinen[630]. Aber auch im Strafrecht stellen sich Fragen im Zusammenhang mit dem Stichwort Kosten-Nutzen-Analyse. *Polinksy/Shavell* fassen dies wie folgt zusammen[631]:

> *"An individual (or a firm) chooses whether to commit an act that for simplicity is assumed to cause harm with certainty (see Section 5 on uncertain harm). If he commits the act, he obtains some gain, and also faces the risk of being caught, found liable and sanctioned. The rule of liability could be either strict - under which the individual is definitely sanctioned - or fault-based – under which he is sanctioned only if his behavior fell below a fault standard. The sanction that he suffers could be a monetary fine, a prison term, or a combination of the two.*
>
> *Whether an individual commits a harmful act is determined by an expected utility calculation. He will commit the act if that would raise his expected utility, taking into account the gain he would derive and the probability, form, and level of sanction that he would then face. We will usually first examine the assumption that individuals are risk neutral with respect to sanctions, that is, that they treat an uncertain sanction as equivalent to its expected value; but we will also consider alternative assumptions."*[632]

Auch dem deutschen Strafrechtler drängen sich folgende Fragen auf: Ist unser Strafrechtssystem effektiv? Wie verhalten sich Ermittlungs- und Verurteilungsaufwand zur Entwicklung der Kriminalität? Können Prozesse effektiver gestaltet werden und hält der Gesetzgebungsprozess einer Kosten-Nutzen-Analyse stand[633]?

Besonders im Gesetzgebungsprozess lässt sich oftmals der Hinweis finden, dass durch ein neues Strafgesetz *„keine Kosten"* entstünden. Es darf bezweifelt werden, dass diese Stellungnahme richtig ist. Zwar entstehen durch neue Strafgesetze meist keine primären Kosten, aber es darf nicht verkannt werden, dass die Umsetzung eines Strafgesetzes sekundäre und tertiäre Kosten verursacht. Der Schutz von

---

628 Anders sieht dies in den USA aus. Hier ist das Strafrecht ein wesentlicher Bestandteil der ökonomischen Analyse des Rechts. Vgl. hierzu mit weiteren Beispielen: *Friedman*, Law's order, S. 223 ff. Eine deutschsprachige Aufsatzsammlung zu dem Thema findet sich bei: *Ott* (Hg.), Die Präventivwirkung zivil- und strafrechtlicher Sanktionen.

629 *Lüderssen*, Ökonomische Analyse des Strafrechts und Alternativen zum Strafrecht, in: *Ott* (Hg.): Die Präventivwirkung zivil- und strafrechtlicher Sanktionen, 25 (26).

630 *Ott/Schäfer*, JZ 1988, 213 (214).

631 *Polinsky/Shavell*, Criminal Law, Economics of Crime and Law Enforcement, in: *Bouckaert/de Geest* (Hg.): The economics of crime and litigation, 307 (308).

632 aaO. Dieser Ansatz stellt eine starke Vereinfachung dar und ist nicht dazu geeignet, die Entstehung von Kriminalität, gerade im Bereich von Kapitaldelikten, zu erklären.

633 Vgl. hierzu: *Volk*, Die ökonomische Analyse des Strafrechts, in: *Schöch* (Hg.): FS *Widmaier*, 987 (987 ff.).

Individualrechten verursacht Kosten[634]. Es entsteht Ermittlungsaufwand und es entstehen Kosten für Strafverfahren. Es wäre zu kurz gegriffen, diese sekundären Kosten komplett außer Acht zu lassen. Auch dürfen die tertiären Kosten nicht verkannt werden. Nicht selten entstehen auch außerhalb des Staatsapparates Kosten. Dies ist zum Beispiel der Fall, wenn Banken neue Mitteilungspflichten auferlegt werden. Ein Nutzen aus neuen Gesetzen kann nur erfolgen, wenn deren Kosten getragen werden und auch der Staat seine Ressourcen aufstockt[635].

Auch im Strafrecht kommt der ökonomischen Analyse des Rechts eine Bedeutung zu. Betrachtet man sich die Prämissen der ökonomischen Analyse des Rechts näher, so fällt auf, dass das Rechtssystem sicherstellen muss, dass (*1*) Eigentumsrechte statuiert werden. Ohne Eigentumsrechte kann es keine freie Wirtschaft geben. Darauf aufbauend muss das System (*2*) die Übertragung von Eigentumsrechten gewähren und schließlich (*3*) das Eigentum effektiv schützen. Die Gewährung von Eigentumsrechten vollzieht sich über das Verfassungsrecht, die konkrete Ausgestaltung erfolgt über das Privatrecht und der Schutz vollzieht sich ebenfalls über das Strafrecht. Das Strafrecht ist Bestandteil der Theorie der ökonomischen Analyse des Rechts[636].

a) Rationalität und Kosten-Nutzen-Analyse[637]

Die ökonomische Analyse des Rechts geht von einem rein rational handelnden Nutzenmaximierer aus. Aber lässt sich der „*homo oeconomicus*“ auch im Strafrecht finden? Kann ein Mord jemals rational sein? Am Strafrecht zeigt sich deutlich, dass es den reinen Nutzenmaximierer nicht gibt. Ein Mord lässt sich nicht rational erklären. Würde der Mörder eine Kosten-Nutzen-Analyse durchführen, müsste er zu dem Ergebnis kommen, dass sich Mord nicht lohnt. Die Aufklärungsquote für Tötungsdelikte in Deutschland lag 2010 bei 96,1 %[638]. Nahezu jeder Täter von Tötungsdelikten wird demzufolge ermittelt. Unter diesen Umständen kann es nicht rational sein, jemanden zu töten. Mit sehr großer Wahrscheinlichkeit wird die Tat aufgeklärt und abgeurteilt. Auch erscheint es fraglich, ob sich ein objektiver Nutzen daraus ergibt, einen Menschen getötet zu haben[639].

---

634 Vgl. hierzu: *Schmidtchen*, Wozu Strafrecht?, in: *Ott* (Hg.): Die Präventivwirkung zivil- und strafrechtlicher Sanktionen, 49 (55).

635 Vgl. hierzu: *Volk*, Die ökonomische Analyse des Strafrechts, in *Schöch* (Hg.): FS *Widmaier*, 987 (988).

636 Vgl. zur ökonomischen Analyse des Strafrechts: *Eide* [u.a.], Economics of Crime, S. 3 ff.

637 Vgl. hierzu zusammenfassend: *Wittig*, Der rationale Verbrecher.

638 http://de.statista.com/statistik/daten/studie/152525/umfrage/entwicklung-der-polizeilichen-aufklaerungsquote-bei-mord-seit-1995/.

639 Dieses Problem wurde auch bereits von den Anhängern der ökonomischen Analyse des Rechts erkannt. Insoweit darf auf die Ausführungen von *Friedman* verwiesen werden (*Friedman*, Law's order, S. 224). Dieser stellt anhand eines fiktiven Beispiels die Frage, ob eine Tötung nicht als effizient angesehen werden kann. Er kommt zu

Bisweilen ist auch in der Ökonomie die *„subjektive Rationalität“* auf dem Vormarsch. Zurück zu führen ist dieser Ansatz auf den Nobelpreisträger *Simon*[640] und findet seinen Höhepunkt in der Verleihung des Nobelpreises für Wirtschaft 2011 an *Sargent* und *Sims*[641]. *Sargent* und *Sims* gehen vom rational handelnden Menschen aus. Sie haben erkannt, dass es *„Anomalien“* im Entscheidungsverhalten gibt. Dennoch gehen sie davon aus, dass Menschen stets rational entscheiden und erklären die *„Anomalien“* dadurch, dass im Entscheidungsverhalten die Erwartungen der Akteure berücksichtigt werden müssen[642]. Man führt ein subjektives Element ein, will aber die Prämisse der Rationalität nicht aufgeben. Mit der Subjektivierung der Rationalität steht auch fest, dass es den *„homo oeconomicus“* nicht gibt. Entscheidungen sind nicht immer rational, sie werden beeinflusst von Gefühlen, Intuitionen und Gespür[643].

Effizienz als Rechtsprinzip[644] hat seine Grenzen. Diese werden auch durch das Strafrecht gesetzt, welches die Moralentscheidungen der Gesellschaft widerspiegelt. Diese hat entschieden, dass die Tötung eines Menschen nicht akzeptiert werden kann. Trotz subjektiver Rationalität und Effizienz ist ein Tötungsdelikt stets zu ahnden[645].

---

dem Ergebnis, dass unter bestimmten Umständen eine Tötung effizient sein könnte und schlussfolgert daraus, dass somit die Grenzen der Effizienz als Rechtsprinzip erreicht werden. Das Strafrecht setzt damit Grenzen auch für (subjektive) rationale Entscheidungen. Bei weiterer Betrachtung dieser Problematik stellt sich die, für die Strafrechtswissenschaft grundlegende Frage, ob Menschen in ihrem Entscheidungsverhalten wirklich selbstbestimmt oder doch determiniert sind. Diese Frage kann im Rahmen dieser Arbeit nicht beantwortet werden. Die neueren Erkenntnisse der Neurowissenschaften legen jedoch die Annahme nahe, dass unsere bisherige Auffassung von der Willensfreiheit des Menschen zumindest überdacht werden muss. Es kann eben nicht ausgeschlossen werden, dass Menschen *„nur“* Produkte ihrer hirnorganischen Prozesse sind. Ein Beweis dafür, dass wir determiniert sind, wurde zwar noch nicht erbracht, aber es wurde auch noch kein Beweis für die Willensfreiheit erbracht. Die Strafrechtswissenschaft muss diese Entwicklungen verfolgen und daraus ihre Schlüsse ziehen. Wenn wir determiniert sind, keinen freien Willen haben sollten, dann gäbe es auch keine Handlungsfreiheit und kann es dann überhaupt noch ein Strafrecht geben? Vgl. hierzu nur: *Roth*, Wir sind determiniert, in: *Geyer* (Hg.): Hirnforschung und Willensfreiheit, 218 (218 ff.); *Spilgies*, HRRS 2005, 43 (43 ff.), sowie aus einer philosophisch-rechtlichen Betrachtung: *Friedman*, Schuldlose Verantwortung. Zur Frage der Willensfreiheit in der Rechtswissenschaft: *Reinelt*, NJW 2004, 2792 (2793 ff.); *Hillenkamp*, JZ 2015, 391 (397 ff.).

640 *Simon*, The quarterly journal of economics 1955, 99 (99 ff.).

641 *Böcking*, SPON 2011; *Natrop*, Grundzüge der Angewandten Mikroökonomie, S. 9 ff.

642 *Böcking*, SPON 2011.

643 So auch: *Volk*, Die ökonomische Analyse des Strafrechts, in: *Schöch* (Hg.): FS *Widmaier*, 987 (989); *Wittig*, Der rationale Verbrecher, S. 179.

644 Vgl. hierzu eingehend: *Eidenmüller*, Effizienz als Rechtsprinzip.

645 *Friedman*, Law’s order, S. 225, 230. Es darf aber auch nicht verkannt werden, dass sich die Fehlerhaftigkeit der Prämissen anhand der Kapitaldelikte nachweisen lässt. Wäre der Mensch ein *homo oeconomicus*, gäbe es keine Kapitaldelikte. Auch ohne

Weiterhin lässt sich statuieren, dass sich die ökonomische Analyse nicht zur Erklärung der Entstehung von Kriminalität[646] im Allgemeinen eignet. Es bleibt aber zu prüfen, ob sie nicht dennoch auf die Bereiche der Vermögens- und Wirtschaftskriminalität übertragen werden kann. Wie bereits festgestellt, spielt die Theorie der ökonomischen Analyse gerade im Bereich des strafrechtlichen Vermögensschutzes eine nicht zu verkennende Rolle. Auch sind Vermögens- und Wirtschaftsdelikte eher der Rationalität zugänglich als Kapitaldelikte.

Bei Vermögens- und Wirtschaftsdelikten stellt sich dem Täter häufig die Frage, welchen Nutzen ein Rechtsverstoß hat. Wie hoch ist das Risiko, dass ich erwischt werde und mit welchen Konsequenzen muss ich dann rechnen?[647] Dem Inhaber einer geschützten Position stellt sich die Frage, wie hoch das Risiko ist, Opfer eines Verbrechens zu werden und wie man diesem Schicksal entgehen kann. In diesem Teilbereich des Strafrechts kann also nicht schon bereits aufgrund der fehlenden Rationalität eine ökonomische Analyse des Rechts verneint werden[648].

b) Ökonomischer Nutzen[649]

Strafverfolgung kostet Geld und bindet Kapazitäten. Es ist ein Irrglaube, dass Strafgesetze ohne Kosten umgesetzt werden könnten. Gerade Wirtschaftsstrafverfahren sind mit kostenintensiven Ermittlungen und Verhandlungen verbunden. Wegen des Umfanges können solche Verfahren häufig nicht durchermittelt werden. Es fehlen die Kapazitäten. In diesem Zusammenhang muss dann die Frage erlaubt sein: Ist es effizient, dass solche Verfahren geführt werden oder kann ein Interessenausgleich auf andere Art und Weise herbeigeführt werden?

Ausgangspunkt für die aufgeworfene Fragestellung ist die Transaktionskostentheorie[650]. Im Rahmen der ökonomischen Analyse des Rechts geht es darum, dass der

Strafandrohung gibt es keine rationalen Gründe für die Tötung aus Eifersucht oder aus niedrigen Beweggründen.

646 *Volk*, Die ökonomische Analyse des Strafrechts, in: *Schöch* (Hg.): FS *Widmaier*, 987 (989).

647 Aber auch bei Vermögens- und Wirtschaftsdelikten kommt es vor, dass eine Handlung irrational ist und aus Rationalitätsgesichtspunkten nicht erklärt werden kann. Dies hängt damit zusammen, dass Menschen nie komplett rational entscheiden können, sondern vielfach durch Emotionen, Intuitionen und irrationale Erwägungen gelenkt werden. Anders kann man sich beispielsweise auch nicht erklären, warum zum Teil hoch riskante Investitionsentscheidungen getroffen werden. Der Ersteller hat in seiner beruflichen Tätigkeit als Rechtsanwalt verschiedentlich auch Sachverhalte zu bearbeiten, bei denen normale Verbraucher hohe Kredite aufgenommen haben, um sich sodann aufgrund vager Erwägungen Aktien zu kaufen mit dem am Ende eingetretenen Risiko des Totalverlustes.

648 Zum Verbrechen als Risikoentscheidung: *Wittig*, Der rationale Verbrecher, S. 123 ff.

649 Zur Frage der Pflichtwidrigkeit und des ökonomischen Nutzens: *Ibold*, Unternehmerische Entscheidungen als pflichtwidrige Untreuehandlungen, S. 107 ff.

650 *Eidenmüller*, Effizienz als Rechtsprinzip, S. 165.

Markt geschützt wird. Es soll sichergestellt werden, dass Geschäfte über den Markt stattfinden. Eine Handlung außerhalb des Marktes liegt zum Beispiel dann vor, wenn versucht wird, eine Sache auf strafrechtlich relevante Weise zu erlangen[651]. Über diesen Ansatz kann die Entstehung von Kriminalität im Rahmen von Vermögensdelikten erklärt werden[652]. Die ökonomische Analyse liefert so eine Begründung für die Kriminalisierung von Vermögensdelikten[653]. Kriminalität entsteht in diesem Teilbereich deshalb, weil Akteur A einen bestimmten Gegenstand haben möchte, welcher aber Akteur B gehört. Da A nicht die notwendigen Mittel hat, um von B den Gegenstand zu erhalten, versucht er unter Umgehung des Marktes (beispielsweise durch Betrug oder Diebstahl), sich den Gegenstand anzueignen. Dieser strafrechtliche Schutz macht jedoch nur Sinn, wenn der Schutz dem Gesamtsystem nutzt und die Aufwendungen für den Schutz nicht höher sind als der erzielbare Nutzen. Ein Schutz darf daher nicht um jeden Preis erfolgen, sondern nur, wenn es der Kosten-Nutzen-Aufwand zulässt. Hieraus sollte jedoch nicht geschlussfolgert werden, dass, wenn der Kosten-Nutzen-Aufwand es nicht erlaubt, Opfer schutzlos gestellt sind. Es bedeutet nur, dass in einem solchen Fall eine staatliche Strafverfolgung nicht stattfindet[654]. Ein Ausgleich der Interessen über das zivilrechtliche Haftungssystem ist aber weiter möglich. Es stellt sich dann das Problem, was passiert, wenn der Schädiger nicht in der Lage ist, Schadenskompensation und Schadensersatz zu leisten? Gleichsam schließt sich die Frage an, welchen Nutzen hat der Geschädigte von einer möglichen Verurteilung[655]?

Zukünftig ist über die Einführung von Strafschadensersatzansprüchen nachzudenken. Erst wenn diese Maßnahmen ins Leere laufen, sollte das Strafrecht eingreifen. Durch ein solch mehrstufiges System wird eine effiziente Rechtsdurchsetzung gewährleistet[656]. Verdeutlichen kann man sich dies an § 266 StGB und der

---

651 *Schmidtchen*, Wozu Strafrecht?, in: *Ott* (Hg.): Die Präventivwirkung zivil- und strafrechtlicher Sanktionen, 49 (58).

652 Ausführlich hierzu: *Wittig*, Der rationale Verbrecher.

653 *Schmidtchen* versucht über diesen Ansatz auch die Begehung von Kapitaldelikten zu erklären (*Schmidtchen*, Wozu Strafrecht?, in: *Ott* (Hg.): Die Präventivwirkung zivil- und strafrechtlicher Sanktionen, 49 (58). Dies ist jedoch nicht möglich. *Schmidtchen* verkennt, dass das Effizienzprinzip bei Kapitaldelikten an seine Grenzen stößt und es keine rationale Erklärung für die Tötung eines Menschen geben kann. Rationalität kann niemals losgelöst betrachtet werden, sondern muss immer im Lichte der gesellschaftlich-moralisch-ethischen Grundsätze gesehen werden. Hiernach kann eine Tötung eines Menschen nie akzeptiert werden und ist immer irrational.

654 Vgl. zu der Problematik: *Boers* [u.a.]; Ritsumeikan Law Review 2004, 109 (122).

655 Einen Überblick der Alternativen bietet: *Lüderssen*, Ökonomische Analyse des Strafrechts und Alternativen zum Strafrecht, in: *Ott* (Hg.): Die Präventivwirkung zivil- und strafrechtlicher Sanktionen, 25 (25 ff.).

656 *Schmidtchen*, Wozu Strafrecht?, in: *Ott* (Hg.): Die Präventivwirkung zivil- und strafrechtlicher Sanktionen, 49 (25 ff., 49 ff.)) wäre die folgende Kombination aus strafrechtlichen und zivilrechtlichen Vorgehen möglich (leicht abgewandelt): Ausgangspunkt ist das Transaktionskostenmodell und die Erkenntnis,

aktuellen Strafverfolgungspraxis. Es werden zum Teil Untreueermittlungen eingeleitet, weil sich ein Anfangsverdacht leichter begründen lässt. Diese Ermittlungen nützen aber gerade bei größeren Unternehmen zunächst niemanden. Durch die Ermittlungen kommt es häufig zu einem Imageschaden und dadurch ggf. auch zu Aktienkursverlusten. Die Ermittlungen sind langwierig und binden Kapazitäten. Das Unternehmen wird in dieser Zeit mehr Energie aufwenden, das Strafverfahren zum Abschluss zu bringen, als sich auf seine Geschäfte zu konzentrieren. Effizienter wäre hier ein Vorgehen über eine zivilrechtliche Haftung bzw. über eine entsprechende Vertragsgestaltung. Bei diesem Vorgehen würden Imageschäden vermieden und das Unternehmen könnte entscheiden, ob es Schäden geltend macht oder nicht. Über das Institut des Strafschadensersatzes könnte auch eine Regulierung des Verhaltens der Entscheidungsträger erreicht werden. Größter Vorteil wäre aber, dass es das Unternehmen in der Hand hätte, zu entscheiden, wie es reagieren möchte und keine Maßnahmen aufgezwungen bekäme. Sollte ein Strafverfahren gewünscht sein, so könnte dies noch immer eingeleitet werden. Vorteilhaft wäre weiterhin, dass der Staat Kapazitäten und Aufwand für die Strafverfolgung einsparen würde. Derzeit ist Deutschland jedoch ein Trend in die umgekehrte Richtung zu erkennen. Es werden erst Strafverfahren abgewartet, um dann etwaige Schäden geltend machen zu können.

---

dass der Geschädigte grundsätzlich entscheiden soll, ob er ein Vorgehen gegen den Schädiger will. Es kann mitunter wirtschaftlich sinnvoll sein, einen Schaden nicht weiter zu verfolgen. Berücksichtigt werden müsse aber auch, dass die Abschreckung durch eine Strafandrohung weiter Bestand haben muss. Die Privatautonomie des Geschädigten muss dennoch zu Gunsten des Gesamtsystems eingeschränkt werden. Eine reine Lösung über das zivilrechtliche Haftungssystem ist nicht möglich, da dies ineffizient wäre. Der potentielle Geschädigte würde zu viel Vorsorgeaufwand betreiben, um sich abzusichern. Der Schädiger hingegen keinen, da er natürlich seine Schäden nicht regulieren möchte. Bereits hieran zeigt sich, dass Strafrecht notwendig bleibt, um einen Ausgleich - in diesem Fall über die Androhung einer Freiheitsstrafe - herzustellen. Als erste Stufe soll die Möglichkeit des Schadensersatzes bestehen, der Schädiger soll so verpflichtet werden, den Schaden wieder auszugleichen. Über die zweite Stufe soll Strafschadensersatz statuiert werden. Hierüber soll eine Abschreckung des Täters erreicht werden. Nimmt man nämlich den Fall, dass A dem B einen Gegenstand im Wert von € 500,00 entwendet, so ist der Schaden bei B € 500,00. Durch den Verkauf des Gegenstandes könnte A diesen Betrag erhalten und wäre somit im Ergebnis schadlos. Es würde ihn nichts daran hindern, die Tat zu begehen. Eine Abschreckung wäre dann über einen Strafschadensersatzanspruch möglich. Dieser würde zusätzlich zum Schadensersatz entstehen, sodass die Tat unwirtschaftlich würde. Erst wenn Schadensersatz und Strafschadensersatz nicht möglich wäre, käme die Kriminalstrafe zum Zug. Nach diesseitiger Auffassung funktioniert diese Variante nur bei Vermögensdelikten. Bei Schäden an Leib oder Leben ist es nicht anwendbar.

c) *Übertragbarkeit und Erkenntnisse*

Das Strafrecht ist subsidiär und muss „*Ultima Ratio*" bleiben. Es darf erst dann zur Anwendung gelangen, wenn über das Zivil- oder Verwaltungsrecht ein Interessenausgleich nicht mehr gewährleistet werden kann[657]. Aber das Strafrecht ist auch notwendig, um Schutz zu gewährleisten und Grenzen zu setzen. Nur so kann das Funktionieren des Marktes sichergestellt werden, da vermieden wird, dass Rechte außerhalb des Marktes unter Ausschluss der Rechteinhaber erworben werden[658]. Ein vollständig freier Markt ist nicht denkbar[659]. Jedoch kann auch eine Kriminalisierung weiterer Handlungen nicht zielführend sein[660], zumal das Strafrecht blind für Marktprozesse ist[661]. Das Strafrecht kann immer nur von außen in ein in sich geschlossenes System eingreifen. Die bisherige wirtschaftsstrafrechtliche Rechtsprechung zeigt deutlich, dass das Strafrecht Marktprozesse nicht immer richtig erfassen kann und die Natur des Risikos noch verkannt wird[662]. Es ist immer zu klären, ob eine gewünschte Regulierung nicht auch außerstrafrechtlich erreicht werden kann. Es muss in Betracht gezogen werden, dass durch außerstrafrechtliche Regulierungen eine effizientere Umsetzung erreichbar ist. Insbesondere im Wirtschafts- und Vermögensstrafrecht ist zukünftig beispielsweise mit den Schadensbegriffen umsichtiger umzugehen. Es muss die Frage erlaubt sein, ob eine Korruptionshandlung

---

657 *Lüderssen*, Ökonomische Analyse des Strafrechts und Alternativen zum Strafrecht, in: *Ott* (Hg.): Die Präventivwirkung zivil- und strafrechtlicher Sanktionen, 25 (37).

658 *Schmidtchen*, Wozu Strafrecht?, in: *Ott* (Hg.): Die Präventivwirkung zivil- und strafrechtlicher Sanktionen, 49 (58 f.).

659 *Friedman*, Law's order, S. 242.

660 Vgl. zu den ökonomischen Problemen verfehlter Kriminalisierung: *Nestler*, Ökonomische Folgen verfehlter Kriminalisierung, in: *Kempf* [u.a.] (Hg.): Die Handlungsfreiheit des Unternehmers, 80 (80–92).

661 *Hank* (Die Grenzen von Strafrecht und Moral, in: *Kempf* [u.a.] (Hg.): Die Finanzkrise, das Wirtschaftsstrafrecht und die Moral, 363 (363 ff.)) bringt es insoweit auf den Punkt, indem er darlegt, das Strafrecht habe das Wesen des Marktes nicht begriffen, versteht nicht, wie der Markt funktioniert. Die strafrechtlichen Regelungen können das Funktionieren des Marktes aber nicht erfassen und schon gar nicht erklären. Zu weit sind auch die Grundauffassungen voneinander entfernt. Dies zeigt sich besonders auch am Umgang mit dem Risiko in der Wirtschaft und der Strafrechtswissenschaft. Das Strafrecht hat noch nicht vollends verstanden, dass das Risiko nichts „*Böses*" ist, sondern nur dadurch unser Markt funktionieren kann. Ferner wird dies auch deutlich am strafrechtlichen Schadensbegriff. Hier sieht man eindeutig, dass die „*subjektive Theorie*" des Preises nicht verstanden wurde. Aber nur über die „*subjektive Wertempfindung*" kann der Markt funktionieren. Nicht jedes Gut hat für jeden Akteur den gleichen Wert. Über den Preis für ein Gut einigen sich die Marktteilnehmer, der Markt bestimmt den Preis. Warum der Markt auch Phasen hat, in denen er nicht zu funktionieren scheint, muss durch die Wirtschaftswissenschaft erforscht werden. Dies kann jedenfalls nicht die Aufgabe des Strafrechts sein.

662 *Hank*, Die Grenzen von Strafrecht und Moral, in: *Kempf* [u.a.] (Hg.): Die Finanzkrise, das Wirtschaftsstrafrecht und die Moral, 363 (365).

oder eine vermeintliche Untreue tatsächlich einen Schaden verursacht hat. Es muss möglich sein, durch eine gesamtwirtschaftliche Schau darzulegen, dass einerseits zwar ein Schaden eingetreten ist, auf der anderen Seite das Unternehmen durch diese Handlung aber auch Vorteile erlangt hat[663].

Aus der ökonomischen Analyse des Rechts folgt aber nicht, dass es einen Schutz über das Strafrecht nicht bedürfe, da ein Interessenausgleich über ein zivilrechtliches Haftungssystem möglich sei. Das Effizienzprinzip[664] stößt im Rahmen des Strafrechts an seine Grenzen und ist als Schutz- und Begrenzungsfunktion unumgänglich. Über das Strafrecht wird das Funktionieren des Marktes gesichert. Nur über zivilrechtliche Haftung kann dies nicht erreicht werden. Dies zeigt sich an den Fällen, in denen ein Vermögensschaden nicht eintritt oder der Schädiger nicht in der Lage ist, den Schaden zu ersetzen. Durch das Strafrecht wird eine Abschreckung erreicht und so vermieden, dass der Schadensfall eintritt.

Verkennen darf man aber auch nicht, dass die vorstehenden Funktionen nur erreicht werden können, wenn das System effizient gestaltet ist. Auch kann nicht einfach argumentiert werden, aufgrund der nicht vorhandenen Rationalität sei die ökonomische Analyse nicht auf das Strafrecht übertragbar. Zwar kann das Prinzip der Kosten-Nutzen-Abwägung nicht in jeden Bereich des Strafrechts übertragen werden, dennoch lässt es sich auch im Strafrecht finden. Gerade in Vermögens- und Wirtschaftsdelikten wird der Akteur die angedrohte Strafe als eine Art Preis sehen. Die Höhe der möglichen Strafe, das Aufklärungsrisiko und den möglichen Nutzen wird der Akteur bei seiner Entscheidung abwägen[665]. Das ökonomische Prinzip nimmt diesen Prozess auf und stellt die Frage, wie eine Entscheidung hin zu rechtstreuem Verhalten gesteuert werden kann, wobei bei der Auswahl der Mittel das Effizienzprinzip berücksichtigt werden muss. Das Ziel soll nicht um jeden Preis verwirklicht werden, da hierdurch das Gesamtsystem geschädigt werden würde[666]. Und hier zeigt sich auch der Nutzen der ökonomischen Analyse des Rechts für das Strafrecht. Es ist zu untersuchen, welche Auswirkungen[667] die Strafgesetze haben und ob diese das gewünschte Ziel auch erreichen und sich der Kosten-Nutzen-Aufwand lohnt. Zu prüfen sind auch die Auswirkungen auf das Gesamtsystem. Eine Blockade des Marktes muss tunlichst verhindert werden. Die Effizienz findet dort ihre Grenzen, wo die Gesellschaft unumstößliche ethisch-moralische Regeln aufgestellt hat. Die Aufklärung eines Tötungsdeliktes darf niemals dem Effizienzprinzip geopfert werden.

---

663 *Lüderssen*, Ökonomische Analyse des Strafrechts und Alternativen zum Strafrecht, in: *Ott* (Hg.): Die Präventivwirkung zivil- und strafrechtlicher Sanktionen, 25 (25 ff.).

664 *Eidenmüller*, Effizienz als Rechtsprinzip, S. 55 ff.

665 *Mansdörfer*, Zur Theorie des Wirtschaftsstrafrechts, S. 35 ff.

666 *Kelker*, Zur Legitimität von Gesinnungsmerkmalen im Strafrecht, S. 209–212.

667 Vgl. hierzu: *Curti*, Zur Abschreckungswirkung strafrechtlicher Sanktionen in der Bundesrepublik Deutschland: Eine empirische Untersuchung, in: *Ott* (Hg.): Die Präventivwirkung zivil- und strafrechtlicher Sanktionen, 71 (71 ff.).

Wesentlicher Untersuchungsgegenstand muss sein, welche Auswirkungen die Umsetzung einer Norm nach sich zieht und ob nicht das gesetzte Ziel auf andere Weise erreicht werden kann. Es sind auch die Auswirkungen der Normanwendung zu betrachten.

2. § 266 StGB aus Sicht der ökonomischen Analyse des Rechts

Bleibt die Frage, ob die Untreuestrafnorm einer ökonomischen Analyse standhält oder diese Norm nach dieser Theorie ersatzlos zu streichen ist. Diese Frage ist wieder über zwei Stufen zu beantworten. Zum einen stellt sich die Frage, ob die bestehende Problemstellung überhaupt eine Kriminalisierung verlangt. Zum anderen ist zu prüfen, ob die aktuelle Normanwendung Effizienz gewährleistet und welche Folgen aus der Anwendungspraxis resultieren.

Zur Beantwortung der Frage ist zunächst eine Aufteilung der Untreuetaten in Fallgruppen vorzunehmen. Als „*Grundfall*" werden im Folgenden alle Taten verstanden, welche das ursprüngliche Prinzip der Untreue betreffen. Ein Treuhänder greift unberechtigt auf das Vermögen des Treugebers zu. Der zweite Fall betrifft sodann die Untreue bei Unternehmensentscheidungen.

Für beide Fallgruppen gilt: Es bedarf der Untreuestrafnorm. Die Untreue nähert sich dem Prinzipal-Agenten-Problem auf strafrechtliche Weise. Es wird klargestellt, dass eine Vertrauensposition nicht ausgenutzt werden darf, da ansonsten eine Kriminalstrafe droht. Die Übertragung von Verfügungsrechten ist aus unserem wirtschaftlichen System nicht mehr wegzudenken. Deshalb muss Sorge dafür getragen werden, dass diese Konstellation nicht ausgenutzt wird. Zu berücksichtigen ist, dass in diesem Fall Schadensersatzansprüche meist ins Leere laufen. Die Schädiger werden häufig nicht über die finanziellen Mittel verfügen. Dies bedeutet aber nicht, dass hier ein Automatismus hinsichtlich der Strafverfolgung empfohlen wird. Grundsätzlich muss man dem Geschädigten die Möglichkeit einzuräumen, seine Ansprüche über das zivilrechtliche Haftungssystem durchzusetzen.

Bleibt jedoch die Frage, ob die Norm in ihrer derzeitigen Formulierung auch hinsichtlich der wirtschaftlichen Fallgruppe effizient ist. Wie bereits aufgezeigt, bestehen erhebliche Bedenken gegenüber § 266 StGB. Dieser Kritik kann hier nicht vollends gefolgt werden. Nach diesseitiger Auffassung ist die Norm hinsichtlich ihrer Formulierung nicht anzugreifen. Vielmehr ist es begrüßenswert, dass die Norm offen gestaltet ist. Man darf nicht verkennen, dass ein Hauptanwendungsgebiet der Untreue der wirtschaftliche Sektor ist. Dieser befindet sich stetig im Wandel, sodass man flexible Normen benötigt, welche sich an die jeweiligen Gegebenheiten anpassen können. Es kann nicht verlangt werden, dass jede Fallgestaltung durch eine neue Norm erfasst wird. Gerade die Flexibilität der Untreue ist im Rahmen einer ökonomischen Analyse als positiv zu berücksichtigen. Man muss zugestehen, dass aufgrund der Vielgestaltigkeit des Lebens und der Wirtschaft auf die Untreuestrafnorm nicht verzichtet werden kann.

Eine ökonomische Analyse führt nicht zu dem Ergebnis, dass die Untreue ersatzlos gestrichen werden müsste. Vielmehr brauchen wir diese Norm, da unser

Wirtschaftssystem auf dem Prinzipal-Agenten-Verhältnis aufbaut und so vorgebeugt wird, dass unberechtigte Zugriffe auf fremdes Vermögen erfolgen.

Die Anwendungspraxis hält einer ökonomischen Analyse nicht stand. Aufgrund der Praxis ist die Norm ineffizient und führt zu einer Blockade des Marktes. Die Probleme im Rahmen der Untreuestrafbarkeit resultieren aus der Anwendungspraxis. Die Unbestimmtheit wird dadurch mitverursacht, dass die Rechtsprechung es versäumt hat, die Norm zu konturieren und diese von den Strafverfolgungsbehörden als „*Türöffner missbraucht*" wird[668].

Die Anwendungspraxis führt zu einer Rechtsunsicherheit, welche wiederum zu einer Blockade des Marktes führt. Die Entscheidungsträger können nicht voraussehen, ob ein Verhalten schon als strafbar gewertet wird oder noch als straffrei anzusehen ist. Diese Blockade im Entscheidungsverhalten lässt die Entscheidungsträger zurückhaltender werden und damit werden auch langfristig Chancen vergeben, die die Entwicklung behindern. Die Norm wirkt nachteilig auf den Markt, da die Entscheidungsträger negativ beeinflusst werden.

Auch ist die Tendenz erkennbar, dass nicht der „*Ultima Ratio*" Grundsatz gilt, sondern die strafrechtliche Untreue etwaigen Haftungsprozessen vorgeschaltet wird. Man kann statuieren, dass die Strafverfolgungsbehörden sich zum „*Büttel des Zivilrechts*" machen. Man lässt den Staat ermitteln, um später privatrechtliche Haftungsansprüche durchzusetzen. Auch dies lässt sich mit der ökonomischen Analyse des Rechts nicht in Einklang bringen. Das System trägt immense Kosten, welche ausschließlich zugunsten einzelner Akteure gehen.

Auch die Strafverfolgung ist nicht effizient. Die Strafverfolgungsbehörden sind mit zum Teil hochkomplexen, wirtschaftlichen Sachverhalten überfordert. Die Gerichte und Staatsanwaltschaften verfügen zum Großteil nicht über die notwendigen wirtschaftlichen Kenntnisse. Aber genau diese sind unabdingbar, um die Verfahren bearbeiten zu können. Auch an den wenigen Verurteilungen und häufigen Einstellungen zeigt sich, dass in der Anwendungspraxis erhebliche Probleme bestehen. Es ist ein offenes Geheimnis, dass die Kapazitäten fehlen, um Großverfahren „*durch zu ermitteln*". Nicht selten fußt auch die Verteidigungsstrategie auf diesem Umstand. Eine effiziente Umsetzung der Untreuestrafnorm in wirtschaftlichen Verfahren würde voraussetzen, dass die Strafverfolgungsbehörden besser ausgestattet werden würden.

Abschließend ist noch festzuhalten, dass mit der Untreue seitens der Ermittlungsbehörden zu sorglos umgegangen wird. Hieraus resultieren häufig Imageschäden für die Unternehmen. Auch haben die Unternehmen keine Möglichkeit, die Probleme intern zu lösen, obwohl die Möglichkeiten hierzu heute schon bestehen.

Zukünftig müssen folgende Punkte erfüllt werden, damit die Untreuestrafnorm in ihrer Anwendung einer ökonomischen Analyse standhält:

---

668 *Hank*, Die Grenzen von Strafrecht und Moral, in: *Kempf* [u.a.] (Hg.): Die Finanzkrise, das Wirtschaftsstrafrecht und die Moral, 363 (365); *Seier*, in: *Achenbach* [u.a.] (Hg.): Handbuch Wirtschaftsstrafrecht, 588 (Rn. 19 ff.).

- Die Rechtsprechung muss den Straftatbestand der Untreue konturieren. Strukturprobleme müssen durch die Rechtsprechung gelöst werden.
- Strafverfolgungsbehörden und Gerichte müssen mit Fachpersonal ausgestattet werden. Die Kenntnis wirtschaftlicher Vorgänge ist zwingend nötig zur Bearbeitung von Untreue-Sachverhalten mit wirtschaftlichen Bezugspunkten.
- Die Anwendungspraxis muss dringend geändert werden. Die Untreuevorschrift darf nicht weiter dazu „*missbraucht*" werden, einen Anfangsverdacht zu konstruieren, um weitere etwaige Delikte ermitteln zu können.
- Der „*Ultima Ratio*"-Grundsatz muss sich wieder in das Gedächtnis gerufen werden. Es kann nicht sein, dass das Strafrecht zum „*Büttel*" des Zivilrechts wird.

Letztlich muss sich das Verständnis durchsetzen, dass nicht jede Handlung kriminalisiert werden muss, sondern es müssen entsprechende Alternativen zum Strafrecht zur Verfügung gestellt werden. Die strafrechtliche Ahndung darf erst als letztes Mittel in Betracht gezogen werden. Es ist zunächst den Parteien zu überlassen, ihre Vertragsverhältnisse so zu gestalten, dass ein Missbrauch verhindert wird. Es ist die primäre Aufgabe des Vermögensinhabers, einen Missbrauch zu verhindern. Ihnen obliegt die Kontrolle[669]. Der Vermögensinhaber hat letztlich auch zu entscheiden, wie er bei einem Missbrauchsverdacht vorgehen möchte.

3. Fazit

Die wohl wichtigste Erkenntnis der ökonomischen Analyse des Strafrechts ist, dass eine Handlungssteuerung nicht zwangsläufig über das Strafrecht erzielt werden muss[670]. Dort, wo außerstrafrechtliche Haftungsregeln bestehen und diese auch ernst genommen werden, benötigt man keine strafrechtliche Regelung[671]. Außerstrafrechtliche Handlungsregulierungen sind zumeist effizienter und grundsätzlich vorzuziehen. Die Steuerungsfunktion sollte über die zivilrechtlichen Haftungsregelungen erfolgen. Dies setzt jedoch voraus, dass angemessene Haftungsregelungen geschaffen werden und diese auch in der Praxis genutzt werden. Die Märkte brauchen eine freiheitliche Ordnung und müssen sich frei entwickeln können. Eingriffe von außen über das Strafrecht können nicht zielführend sein und blockieren die Entwicklung der Märkte. Die Märkte verfügen über genügend Selbstregulierungskräfte und Eingriffe von außen in das System sind nicht nötig. Vielmehr führen zu große Eingriffe dazu, dass die Selbstregulierungskräfte verloren gehen und der Markt sich auf die externe

669 Kritisch hierzu *Schünemann*, LK StGB, § 266, Rn. 86, der argumentiert, die Vermögensbetreuungspflicht resultiert gerade aus der Abwesenheit der „*Kontrolle des Vermögensinhabers*". Dieser Argumentation ist aber bei wirtschaftlichen Entscheidungsprozessen bei juristischen Personen nicht zu folgen.

670 *Lüderssen*, Soziale Marktwirtschaft, Finanzmarktkrise und Wirtschaftsstrafrecht, in: *Kempf* [u.a.] (Hg.): Die Handlungsfreiheit des Unternehmers, 21 (23 f.).

671 *Hank*, Die Grenzen von Strafrecht und Moral, in: *Kempf* [u.a.] (Hg.): Die Finanzkrise, das Wirtschaftsstrafrecht und die Moral, 363 (371).

Regulierung verlässt[672]. Das Motto *„Der Staat wird es schon richten"*, hat gravierende Folgen: Die Selbstregulierung geht verloren, es werden übermäßige Risiken eingegangen, denn man kann sich darauf verlassen, dass der Staat es am Ende regulieren wird. In einem funktionierenden Markt haben *„schwarze Schafe"* keine Chance; der Markt wird dafür Sorge tragen, dass diese aus dem Markt verdrängt werden.

Ein Grund für die aktuelle Finanz- und Weltwirtschaftskrise ist auch darin zu sehen, dass die individuelle Verantwortung verloren gegangen ist[673]. Der Markt hat sich zu sehr darauf verlassen, dass der Staat im Notfall helfend eingreifen wird. Nur wenn das Verantwortungsbewusstsein wieder geweckt wird, können zukünftige Krisen vermieden werden[674]. Verantwortung kann über Haftung erreicht werden. Es müssten effiziente zivilrechtliche Haftungsregelungen geschaffen werden[675]. Die Aufgabe für die Zukunft wird es sein, ein Haftungssystem zu entwickeln, welches das Verantwortungsbewusstsein schärft, aber gleichsam nicht erdrückend wirkt.

Noch eine wesentliche Erkenntnis wird durch die ökonomische Analyse des Strafrechts deutlich: Die Marktteilnehmer instrumentalisieren das Strafrecht zu ihren Gunsten. Dies nutzt aber nicht dem Gesamtsystem, sondern nur einigen wenigen. Deutlich erkennbar ist die Tendenz, dass nicht der Weg der zivilrechtlichen Haftung gewählt wird, sondern der Weg der Strafverfolgung. Dies ist damit zu erklären, dass dieses Vorgehen bei den Geschädigten keine Kosten verursacht. Aber es hat noch einen Vorteil – man kann eigene Fehler verschleiern. Es obliegt den Shareholdern, ihre Stakeholder zu kontrollieren. Dies ist nicht die primäre Aufgabe des Staates. Dieser hat nur die Rahmenbedingungen zu setzen. Die Kontrolle muss durch die Shareholder durchgeführt werden. Die Möglichkeiten stehen auch zur Verfügung, werden aber nicht genutzt. Man verlässt sich lieber auf den Staat. Hier stellt sich die interessante Frage: Muss es Auswirkungen haben, wenn die Shareholder ihren Kontrollpflichten nicht nachkommen?[676]

---

672 So auch: *Hank*, Die Grenzen von Strafrecht und Moral, in: *Kempf* [u.a.] (Hg.): Die Finanzkrise, das Wirtschaftsstrafrecht und die Moral, 363 (363 ff.); *Lüderssen*, Finanzmarktkrise, Risikomanagement und Strafrecht, in: *Kempf* [u.a.] (Hg.): Die Finanzkrise, das Wirtschaftsstrafrecht und die Moral, 211 (211 ff.).

673 *Lüderssen*, Finanzmarktkrise, Risikomanagement und Strafrecht, in: *Kempf* [u.a.] (Hg.): Die Finanzkrise, das Wirtschaftsstrafrecht und die Moral, 211 (216 ff.).

674 So wohl auch: *Salditt*, Das Unternehmensinteresse zwischen Recht, Ökonomie und Ethik, in: *Kempf* [u.a.] (Hg.): Die Handlungsfreiheit des Unternehmers, 106 (106 ff.).

675 So auch: *Säcker*, Sorglosigkeit von Verwaltungsorganen und Untreuetatbestand, in: *Kempf* [u.a.] (Hg.): Die Finanzkrise, das Wirtschaftsstrafrecht und die Moral, 119 (119 ff.).

676 Aus dem Effizienz-Prinzip folgt, dass bei einer unzureichenden Kontrolle durch die Shareholder Schadensersatzansprüche zumindest reduziert oder ausgeschlossen werden müssen. Die Verletzung von Kontrollobliegenheiten wird im Strafrecht heute schon berücksichtigt. Im Rahmen der Strafzumessung kann eine fehlende Überwachung strafmildernd berücksichtigt werden. Das Recht muss effizient gestaltet werden. Dies funktioniert aber nur, wenn alle Beteiligten ihre Obliegenheiten

§ 266 StGB bleibt bei Sachverhalten mit wirtschaftlichem Bezug so lange ineffizient, solange sich die Strafrechtswissenschaft nicht näher mit der Ökonomie beschäftigt. Solange die Strafrechtswissenschaft die Ökonomie nicht verstanden hat und erforscht ist, welche Auswirkungen Sanktionierungen in diesem Bereich haben, bleibt das Strafrecht ineffizient[677].

---

erfüllen. Eine Beschränkung der Haftungsansprüche bei eigenen Versäumnissen führt dazu, dass Shareholder ihren Kontrollobliegenheiten verstärkt nachkommen und dadurch wiederum das Verhalten der Stakeholder beeinflusst würde. Es ist ineffizient, wenn Versäumnisse der Shareholder zu umfangreichen Wirtschaftsstrafverfahren führen und dadurch das Gesamtsystem belastet wird.

677 *Lüderssen*, Finanzmarktkrise, Risikomanagement und Strafrecht, in: *Kempf* [u.a.] (Hg.): Die Finanzkrise, das Wirtschaftsstrafrecht und die Moral, 211 (211 ff.).

G. Behavioral Economics

> *"[...] behavioral economics is not a distinct subfield of economics. It is a style of modeling, or a school of thought, which is meant to apply to a wide range of economic questions in consumer theory, finance, labor economics and so on."*[678]

Das ökonomische Modell geht von der Grundannahme des *„homo oeconomicus"* aus. Die Entscheidungslehre beruht auf den Erkenntnissen der *„expected utility theory"*. Die Aktualität dieser Theorie zeigt sich nicht zuletzt an der Verleihung des Nobelpreises für Wirtschaft im Jahr 2011 an *Sargent* und *Sims*. Diese gehen bei ihren Forschungen von der Rationalität der Entscheider aus, erweitern diese aber um subjektive Elemente.

Die *„expected utility theory"* wurde entwickelt, ohne auf die Erkenntnisse der Sozialwissenschaften Rücksicht zu nehmen. Insbesondere die Erkenntnisse der Psychologie und der Wirtschaftspsychologie wurden lange Zeit unberücksichtigt gelassen. Die Identität der Menschen wurde konsequent missachtet[679]. Die Betriebswirtschaftslehre hat sich lange Zeit als Naturwissenschaft gesehen, da passte es nicht, sich mit sozialwissenschaftlicher Forschung auseinanderzusetzen[680].

Das ökonomische Modell sieht sich seit jeher der Kritik ausgesetzt. Es wird eingewendet, dass dieses Modell außer Betracht lasse, das Menschen in bestimmten Situationen gegen das Rationalitätsprinzip verstoßen. Weiter wird eingewendet, dass die Erkenntnisse der Sozialwissenschaften zum Entscheidungsverhalten bewusst außer Acht gelassen werden[681]. Eingewandt wird seit jeher ebenfalls, dass die Menschen nicht über die kognitiven Fähigkeiten verfügen werden, welche durch die *„expected utility theory"* aber vorausgesetzt werden[682].

Entgegen der Auffassung der traditionellen Ökonomie agiert der Mensch zuweilen ganz anders, als durch die *„expected utility theory"* proklamiert. Der Mensch handelt scheinbar systematisch fehlerhaft. Entgegen der traditionellen Auffassung spielen Emotionen im Entscheidungsverhalten eine nicht zu unterschätzende Rolle und kognitive Beschränkungen machen es unmöglich, entsprechend der *„expected utility theory"* zu handeln. Aber der Mensch handelt dennoch nicht irrational oder gar chaotisch. Zwar entsprechen die Handlungen nicht der Vorgabe des *„homo oeconomicus"*,

---

678 *Camerer*, Behavioral Economics, S. 2.

679 *Akerlof/Kranton*, Identity Economics, S. 3 ff., 11 ff., 33 ff.

680 *Ockenfels*, Daten statt Dogmen, in: *Häring* [u.a.] (Hg.): Ökonomie 2.0, 1 (1 ff.).

681 *Kahneman/Tversky*, Econometrica 1979, 263 (263 ff.).

682 *Selten*, Zeitschrift für Wirtschafts- und Sozialwissenschaften (Beiheft 9) 2000, 129 (129 ff.).

sind jedoch trotzdem systematisch und prognostizierbar. Diese Erkenntnisse bilden die Grundlage der Verhaltensökonomik („*Behavioral Economics*")[683].

> *„Behavioral Economics increases the explanatory power of economics by providing it with more realistic psychological foundations"*[684]

> *"Behavioral Economics is the combination of psychology and economics that investigates what happens in markets in which some of the agents display human limitations and complications."*[685]

Sofern in der Fachliteratur von der Verhaltensökonomik als *„neuer"* Forschungsrichtung gesprochen wird, so täuscht dies darüber hinweg, dass bereits in den 1930er Jahre Forschungen auf diesem Gebiet begonnen haben. *Neumann* und *Morgenstern* schrieben in ihrem Werk *„Theory of Games and Economic Behavior"* bereits im Jahre 1943:

> *„We believe that it is necessary to know as much as possible about the behavior of the individual and the simplest form of exchange."*[686]

Neumann und *Morgenstern* wiesen also bereits 1943 darauf hin, dass die Ökonomie sich mit den grundlegenden Problemen beschäftigen müsse. Dazu müsse zunächst das (wirtschaftliche) Verhalten der Menschen verstanden werden. Erst danach könnten die *„großen Zusammenhänge"* untersucht werden. Auch haben *Neumann* und *Morgenstern* darauf hingewiesen, dass die Menschen nicht über die kognitiven Fähigkeiten verfügen, welche die *„rational choice theory"* voraussetzt[687].

Die Verhaltensökonomik beschäftigt sich mit dem tatsächlichen Verhalten der Menschen in wirtschaftlichen Situationen. Es werden Konstellationen gesucht und untersucht, in denen Menschen im Widerspruch zur Modell-Annahme der Rationalität agieren. Die Verhaltensökonomik ist interdisziplinär und nicht rein wirtschaftswissenschaftlich. Hier fließen Erkenntnisse der Psychologie, Sozialwissenschaften, Neurowissenschaften und Ökonomie zusammen[688]. Bei der Verhaltensökonomik handelt es sich um eine relativ junge Wissenschaft. Die Schlussfolgerungen aus den bisherigen Ergebnissen sind nicht einheitlich. Daher muss noch vorsichtig mit Ableitungen aus den Erkenntnissen umgegangen werden. Feststeht jedoch bereits jetzt, es gibt den *„homo oeconomicus"* nicht[689]. Die Verhaltensökonomik hat eindrucksvoll gezeigt, dass wirtschaftliche Entscheidungen eben nicht so ablaufen, wie

683 Ein zusammenfassender Überblick über den Forschungsstand findet sich bei *Kahneman*, Schnelles Denken, Langsames Denken, 13 ff.
684 *Camerer/Loewenstein*, Behavioral Economics: Past, Present, Future, in: *Camerer* [u.a.] (Hg.), Advances in behavioral economics, 3 (3).
685 *Thaler/Mullainathan*, Behavioral Economics, S. 1, 2 ff.
686 *Neumann/Morgenstern*, Theory of Games and Economic Behavior, S. 7.
687 *Ebenda*, S. 7 f.
688 *Camerer*, Behavioral Economics.
689 *Englerth*, Der beschränkt rationale Verbrecher, S. 127 ff.

es die Lehrmeinungen gerne hätte. Die Wirtschaftswissenschaften haben zulange eine wesentliche Variable außer Betracht gelassen, den Menschen.

I. Grundlagen

Thaler/Mullainathan fassen die Grundlagen[690] der Verhaltensökonomik wie folgt zusammen[691]:

> *„Economics traditionally conceptualizes a world populated by calculating, unemotional maximizers that have been dubbed Homo economicus. The standard economic framework ignores or rules out virtually all the behavior studied by cognitive and social psychologists. This "unbehavioral" economic agent was once defended on numerous grounds: some claimed that the model was "right"; most others simply argued that the standard model was easier to formalize and practically more relevant. Behavioral economics blossomed from the realization that neither point of view was correct.*
>
> *The standard economic model of human behavior includes three unrealistic traits—unbounded rationality, unbounded willpower, and unbounded selfishness—all of which behavioral economics modifies."*

1. Standort

Die Anhänger der Verhaltensökonomik stellen sich nicht direkt gegen die traditionelle Ökonomie. Deren Erkenntnisse werden nicht grundsätzlich ablehnt. Die Verhaltensökonomen bestreiten nicht die Verdienste der traditionellen Ökonomie.

> *„The neoclassical approach is useful because it provides economists with a theoretical framework that can be applied to almost any form of economic (and even noneconomic) behavior, and it makes refutable predictions"*[692]

Auch die Erkenntnisse und Annahmen der *„rational choice theory"* werden nicht gänzlich infrage gestellt und verworfen.

---

690 *Ariely*, Wer denken will, muss fühlen, S. 18 f. definiert die Ziele der Verhaltensökonomik wie folgt: *„Und genau das ist das eigentliche Ziel der Verhaltensökonomen: Ihnen geht es darum, zu verstehen, wie wir wirklich funktionieren, damit wir unsere Voreingenommenheit, unsere Vorurteile und Neigungen besser wahrnehmen können, uns ihres Einflusses mehr bewusst werden und hoffentlich auch bessere Entscheidungen treffen. [...] Im Großen und Ganzen geht es in der Verhaltensökonomik darum – die verborgenen Kräfte ausfindig zu machen, die unsere Entscheidungen in den verschiedensten Bereichen beeinflussen, und Lösungen für allgemeine Probleme zu finden, die unser Privatleben, unsere Wirtschaft und unsere Gesellschaft beeinträchtigen".*

691 *Thaler/Mullainathan*, How Behavioral Economics Differs from Traditional Economics.

692 *Camerer/Loewenstein*, Behavioral Economics: Past, Present, Future, in: *Camerer* [u.a.] (Hg.), Advances in behavioral economics, 3 (3).

„Most of the papers modify one or two assumptions in standard theory in the direction of greater psychological realism."[693]

Es geht den Anhängern der Verhaltensökonomie vielmehr darum, dass die bestehenden Modelle modifiziert werden müssen, um aussagekräftig zu werden. Vielfach werden die klassischen Theorien auch nicht zur Überprüfung gestellt, da sie keine zentrale Rolle in der Ökonomie einnehmen[694]. Zu berücksichtigen ist auch, dass die Verhaltensökonomen die *„rational choice theory"* als Referenzpunkt nehmen und ihre wissenschaftliche Forschung hiervon ausgeht[695]. So wird versucht, *„Anomalien"* im Entscheidungsverhalten zu finden und aufzuzeigen, dass die *„expected utility theory"* modifiziert werden muss. *Camerer* hat hierzu während des *"World Congress of the Econometric Society 2005"* ausgeführt:

"Much of behavioral economics emerged as the study of deviations from rational-choice principles. (The fact that clear deviations are permitted is one way the rational-choice approach is powerful.) Deviations and anomalies are not merely counterexamples, which any simplified theory permits; they are clues about new or more general theories. I prefer alternative theories which include rational-choice as a limiting special case. These generalizations provide a clear way to measure the parametric advantage of extending the theory. They also make it easy to search empirically for conditions under which rational-choice principles hold."[696]

Es werden noch immer *„Anomalien"* zur Theorie der Rationalität gesucht. Deswegen kann zum jetzigen Zeitpunkt nicht abgesehen werden, wie sich die Verhaltensökonomik in den nächsten Jahren entwickeln wird. Camerer beschreibt den Standpunkt, wie folgt:

"The empirically-driven approach to behavioral economics combines two practices: (i) Explicitly modeling limits on rationality, willpower and self-interest; and (ii) using established facts to suggest assumptions about those limits."[697]

Aufgrund des bisherigen Forschungsansatzes werden die Ergebnisse der Verhaltensökonomik als *„Anomalien"* im Entscheidungsverhalten bezeichnet. Bei den Erkenntnissen der Verhaltensökonomik handelt es sich nicht um menschliche Verhaltensanomalien. Der Begriff ist verfehlt und ergibt sich aus der künstlichen Begrenzung, welche aus dem Referenzpunkt *„rational choice theory"* resultiert. Die Verhaltensökonomie beschreibt das menschliche Verhalten im wirtschaftlichen System. Es ist vermessen, hier von *„Anomalien"* zu reden. Zukünftige Aufgabe der

---

693 *Ebenda.*

694 *Camerer/Loewenstein*, Behavioral Economics: Past, Present, Future, in: *Camerer* [u.a.] (Hg.), Advances in behavioral economics, 3 (3); *Englerth*, Der beschränkt rationale Verbrecher, S. 140 ff.

695 *Camerer*, Behavioral Economics, S. 2.

696 *Ebenda*, S. 4.

697 *Ebenda*, S. 2.

Verhaltensökonomik ist es, sich von der „*rational choice theory*" zu lösen und die bisherigen Erkenntnisse zu einer eigenen Theorie zu verbinden. Die Verhaltensökonomie muss Zusammenhänge zwischen den gefundenen Erkenntnissen herstellen und eine eigene Theorie entwickeln.

2. Methoden

Die Methoden der Verhaltensökonomie sind dieselben wie in der übrigen Wirtschaftswissenschaft auch[698]. Es ist aber einer der größten Verdienste der Verhaltensökonomik, dass sie die experimentelle Erforschung wirtschaftlichen Verhaltens eingeführt und nutzbar gemacht hat[699].

> *„The trick is to notice that economies created in the laboratories might be very simple relative to those found in nature, but they are just as real. Real people motivated by real money make real decisions, real mistakes and suffer real frustrations and delights because of their real talents and limitations."*[700]

Experimentelle Wirtschaftsforschung ist nicht gleichzusetzen mit der Schule der Verhaltensökonomik. Experimentelle Wirtschaftsforschung ist eine Methode der Verhaltensökonomik[701].

> *„[...] while the psychological data that fueled many developments in behavioral economics are largely experimental, behavioral economics is an approach and experimental economics is a method. It is true that early in modern behavioral economics, experiments proved to be useful as a way of establishing that anomalies were not produced by factors that are hard to rule out in field data - transaction costs,* risk-*aversion, confusion, self-selection, etc. - but are easy to rule out with good experimental control. But the main point of these experiments was just to suggest regularities that could be included in models to make predictions about naturally-occurring field data."*[702]

---

698 *Camerer/Loewenstein*, Behavioral Economics: Past, Present, Future, in: *Camerer* [u.a.] (Hg.), Advances in behavioral economics, 3 (7).

699 Vgl. mit weiteren Nachweisen: *Englerth*, Der beschränkt rationale Verbrecher, S. 142. In diesem Zusammenhang darf aber auch nicht unerwähnt bleiben, dass in den 1960 Jahren zunächst auch seitens der Anhänger der neoklassischen Ökonomie versucht wurde die experimentelle Wirtschaftsforschung für ihre Zwecke brauchbar zu machen. Während Reinhard *Selten* nach Situationen forschte, in denen die neoklassische Theorie versagte, wurde seitens *Vernon Smith* versucht mittels der experimentellen Wirtschaftsforschung die neoklassischen Theorien zu belegen (*Plickert*, FAZ 20.07.2009).

700 *Plott*, Information, finance and general equilibrium, S. 905.

701 *Altman*, Handbook of contemporary behavioral economics, S. 441 ff.

702 *Camerer*, Behavioral Economics, S. 3.

Neumann und *Morgenstern*[703] haben dargelegt, dass die Spieltheorie für die Wirtschaftswissenschaften nutzbar gemacht werden kann. Bis zu diesem Zeitpunkt war experimentelle Wirtschaftsforschung noch nicht einmal diskutiert worden. Es dauerte dann noch bis in die 1960/1970 Jahre, bis experimentelle Wirtschaftsforschung praktiziert wurde[704].

Bis in die Mitte des letzten Jahrhunderts spielte experimentelle Forschung in den Wirtschaftswissenschaften keine Rolle. Sämtliche Theorien dieser Zeit, zu denen auch die „*expected utility theory*" gehört, wurden nicht experimentell entwickelt oder bestätigt[705]. Eine empirische Überprüfung der Theorien fand bis heute nicht statt.

Die Verhaltensökonomik untersucht das Verhalten von Wirtschaftssubjekten in kontrollierten Entscheidungssituationen. Ausgangspunkt ist, dass über experimentelle Forschung empirisch nachgewiesen werden soll, dass die Vollrationalität als Grundannahme der Ökonomik empirisch nicht haltbar ist. Es werden über Versuche Daten über das Entscheidungsverhalten erfasst, wobei die Versuchsanordnungen so gestaltet sind, dass die relevanten Faktoren isoliert werden und Störeinflüsse vermieden werden. Es wird auf eine Reproduzierbarkeit der Versuchsbedingungen Wert gelegt. Versuche werden immer mehrfach durchgeführt, um Daten zu validieren und statistisch abzusichern. Zufallsergebnisse sollen so ausgeschlossen werden. Die Versuche finden entweder im Entscheidungslabor oder im Feldversuch statt, wobei sich das Entscheidungslabor als das Mittel der ersten Wahl erwiesen hat[706].

Die experimentelle Wirtschaftsforschung der Verhaltensökonomik zeichnet sich dadurch aus, dass sie interdisziplinär ist und die Erkenntnisse der Soziologie und Psychologie miteinbezieht.

Es darf aber nicht verkannt werden, dass die experimentelle Forschung in der Verhaltensökonomik heute nicht mehr den gleichen Stellenwert hat wie noch vor 20 Jahren. Experimente spielten eine große Rolle in der Anfangszeit, heute kommen zahlreiche weitere wissenschaftliche Methoden zusätzlich zur Anwendung. Die Verhaltensökonomik setzt inzwischen die gesamte Bandbreite der wirtschaftswissenschaftlichen Methoden ein[707].

---

703 *Neumann/Morgenstern*, Theory of Games and Economic Behavior.

704 *Brandstätter*, Experimentelle Wirtschaftsforschung, in: *Frey* [u.a.] (Hg.): Wirtschaftspsychologie, 83 (83 ff.).

705 *Simon*, Behavioral Economics, S. 3.

706 *Brandstätter*, Experimentelle Wirtschaftsforschung, in: *Frey* [u.a.] (Hg.): Wirtschaftspsychologie, 83 (83 ff.).

707 *Camerer/Loewenstein*, Behavioral Economics: Past, Present, Future, in: *Camerer* [u.a.] (Hg.), Advances in behavioral economics, 3 (7).

II. Ausgangspunkt: Grenzen kognitiver Leistungsfähigkeit

Ausgangspunkt der Verhaltensökonomik ist die Erkenntnis, dass dem Menschen bei der Informationsgewinnung und Informationsbearbeitung Grenzen gesetzt sind. Die Kognitionspsychologie hat nachgewiesen, dass Menschen nicht über die kognitiven Fähigkeiten verfügen, alle für eine Entscheidungssituation relevanten Informationen zu erfassen und zu verarbeiten. Aufgrund dieser kognitiven Grenzen reagiert der Entscheidungsträger mit Vereinfachungen. Er versucht, das Entscheidungsproblem auf die nach seiner Auffassung wesentlichen Punkte zu reduzieren.

Hiervon ausgehend, sind auch die aktuellen Ergebnisse der Verhaltensökonomik zu betrachten; sämtliche *„Anomalien"* im Entscheidungsverhalten sind auf kognitive Beschränkungen zurückzuführen. Klassisches Beispiel hierfür ist, dass Menschen Wahrscheinlichkeitsaussagen nicht richtig erfassen können. Studien haben belegt, dass Menschen mit Wahrscheinlichkeitsangaben nur schwer umgehen können. Rationales Verhalten ist aber, wie *Neumann/Morgenstern*[708] aufgezeigt haben, nur möglich, wenn Wahrscheinlichkeitsangaben richtig verarbeitet werden können[709].

Vorliegend werden insbesondere die Ergebnisse der Untersuchungen von *Kahneman* und *Tversky* näher untersucht. Ein Schwerpunkt wird dabei auf die *„prospect theory"* gelegt. Die *„prospect theory"* wurde als Gegenmodell zur *„expected utility theory"* entworfen. Die *„prospect theory"* nutzt die *„expected utility theory"* als Referenzpunkt. Dies führt dazu, dass beide Theorien strukturell vergleichbar sind und der Leser so gleichzeitig in die Grundlagen der *„expected utility theory"* eingeführt wird. Während die *„expected utility theory"* eine präskriptive Theorie ist, handelt es sich bei der *„prospect theory"* um eine deskriptive Theorie. Ihr Ziel ist es nicht Vorhersagen zu treffen, wie in bestimmten Entscheidungssituationen gehandelt werden soll, sondern zu beschreiben, wie sich Menschen tatsächlich verhalten. Besonderer Gegenstand der *„prospect theory"* ist das Risikoverhalten und die Risikowahrnehmung[710].

Neben den Erkenntnissen von *Kahneman* und *Tversky* werden noch weitere *„Anomalien"* aufgezeigt, die durch die Verhaltensökonomik erforscht wurden. Zwischenzeitlich wurde eine Vielzahl an *„Anomalien"* erforscht, deren komplette Darstellung jedoch den Umfang der vorliegenden Arbeit sprengen würde. Es wird daher einschränkend nur auf *„Anomalien"* eingegangen, die bei unternehmerischen Entscheidungen relevant werden[711].

---

708 *Neumann/Morgenstern*, Theory of Games and Economic Behavior.

709 *Schäfer/Ott*, Lehrbuch der ökonomischen Analyse des Zivilrechts, S. 69.

710 *Kahneman/Tversky*, Econometrica 1979, 263 (263 ff.).

711 *Brandstätter*, Experimentelle Wirtschaftsforschung, in: *Frey* [u.a.] (Hg.): Wirtschaftspsychologie, 83 (83 ff.).

1. Kognitive Beschränkungen

Ausgangspunkt[712] ist die eigentliche simple Feststellung, dass der „*Mensch kein Computer*"[713] ist. Entscheidungsträgern sind kognitive Grenzen bei der Informationsbeschaffung und Informationsverarbeitung[714] gesetzt[715]. Diese kognitiven Grenzen, welche enger sind, als den meisten Ökonomen lieb ist, beeinflussen das Entscheidungsverhalten[716]. Je schwieriger eine Entscheidungssituation ist, desto deutlicher werden die kognitiven Grenzen.

Und noch etwas unterscheidet den Menschen von einem Computer. Während der Computer emotionslos handeln kann, wird der Mensch von seinen Emotionen beeinflusst[717].

a) Ursachen

Die Informationsverarbeitung des Menschen geschieht systematisiert-vereinfacht[718] in drei Phasen. Zunächst nimmt der Mensch (Umwelt-)Informationen wahr. Hieran schließt sich ein Verarbeitungsprozess an, an dessen Ende eine konkrete Reaktion steht. Dieses Prinzip ist vergleichbar mit der Arbeitsweise eines Computers[719]. Auch

---

712 *Ariely*, Wer denken will, muss fühlen, 16 ff. sieht eine Ursache auch im technischen Fortschritt, welcher unser Entscheidungsverhalten immer mehr beeinflusst und kognitive Dissonanzen (aufgrund der Informationsflut) noch verstärkt. Ähnlich: *Wittig*, Der rationale Verbrecher, S. 19 ff.

713 *Ariely*, aaO., S. 14 ff.; *Nitzsch*, Entscheidungslehre, S. 1; *Wittig*, Der rationale Verbrecher, S. 179 ff.

714 Zum Informationsverarbeitungsansatz: *Wittig*, Der rationale Verbrecher, S. 139 ff.

715 Zwar werden Information und Informationsmanagement heute als wesentlicher Bestandteil der Betriebswirtschaftslehre gesehen, dennoch finden sich kaum Auseinandersetzungen zum Thema „*kognitive Beschränkungen*" bei der Informationsbeschaffung und Verarbeitung (vgl. beispielsweise: *Hildebrand*, Informationsmanagement; *Weck*, Informationsmanagement im globalen Wettbewerb).

716 Zu kognitiven Beschränkungen im Rahmen juristischer Entscheidungsprozesse: *Glöckner/Towfigh*, DRiZ 2015, 270 (271 ff.).

717 In diesem Zusammenhang ist auch darauf hinzuweisen, dass das Entscheidungsverhalten in Gruppensituationen (beispielsweise bei Vorstandsentscheidungen) noch einmal anderen Gesetzmäßigkeiten unterliegt und auch hier spezielle „*Anomalien*" zu beobachten sind. Vgl. hierzu einführend: *Nitzsch*, Entscheidungslehre, S. 60 ff., 72 ff.

718 Hierbei handelt es sich jedoch nur um ein Grundmodell. Das aktuelle Modell der Informationsverarbeitung von *Wicken*s erweitert dieses Grundmodell um weitere Faktoren, welche vorliegend aber unberücksichtigt bleiben. Vgl. hierzu nur: *Trimmel/Gmeiner*, Allgemeine Psychologie, S. 154.

719 *Klusendieck*, Kognitionspsychologie, in: *Naderer* [u.a.] (Hg.): Qualitative Marktforschung in Theorie und Praxis, 105 (105 ff.). Dies verwundert vorliegend auch nicht. Viele Entwicklungen in der Computertechnologie resultieren aus den Erkenntnissen der kognitiven Psychologie – vgl.: *Nitzsch*, Entscheidungslehre, S. 1 ff.

hier läuft der Arbeitsprozess in drei Phasen ab. Die Wahrnehmung erfolgt über eine Eingabe und die Reaktion ist in der Ausgabe des Ergebnisses zu sehen[720].

Der Informationsverarbeitungsprozess wird durch verschiedene Faktoren beeinflusst und beschränkt. Besondere Bedeutung haben hierbei die Aufmerksamkeit und das Gedächtnis. Die Aufmerksamkeit spielt in allen drei Phasen eine wesentliche Rolle und ist verantwortlich für die kognitiven Grenzen. Das Gedächtnis beeinflusst den Prozess der Wahrnehmung und Verarbeitung. Bezüglich des Gedächtnisses ist noch zwischen dem Langzeitgedächtnis und dem Kurzzeitgedächtnis zu unterscheiden[721].

Der Mensch verfügt nur über eine beschränkte Aufmerksamkeit, wodurch dem Informationsverarbeitungsprozess Grenzen gesetzt werden. Die Aufmerksamkeit beeinflusst jede Phase. Ist die Aufmerksamkeit erschöpft, entstehen Unzulänglichkeiten in der Informationsverarbeitung[722]. Auf die Beschränkung der Ressource *„Aufmerksamkeit“* reagiert der Mensch mit selektiven Verhalten, das unterbewusst abläuft. Die wichtigste Aufgabe der Aufmerksamkeit ist die Selektion. Bestimmte Informationen und Inhalte werden in Kombination mit dem Gedächtnis gefiltert und selektiert[723]. Diese Reduktion wird auch als *„Flaschenhalsmodell“* bezeichnet. Von allen verfügbaren Informationen wird wegen der selektiven Aufmerksamkeit nur ein Bruchteil bewusst wahrgenommen und verarbeitet[724].

Ferner wird der Informationsverarbeitungsprozess durch das Gedächtnis beeinflusst. Hierbei ist zu unterscheiden zwischen dem Kurzzeit- und dem Langzeitgedächtnis. Das Kurzzeitgedächtnis dient der Verarbeitung und das Langzeitgedächtnis der Speicherung von Informationen. Im Kurzzeitgedächtnis werden die Informationen verarbeitet und - vereinfacht gesagt - Entscheidungen getroffen. Es verfügt nur über eine beschränkte Kapazität. Forscher haben herausgefunden, dass das Kurzzeitgedächtnis nur 7 *„Chunks“* (Informationseinheiten) gleichzeitig aufnehmen und verarbeiten kann. Dies bedeutet aber nicht, dass gleichzeitig nur 7 Informationen verarbeitet werden können. Unser Kurzzeitgedächtnis betreibt sog. *„chunking“* – es werden verschiedene Informationseinheiten zu einer Einheit zusammengefasst[725].

Das Langzeitgedächtnis hingegen ist ein Speichermedium. Es wird davon ausgegangen, dass die Speicherkapazität unbeschränkt ist, jedenfalls sind dem Menschen keine erreichbaren Grenzen gesetzt. Für den Informationsverarbeitungsprozess ist wesentlich, dass der Mensch in der Lage ist, gespeicherte Informationen abzurufen und zu verarbeiten[726].

---

720 *Trimmel/Gmeiner*, Allgemeine Psychologie, S. 151 ff.

721 *Nitzsch*, Entscheidungslehre, S. 3.

722 *Trimmel/Gmeiner*, Allgemeine Psychologie, S. 154.

723 *Karnath/Thier*, Neuropsychologie, S. 245 ff.

724 *Trimmel/Gmeiner*, Allgemeine Psychologie, S. 153.

725 *Nitzsch*, Entscheidungslehre, S. 6.

726 *Blümelhuber*, Informationsüberlastung, in: *Frey* [u.a.] (Hg.): Wirtschaftspsychologie, 143 (143 f.).

b) Folgen der Restriktionen in der Informationsverarbeitung

Anhand dieser Einführung zu den natürlichen Restriktionen des Informationsverarbeitungsprozesses sollen im Folgenden die Erkenntnisse der Verhaltensökonomie dargestellt werden. An dieser Stelle wird ersichtlich, dass es sich nicht um Verhaltens-„*Anomalien*" handelt. Vielmehr sind es die Folgen der eingeschränkten, kognitiven Fähigkeiten. Der Mensch ist eben nicht in der Lage, alle möglichen oder auch nur relevanten Informationen zu erfassen und zu verarbeiten.

Kahneman/Tversky haben in ihrer „*Prospect Theory*" auf Grundlage der vorstehenden Erkenntnisse herausgearbeitet, dass Menschen in Entscheidungssituationen Heuristiken benutzen. Damit wirken Menschen ihren kognitiven Beschränkungen (unterbewusst) entgegen. Durch die Anwendung von Heuristiken werden Entscheidungssituationen vereinfacht und somit lösbar. Es kommt zu einer kognitiven Entlastung[727]. Aber die Heuristiken verzerren zum Teil unsere Entscheidungen systematisch. *Kahneman/Tversky* haben vorhersehbare Fehler gefunden, welche in Entscheidungssituationen anscheinend zwangsläufig auftreten[728].

2. „*Anomalien*"

Im Folgenden werden die wichtigsten Erkenntnisse der Verhaltensökonomie mit Schwerpunkt auf den „*Anomalien*" näher betrachtet, welche bei unternehmerischen Entscheidungen eine Rolle spielen. Es werden nur kognitive Verzerrungen beschrieben, die als „*robust*" zu bezeichnen sind, das heißt in mehreren unabhängigen Studien nachgewiesen wurden. Der Aufbau der Darstellung orientiert sich an dem Stufenmodell der Informationsverarbeitung.

a) Wahrnehmungs-„Anomalien"

Wahrnehmungs-„*Anomalien*" treten bereits in der ersten Stufe der Informationsverarbeitung auf und bestimmen das gesamte weitere Entscheidungsverhalten. Nur Informationen, welche auch richtig wahrgenommen werden, können im weiteren Verlauf richtig verarbeitet werden.

aa) Vereinfachung

In verschiedenen Studien wurde nachgewiesen, dass in Entscheidungssituationen Sachverhalte vereinfacht und Informationen nur selektiv wahrgenommen werden. Ein einfaches Beispiel hierfür ist die Neigung der Menschen, ungerade Geldbeträge zu runden[729].

727 *Wiswede*, Einführung in die Wirtschaftspsychologie, S. 31.

728 Mit weiteren Nachweisen: *Manhart*, „*Anomalien*" der rationalen Entscheidungstheorie.

729 *Nitzsch*, Entscheidungslehre, S. 8 ff.

Soweit einer Information in Rahmen einer Entscheidungssituation nicht sofort eine Bedeutung beigemessen wird, wird diese im weiteren Verlauf ignoriert. Informationen ohne offensichtliche Bedeutung bei der Erstwahrnehmung werden systematisch ignoriert. Selbst dann, wenn die Information später Bedeutung erlangt. Bisher konnte nicht abschließend nachgewiesen werden, welches Ausmaß die Vereinfachung tatsächlich annimmt[730]. Fest steht, dass wir nicht nur bei Geldbeträgen (zum Teil sehr großzügig) runden, sondern, dass dieser Effekt auch bei der Beurteilung von Wahrscheinlichkeiten anzutreffen ist. Eintrittswahrscheinlichkeiten werden vereinfacht. Das führt dazu, dass hohe Eintrittswahrscheinlichkeiten als sicher *„gesetzt“* und geringe Wahrscheinlichkeiten außer Acht gelassen werden[731]. Es besteht zu befürchten, dass durch zu starke Vereinfachungen irrationale Entscheidungsmuster entstehen[732].

bb) Confirmation Bias und kognitive Dissonanz[733]

Der *„confirmation bias“* oder Bestätigungstendenz beschreibt das Phänomen, das hauptsächlich Informationen gesucht werden, die eine einmal getroffene Entscheidung rechtfertigen[734]. Menschen tendieren dazu, nach Informationen zu suchen, die ihre Auffassungen stützen und gegenteilige Informationen zu ignorieren. Dies kann zu einer Fixierung führen und somit eine Problemlösung *„unmöglich“* machen. Das Fixieren auf eine einmal getroffene Entscheidung macht es schwierig und mitunter unmöglich, Probleme aus anderen Blickwinkeln zu betrachten[735].

Dieses Verhalten wird als selektive Wahrnehmung bezeichnet[736]. Menschen selektieren bei ihrer Wahrnehmung und Entscheidung. Diese Selektion erfolgt systematisch und die Systematik besteht darin, dass Menschen die Informationen wahrnehmen, die sie erwarten[737] und die ihre Überzeugung stützen. Nachgewiesen ist auch, dass dieser Effekt besonders dann auftritt, wenn sich die Anzeichen dafür mehren, dass eine Entscheidung falsch sein könnte. In dieser Situation werden gegenteilige Informationen kaum noch wahrgenommen[738]. Psychologisch wird diese Tendenz mit dem Phänomen

---

730 *Theil*, Versicherungsentscheidungen und Prospect Theory, S. 209.

731 *Ebenda*, S. 209. Diese Anomalie lässt gerade in Bezug auf Wahrscheinlichkeiten die Frage offen, ob es sich hier tatsächlich um eine kognitive Verzerrung handelt. Es kann nicht ausgeschlossen werden, dass die *„Fehler“* darauf zurückzuführen sind, dass Defizite bzgl. Wesentlicher stochastischer Grundlagen bestehen (vgl. auch mit zahlreichen weiteren Nachweisen: *Gigerenzer*, Das Einmaleins der Skepsis und *Gigerenzer*, Risiko: Wie man die richtigen Entscheidungen trifft).

732 *Nitzsch*, Entscheidungslehre, S. 8.

733 Vgl. hierzu ausführlich: *Festinger*, A Theory of Cognitive Dissonance.

734 *Myers*, Psychologie, S. 434 f.

735 *Ebenda*, S. 435.

736 *Nitzsch*, Entscheidungslehre, S. 10–12; *Goldberg/Nitzsch*, Behavioral finance, S. 126 ff.

737 Zur psychologischen Begründung dieses Verhaltens: *Nitzsch*, Entscheidungslehre, S. 10.

738 *Goldberg/Nitzsch*, Behavioral finance.

der kognitiven Dissonanz[739] erklärt[740]. Hiernach geraten Menschen in einen inneren Zwiespalt, wenn sie eine Auswahl zwischen widersprüchlichen Alternativen treffen müssen. Dieser für sie unangenehmen Situation versuchen sie so schnell wie möglich zu „*entkommen*“. Die selektive Wahrnehmung und die Bestätigungstendenz sind eine Vermeidungsstrategie, um die Dissonanz zu verhindern. Sie ist ein Versuch für eine nachträgliche Rechtfertigung unserer Entscheidungen, um innere Dissonanzen abzubauen. Hieraus wird auch erklärlich, warum Menschen an Entscheidungen festhalten, obwohl bereits absehbar ist, dass eine Fehlentscheidung zumindest zu vermuten ist. Das selektive Entscheiden beschreibt die Tendenz, dass nachfolgende Entscheidungen so getroffen werden, damit vorangegangene Entscheidungen nicht als fehlerhaft beurteilt werden müssen. Die kognitive Dissonanz führt dazu, dass Menschen sich einreden, dass eine Entscheidung richtig war[741].

cc) Framing

Framing bezeichnet den Effekt, dass die Schilderung eines Problems Auswirkungen auf die Wahrnehmung der zugrunde liegenden Information und deren Verarbeitung hat. Eine Information gleichen Inhalts wird bei unterschiedlicher Darstellung unterschiedlich wahrgenommen[742]. Dies kann durch folgendes Beispiel verdeutlicht werden:

Klärt ein Arzt vor einer Behandlung seinen Patienten darüber auf und teilt ihm mit, dass seine Überlebenschance 90 % beträgt, so wird dies anders wahrgenommen, als wenn der Arzt darlegt, dass eine 10%-Chance zu sterben besteht. Obwohl beide Aussagen den gleichen Informationsgehalt haben, werden sie vom Empfänger unterschiedlich wahrgenommen. Sowohl Arzt als auch Patient erscheint das Risiko größer, wenn man von einer 10 %-Möglichkeit des Versterbens spricht[743].

In der Wirtschaft wird dieses Phänomen gerne ausgenutzt: Ein Produkt, das im Laden X von € 150,00 auf € 100,00 reduziert wurde, erscheint günstiger als das gleiche Produkt, welches im Laden Y regulär zu € 100,00 angeboten wird[744].

Die sprachliche Ausformulierung eines Problems beeinflusst unser Entscheidungsverhalten. Nach der klassischen Wirtschaftstheorie dürfte es dieses Phänomen nicht geben. Für die Lösung eines Problems müsste es hiernach unerheblich sein, wie selbiges sprachlich dargestellt wird.

---

739 *Myers*, Psychologie, S. 636 ff.; *Raab* [u.a.], Marktpsychologie, S. 42 ff. und *Nitzsch*, Marktteilnehmer an der Börse, in: *Frey* [u.a.] (Hg.): Wirtschaftspsychologie, 268 (268 f.).

740 Dieser Ansatz ist allerdings nicht unumstritten. Es gibt verschiedenste Ansätze die Bestätigungstendenz zu erklären. Vgl. hierzu: *Schweizer*, Kognitive Täuschungen vor Gericht, S. 178 ff.; *Schweizer*, Justice 2007/3, Rn. 3 ff.

741 *Myers*, Psychologie, S. 641 f.

742 *Kahneman/Tversky*, Science 1986, 453 (453 ff.); *Tversky/Kahneman*, The Journal of Business 1986, 271 (271 ff.).

743 *Myers*, Psychologie, S. 441 ff.

744 *Ebenda*, S. 441.

Kahneman/Tversky haben aufgezeigt, das diese kognitiven Verzerrungen zu unterschiedlichen Entscheidungen führen. Sie haben Probanden folgende Entscheidungsproblematiken vorgelegt[745]:

> *Vor die Alternative gestellt,*
>
> *(A) ein medizinisches Hilfsprogramm durchzuführen, bei dem 200 von 600 Personen sicher vor einer Epidemie gerettet werden (Sicherheit) oder*
> *(B) ein Programm, bei dem eine Wahrscheinlichkeit von 1/3 besteht, alle 600 zu retten, (Risiko)*
>
> *entschied sich die Mehrheit der Probanden (72%) für die <u>sichere</u> Wahl (A).*
> *Bestanden die Alternativen aber darin,*
>
> *(C) ein Hilfsprogramm zu realisieren, bei dem entweder 400 von 600 Menschen sterben oder (Sicherheit)*
> *(D) ein Programm durchzuführen, bei dem es eine Wahrscheinlichkeit von 2/3 gibt, dass alle sterben, (Risiko)*
>
> *so entschied sich die Mehrheit (78%) für die <u>riskante</u> Alternative (D).*

Obwohl die Problemstellung inhaltlich identisch ist und nur sprachlich unterschiedlich formuliert wurde, fällt die Entscheidung genau entgegengesetzt aus. Nach der *„expected utility theory"* dürfte dies nicht passieren[746]. Die Wahl müsste immer auf A bzw. C (Sicherheit) oder B bzw. D (Risiko) fallen. Entweder der Proband ist risikoscheu und rettet 200 Personen oder er ist risikofreudig. Bei dem Variantenpaar A/B liegt eine Gewinnformulierung und bei dem Variantenpaar C/D eine Verlustformulierung vor. *Kahneman/Tversky* erklären diese *„Anomalie"* mit einem Präferenzwechsel. Menschen sind risikoscheu, wenn es um Gewinnaussichten geht, aber risikofreudig bei Verlustaussichten[747]. Aufgrund der Gewinnformulierung verhalten sich die Probanden bei der Alternative A/B risikoscheu, wegen der Verlustformulierung bei C/D aber risikofreudig[748].

US-amerikanische Studien haben gezeigt, dass der Framing-Effekt auch in Zivilprozessen beobachtet werden kann und eine Erklärung für das Verhalten der Prozessparteien bei Vergleichsverhandlungen bietet. Auch Richter unterliegen dem

745 *Kahneman/Tversky*, Science 1986, 453 (453). Übersetzt nach: *Manhart, „Anomalien"* der rationalen Entscheidungstheorie, S. 11.
746 Vgl. hierzu auch *Ariely*, Wer denken will, muss fühlen, S. 208 ff.
747 Diese Erkenntnis ist auch im Zusammenhang mit dem sog. Verlustaversionseffekt zu sehen, wonach Menschen Verluste stets vermeiden wollen. Verluste werden prinzipiell höher bewertet als Gewinne. Die drohende Verlustgefahr hat größere Auswirkungen auf unser Entscheidungsverhalten als eine Gewinnmöglichkeit (mwN.: *Manhart, „Anomalien"* der rationalen Entscheidungstheorie, S. 8).
748 *Kahneman/Tversky*, Science 1986, 453 (457 f.).

Framing-Effekt, was sich insbesondere auf die Güteverhandlungen auswirken kann, da richterliche Vergleichsvorschläge vom Framing-Effekt beeinflusst sein können[749].

dd) Primacy und Receny

Studien haben ferner gezeigt, dass die Reihenfolge der Präsentation von Informationen eine wesentliche Rolle bei der Wahrnehmung spielt. Grundsätzlich müsste die Verfügbarkeitsheuristik dazu führen, dass die zuletzt aufgenommene Information am besten abrufbar bleibt. Werden aber mehrere Informationen präsentiert, hat sich herausgestellt, dass die erste Information besonders wahrgenommen und den folgenden Informationen nur noch geringere Bedeutung beigemessen wird. Die erste Information hat daher großen Einfluss auf die weitere Informationswahrnehmung. Man spricht insoweit vom *„primacy effect"*. Man kann dieses Phänomen auch mit der althergebrachten Weisheit: *„Der erste Eindruck zählt"* beschreiben. Die zuerst wahrgenommenen Informationen bestimmen den weiteren Verlauf der Entscheidungsfindung[750]. Relevant kann dies bei der Präsentation mehrerer Alternativen zu einer Problemlösung werden. Es ist nicht auszuschließen, dass nur die erste Alternative umfassend gewürdigt wird.

Es ist auch zu vermuten, dass der Primacy-Effekt bei Unternehmensentscheidungen eine nicht zu unterschätzende Rolle spielt, selbst wenn die konkreten Auswirkungen noch nicht bekannt sind. Es steht zu befürchten, dass veröffentlichte, aber schlecht recherchierte Informationen (ob nun besonders positiv oder negativ) das Entscheidungsverhalten trotz ihrer *„schlechten"* Qualität beeinflussen. Aufgrund des Primacy-Effekts wird ein prägender Eindruck hinterlassen, der später nicht mehr revidiert werden kann[751].

Der Primacy-Effekt stellt sich nicht zwangsläufig ein. In Untersuchungen wurden Situationen beobachtet, in denen der letzte Eindruck deutlich stärker gewertet wurde als die erste Information. Hier spricht man dann von dem Receny-Effekt[752]. Bisher konnte noch nicht abschließend geklärt werden, welcher der vorgenannten Effekte sich bei der Präsentation mehrerer Informationen einstellt. Es wird vermutet, dass der Zeitfaktor die beiden Phänomene beeinflusst. Der Primacy-Effekt soll sich demnach insbesondere dann auswirken, wenn Informationen erst nach geraumer Zeit benötigt werden, also bei Entscheidungsprozessen, die lange Zeit in Anspruch nehmen[753].

---

749 Vgl. hierzu mit einer Auflistung zahlreicher Studien: *Schweizer*, Kognitive Täuschungen vor Gericht, S. 90 ff.

750 *Goldberg/Nitzsch*, Behavioral finance, S. 64 f.

751 *Kottke*, Entscheidungs- und Anlageverhalten von Privatinvestoren, S. 55 f.

752 *Myers*, Psychologie, S. 387 f.

753 *Ebenda*, S. 387.

ee) Priming[754] *und Kompromisseffekt*[755]

Der Kontrasteffekt lässt sich mit dem Sprichwort *„Unter den Blinden ist der Einäugige König"* umschreiben. Er besagt, dass die Wahrnehmung einer Information in Abhängigkeit zu dem Zeitpunkt steht, wann man sie erhält. Es hat sich gezeigt, dass Informationen die in Kontrast zu ihrer Umwelt präsentiert werden, oftmals verstärkt wahrgenommen werden. Deshalb wird ein tatsächlich schwacher Mitarbeiter als leistungsstark wahrgenommen, wenn die übrigen Mitarbeiter noch schwächer sind.

Untersuchungen lassen annehmen, dass Kontrasteffekte zwangsläufig auftreten, selbst dann, wenn den Entscheidenden dieser Effekt bekannt ist[756].

Der Kontrasteffekt ist eine Sonderform des *„priming-effects"*. Hiernach werden Entscheidungen unterbewusst durch Erfahrungen und Erwartungen beeinflusst. Unser Gedächtnis stellt aufgrund vorangegangener Erfahrungen unterbewusst Assoziationen zu bereits wahrgenommenen Informationen her. Dies bedeutet aber nicht zwangsläufig, dass die gezogenen Assoziationen richtig sind[757]. Das Priming Phänomen hat aber auch Vorteile. So ist es uns möglich, in komplexen Situationen Informationen schnell zu verarbeiten und zu Entscheidungen zu gelangen[758]. Die wirtschaftliche Bedeutung dieses Phänomens zeigt eine Studie aus den 1990er Jahren[759]:

> *Entwicklungen am Kapitalmarkt werden von den Börsenakteuren immer im Kontext wahrgenommen. Abhängig vom Vorliegen einer Hausse oder Baisse kommt es zu unbewussten Assoziationen und Entscheidungen. Zur Hausse-Zeit an den Börsen in den 1990er Jahren wurden Meldungen über Fusionen und Konzernbildungen als positive Entwicklung aufgefasst und führten zur Beteiligung an den involvierten Unternehmen. In Baisse-Zeiten hingegen werden Meldungen von Fusionen negativ angesehen. In diesen Zeiten verbinden Börsenakteure die Meldungen mit negativen Assoziationen und reagieren häufig mit dem Verkauf der betroffenen Aktien.*

In Entscheidungssituationen wirkt sich dieser Effekt dann aus, wenn verschiedene Alternativen im Zusammenhang dargestellt werden. Es besteht hier die Möglichkeit der Manipulation. In der Werbebranche wird der Kontrasteffekt ausgenutzt, indem Werbeprodukten schlechtere Alternativen gegenübergestellt werden[760].

---

754 *Goldberg/Nitzsch*, Behavioral finance, S. 62 f.

755 *Wolf/Moser*, Kaufentscheidungen, in: *Moser* (Hg.): Wirtschaftspsychologie, 31 (46 f.).

756 Vgl. mit weiteren Nachweisen: *Schweizer*, Kognitive Täuschungen vor Gericht, S. 243. Interessanterweise tritt der Kontrasteffekt weniger stark ausgeprägt auf, wenn Informationen unbewusst wahrgenommen werden. Bei dem Kontrasteffekt handelt es sich um ein *„Problem"* bewusster Wahrnehmung (*Nitzsch*, Entscheidungslehre, S. 12).

757 *Myers*, Psychologie, S. 405 ff.

758 *Wiswede*, Einführung in die Wirtschaftspsychologie, S. 32.

759 Ausführlich und mit weiteren Nachweisen: *Nitzsch*, Entscheidungslehre, S. 17.

760 *Goldberg/Nitzsch*, Behavioral finance, S. 62.

Im Zusammenhang mit dem Kontrasteffekt ist der Kompromisseffekt („*extremness aversion*“) zu sehen. Dieser besagt, dass bei der Auswahl zwischen mehreren Alternativen, Extreme vermieden werden und die Entscheidung letztlich auf den Mittelweg fällt[761]. *Simonson/Tversky* haben aufgezeigt, das der Kompromisseffekt besonders in Situationen in Erscheinung tritt, in denen sich der Entscheider später gegenüber Dritten zu rechtfertigen hat. In solchen Situationen werden zumeist vermittelnde Entscheidungen getroffen, da sich diese später leichter rechtfertigen lassen. Eine Kompromissentscheidung lässt sich insofern leichter rechtfertigen, da argumentiert werden kann, dass sämtliche Variablen berücksichtigt wurden[762]. Es wird durch den Entscheider nicht zwangsläufig die richtige Alternative gewählt, sondern die, die sich am Ende besser rechtfertigen lässt. Gerade bei wirtschaftlichen Entscheidungen müssen zumeist mehrere Positionen berücksichtigt werden und die Rechtfertigungskomponente[763] spielt eine nicht zu unterschätzende Rolle.

ff) Zeitdruck und Komplexität

Zwei weitere wesentliche Faktoren, die unsere Entscheidungen beeinflussen, sind *(1)* Zeitdruck und *(2)* die Komplexität von Entscheidungssituationen. Nicht selten müssen komplexe Entscheidungen unter Zeitdruck und Stress[764] getroffen werden. Diese Faktoren haben Auswirkungen auf das Entstehen von kognitiven Verzerrungen und begünstigen das Auftreten selbiger[765]. In diesem Zusammenhang ist es

---

761 Vgl. hierzu: *Tversky/Simon*son, Context-Dependent Preferences, in: *Kahneman* [u.a.] (Hg.): Choices, values, and frames 2000, 518 (518 ff.); *Tversky* [u.a.], Contingent Weighting in Judgement and Choice, in: *Kahneman, Tversky* (Hg.): Choices, values, and frames 2000, 503 (516 ff.).

762 *Bateman* [u.a.], A Test of The of Reference-Dependent Preferences, in: *Kahneman* [u.a.] (Hg.): Choices, values, and frames 2000, 180 (194).; *Tversky/Simon*son, Context-Dependent Preferences, in: *Kahneman* [u.a.] (Hg.): Choices, values, and frames 2000, 518 (524); *Shafir* [u.a.], Reason Based Choice, in: *Kahneman,* [u.a.] (Hg.): Choices, values, and frames 2000, 597 (611).

763 *Schweizer,* Kognitive Täuschungen vor Gericht, S. 248 ff., folgert hieraus, dass Gerichte besonders stark vom Kompromisseffekt beeinflusst werden, da sie ihre Entscheidungen zwangsläufig rechtfertigen müssen. Dieser Argumentation kann nach diesseitiger Auffassung nicht gefolgt werden. Im Rahmen von Vergleichsvorschlägen mag diese Argumentation vielleicht richtig sein, bei Urteilen kann diese Argumentation jedoch nicht verfangen. Wie noch aufzuzeigen ist, werden kognitive Verzerrungen dann vermindert, wenn eine Entscheidung zu begründen ist und durch ein Regelsystem festgelegt ist. Ein Urteil basiert immer auf der Anwendung von Gesetzen, der Richter muss bei einem Urteil immer eine Extremposition einnehmen. Entweder gibt er dem Kläger Recht, oder er weist die Klage ab.

764 Zur Problematik Stress und Übermotivation: *Ariely,* Wer denken will, muss fühlen, S. 54.

765 *Koch,* Behavioral Economics und das Entscheidungsverhalten des Wirtschaftsprüfers, S. 27. Zusammenfassend und differenzierend zu den Auswirkungen von Stress

irrelevant, ob Zeitdruck und/oder Komplexität objektiv vorliegen oder durch den Entscheidungsträger nur subjektiv wahrgenommen werden.

Die Ursache ist wiederum in den kognitiven Beschränkungen zu suchen. Die Faktoren Zeitdruck und Komplexität beeinflussen die Informationsbeschaffung und Verarbeitung. Komplexität und Zeitdruck führen dazu, dass unsere kognitiven Prozesse stärker gefordert werden. Die Anforderungen an die kognitiven Prozesse steigen mit der Komplexität der Entscheidungssituation und einer möglichen Zeitbegrenzung bei der Lösung des Problems. Trotz der gesteigerten Anforderungen an die kognitiven Prozesse bleiben kognitive Beschränkungen bestehen. Zur Vermeidung kognitiver Beschränkungen werden Heuristiken angewandt. Durch die Anwendung von Heuristiken steigt aber wiederum das Risiko, dass kognitive Verzerrungen auftreten, da die Genauigkeit der Informationswahrnehmung und Verarbeitung sinkt. Es wird vermutet, dass Zeitdruck in diesem Zusammenhang zu einem risikoaversen Verhalten führt und daher negative Informationen stärker gewichtet werden[766]. Auch dieser Umstand lässt sich wieder über die Theorie der kognitiven Dissonanz erklären. Man möchte insbesondere unter Zeitdruck *„falsche"* Entscheidungen vermeiden und scheut deshalb das Risiko.

b) Verarbeitungs-„Anomalien"

Im Informationsverarbeitungsprozess treten folgende *„Anomalien"* auf:

aa) Anchoring

Der Ankereffekt lässt sich mit dem *„Glücksradexperiment"*[767] beschreiben:

> *Kahneman/Tversky haben in einem Experiment Versuchspersonen aufgefordert ein (was die Teilnehmer nicht wussten) manipuliertes Glücksrad zu drehen, um so eine Zufallszahl zu ermitteln. Bei einer Gruppe blieb das Glücksrad bei 10 stehen bei einer anderen Gruppe bei 65. Nachdem die Zufallszahlen vorlagen, wurden die Probanden gefragt, ob der Prozentsatz der afrikanischen Staaten in den VN über oder unter der Zufallszahl liegt. Die Probanden der Gruppe mit der Zufallszahl 10 schätzten, dass der Prozentsatz bei 25 % läge. Die Probanden der anderen Gruppe gaben den Prozentsatz mit 45 % an.*

Kahneman/Tversky schlussfolgerten hieraus, dass - obwohl kein Zusammenhang besteht - die niedrige Zufallszahl zu einer niedrigen und die hohe Zufallszahl zu

auf Entscheidungssituationen vgl. auch: *Klein*, Natürliche Entscheidungsprozesse, S. 320 ff.

766 *Kottke*, Entscheidungs- und Anlageverhalten von Privatinvestoren, S. 56.

767 *Kahneman/Tversky*, Science 1974, 1124 (1128). Dieses Experiment wurde in zahlreichen (unabhängigen) Konstellationen wiederholt und kam immer zu ähnlichen Ergebnissen. Der Ankereffekt gilt als nachgewiesen für: Wissensfragen, Wahrscheinlichkeitsfragen, Werturteile und auch bei der juristischen Meinungsbildung. Vgl. hierzu mit Hinweisen auf zahlreiche Studien: *Riesenhuber*, Die Fehlentscheidung, S. 90 f.

einer hohen Schätzung führt. Die Schätzungen der Probanden wurden von den Zufallszahlen beeinflusst, obwohl den Probanden bewusst war, dass die Zufallszahl in keinem Zusammenhang zu der gefragten Schätzung stand.

In Entscheidungssituationen spielen offensichtlich irrelevante Informationen eine Rolle und nehmen alleine wegen ihres Vorhandenseins Einfluss auf den Entscheidungsprozess. Dies gilt insbesondere für numerische Informationen, welche dem Entscheider vorgegeben werden oder die er sich selbst erschließt. Der Ankereffekt wirkt sich dann aus, wenn Entscheidungen auf Grundlage weniger Informationen und/oder ohne Hintergrundwissen getroffen werden müssen. In diesen Situationen bilden irrelevante Informationen einen sog. Anker, an dem sich der weitere Entscheidungsprozess orientiert[768]. Stehen Entscheider vor dem Problem eine numerische Einschätzung vorzunehmen, beginnen diese häufig mit einem groben Anfangswert, dem sog. Anker. Von diesem ausgehend wird sodann die Schätzung adjustiert. Zu berücksichtigen ist dabei, dass der Anfangs- oder Ankerwert oftmals zufällig gewählt ist, (unterbewusst) vorgegeben wird oder aus vorhandenen Informationen entnommen wird[769]. Der Ankereffekt läuft unterbewusst und unbeabsichtigt ab. Er kann nicht durch Aufklärung oder materielle Anreize neutralisiert werden. Selbst der explizite Hinweis darauf, dass bei einer Entscheidung die Erstinformation ignoriert werden soll, führte nicht dazu, dass der Ankereffekt neutralisiert wurde. Anker wirken einen längeren Zeitraum nach und treten bei Experten und Laien gleichermaßen auf[770].

bb) Mental Accounting

Unter *mental accounting* wird das Verhalten verstanden, Informationen isoliert zu betrachten. Es wird unterbewusst unterlassen, bestimmte Faktoren in Abhängigkeit zueinander zu setzen. Individuen verfügen über sogenannte mentale Konten und treffen Entscheidungen innerhalb dieser Konten, obwohl es angebracht wäre, „*kontenübergreifend*" zu denken[771].

Vergleichbar sind die Folgen des *mental accounting* mit der Arbeitsweise von Behörden bei der Etat-Verwaltung. Obwohl notwendige Investitionen getätigt werden müssten, beispielsweise um neue Computer anzuschaffen, wird die Investition verschoben, da der Etat für Arbeitsmittel bereits aufgebraucht ist. Es bleibt unberücksichtigt, dass der Etat für Dienstreisen noch nicht aufgebraucht ist. Dies führt zu dem komischen Ergebnis, dass benötigte Investitionen zurückgestellt werden, aber Mitarbeiter erster Klasse reisen dürfen, da genügend Mittel für Dienstreisen zur Verfügung stehen.

---

768 Vgl. zusammenfassend: *Bardmann*, Grundlagen der allgemeinen Betriebswirtschaftslehre, S. 290.

769 So auch: *Riesenhuber*, Die Fehlentscheidung, S. 90.

770 Mit zahlreichen Hinweisen auf durchgeführte Studien: *Schweizer*, Kognitive Täuschungen vor Gericht, S. 77 ff.

771 Mit weiteren Nachweisen: *Eisenführ/Weber*, Rationales Entscheiden, S. 369.

Menschen gehen bei finanziellen Entscheidungen eben nicht immer ökonomisch vor, sondern orientieren sich an ihrer mentalen Buchführung. Objektiv gleiche Beträge erhalten dadurch eine subjektiv unterschiedliche Gewichtung. Viele Entscheidungen können erst über das *mental accounting* nachvollzogen werden.

cc) Verlustaversion[772]

In diesem Zusammenhang ist auch der Verlustaversionseffekt zu sehen. Dieser besagt, dass Menschen Verluste höher bewerten als Gewinne. Die Gefahr, etwas zu verlieren, hat größeren Einfluss auf den Entscheidungsprozess als die Möglichkeit, etwas zu gewinnen[773]. Ob eine Gewinn- oder Verlustsituation vorliegt, orientiert sich an subjektiven Referenzpunkten und an einer subjektiven Kosten-Nutzen-Rechnung[774].

dd) Wahrscheinlichkeits-„Anomalien"

Kahneman/Tversky[775] haben herausgefunden, dass Menschen Wahrscheinlichkeiten nicht richtig erfassen und verarbeiten können[776]. Sie interpretieren Wahrscheinlichkeitsaussagen unterbewusst fehl, wodurch der Entscheidungsprozess negativ beeinflusst werden kann. Auch dies bedeutet eine Abweichung zur Rationalitätstheorie, welche davon ausgeht, dass Menschen Wahrscheinlichkeiten richtig erfassen können. Wahrscheinlichkeits-„*Anomalien*" treten besonders bei extremen Wahrscheinlichkeitsaussagen auf, die entweder gegen 0 % oder gegen 100 % gehen, auf[777].

Ähnlich wie bei der Verlustaversion verhält es sich auch bei den zahlreichen Wahrscheinlichkeits-„*Anomalien*": *(1)* Wahrscheinlichkeiten die gegen 0 % gehen, wird nur eine geringe bis gar keine Bedeutung beigemessen. Wahrscheinlichkeiten,

---

772 Zusammenfassend: *Nitzsch*, Marktteilnehmer an der Börse, in: *Frey* [u.a.] (Hg.): Wirtschaftspsychologie, 268 (268 ff.).

773 Zur Auswirkung dieses Phänomens bei Bonusanreizen: *Ariely*, Wer denken will, muss fühlen, S. 48.

774 *Kahneman/Tversky*, Spektrum der Wissenschaft 1982, 89 (89 f.).

775 *Kahneman/Tversky*, Cognitive Psychology 1974, 430 (430 f., 445 ff.); *dies.*, Econometrica 1979, 263 (265 ff.).

776 *Gigerenzer/Kober*, Risiko, S. 11 ff.

777 Vgl. hierzu ausführlich: *Eisenführ/Weber*, Rationales Entscheiden, S. 177 ff. und zusammenfassend: *Manhart*, Do People Choose in Accordance with Utility Theory?, S. 11 ff. *Gigerenzer* sieht hierin keine Anomalie, er geht davon aus, dass dieser Fehler aus reiner Unwissenheit bezüglich stochastischer Probleme resultiert (*Gigerenzer*, European Review of Social Psychology 1991, 83 (83 ff.)). Zur Kritik an den Forschungen von *Kahneman/Tversky* vgl. auch *Gaissmaier/Gigerenzer*, Denken und Urteilen unter Unsicherheit: Kognitive Heuristiken, in: *Funke* (Hg.): Enzyklopädie der Psychologie: Denken und Problemlösen, 329 (329 ff.). *Gaissmaier/Gigerenzer* geben hier treffend zu bedenken, dass es nicht ausreichend sein kann „*Anomalien*" zu erforschen, sondern auch die Notwendigkeit besteht eigene Modelle zu entwickeln. Ohne eine Modellbildung kann das Auffinden von Anomalien nicht zielführend sein, da ohne Zusammenhang eine Erklärung der „*Anomalien*" nicht möglich ist.

die gegen 100 % gehen, werden überschätzt. Es tritt ein falscher Sicherheitseffekt ein. Aus dieser Wahrscheinlichkeits-„*Anomalie*" resultiert eine Risikoverzerrung. *(2)* Es lässt sich die Tendenz erkennen, dass Menschen kleinen Wahrscheinlichkeiten mehr Gewicht beimessen als großen Wahrscheinlichkeiten. Dies führt dazu, dass dem Unterschied zwischen 97 % und 98 % nur eine geringe Bedeutung beigemessen wird, dem Unterschied zwischen 2 und 3 % hingegen eine größere Bedeutung[778]. So kann auch erklärt werden, warum viele Menschen überversichert sind[779]. Folgendes Beispiel verdeutlicht das Problem[780]:

> *Stehen Menschen vor der Entscheidung, ob sie zu 90 % € 1.000,00 gewinnen oder zu 45 % € 10.000,00, entscheiden sich die meisten Menschen für die erste Variante. Lautet die Entscheidungssituation aber auf 0,2 % 1.000,00 zu gewinnen und 0,1 % 10.000,00, dreht sich das Entscheidungsverhalten plötzlich um. Dies, obwohl in beiden Fällen die Wahrscheinlichkeiten jeweils doppelt so hoch waren.*

Menschen denken in Repräsentativitäten und lassen dabei die Wahrscheinlichkeitsaussagen und Zusammenhänge außer Betracht. Aktuelle Informationen werden als repräsentativ angesehen und damit in Zusammenhang stehende Wahrscheinlichkeitsaussagen unterbewusst ignoriert. Die Bedeutung von Basisraten und bedingten Wahrscheinlichkeiten werden verkannt[781].

Das Problem der Wahrscheinlichkeits-„*Anomalien*" lässt sich auch bei Experten finden und in Gerichtsverhandlungen können diese „*Anomalien*" ebenfalls eine Rolle spielen[782].

ee) Hindsight Bias

Der Rückschaufehler lässt sich mit einem Zitat von *Kierkegaard* umschreiben:

> *„Wir leben das Leben vorwärts, aber wir verstehen es rückwärts."*

Als „*hindsight bias*" bezeichnet man allgemein die Verzerrung durch nachträgliche Einsicht und Information[783]. Es handelt sich um das Phänomen, dass nach dem Eintreten eines Ereignisses dessen Vorhersehbarkeit überschätzt wird[784].

Nach einem Absturz an der Börse können alle Experten genau erklären, warum es genau zu diesem Zeitpunkt zu einer „*Kurskorrektur*" hat kommen müssen. Aber keiner der Experten war in der Lage vorherzusehen, wann es zu einem „*Crash*" kommt.

---

778 *Kahneman/Tversky*, Spektrum der Wissenschaft 1982, 89 (92 ff.).
779 *Betsch* [u.a.], Denken, Entscheiden, Urteilen und Problemlösen, S. 90.
780 Vgl. *Kahneman/Tversky*, Econometrica 1979, 263 (265 ff.).
781 *Betsch* [u.a.], Denken, Entscheiden, Urteilen und Problemlösen, S. 39 ff.
782 Ausführlich zu dieser Problematik: *Schweizer*, Kognitive Täuschungen vor Gericht, S. 124 ff.
783 *Myers*, Psychologie, S. 21.
784 *Betsch* [u.a.], Denken, Entscheiden, Urteilen und Problemlösen, S. 42.

Nachträglich bekannt gewordene Informationen werden in die Kognition übertragen, können aber nicht mehr von dem ursprünglich vorhandenen Wissen abgegrenzt werden. Es bilden sich rückwärtsgerichtete Kausalketten. Aufgrund dieser *„fehlerhaften"* Vermengung von Informationen gehen Menschen im Nachgang zu einer Entscheidung davon aus, dass das Ergebnis zwangsläufig so ausfallen musste. Es kommt zu der Annahme einer falschen Vorhersehbarkeit[785]. Die nachträglich wahrgenommene Information wird in Bezug auf das tatsächlich eingetretene Ereignis gesehen. Die bereits vorhandenen Informationen werden gewichtet nach dem Ergebnis und den bestätigenden Informationen. Mögliche Alternativen werden nun unberücksichtigt gelassen und die bestätigenden Informationen überproportional stark gewichtet aufgrund der Annahme, dass der Ausgang wegen der (nun vorhandenen) Informationslage vorhersehbar war. Es kommt zu einer verzerrten Wahrnehmung und Bewertung verfügbarer Informationen. Den Rückschaufehler begehen auch Experten und er tritt zwangsläufig auf, wobei durch bestimmte Strategien eine Verringerung dieser Anomalie möglich erscheint[786].

c) Informationsverfügbarkeit

Im Rahmen der Informationsverfügbarkeit geht es nicht mehr um die Wahrnehmung und Verarbeitung von Informationen, sondern um das Abrufen bereits aufgenommener Informationen[787]. Menschen sind in der Lage, Informationen zu speichern. Wesentliche Bedeutung kommt dieser Fähigkeit in Entscheidungssituationen zu, da es uns ermöglicht, bereits wahrgenommene Informationen in den Entscheidungsprozess aufzunehmen. Aber auch an dieser Stelle kann es zu kognitiven Verzerrungen kommen. Kognitive Verfügbarkeit von Informationen ist ein großer Vorteil in Entscheidungssituationen, aber nur dann, wenn auch benötigte Informationen abgerufen werden können. Anderenfalls kann sich diese Fähigkeit in einen Nachteil umkehren[788].

Informationen stehen in unserem Gedächtnis in unterschiedlicher Form zur Verfügung. Es ist hierbei zwischen Informationen im Kurz- und Langzeitgedächtnis zu unterscheiden. Nicht alle Informationen stehen gleichermaßen in einer Entscheidungssituation zur Verfügung. Das menschliche Gehirn als Informationsverwaltungszentrale ist nun mal kein Computer. Es kommt damit zu der Besonderheit, dass weniger verfügbare Informationen im Entscheidungsprozess ausgeblendet werden. Aufgrund dieser Selektion kann es bereits zu einem verzerrten Entscheidungsbild kommen. Die Informationsverfügbarkeit wird durch den Input gesteuert. Nehmen wir neue Informationen auf, sind diese besonders präsent und beherrschen den Entscheidungsprozess. Weniger präsente Informationen werden unterbewusst

785 *Bahr*, Vertrauen in Wirtschaftsprüfer, S. 226 ff.

786 Vgl. mit zahlreichen Nachweisen: *Schweizer*, Justice 2008/1, Rn. 11 ff.

787 Mitunter werden priming und primacy als Verfügbarkeitsanomalie gesehen: *Nitzsch*, Entscheidungslehre, S. 16 ff.

788 *Ebenda*, S. 13 ff.

ausgeblendet. Auch Wahrscheinlichkeits-„*Anomalien*" und die Verfügbarkeitsheuristik werden hierdurch erklärbar. Bei Informationen über einen aktuellen Flugzeugabsturz schätzen wir die Wahrscheinlichkeit von künftigen Flugzeugabstürzen generell wesentlich höher ein[789].

Ferner treten folgende kognitive Täuschungen bei der Verfügbarkeit von Informationen auf:

aa) Halo Effect

Der Halo- oder Hofeffekt beschreibt das Phänomen, dass (*a*) unabhängige Einzelinformationen als korrelierend und kausal zusammenhängend wahrgenommen werden und (*b*) von erkennbaren Informationen auf weitere Informationen geschlussfolgert wird. Liegt beispielsweise eine negative Grundinformation vor, besteht die Tendenz, dass aufgrund von Scheinkorrelationen auf weitere negative Informationen geschlossen wird[790]. Es besteht die Gefahr, dass Entscheidungen aufgrund von Scheinkorrelationen getroffen werden. Noch nicht geklärt ist, ob der „*halo effect*" zwangsläufig eintritt[791].

bb) Mood Congruent Recall

„*Mood congruent recall*", beschreibt das Phänomen, dass die Informationsverfügbarkeit in direkter Abhängigkeit zur emotionalen Stimmung steht. Emotionen bestimmen das Entscheidungsverhalten mit. Je nach Stimmungslage ändert sich die Informationsverfügbarkeit, bestimmte Informationen werden früher abgerufen. Der „*mood congruent recall*" tritt insbesondere bei der Bewertung von Handlungsalternativen auf[792]. Die Stimmungslage bestimmt entscheidend mit, ob eine Alternative positiv oder negativ eingeschätzt wird und ob eher bestätigende oder ablehnende Faktoren zuerst bewusst werden.

Im Zusammenhang mit dem „*mood congruent recall*" steht das „*mood congruent memory*" Phänomen. Dies besagt, dass bei einer positiven Gemütslage eher positive Informationen zur Verfügung stehen. Bei einer negativen Stimmungslage ist es genau entgegengesetzt[793].

Der Einfluss von Emotionen auf unser Entscheidungsverhalten wurde durch die neoklassische Wirtschaftstheorie bisher nicht untersucht. Emotionen passten nicht in das rationale Entscheidungsmodell und wurden außer Acht gelassen. In der

---

789 *Goldberg/Nitzsch*, Behavioral finance, S. 57 f.

790 *Maderthaner*, Psychologie, S. 333.

791 Mit zahlreichen Nachweisen: *Schweizer*, Kognitive Täuschungen vor Gericht, S. 230 ff.

792 *Funke/Holt*, Zur Rationalität von Emotionen beim Problemlösen, in: *Scherzberg* [u.a.] (Hg.): Kluges Entscheiden, S. 80 ff.

793 Vgl. hierzu vertiefend: *Nitzsch*, Entscheidungslehre, S. 18.

Verhaltensökonomik ist anerkannt, dass Emotionen unser Entscheidungsverhalten maßgeblich mitbeeinflussen[794]:

> *"[...] emotions influence economic behavior in two distinct ways. First, people anticipate, and take into account, how they are likely to feel about the potential consequences of alternative courses of action. [...] Second, substantial research supports the idea that immediate emotions also play an important role in decision-making. Integral immediate emotions arise from contemplating the potential outcomes of a decision. In some cases, these emotions seem to play a beneficial role in decision-making, informing decision makers about their own values. But in other cases, such as the disproportionate fear commonly associated with flying as opposed to driving, integral emotions may cause people to act contrary to their own material interests. In contrast to the mixed role played by integral emotions, it is much more difficult to justify the well-documented role of incidental emotions, which by definition are unrelated to the decision at hand. In general, research on expected emotions is far more advanced than that on immediate emotions. As a result, there is a pressing need for more research to examine the causes and consequences of immediate emotions, and to understand the complex interplay of immediate and expected emotions in the production of behavior."*[795]

*d) „*Anomalien*" außerhalb des Informationsprozesses*

Auch außerhalb des Prozesses der Informationswahrnehmung und -verarbeitung sind kognitive Verzerrungen anzutreffen. Untersuchungen haben gezeigt, dass das Entscheidungsverhalten neben kognitiven Beschränkungen durch weitere Faktoren beeinflusst wird. Man spricht insoweit von Handlungsmotiven, welche sich nicht ausschließlich auf eine Nutzenmaximierung reduzieren lassen[796]. Besonders deutlich wird dies, wenn Entscheidungen interaktiv getroffen werden müssen. In interaktiven Entscheidungssituationen weicht das Entscheidungsverhalten von den Annahmen der Rationalitätstheorien ab. Auch außerhalb interaktiver Prozesse lassen sich *„Anomalien"* finden, welche nicht in Einklang mit der *„rational choice theory"* stehen:

aa) Overconfidence[797]

Overconfidence beschreibt die Tendenz, dass Menschen ihr eigenes Handeln und Entscheiden systematisch überschätzen. Hinsichtlich eigener Entscheidungen besteht

---

794 Vgl. hierzu mit zahlreichen Nachweisen: *Loewenstein*, The American Economic Review 2000, 426 (426 ff.); *Rick/Loewenstein*, The Role of Emotion in Economic Behavior, in: *Lewis* [u.a.] (Hg.): Handbook of emotions, 138 (138 ff.).

795 *Ebenda.*

796 In diesen Zusammenhang ist auf die Theorie der *„Identity Economics"* (*Akerlof/Kranton*, Identity Economics, S. 139 ff.) zu verweisen. *Akerlof/Kranton* stellen insoweit ausführlich dar, dass für jeden Menschen eine eigene Nutzenfunktion besteht. Es gibt keinen für alle Menschen einheitlichen *„Nutzen"*.

797 *Ariely*, Wer denken will, muss fühlen, S. 117 ff., 128 ff.

ein sehr großes, zum Teil nicht angebrachtes Selbstvertrauen[798]. Dies führt dazu, dass eigene Aussagen überbewertet werden und man auf diesen beharrt. Es fällt dann schwer, widersprüchliche Informationen aufzunehmen und zu verarbeiten[799]. *Overconfidence* führt zu einer (Schein-)Sicherheit die Menschen aufgrund der *„kognitiven Dissonanz"* suchen. Indem Menschen eigenen Urteilen schier *„blind"* vertrauen, fühlen sie sich sicher. Diese Sicherheit wird Bestandteil des Wissens und manifestiert Entscheidungen[800]. Diese *„Selbsttäuschung"* ist evolutionsbiologisch zu begründen, da es zu einem Wohlgefühl führt und innere Konflikte vermeidet[801].

Verschiedene Studien haben gezeigt, dass *overconfidence* bei wirtschaftlichen Entscheidungen vorteilhaft sein kann. Eine zu große Selbstüberschätzung kehrt diesen Vorteil jedoch ins Negative um. Selbstüberschätzung führt zu einem risikofreudigen Verhalten. Vorstände, die ein moderates Selbstvertrauen zeigen, treffen bessere wirtschaftliche Entscheidungen. Sie verhalten sich risikofreudiger und investieren auch in risikoreiche Geschäfte, was sich zumeist positiv auf den Unternehmenswert auswirkte[802]. Manager, denen es hingegen an Selbstvertrauen fehlt, verhalten sich risikoavers, verzögern Entscheidungen und dienen damit nicht dem Unternehmensinteresse. *Malmendier/Tate* haben aufgezeigt, das ein zu großes Selbstvertrauen jedoch zu schlechten wirtschaftlichen Entscheidungen führt. Entscheidungen geboren aus zu großem Selbstvertrauen sind zu risikoreich, werden überschätzt und enden meist mit großen Verlusten[803].

> *„We argue that managerial overconfidence can account for corporate investment distortions. Overconfident managers overestimate the returns to their investment projects and view external funds as unduly costly. Thus, they overinvest when they have abundant internal funds, but curtail investment when they require external financing. We test the overconfidence hypothesis, using panel data on personal portfolio and corporate investment decisions of Forbes 500 CEOs. We classify CEOs as overconfident if they persistently fail to reduce their personal exposure to company-specific risk. We find that investment of overconfident CEOs is significantly more responsive to cash flow, particularly in equity-dependent firms."*[804]

Die Selbstüberschätzungs-*„Anomalie"* darf nicht isoliert betrachtet werden, sondern ist in Verbindung zu bringen mit der Bestätigungstendenz und dem Ankereffekt[805]. Eine Abgrenzung außerhalb des Labors ist nicht möglich. Die Grenzen sind fließend.

---

798 *Betsch* [u.a.], Denken, Entscheiden, Urteilen und Problemlösen, S. 42.
799 *Myers*, Psychologie, S. 438–439.
800 *Riesenhuber*, Die Fehlentscheidung, S. 96.
801 *Jeske*, Risikoentscheidungsverhalten von Führungskräften, S. 113.
802 *Malmendier/Tate*, Journal of Finance 2005, 2661 (2661, 2695 f.) und mwN.: *Jeske*, Risikoentscheidungsverhalten von Führungskräften.
803 *Malmendier/Tate*, CEO Overconfidence and Corporate Investment, S. 1, 35 ff.; *Malmendier/Tate*, Journal of Finance 2005, 2661 (2695 f.); *Malmendier/Tate*, Journal of Financial Economics 2008, 20 (20, 34 ff.).
804 *Malmendier/Tate*, CEO Overconfidence and Corporate Investment, S. 1.
805 Vgl. auch *Riesenhuber*, Die Fehlentscheidung, S. 97.

bb) Sunk Costs Effect

Gerade bei wirtschaftlichen Entscheidungen lässt sich eine weitere *„Anomalie"* finden, die nicht in Einklang mit den Rationalitätsannahmen zu bringen ist. Bei der Bewertung von Alternativen dürften laut der *„rational choice theory"* vorangegangene Kosten keine Berücksichtigung finden. Bereits realisierte Kosten oder Verluste dürften für zukunftsorientierte Entscheidungen keine Rolle spielen. Es geht ausschließlich um den zukünftigen Nutzen. Bereits eingetretene Kosten sind hierfür irrelevant. Dennoch findet sich häufig die Situation, dass *„schlechtem Geld noch gutes Geld"* hinterhergeworfen wird. Besonders deutlich wird dies bei Anlageinvestitionen. Obwohl die Kursentwicklung eindeutig dafür spricht, dass die Investition beendet werden sollte, werden Aktien weiter gehalten, da man zu sehr auf die eingetretenen Verluste achtet[806] und auf Kompensation hofft.

Auch in der Wirtschaft und Politik lässt sich der *sunk costs bias* antreffen. An verlustreichen Projekten wird mit der Argumentation festgehalten, dass die bisherigen Kosten es nicht rechtfertigen würden, aus dem Projekt auszusteigen. Die Entscheidung wird hier auf bereits eingetretene Kosten, die nicht mehr beeinflusst werden können, gestützt. Es wird verkannt, dass es für die Entscheidung falsch ist, sich auf vergangene Kosten zu beziehen. Es müsste vielmehr überlegt werden, welchen Nutzen das Projekt in Zukunft bringen wird.

cc) Endowment bias[807]

Bei dem *endowment bias (status quo effect)* handelt es sich um eine *„Anomalie"*, welche Ausdruck der menschlichen Verlustaversion ist. Er beschreibt die Tendenz, dass Güter, die sich im eigenen Besitz befinden, höher bewertet werden als Güter, welche im Besitz anderer Personen stehen. Es ist zu beobachten, dass im Besitz befindliche Güter erhalten bleiben sollen. Es fällt schwer, den status quo aufzugeben[808]. Die Nachteile, einen Gegenstand wieder zu verlieren, werden grundsätzlich höher eingeschätzt als etwaige Vorteile. Dies ist auch der Grund dafür, warum Güter selbst für Höchstpreise nicht weiterverkauft werden.

Kahneman/Knetsch/Thaler haben aufgezeigt, dass der *endowment bias* die Ursache dafür ist, dass ein Marktgleichgewicht nicht erreicht werden kann. Aufgrund der Abneigung Güter wieder zu veräußern, kann sich kein Marktgleichgewicht einstellen[809].

III. Anomalien und Experten

Nachdem die relevanten Entscheidungsparadoxa vorgestellt wurden, ergibt sich die Frage, ob Entscheidungs-*„Anomalien"* nur bei Laien oder auch bei Experten

---

806 *Kirchgässner*, Homo oeconomicus, S. 192.
807 Vgl. hierzu mit weiteren Nachweisen: *Kahneman* [u.a.], Journal of Economic Perspectives 1991, 193 (193 ff.).
808 *Eisenführ/Weber*, Rationales Entscheiden, S. 371.
809 *Kahneman* [u.a.], Journal of Political Economy 1990, 1325 (1325 f.).

auftreten. Nur im letzten Fall wäre eine Übertragung der Erkenntnisse auf den hier zugrunde liegenden Untersuchungsgegenstand möglich, da hier das Entscheidungsverhalten von Experten untersucht wird.

In verschiedenen Untersuchungen wurde festgestellt, dass nicht nur Laien diversen *„Anomalien"* und kognitiven Beschränkungen unterliegen, sondern ebenso Experten[810]. Experten verstoßen in nicht trivialen Entscheidungssituationen systematisch gegen die Annahmen der *„expected utility theory"*[811].

Bei Experten ist besonders häufig die *„overconfidence"*-*„Anomalie"* zu beobachten[812] und die Tatsache, dass sie mit stochastischen Überlegungen ebenso schlecht umgehen wie Laien. Selbst eine statistische Ausbildung führte nicht zwangsläufig dazu, dass Wahrscheinlichkeiten besser eingeschätzt werden konnten[813]. Verschiedene Studien haben gezeigt, dass Experten bisweilen eigene Fähigkeiten überschätzen. Diese Selbstüberschätzung ist insbesondere bei komplexen Entscheidungen zu beobachten[814]. Finanzmarktakteure sind besonders anfällig für Selbstüberschätzung. Die bisherigen Studien haben gezeigt, dass mit steigender Expertise die Selbstüberschätzung zunimmt[815].

Koehler, Brenner und *Griffin* kommen zu dem Ergebnis, dass das Selbstüberschätzungsphänomen sich dann wesentlich reduziert, wenn Akteure regelmäßig ein präzises Feedback über ihre Leistungen erhalten[816].

1. *„Anomalien"* im Strafprozess

Nachdem aufgezeigt wurde, dass auch Experten kognitiven Täuschungen unterworfen sind, stellt sich die Anschlussfrage, ob diese auch bei Richtern anzutreffen sind[817].

Zu dieser Fragestellung wurden in den letzten Jahrzehnten, wiederum hauptsächlich in den USA, Studien durchgeführt[818]. Das (nicht überraschende) Ergebnis darf an dieser Stelle vorweggenommen werden: Auch Richter sind nicht vor kognitiven

810 Vgl. mit zahlreichen Nachweisen zu durchgeführten Studien: *Hofmann*, Abwägung im Recht, S. 255 ff.

811 Vgl. hierzu: *Shafir/LeBoeuf*, Annual Review of Psychology 2002, 491 (502 ff.); *Frey/Benz*, Ökonomie und Psychologie, S. 1, 24 f.

812 Vgl. hierzu mit weiteren Nachweisen: *Schweizer*, Kognitive Täuschungen vor Gericht, S. 26 ff.

813 *Shafir/LeBoeuf*, Annual Review of Psychology 2002, 491 (502 ff.): Untersuchungen haben beispielsweise aufgezeigt, dass bei Fragen zu Wahrscheinlichkeiten (bezogen auf medizinische Themen) Ärzte keine besseren Ergebnisse lieferten als Krankenschwestern oder medizinisch ungebildete Angehörige.

814 *Griffin/Tversky*, Cognitive Psychology 1992, 411 (411 ff.).

815 *Ebenda.*

816 *Koehler* [u.a.], The Calibration of Expert Judgment, in: *Gilovich* [u.a.] (Hg.): Heuristics and biases, 686 (686, 708 ff.).

817 Siehe hierzu einleitend: *Glöckner/Towfigh*, DRiZ 2015, 270 (271 ff.).

818 Eine umfangreiche Übersicht über diese Untersuchungen findet sich bei: *Schweizer*, Kognitive Täuschungen vor Gericht, S. 77 ff.

Täuschungen gefeit[819]. Im Folgenden sollen die typischen Täuschungen näher dargelegt werden. Es wird jedoch eine Beschränkung auf kognitive Täuschungen erfolgen, welche besondere Auswirkungen auf den Strafprozess haben können. Typische kognitive Täuschungen im Rahmen von Zivilprozessen und daraus resultierende Probleme bleiben unberücksichtigt[820]. Vorliegend wird auch besonders auf die Rolle von Sachverständigen eingegangen, da diese in der Regel einen erheblichen Einfluss auf die Entscheidungsbildung des Gerichts haben[821]. Untersuchungen haben gezeigt, dass auch Sachverständige dem Rückschaufehler unterliegen[822].

a) Hindsight bias im Strafverfahren

Guthrie, Rachlinski und *Wistrich* haben untersucht, ob Strafrichter dem *hindsight bias* unterliegen[823]. Hierzu haben sie 2 Gruppen von Strafrichtern einen fiktiven Fall geschildert. Einer Gruppe haben sie den Ausgang des fiktiven Berufungsverfahrens mitgeteilt, der anderen Gruppe nicht. Die Gruppe die Kenntnis vom Ausgang des Berufungsverfahrens hatte, gab an, dass sie den Ausgang des Verfahrens vorhergesehen hätten. Die Kontrollgruppe hat diese Aussage nicht treffen können.

Der Rückschaufehler scheint unvermeidbar zu sein. Selbst bei Kenntnis der Problematik ist zu beobachten, dass diese kognitive Täuschung auftritt.

Der Rückschaufehler kommt bei alltäglichen Entscheidungssituationen kaum vor. Im täglichen Leben müssen wir nicht oft (objektiv) analysieren, ob eine frühere Entscheidung richtig war oder nicht. Anders sieht dies jedoch bei Strafrichtern, insbesondere in Wirtschaftsstrafverfahren aus. Hier wird diese kognitive Täuschung besonders relevant. In Wirtschaftsstrafverfahren stellt sich häufig die zentrale Frage, ob eine Entscheidung in der Vergangenheit angemessen war oder nicht. Diese Frage muss zwar zum Zeitpunkt der Handlung untersucht werden, jedoch ist nun das tatsächlich eingetretene (meist negative) Ergebnis bekannt. Dieses Wissen und die kognitive Täuschung führen dazu, dass die Vorhersehbarkeit eines Ereignisses im Nachhinein überschätzt wird. Verstärkt wird dieser Effekt noch durch den *outcome bias*. Dieser besagt, dass eine Entscheidung (nachträglich) negativer beurteilt wird, wenn diese einen negativen Ausgang genommen hat. Dagegen wird eine

---

819 Mit zahlreichen weiteren Nachweisen: *Guthrie* [u.a.], Cornell Law Review 2001, 777 (777 ff.).

820 Vgl. zu dieser Thematik mit weiteren Nachweisen: *Schweizer*, Justice 2009/4, Rn. 1 ff.; *ders.*, Justice 2007/3, Rn. 1 ff.; *ders.*, Jusletter 7.3.2005, Rn. 1 ff.; *ders.*, Jusletter 8.3.2004, Rn. 1 ff.

821 Vgl. zur Bedeutung des Sachverständigen im Strafprozess: *Detter*, NStZ 1998, 57 (57 ff.).

822 Mit weiteren Nachweisen: *Kadous*, The Accounting Review 2000, 327 (327 ff.); *Emby* [u.a.], Behavioral Research in Accounting 2002, 87 (87 ff., 104 ff); *Jäger/Schweiter*, Schweizerische Ärztezeitung 2005, 1940 (1940 ff.).

823 *Guthrie* [u.a.], Cornell Law Review 2001, 777 (777 ff.).

Entscheidung dann als positiv bewertet, wenn sie sich nachträglich als Erfolg herausgestellt hat.

Es zeigt sich das Dilemma: In Wirtschaftsstrafverfahren kennt man die negativen Konsequenzen der gegenständlichen Entscheidung. Es steht nun aufgrund der vorgestellten Untersuchungen zu befürchten, dass die Vorhersehbarkeit des negativen Ergebnisses überschätzt wird. Dies wird, nicht zuletzt aufgrund der zum Teil immensen Schäden, durch den *outcome bias* noch verstärkt. Auch Sachverständigengutachten sind in diesem Zusammenhang mit Vorsicht zu genießen. Es steht zu erwarten, dass auch der Sachverständige dem Rückschaufehler unterliegt. Dieser Effekt wird durch eine intensiver mediale Wahrnehmung der Angelegenheit intensiviert.

b) Anchoring

Der Ankereffekt wirkt sich auch in Gerichtsverfahren aus. Anker können beispielsweise bereits durch Anträge und Vergleichsvorschläge gesetzt werden.

Selbst erfahrene Strafrichter unterliegen dem Ankereffekt[824]. Studien haben ergeben, dass sich Strafrichter maßgeblich von den Anträgen der Staatsanwaltschaft leiten lassen. Urteile orientieren sich unterbewusst zumeist an den Anträgen der Staatsanwaltschaft. Dieses Ergebnis ergaben Studien sogar dann, wenn die Anträge von einem Rechtsunkundigen gestellt wurden, welcher das Strafmaß willkürlich festgelegt hat[825]. Aufgrund dieser Erkenntnisse stellt sich die Frage, ob dem Angeklagten nicht das erste Wort gewährt werden muss und der Staatsanwaltschaft das letzte Wort[826].

2. Kognitive Beschränkungen und Strafverfahren

Es kann nicht abschließend beurteilt werden, welche Auswirkungen diese kognitiven Täuschungen auf die Rechtsprechungspraxis haben. Hierzu existieren für Deutschland noch nicht genügend Studien. Ob die bisherigen Studien aussagekräftig sind und welche Bedeutung diesen zuzumessen ist, kann ebenfalls nicht abschließend bewertet werden. Beispielsweise kann gegen die Studien von *Englich & Kollegen*[827] eingewandt werden, dass aufgrund der gewählten Probanden die Aussagekraft zumindest fraglich ist. Es wurden die Untersuchungen mit Berufsanfängern (wohl auch Referendaren „*junior lawyers*“[828]), welche nicht strafrechtlich spezialisiert waren, durchgeführt. Offen bleibt, ob die Probanden über das notwendige Wissen und die notwendige Erfahrung bezüglich der Strafzumessung verfügt haben.

---

824 Zum Thema anchroing vgl.: *Mussweiler* [u.a.], Anchoring effect, in: *Pohl* (Hg.): Cognitive illusions, 183 (183 ff.). Mit zahlreichen Nachweisen: *Englich*, Law & Policy 2006, 497 (497 ff.).

825 *Englich* [u.a.], Law and Human Behavior 2005, 705 (705 ff.); *Englich*, Law & Policy 2006, 497 (500).

826 *König*, Anwaltshandbuch Strafverteidigung, § 30, Rn. 12.

827 Insbesondere *Englich* [u.a.], Law and Human Behavior 2005, 705 (705 ff.).

828 Vgl. *Ebenda*, 705 (711).

Strafzumessung ist eine nicht zu unterschätzende Angelegenheit, die ein fundiertes Wissen voraussetzt. Auch fehlen bei abstrakten Experimenten die Eindrücke der Hauptverhandlung, welche für eine Strafzumessung ebenso wenig unterschätzt werden dürfen. *Englich, Mussweiler, Strack* haben die Kritik an ihre Studie angenommen und weitere Untersuchungen mit Richtern und Staatsanwälten durchgeführt[829]. Auch diese kamen zu dem Ergebnis, dass Richter dem Ankereffekt unterliegen. Die Ergebnisse können aber noch nicht als robust bezeichnet werden. Es handelt es sich hier um einzelne Studien mit geringer Teilnehmerzahl (*42 Personen*).

Trotz aller Bedenken gegen die Studien müssen sich die *„Anomalien"* dennoch auch hier auswirken, Richter sind auch nur Menschen. Es kann zum jetzigen Zeitpunkt jedoch noch nicht abgesehen werden, welche Intensität diese Auswirkungen haben und ob sich die *„Anomalien"* gegebenenfalls neutralisieren. An dieser Stelle besteht noch Forschungsbedarf. Es dürfen auch nicht die US-amerikanischen Studien unreflektiert übernommen werden. Das deutsche und das US-amerikanische Rechtssystem unterscheiden sich erheblich. Aus festgestellten *„Anomalien"* bei Jury-Entscheidungen können keine Rückschlüsse auf Entscheidungen durch deutsche Strafrichter geschlossen werden.

Der Ankereffekt[830] durch die Reihenfolge der Plädoyers im Rahmen von Strafverhandlungen darf nicht überbewertet werden. Es stellt sich hier zunächst (die noch nicht geklärte) Frage, ob der Anker tatsächlich erst durch das Plädoyer gesetzt wird. Der Anker könnte auch bereits in Phase des Aktenstudiums gesetzt worden sein. Der Strafprozess ist zwar durch den Grundsatz der Mündlichkeit bestimmt. Die Rechtspraxis zeigt aber, dass sich Richter nicht selten aufgrund der Aktenlage ihre Meinung bilden. Es kann nicht ausgeschlossen werden, dass bereits in dieser Phase (unterbewusst) Anker gesetzt werde. In diesem Zusammenhang ist jedoch zu berücksichtigen, dass Richter in der Strafmaßbildung nicht vollends frei sind, sondern diese gesetzlich normiert und reversibel ist. *„Anomalien"* werden immer dann verstärkt, je freier Entscheidungen sind. Werden Entscheidungen jedoch durch Regeln bestimmt und dem freien Ermessen hierdurch Grenzen gesetzt, verringert sich der Einfluss des Ankereffekts. Vorausgesetzt Strafrichter reflektieren anhand des Strafgesetzbuches und der Regelungen zur Strafmaßbildung, so ist anzunehmen, dass sich der Ankereffekt verringert oder sogar neutralisiert[831].

Auch der Repräsentativitätseffekt darf im Rahmen von Strafverhandlungen nicht überschätzt werden. Hier stellt sich zunächst die bedeutende Frage, ob dieser nicht durch fehlende mathematische Kenntnisse hervorgerufen wird. Zu klären ist, ob der Repräsentativitätsfehler auch dann noch auftritt, wenn die Probanden vorher

---

829 *Englich* [u.a.], Personality and Social Psychology Bulletin 2006, 188 (188 ff.).

830 Wesentliche Bedeutung kommt dem Ankereffekt im Zivilprozess, insbesondere bei Vergleichsverhandlungen, zu. Unterbreiten Richter einen Vergleichsvorschlag, setzen sie einen Anker. Diesen Vergleichsvorschlag kann man nur noch sehr schwer neutralisieren. Daher sollten Richter mit der Unterbreitung von Vergleichsvorschlägen und Erläuterungen vorsichtig umgehen.

831 *Mussweiler/Strack*, Journal of Experimental Psychology 2000, 495 (495 ff.).

in die Grundlagen statistischer Wahrscheinlichkeitsaussagen eingewiesen wurden. Jedenfalls ist anzunehmen, dass sich diese *„Anomalien"* durch Weiterbildung verringern, wenn nicht sogar neutralisieren[832].

Problematisch in Strafverfahren ist der *hindsight bias.* Aufklärung und Kenntnis kann dieses Phänomen nicht neutralisieren. Ebenso kann in diesem Bereich die kognitive Täuschung nicht über ein Normensystem vermieden werden[833]. Der Rückschaufehler stellt gerade in Wirtschaftsstrafverfahren ein nicht zu unterschätzendes Risiko dar. Strafverteidiger sind hier gehalten, Sachverständigengutachten genau auf etwaige Verstöße hin zu überprüfen und müssen deutlich herausarbeiten, dass bestimmte Entwicklungen nicht vorhersehbar waren. Eine Möglichkeit wäre, dass Sachverständigen anonymisierte Daten zur Verfügung gestellt werden, sodass diese keine Kenntnisse über den Ausgang der zu untersuchenden Angelegenheit hätten. Hier stellt sich aber das Problem der praktischen Umsetzung.

Abschließend lässt sich festhalten, dass im Strafprozess aufgrund des Normensystems kognitive Täuschungen eher neutralisiert werden können[834].

Guthrie hat ein mögliches Vorgehen aufgezeigt, um kognitive Täuschungen vor Gericht zu minimieren[835]:

> *"What can the legal system do to avoid or minimize the effects of cognitive illusions? There is no single, simple answer to this question. We discuss three potential remedies below. First, judges might learn to educate themselves about cognitive illusions so they can try to avoid the errors that illusions tend to produce. Second, the legal system might consider reallocating decision-making power from judges to juries as a means of reducing the effects of cognitive illusions. Third, judges and legislators might attempt to craft legal rules that minimize the effect cognitive illusions can have on judgment."*

Aufgrund der unterschiedlichen Rechtssysteme können diese Vorschläge nicht unreflektiert übernommen werden. Fest steht jedoch: Das Gesetz gibt den Weg vor. Es ist anzunehmen, dass bei einer Reflexion anhand des Normensystems kognitive Täuschungen neutralisiert oder wenigstens reduziert werden können[836]. In diesem Zusammenhang sei Richtern und Strafrichtern empfohlen, Entscheidungen erst dann zu treffen, wenn die Urteilsgründe schriftlich formuliert wurden. Nahezu jeder Jurist kennt das Phänomen, dass beim Schreiben eines Schriftsatzes oder eines Urteils sich der Blickwinkel ändern kann. Es ist weiter anzunehmen, dass die Fähigkeit und Anwendung von Abstraktion und Subsumtion kognitiven Täuschungen

---

832 Vgl. *Lindsey* [u.a.], Jurimetrics 2003, 147 (147, 158 ff.).

833 So auch: *Gerst/Meinicke*, StraFO 2011, 29 (32); a.A. *Schweizer*, Justice 2009/4, Rn., S. 29 ff.

834 *Guthrie* [u.a.], Cornell Law Review 2001, 777 (777 ff.).

835 *Ebenda.*

836 *Engel*, The Psychological Case for Obliging Judges to Write Reasons, in: *Engel/Strack* (Hg.): The impact of court procedure on the psychology of judicial decision making, 71 (90 ff.).

entgegenwirkt. Die Möglichkeit kognitiver Täuschungen macht es notwendig, dass sich Rechtsanwälte und Strafverteidiger mit dieser Thematik auseinandersetzen. Sie müssen Strategien zur Vermeidung erkennen und anwenden[837]. Es muss die Aufgabe des Strafverteidigers sein, kognitiven Täuschungen des Gerichts entgegenzuwirken.

Kognitive Täuschungen lassen sich ferner durch konsequente Weiterbildung und Aufklärung über die verschiedenen *„Anomalien"* einschränken. Wahrscheinlichkeits-*„Anomalien"* fallen geringer aus, wenn die Beteiligten Kenntnisse von den (mathematischen) Problemstellungen haben. Kognitive Täuschungen lassen sich durch Reflexion reduzieren. Voraussetzung für die Vermeidung kognitiver Täuschungen ist weiter, dass genügend Zeit bleibt, um eine Entscheidung zu fällen. Zeitdruck wirkt sich negativ auf das Entscheidungsverhalten aus[838]. Zu berücksichtigen ist, dass ein Ankereffekt ca. 1 Woche nachwirkt[839].

Calamandrei hat (in einem anderen Zusammenhang) das vorliegende Problem auf den Punkt gebracht[840]:

> *„I fear the judge who is too sure of himself, who reaches his decision quickly, jumping immediately to conclusions without deliberation or repentance"*

IV. Vermeidungsstrategien

Abschließend ist zu klären, ob es möglich ist, kognitive Täuschungen zu vermeiden. Bei der Durchsicht der Literatur zu dieser Thematik fällt auf, dass bisher kaum Studien zu dieser Fragestellung existieren. Die Wissenschaft beschränkt sich bisher darauf, kognitive Täuschungen zu finden und zu beschreiben[841]. Die wesentliche Frage nach Vermeidungsmöglichkeiten wird noch stiefmütterlich behandelt[842].

Aufgrund der bisherigen Studien ist anzunehmen, dass kognitive Täuschungen nicht grundsätzlich zwangsläufig auftreten. Es ist hierbei jedoch zwischen den verschiedenen kognitiven Täuschungen zu differenzieren. In Studien wurden

---

837 Diese Problematik findet sich in der deutschsprachigen Strafrechtsliteratur nur vereinzelt. Ein Grund hierfür ist wahrscheinlich, dass sämtliche Publikationen auf diesem Gebiet (auch von deutschen Wissenschaftlern) vornehmlich in Englischer Sprache verfasst werden.

838 *Guthrie* [u.a.], Cornell Law Review 2007, 1 (1 ff.).

839 *Mussweiler*, European Journal of Social Psychology 2001, 431 (431).

840 Zitiert nach: *Guthrie* [u.a.], Cornell Law Review 2007, 1 (1).

841 *Thaler/Sunstein*, Nudge, S. 14 ff.

842 *Frey*, Fehler vermeiden – aber wie? Mit dieser Thematik beschäftigt sich auch *Gigerenzer*, welcher aber auch davon ausgeht, dass bestimmte kognitive Täuschungen erst durch Laborversuche erzeugt wurden und im natürlich Entscheidungsverhalten nicht anzufinden sind, *Gigerenzer*, European Review of Social Psychology 1991, 83 (83 ff.).

bestimmte Entscheidungssituationen beobachtet, in denen bestimmte „*Fehler*" nicht zu beobachten waren[843].

Kognitive Täuschungen treten gehäuft dann auf, je freier eine Entscheidung ist, d.h. je mehr Ermessen dem Entscheidungsträger zusteht. Ist eine Entscheidung hingegen durch bestimmte Richtlinien gebunden und die Freiheit des Ermessens reduziert, ist zu beobachten, dass kognitive Täuschungen nicht mehr so häufig auftreten[844]. In Situationen unter Zeitdruck konnten Täuschungen vermehrt beobachtet werden. Anders verhielt es sich, wenn dem Entscheidenden genügend Zeit zur Verfügung gestanden hat. Kognitive Täuschungen im Rahmen von Gerichtsentscheidungen lassen sich durch Training und Reflexion reduzieren. Wahrscheinlichkeits-„*Anomalien*" verringerten sich, sofern die Entscheidungsträger Kenntnisse von den mathematisch-statistischen Grundlagen hatten[845]. Andererseits können bestimmte kognitive Täuschungen, wie beispielsweise der *hindsight bias*, nicht vermieden werden. Selbst dann nicht, wenn die Entscheidungsträger von diesem Phänomen Kenntnis hatten.

Eine Ursache für kognitive Täuschungen ist darin zu sehen, dass Menschen weder rein rational, noch rein intuitiv handeln. Vielmehr verfügen Menschen über ein schnelles intuitives System (*System 1*) und über ein langsameres kontrolliertes System (*System 2*). In der Psychologie wird dieser Ansatz als „*dual process*" bezeichnet. Unsere intuitiven Entscheidungen sind oft richtig, aber nicht immer[846]. Es gibt Situationen, in denen unser intuitives System uns in die falsche Richtung führt. Dennoch besteht auch in diesen Situationen die Möglichkeit, über unser reflexives System das „*richtige*" Ergebnis zu finden[847]. Die folgenden Tabellen zeigen die angenommenen Arbeitsweisen der verschiedenen Systeme und deren Eigenschaften:

---

843 Vgl. beispielsweise *Engel*, The Psychological Case for Obliging Judges to Write Reasons, in: *Engel/Strack* (Hg.): The impact of court procedure on the psychology of judicial decision making, 71 (71 ff.).

844 Vgl. beispielsweise *Mussweiler/Strack*, Journal of Experimental Psychology 2000, 495 (495 ff.).

845 *Lindsey* [u.a.], Jurimetrics 2003, 147 (147 ff.).

846 *Guthrie* [u.a.], Cornell Law Review 2001, 777 (777 ff.).

847 *Guthrie* [u.a.], Cornell Law Review 2007, 1 (8).

Tabelle 5 – Vergleich von System 1 und 2[848]

Characteristic	**System 1 (Intuitive)**	**System 2 (Deliberative)**
Cognitive Style	Heuristic	Systematic
Cognitive Awareness	Low	High
Conscious Control	Low	High
Automaticity	High	Low
Speed	Fast	Slow
Reliability	Fast	High
Effort	Low	High
Emotional Valence	Low	Low

Tabelle 6 – Eigenschaften von System 1 und 2[849]

System 1 (intuitiv)	**System 2 (reflexiv)**
Eigenschaften der Denkprozesse	
automatisch	beherrscht
mühelos	anstrengend
assoziativ	deduktiv
schnell, parallel	langsam, seriell
unbewusst	bewusst
Inhalte, die mit den Systemen verarbeitet werden	
affektiv	neutral
Kausalzusammenhänge	Statistik
konkret, spezifisch	abstrakt

Bisher konnte noch nicht abschließend geklärt werden, wie sich die beiden Systeme zueinander verhalten und in welchen Abhängigkeiten sie stehen[850]. Es wird angenommen, dass Menschen grundsätzlich zwischen beiden Systemen wechseln können. So kann auch erklärt werden, dass kognitive Täuschungen mitunter korrigiert werden können[851].

848 *Guthrie* [u.a.], Cornell Law Review 2007, 1 (8).
849 *Schweizer*, Justice 2009/4, Rn. 9.
850 *Ebenda*, (1 ff.).
851 *Ebenda*, 1 (12 ff.).

Das intuitive System arbeitet mit schnellen Heuristiken. Menschen können deshalb sehr schnell, (richtige) Entscheidungen treffen. Das *System 1* ist sehr schnell und damit auch sehr effizient, gerade unter Berücksichtigung der Fehlerquote[852]. Dieser Vorteil kann sich in einigen Situationen jedoch nachteilig auswirken. Intuitive Entscheidungen können auch falsch sein. Das intuitive System arbeitet beispielsweise mit Kausalzusammenhängen und trifft hierüber Entscheidungen[853]. Dies erklärt auch das Auftreten von Wahrscheinlichkeits-*„Anomalien“*[854]. Es werden Kausalzusammenhänge durch das intuitive System erkannt, welche in der Entscheidungssituation aber falsch sind, da es auf statistische Zusammenhänge ankommt. Heuristiken basieren auf Erfahrungen[855] und Kenntnissen des Entscheidungsträgers und können auch nur so gut wie diese sein[856].

Studien haben gezeigt, dass es schwerfällt, einmal gefundene intuitive Schlüsse unberücksichtigt zu lassen. Das deliberate System kann intuitive Entscheidungen nicht immer korrigieren[857].

Gerade weil das *System 1* schnell und automatisch zu Ergebnissen kommt, wird angenommen, dass es in bestimmten Situationen das *System 2* mitbeeinflussen und dominieren kann. Es wurden Situationen gefunden, in denen auch Reflexion und andere Vermeidungsstrategien eine einmal gefundene Entscheidung nicht mehr korrigieren konnten. Die Intuition hat die Entscheidungssituation dominiert und konnte nicht mehr korrigiert werden[858]. In der Psychologie wird dieses Phänomen unter den Begriffen Bestätigungs- und Überzeugungstendenzen erfasst[859]. Es besteht die Neigung, dass einmal gefundene Entscheidungsergebnisse beibehalten werden und eine damit in Verbindung stehende Aversion besteht, diese zugunsten einer neuen Überzeugung aufzugeben. Dies führt dazu, dass Informationen gesucht werden, die die eigene Überzeugung stützen und wir gegenteilige Informationen ignorieren[860]. Gegenteilige Informationen werden weniger stark gewichtet als bestätigende. Bei ambivalenten Informationen besteht die Tendenz, diese als bestätigend zu werten. Dieser *„Fehler“* ist im Zusammenhang mit dem Selbstüberschätzungsphänomen zu betrachten. Es besteht eine Aversion dagegen, eigene *„Fehler“* einzugestehen. Verstärkt wird die Bestätigungstendenz durch die Überzeugungstendenz. Hiernach besteht die Tendenz, dass an Entscheidungen festgehalten wird, obwohl gegenteilige

---

852 *Gigerenzer*, Gut feelings.

853 Zur Bedeutung von Rekognitions- und Verfügbarkeitsheuristiken: *Myers*, Psychologie, S. 437–439.

854 Vgl. hierzu mit weiteren Nachweisen: *Becker* [u.a.], Behavioral Science 2009, 199 (199 ff.).

855 Vgl. hierzu: *Jeske*, Risikoentscheidungsverhalten von Führungskräften, S. 104 ff. und zusammenfassend: *Gigerenzer/Kober*, Bauchentscheidungen, S. 27, 70, 132, 189.

856 *Betsch* [u.a.], Denken, Entscheiden, Urteilen und Problemlösen, S. 18.

857 *Guthrie* [u.a.], Cornell Law Review 2007, 1 (8).

858 *Hogarth*, Educating intuition, S. 14.

859 Vgl. hierzu: *Myers*, Psychologie, S. 442 ff.

860 Vgl. mit interessanten Beispielen aus der Politik: *Myers*, Psychologie, S. 434.

Informationen bekannt sind. Sobald eine Meinung gebildet und öffentlich gerechtfertigt wurde, bedarf es einer stärkeren Gegenargumentation als in Situationen, in denen die Meinung zwar schon entstanden, aber noch nicht publik gemacht wurde. Dies ist der Grund dafür, warum in unserer Gesellschaft mitunter hartnäckige Vorurteile bestehen bleiben können[861]. Dieses Beharren auf einer einmal gefassten Meinung bleibt selbst dann bestehen, wenn sich die Umstände, auf der die Meinung beruht, komplett geändert haben.

Gerade die Problematik um Bestätigungs- und Überzeugungstendenzen macht deutlich, dass kognitive Täuschungen bei Gericht relevant werden können[862].

> *„Rather, it views judges as ordinary people who tend to make intuitive, [...], but who can override their intuitive reactions with complex, deliberative thought."*[863]

Dies ist insbesondere dann zu befürchten, wenn Urteile unter Zeitdruck gefällt werden müssen. Einerseits könnte zwar argumentiert werden, dass Richter ihre intuitiven Entscheidungen dadurch überdenken, weil sie gezwungen sind, Entscheidungen anhand von Normen zu begründen. Es ist aber empirisch noch nicht nachgewiesen, dass dadurch intuitive Entscheidungen immer korrigiert werden können. Es ist nicht auszuschließen, dass Urteile zum Teil auf fehlerhaften intuitiven Entscheidungen beruhen, welche nur mit scheinbar rationalen Argumenten untermauert werden[864].

Unter Berücksichtigung dieser Erkenntnisse überrascht es auch nicht, dass Entscheidungsträger dann bessere Entscheidungen treffen, wenn sie ein zeitnahes Feedback auf ihre Handlungen erhalten. So können sie ihre Kenntnisse erweitern und Heuristiken unterbewusst anpassen. Entscheidungsträger mit regelmäßigem und zeitnahem Feedback verbessern ihr Entscheidungsverhalten und werden in ihren Entscheidungen genauer. Richter bekommen kein zeitnahes Feedback, sodass deren Lernumgebung als suboptimal bezeichnet werden muss und eine Verbesserung daher langsamer stattfindet[865].

Daraus lässt sich schlussfolgern, dass Entscheidungsträger (sofern möglich) kontrolliert werden sollten, um ihnen Rückmeldung auf ihre Entscheidungen geben zu können. So könnte sichergestellt werden, dass zukünftige Entscheidungen besser ausfallen.

Was für Richter gilt, gilt auch für Entscheidungsträger. Über die Reflexion von Fakten können kognitive Täuschungen reduziert werden. Ein weiterer Faktor für „*gute*" Entscheidungen ist die Erfahrung der Entscheidungsträger.

---

861 *Myers*, Psychologie, S. 443.

862 Vgl. hierzu *Schweizer*, Justice 2007/3, Rn. 1 ff. Hier findet sich eine Zusammenstellung von Untersuchungen, welche sich mit der Bestätigungstendenz bei Rechtsfragen auseinandersetzt.

863 *Guthrie* [u.a.], Cornell Law Review 2007, 1 (1 ff.).

864 Mit weiteren Nachweisen: *Schweizer*, Justice 2009/4, Rn. 13 ff.; *Gigerenzer/Kober*, Bauchentscheidungen, S. 212; *Klein*, Natürliche Entscheidungsprozesse.

865 *Koehler* [u.a.], The Calibration of Expert Judgment, Heuristics and Biases Beyond the Laboratory, in: *Gilovich* [u.a.] (Hg.): Heuristics and biases, 686 (686 ff.).

Stellt sich abschließend die Frage, wie Selbstüberschätzung und *overconfidence* vermieden werden können. Aufgrund aktueller Studien ist zu vermuten, dass Entscheidungsträger diese Phänomene selbst nicht bemerken. Eine Reaktion auf solches Verhalten kann nur durch Feedback und Kontrolle erreicht werden. Die Treugeber und Aufsichtsräte sind an dieser Stelle gefragt.

In diesem Zusammenhang ist auf die Studien von *Malmendier/Tate*[866] und *Sliwka*[867] näher einzugehen. *Malmendier/Tate* haben Faktoren benannt, anhand derer abgeleitet werden kann, ob ein Manager dem Selbstüberschätzungsphänomen unterliegt.

> *"We argue that managerial overconfidence can account for corporate investment distortions. Overconfident managers overestimate the returns to their investment projects and view external funds as unduly costly. Thus, they overinvest when they have abundant internal funds, but curtail investment when they require external financing. We test the overconfidence hypothesis, using panel data on personal portfolio and corporate investment decisions of Forbes 500 CEOs. We classify CEOs as overconfident if they persistently fail to reduce their personal exposure to company-specific risk. We find that investment of overconfident CEOs is significantly more responsive to cash flow, particularly in equity-dependent firms."*[868]

Sie haben das Investitionsverhalten von Managern untersucht und kamen zu dem Ergebnis, dass bei besonders selbstbewussten Entscheidungsträgern das Investitionsverhalten von den liquiden Finanzmitteln abhängig ist. Manager, die dem Selbstüberschätzungsphänomen unterliegen, investieren nicht, wenn hierzu eine Finanzierung notwendig ist. Sie halten ihr Unternehmen in dieser Situation für unterbewertet und wollen diese Einschätzung nicht dadurch verstärken, dass sie eine Finanzierung in Anspruch nehmen. Dieses Verhalten ist besonders dann zu beobachten, wenn Manager mit Aktienpaketen beteiligt sind. Anderseits werden Lieblingsprojekte finanziert, wenn dies der Cashflow zulässt. Im Ergebnis wollen *Malmendier/Tate* aus dem Zeitpunkt der Ausübung der Aktienoptionen Rückschlüsse ziehen. Sie argumentieren, dass ein übermäßig selbstbewusster Manager die Aktienoptionen möglichst spät in Anspruch nimmt, da er davon ausgeht, den Kurs verbessern zu können. Ein risikobewusster Manager würde die Option so früh wie möglich ausüben, da sein Einkommen und Vermögen ohnehin mit dem Unternehmen in Relation steht.

Ferner weisen *Malmendier/Tate* daraufhin, dass die Kontrollorgane das Verhalten der Vorstände möglichst genau im Blick behalten sollen. Es ließe sich aus bestimmten Verhaltensmustern eine Selbstüberschätzung ableiten: Immer wenn Manager Titel anhäuften, sei dies ein Indiz für eine Selbstüberschätzung.

Sliwka hat festgestellt, dass besonders erfolgreiche Manager in Versuchung geraten, Fehlentscheidungen zu kaschieren und diese trotz eindeutiger Hinweise auf

866 *Malmendier/Tate*, Journal of Finance 2005, 2661 (2661, 2695 f.).
867 MwN.: *Sliwka*, Why Good Managers May Stick to Bad Decisions.
868 *Malmendier/Tate*, Journal of Finance 2005, 2661 (2661).

einen Misserfolg weiterführen[869]. *Sliwka* findet die Begründung darin, dass besonders erfolgreiche Manager sehr auf ihren Ruf bedacht sind[870]. Diese verknüpfen unterbewusst ihr Prestige mit bestimmten Entscheidungen. Dies ist darauf zurückzuführen, dass das eigene Ansehen nicht nur durch den Erfolg des Unternehmens bestimmt wird, sondern auch ebenso durch die Wahrnehmung der Öffentlichkeit. Scheinbar falsche Entscheidungen lassen sich in der Öffentlichkeit nur schwer positiv vermarkten, auch wenn das Unternehmen selber gut dasteht.

Kognitive Täuschungen lassen sich durch bestimmte Vermeidungsstrategien reduzieren, können jedoch nicht gänzlich vermieden werden. Es handelt sich um unterbewusste Prozesse, welche vielfach nicht wahrgenommen werden können. Es kann nicht ausgeschlossen werden, dass intuitive Ersteinschätzungen unser vermeintlich rationales Denken beeinflussen und deshalb unterbewusst nur Argumente für eine fehlerhafte intuitive Einschätzung gesucht werden. Auch eine Reflexion wäre dann nicht zielführend. Diesen Prozess können wir dann nicht erkennen und korrigieren. Es kann damit nicht ausgeschlossen werden, dass in bestimmten Entscheidungssituationen ein *„rationales"* Handeln überhaupt nicht mehr möglich ist und Entscheidungen zwangsläufig trotz größtmöglicher Sorgfalt *„falsch"* sind. Jedoch lassen sich kognitive Täuschungen von Außenstehenden frühzeitig erkennen, sodass auch die Aufsichtsorgane in der Pflicht sind, bei Anhaltspunkten einzuschreiten. Über interne Kontrollgremien kann das Entscheidungsverhalten verbessert werden, da so ein zeitnahes Feedback sichergestellt werden kann. Ferner könnten so Fehlentscheidungen frühzeitig erkannt werden. Letztlich sollten Kontrollorgane auch ihr Verhalten überdenken. Es darf kein Tabu sein, auch erfolgreiche Manager auszuwechseln.

V. Abkehr vom *„homo oeconomicus"*

Die Erkenntnisse der Verhaltensökonomik zeigen eindrucksvoll, dass die Grundannahme der traditionellen Ökonomie, der *„homo oeconomicus"* nicht länger haltbar ist[871]. Es ist zu bezweifeln, dass eine Modifizierung dieser Theorie ausreichend ist. Die Aufgabe der Ökonomen für die Zukunft wird sein, auf Grundlage der bisherigen Erkenntnisse weiter zu forschen und ein realistisches Modell zu bilden[872].

---

869 *Ebenda.*

870 *Sliwka*, Why Good Managers May Stick to Bad Decisions, S. 1, 13 ff.

871 Vgl. hierzu zusammenfassend: *Stefani*, ZfCM 2008, 13 (13 ff.).

872 Einen ersten Schritt in diese Richtung haben *Akerlof/Kranton* mit ihrem Modell der *„Identity Economics"* (Identitätsökonomie) unternommen (*Akerlof/Kranton*, Identity Economics). Das Modell von der *„Identitätsökonomie"* sieht sich nicht als Teilbereich der Verhaltensökonomik, sondern möchte ein neues Menschenbild in die Wirtschaft einführen (*Akerlof/Kranton*, Identity Economics, S. 9). Die *„Identitätsökonomie"* partizipiert zwar an den Erkenntnissen der Verhaltensökonomik, sieht sich aber in der Tradition von *Becker* (*Akerlof/Kranton*, Identity Economics, S. 34, 140). Das Menschenbild der *„Identitätsökonomie"* zeichnet sich dadurch aus, dass es mehr Ähnlichkeit mit dem echten Menschen hat und das reale Entscheidungsverhalten

1. Neudefinition des Begriffes der Rationalität

Aus den Erkenntnissen der Verhaltensökonomie darf nicht geschlussfolgert werden, dass der Mensch „*irrational*" handeln würde[873]. Ziel der Verhaltensökonomie ist es nicht darzutun, dass der Mensch ein irrationales Wesen wäre. Ziel ist es vielmehr aufzuzeigen, wie Entscheidungen tatsächlich getroffen werden und welche Faktoren Entscheidungen beeinflussen.

Eine Schlussfolgerung aus den bisherigen Erkenntnissen der Verhaltensökonomik ist, dass unser Grundverständnis bezüglich des Begriffs der Rationalität überdacht werden muss. Der Begriff ist grundlegend zu überarbeiten. Menschen sind keine strengen Nutzenmaximierer im Sinne der traditionellen Wirtschaftswissenschaft. Es ist jedoch vermessen, bei den Erkenntnissen der Verhaltensökonomie von „*Anomalien*" zu sprechen. Es handelt sich nicht um „*Anomalien*", sondern um tatsächliches Verhalten, welches aufgrund kognitiver Grenzen nur bedingt beeinflussbar ist. Die Verhaltensökonomen haben nicht nur „*Anomalien*" zum Grundpostulat der „*Vollrationalität*" aufgezeigt, sondern, dass es den „*homo oeconomicus*" nicht gibt.

2. Kritik

Die Verhaltensökonomie sieht sich seit jeher der Kritik der neoklassischen Ökonomik ausgesetzt. Es wird eingewandt, dass die Forschungsergebnisse nicht aussagekräftig seien und die Annahmen der traditionellen Ökonomie nicht widerlegt wurden. Die Argumentation der Kritiker stützt sich vor allem darauf, dass die Forschungsergebnisse aus Rollenspielen stammen, welche unter Laborbedingungen durchgeführt würden. Die Ergebnisse seien kein Abbild des realen Lebens. In realen Kontexten und insbesondere bei großen Geldbeträgen würden sich die „*Anomalien*" auflösen und die meisten mit dem Rationalitätsprinzip verschwinden. Darüber hinaus wird argumentiert, dass die Methoden und Techniken der „*behavioral economics*" die Forschungsergebnisse beeinflussen würden. Bei wirtschaftlichen Entscheidungen in der Realität seien es Vernunft und Rationalität, die das Handeln bestimmen würde. Auch der Markt würde das Verhalten der Akteure entsprechend steuern und

---

einbindet, sowie einen sozialen Kontext hinzufügt. *Akerlof* und *Kranton* stellen fest, dass wirtschaftliches Handeln nicht kulturübergreifend verallgemeinert werden kann. Wirtschaftliches Handeln sei auch immer abhängig von Kultur und Sozialisation (*Akerlof/Kranton*, Identity Economics, S. 13). Das Modell von *Akerlof/Kranton* stellt eine Modifizierung der Nutzenfunktion von *Becker* dar. Die Nutzenfunktion wird in diesem Modell erweitert um die Variablen: Identität, Identitätsnutzen und Normen (*Akerlof/Kranton*, Identity Economics, S. 21). *Akerlof/Kranton* arbeiten heraus, dass die Nutzenfunktion eines Menschen von dessen sozialem Umfeld und von seiner Identität abhängig ist. Es geht nicht um Nutzenmaximierung im Sinne der klassischen Wirtschaftstheorie, sondern um die Maximierung des Identitätsnutzens, was unter Umständen auch gleichbedeutend sein kann mit finanziellen Einbußen.

873 Zu Definition des Begriffs „*irrational*" in der Verhaltensökonomik: *Ariely*, Wer denken will, muss fühlen, S. 329 ff.

irrationales Verhalten ausschließen oder wenigstens eine Annäherung an rationales Verhalten sicherstellen[874].

Die Einwände der traditionellen Ökonomik greifen jedoch zu kurz. Die methodologischen Kritiken können ohne weiteres zurückgewiesen werden. Die verschiedenen Ergebnisse resultieren nicht aus einzelnen Studien, sondern aus Untersuchungen, welche vielfach wiederholt wurden. Die Wiederholungen erfolgten durch verschiedene Wissenschaftler, in verschiedenen Ländern und bestätigten jeweils die Ergebnisse. Aufgrund dieser Bestätigungen greifen die methodologischen Einwände nicht[875].

Auch die Argumentation, die Markteffizienz[876] würde dafür sorgen, dass die Akteure effizient entsprechend der *„expected utility theory"* handeln, kann nicht verfangen. Der Markt wird als ein übergeordnetes unabhängiges Konstrukt gesehen. Das ist er aber nicht. Der Markt ist von Menschen geschaffen und spiegelt menschliches Verhalten wieder. Wenn nun aber das Individuum nicht über die kognitiven Fähigkeiten verfügt, rational im Sinne der *„expected utility theory"* zu handeln, wie soll es dann eine große Ansammlung von Akteuren - denn nichts anderes ist der Markt - können? Selbst die Vielzahl der Teilnehmer kann die kognitiven Beschränkungen nicht überwinden.

Die Kritik der traditionellen Ökonomie verkennt ferner, dass deren Modelle ohne empirischen Nachweis geblieben sind. Die traditionelle Ökonomie hat zu keinem Zeitpunkt versucht, ihre Annahmen empirisch nachzuweisen. Eine Absicherung der Theorien erfolgte lediglich über das (methodologisch mehr als fragwürdige) *„Als-ob"* - Argument. Hier ist an die Kritik von *Neumann/Morgenstern* zu erinnern. Die Ökonomie hat sich lange Zeit gerne als Naturwissenschaft verstanden, aber die Arbeitsweisen der Naturwissenschaft zugunsten von mathematischen Berechnungsmodellen ignoriert.

Beizugeben ist den Kritikern jedoch, dass die Verhaltensökonomik bisher nur *„Anomalien"* aufgezeigt hat und der Versuch noch nicht unternommen wurde, verallgemeinerbare wirtschaftliche Modelle zu entwickeln. Schließlich ist es die vornehmliche Aufgabe der Verhaltensökonomik, die gefundenen Ergebnisse zusammenzuführen und ein wirtschaftliches Modell zu entwerfen.

3. Bedeutung für die Rechtswissenschaft im Allgemeinen

Es stellt sich die Frage, ob die Erkenntnisse der Verhaltensökonomik Relevanz für die Rechtswissenschaft und insbesondere die Strafrechtswissenschaft haben können[877].

Die Bedeutung für die Rechtswissenschaft ist umstritten. Eine dezidierte Auseinandersetzung mit der Problematik fehlt derzeit noch.

874 *Myagkov/Plott*, American Economic Review 1997, 801 (824 ff.).
875 *Rabin*, Journal of Economic Literature 1998, 11 (11 ff.).
876 Vgl. *Fama*, Journal of Finance 1970, 383 (383 ff.).
877 Vgl. hierzu insbesondere: *Schäfer/Ott*, Lehrbuch der ökonomischen Analyse des Zivilrechts.

Zunächst bleibt auch hier die Problematik, dass zwar schon eine Vielzahl an *„Anomalien"* aufgezeigt wurde, eine übergeordnete Theorie aber noch fehlt. Dies macht es zum jetzigen Zeitpunkt schwierig, vorhersehen zu können, welchen Einfluss die Verhaltensökonomik zukünftig auf die Rechtswissenschaft haben wird.

Die Rechtswissenschaft muss sich mit den Erkenntnissen der Verhaltensökonomik auseinandersetzen. Der Mensch verstößt unterbewusst systematisch gegen die Annahmen der Rationalitätstheorien[878]. Die Rationalität ist aber (wenn auch weniger ausgeprägt) noch heute eine Grundannahme der Rechtswissenschaft. Wenn die Gewichtung der einzelnen *„Anomalien"* noch umstritten ist, können sich hieraus Probleme entwickeln. *„Anomalien"* könnten bewusst ausgenutzt werden. Unterliegt ein Individuum bei einer Vermögensentscheidung einer *„Anomalie"*, könnte diese von einem Vertragspartner bewusst ausgenutzt werden[879]. Ohne Regularien besteht die Gefahr, dass Vermögen sich bei scheinbar rational handelnden Individuen ansammeln könnte, während die Individuen, die den *„Anomalien"* unterliegen, geschädigt würden[880]. Gleichsam könnte es auch sein, dass wegen der Verlustaversion (deren Referenzpunkt bei dem jeweiligen Individuum) zu sehen ist, die vorgenannte Problematik neutralisiert würde. Ob das Marktverhalten zu einer Überwindung der *„Anomalien"* führen könnte, ist bislang ebenfalls noch nicht hinreichend geklärt. Zur Klärung dieser Frage sind die bisherigen Erkenntnisse der Verhaltensökonomik noch nicht geeignet. Es darf jedoch nicht verkannt werden, dass die *„Anomalien"* tatsächlich vorhanden sind und diese auch auftreten. Das Recht hat sich an den kognitiven Fähigkeiten seiner Anwender zu orientieren. Das gilt vor allem für das Strafrecht. Das Strafrecht kann nicht mehr verlangen, als die Normenbefolger zu leisten in der Lage sind. Für § 266 StGB bedeutet dies, dass nicht verlangt werden kann, dass der Vermögensbetreuer wie ein *„homo oeconomicus"* handelt. Dem Treunehmer müssen in diesem Zusammenhang die *„Anomalien"* zugutekommen. Hier muss aber geprüft werden, welche *„Anomalien"* zwangsweise auftreten und welche *„Anomalien"* durch präventive Maßnahmen verhindert werden können. Insbesondere das Phänomen *„self-confidence"* kann dem Vermögensbetreuer nicht zugutekommen. Zu weitgehend ist aufgrund des aktuellen Forschungsstandes die Forderung nach einem, wenn auch beschränkten, staatlichen Paternalismus. Zukünftig wird zwar zu überlegen sein, wie man die möglichen Folgen der *„Anomalien"* begrenzen kann, aber es darf zu keiner Hypertrophie des Rechts[881] kommen.

VI. Zusammenfassung

Die Verhaltensökonomik hat aufgezeigt, dass unsere bisherigen wirtschaftstheoretischen Grundlagen zumindest überdacht werden müssen. Der Mensch ist kein reiner

878 Vgl. bspw. Zur Frage der Willensfreiheit: *Schiemann*, NJW 2004, 2056 (2059).
879 *Schäfer/Ott*, Lehrbuch der ökonomischen Analyse des Zivilrechts, S. 70.
880 *Ebenda.*
881 Zum Begriff siehe auch: *Rotsch*, ZIS 2008, 1 (2 f.).

Nutzenmaximierer. Ausgehend von dieser Erkenntnis, ist es die zukünftige Aufgabe der Wirtschaftswissenschaften, die ökonomischen Modelle zu überdenken. Die Erkenntnisse müssen auch in der Rechtswissenschaft Berücksichtigung finden. Besonders im Wirtschaftsstrafrecht sind die Bezugspunkte eng miteinander verknüpft. Die wirtschaftstheoretischen Annahmen haben hier direkte Auswirkung. Das Recht kann nicht mehr verlangen, als der Mensch zu leisten in der Lage ist. Die Entwicklungen und Erkenntnisse der Verhaltensökonomik müssen zukünftig aufmerksam verfolgt und auf eine etwaige Übertragbarkeit auf die Rechtswissenschaften hin untersucht werden. Schon zum jetzigen Zeitpunkt ist es unumgänglich, dass sich die Rechtswissenschaft mit den bekannten kognitiven Täuschungen auseinandersetzt. Es muss untersucht werden, ob sich die kognitiven Täuschungen auf Prozesse auswirken können und wie dies vermieden werden kann. Schon heute jedoch sollten zumindest Grundkenntnisse über kognitive Täuschungen und deren Vermeidungsmöglichkeiten zu dem Grundrepertoire eines jeden Strafverteidigers und Rechtsanwaltes gehören. Auch Richter und Staatsanwälte sollten sich mit dieser Thematik befassen. Denn Wissen über kognitive Täuschungen kann diese vermeiden. Die meisten Erkenntnisse der Verhaltensökonomik sind nicht neu, dennoch muss man mit Verallgemeinerungen noch vorsichtig umgehen. Es besteht ein umfassender Forschungsbedarf, bevor allgemeingültige Aussagen abgeleitet werden können:

- Die Verhaltensökonomik beschäftigt sich überwiegend noch mit dem Auffinden und Bestätigen von *„Anomalien"* im Entscheidungsverhalten. Zukünftig muss die Hauptfragestellung darauf gerichtet werden, ob diese *„Anomalien"* vermieden werden können oder zwangsläufig auftreten. Alleine die Kenntnis von verschiedenen kognitiven Verzerrungen ist nicht ausreichend.
- In diesem Zusammenhang muss untersucht werden, welchen Einfluss die Persönlichkeit des Entscheiders auf das Auftreten von kognitiven Verzerrungen hat. Treten kognitive Täuschungen gleichermaßen bei allen Menschen auf oder gibt es Faktoren, die das Auftreten kognitiver Verzerrungen bevorteilen?
- Verifiziert werden muss ferner, ob es sich bei den gefunden *„Anomalien"* tatsächlich um kognitive Verzerrungen handelt, welche im realen Entscheidungsverhalten anzutreffen sind[882].
- Bei der Betrachtung der Literatur zum Thema Verhaltensökonomik fällt auf, dass die Untersuchungen nahezu ausschließlich im anglo-amerikanischen Raum durchgeführt wurden. Bisher finden sich nur wenige aussagekräftige Studien speziell für Deutschland. Es stellt sich die Frage, ob die anglo-amerikanischen Erkenntnisse verallgemeinerbar sind oder ob kulturelle Unterschiede Auswirkungen auf kognitive Täuschungen haben[883]. Insbesondere hinsichtlich des Problems kognitiver

---

882 *Gigerenzer*, European Review of Social Psychology 1991, 83 (83 ff.).

883 Mit weiteren Nachweisen: *Jeske*, Risikoentscheidungsverhalten von Führungskräften, S. 173. Anhaltspunkte hierfür liefern auch *Akerlof/Kranton*, die aufgezeigt haben, dass soziokulturelle Faktoren unser wirtschaftliches Verhalten beeinfluss (*Akerlof/Kranton*, Identity Economics, S. 45 ff.).

Täuschungen vor Gericht kann nicht auf anglo-amerikanische Forschungsergebnisse zurückgegriffen werden. Diese können nur erste Anhaltspunkte liefern, wobei berücksichtigt werden muss, dass die Rechtssysteme unterschiedlich sind.

- Ferner muss die Frage näher geklärt werden, ob Experten kognitiven Beschränkungen im gleichen Umfang unterliegen wie Laien. Hinsichtlich Managern stellt sich die Frage, ob diese aufgrund ihrer Erfahrung nicht über eine andere Risikowahrnehmung verfügen und kognitive Täuschungen nur eine untergeordnete Rolle spielen[884]. Bisher wurde diese Problemstellung lediglich auf dem Gebiet der Medizin untersucht. Studien zum Entscheidungsverhalten von Wirtschaftsexperten fehlen noch.
- Ferner ist zu klären, in welchem Zusammenhang die kognitiven Täuschungen zueinanderstehen. Es ist zu untersuchen, ob bestimmte kognitive Täuschungen erst durch vorangegangene „*Anomalien*“ verursacht werden.

884 *Jeske*, Risikoentscheidungsverhalten von Führungskräften, S. 168 ff.

H. Intuitive Entscheidungen

In der Entscheidungslehre wird zwischen rationalen und intuitiven Entscheidungen[885] differenziert[886]. In der betriebswirtschaftlichen Entscheidungslehre sucht man Ausführungen zum intuitiven Entscheidungsverhalten meist vergebens. Vielmehr wird dort häufig die Auffassung vertreten, dass intuitive Entscheidungen grundsätzlich *„schlecht wären"*. Die Ursache hierfür ist nicht zuletzt darin zu sehen, dass Intuition zum Teil als unwissenschaftliche *„Gefühlsduselei"* abgestempelt wird. Die Betriebswirtschaftslehre folgt dem Diktat der Logik und Rationalität. Wirtschaftliche Entscheidungen sollen sich hiernach immer auf einer umfassenden Analyse gründen. Analytisches Denken sei Grundvoraussetzung für eine gute Entscheidung. Es wird allerdings verkannt, dass Probleme für eine Analyse häufig zu komplex sind[887]. Im Folgenden wird sich näher mit dem intuitiven Entscheidungssystem auseinandergesetzt. Es wird die Frage geklärt, ob intuitive Entscheidungen tatsächlich schlechter als rationale Entscheidungen sind.

I. Merkmale einer intuitiven Entscheidung

Intuition ist derzeit in *„aller Munde"*[888]. Es gibt inzwischen sogar Forschungsprojekte, die sich ausschließlich mit intuitiven Entscheidungen befassen. Auch in der Managementlehre wird vermehrt auf Intuition gesetzt. Dennoch lässt sich nicht selten beobachten, dass Menschen belächelt werden, wenn sie zu erkennen geben, dass sie eine Entscheidung aufgrund einer Intuition getroffen haben[889]. Ein solches Verhalten ist besonders bei Personen zu beobachten, die über überdurchschnittliche kognitive Fähigkeiten verfügen. Dies liegt daran, dass wir bereits in der Schulzeit angelernt bekommen, dass Entscheidungen nachvollziehbar begründet werden müssen. Es kann aber nicht nachvollziehbar erklärt werden, wie eine intuitive Entscheidung zustande gekommen ist. Bisher kann noch nicht erklärt werden, wie Intuition funktioniert[890]. Zum anderen wird der Begriff der Intuition aufgrund einer fehlenden einheitlichen Definition oftmals gleichgesetzt mit *„esoterischem"* oder *„spirituellem"*

885 Zu intuitiven Entscheidungen im Rahmen juristischer Entscheidungsprozesse ausführlich: *Schweizer*, Beweiswürdigung und Beweismaß, S. 253 ff.

886 Eine Einführung zur Intuition findet sich bei *Thaler/Sunstein*, Nudge, S. 31 f.

887 *Goldberg*, Die Kraft der Intuition, S. 21.

888 Vgl. nur *Jeske*, Risikoentscheidungsverhalten von Führungskräften, S. 1 ff.

889 *Gigerenzer/Kober*, Bauchentscheidungen, S. 242.

890 *Gladwell*, Blink!, S. 55.

„*Gehabe*"[891]. Sie wird häufig umschrieben als „*sechster Sinn*"[892]. Intuition hat aber nichts mit einem „*sechsten Sinn*" zu tun. Es handelt sich hierbei um einen natürlichen Entscheidungsprozess[893]. Der US-amerikanische Kognitionswissenschaftler *Norman* beschreibt Intuition wie folgt:

> *„Wir geben spontan richtige Antworten, bevor wir genügend Daten besitzen. Trotz fehlender überzeugender Argumente kommen wir intuitiv zu einem Schluss, der sich uns nahezu aufdrängt. Dass wir dabei öfters recht als unrecht gaben, ist das Wunder des menschlichen Intellekts."*[894]

Die Entstehung und Funktionsweise von Intuition ist bisher nicht abschließend geklärt. Trotz einer schier unüberschaubaren Literatur über intuitives Entscheiden und zahlreicher Forschungen steckt die Wissenschaft zu intuitiven Verhalten noch in den Kinderschuhen.

1. Entscheidungsprozess[895]

Zur Verdeutlichung des intuitiven Entscheidungsprozesses werden zunächst drei erläuternde Beispiele dargestellt. Anhand dieser werden die Prozesse rund um intuitive Entscheidungen beleuchtet.

Beispiel 1 *Sportler*[896]

> *Baseballspieler (und Sportler anderer (Ball-)Sportarten) können innerhalb kürzester Zeit erkennen, wohin ein Ball fliegen und aufkommen wird. Fragt man Sportler danach, woher sie dies wissen, bekommt man meist keine Antwort. Sie können es nicht erklären, wissen aber innerhalb von Bruchteilen einer Sekunde, in welche Richtung sie rennen müssen. In einer Untersuchung hat man Profi-Golfspielern die Aufgabe gestellt, bevor sie ihren Schlag ausführen genau zu überlegen, wie der Schlag auszuführen sei. In dieser Situation ist ein Großteil der Spieler gescheitert. Schläge, die sonst routiniert und erfolgreich ausgeführt wurden, sind fehlgeschlagen*[897]*. Auch Baseballspieler können in einer Analyse nicht abschätzen, wo ein Ball landen wird*[898].

---

891 Dies liegt wahrscheinlich auch daran, dass viele Werke über Intuition trotz „*wissenschaftlichem Mantel*" in esoterische Weltanschauungen übergehen – bspw. *Goldberg*, Die Kraft der Intuition.

892 Vgl. *Haupt*, Intuition wird oft belächelt.

893 Begriff nach: *Klein*, Natürliche Entscheidungsprozesse, S. 51 ff.

894 Zitiert nach: *Goldberg*, Die Kraft der Intuition, S. 26.

895 Vgl. hierzu ausführlich: *Gigerenzer*, Gut feelings.

896 Entnommen: *Gigerenzer/Kober*, Bauchentscheidungen, S. 17 ff.

897 *Gigerenzer/Kober*, Bauchentscheidungen, S. 42 ff.

898 *Babler/Dannemiller*, Role of image acceleration in judging landing location of free-falling projectiles, Journal of Experimental Psychology 1993, 15 (15 ff.).

Beispiel 2 *Feuerwehrmänner*[899]

Klein hat im Rahmen eines Forschungsprojekts Feuerwehrleute bei Einsätzen begleitet. Er erhoffte sich so neue Erkenntnisse über natürliches Entscheidungsverhalten. Klein berichtet von folgendem Einsatz:

Die Feuerwehr wurde zu einem Wohnhausbrand gerufen. Es handelte sich um ein einstöckiges Haus in einem Wohnviertel. Das Feuer ist (so wurde beim Eintreffen vermutet) in der Küche ausgebrochen. Der Einsatzleiter hatte seine Löschmannschaften in das Haus geschickt. Löschversuche blieben erfolglos. Die Feuerwehr bekam das Feuer nicht in den Griff. Der Einsatzleiter erteilt dann plötzlich den Befehl, dass alle Löschtrupps das Haus unverzüglich zu verlassen haben. Kurz, nachdem der letzte Feuerwehrmann das Haus verlassen hatte, stürzte die Zwischendecke (zum unbekannten) Keller ein. Auf die Frage, wie er dieses Ereignis vorhersehen konnte, meinte der Einsatzleiter, er hatte das Gefühl, dass irgendetwas nicht stimmt. Konnte aber im ersten Augenblick nicht erklären, warum etwas nicht stimmte.

Beispiel 3 *Feuerleitoffizier*[900]

Ein weiterer von Klein untersuchter Vorfall fand im 1. Irakkrieg statt. Während eines Nachteinsatzes erteilte der Feuerleitoffizier den Befehl, ein sich der HMS Gloucester nähherndes Objekt abzuschießen. Der Feuerleitoffizier hatte wenige Sekunden nach Auftauchen des Objekts auf dem Radarschirm entschieden, dass dieses abzuschießen sei. Eigentlich kein ungewöhnlicher Vorgang. Problematisch war nur, dass in dieser Nacht verbündete Truppen Luftangriffe geflogen hatten und zu dieser Zeit zu den Flugzeugträgern zurückkehrten. Experten haben die Radaraufnahmen ausgewertet und erklärt, dass auf diesen unmöglich zu sehen gewesen sei, dass es sich um eine Angriffsrakete handelte. Der Feuerleitoffizier beharrte jedoch darauf, dass er wenige Sekunden nach Auftauchen des Signals erkennen konnte, dass es sich um eine feindliche Rakete handelte.

Insbesondere in den Beispielen 2 und 3 könnte man dem Eindruck verfallen, dass die Akteure aufgrund eines *„sechsten Sinns"* gehandelt hätten. Eine Analyse der Vorkommnisse zeigte jedoch, dass weder ein *„sechster Sinn"* notwendig, noch Glück im Spiel war. Betrachtet man sich die intuitiven Entscheidungsprozesse näher, fällt auf, dass unterbewusst richtige Entscheidungen getroffen wurden. Es zeigt sich aber auch, dass oftmals selbst von intuitiv handelnden Personen zunächst eine *„außersinnliche"* Wahrnehmung angenommen wird.

2. Ausgangspunkt

Aus den drei vorstehenden Beispielen lassen sich drei wesentliche Faktoren intuitiver Entscheidungen ableiten. *(1)* Es handelt sich um einen Prozess, der sehr schnell, meist innerhalb von Bruchteilen von Sekunden, abläuft. Es ist ein gefühltes Wissen,

899 Entnommen: *Klein*, Natürliche Entscheidungsprozesse, S. 52.
900 *Ebenda* S. 56.

welches rasch im Bewusstsein auftaucht, *(2)* aber nicht begründet werden kann. Die Gründe für die getroffene Entscheidung bleiben dem Entscheidenden unbewusst. *(3)* Dennoch ist dieses *„gefühlte Wissen“* stark genug, um danach zu handeln bzw. jedenfalls stark genug, um das weitere Entscheidungsverhalten mit zu beeinflussen[901].

Allen drei Beispielen ist gleich, dass eine Handlung unter Zeitdruck ohne vorangegangene Analyse erfolgt ist. Den Akteuren war im Nachhinein nicht klar, warum sie diese Entscheidung getroffen haben. Eine rationale Begründung war nicht ersichtlich.

Intuition kann als *schnelle, automatische Bewertung einer Situation ohne logische Deduktion* beschrieben werden. Aufgrund der Geschwindigkeit der Bewertung ist davon auszugehen, dass nur wenige Informationen berücksichtigt werden. Dies lässt sich anhand des ersten Beispiels nachvollziehen. Grundsätzlich lässt sich die Flugbahn eines Balls nur mittels einer mathematisch-physikalischen Berechnung unter Einbeziehung einer Vielzahl an Variablen nachvollziehen.

Obwohl die Berechnung der Flugbahn des Balles ein komplexes Problem ist, bedarf die Lösung dieses Problems keiner komplexen Lösungsstrategie. Die Lösung erfolgt über eine Heuristik[902]. Im Fall der Flugbahn des Balles über die der Blickheuristik. Heuristiken sind eine Art *„Faustregeln“*, die über wenige Informationen und unter Außerachtlassung von Informationen in kürzester Zeit eine Lösungsstrategie ermöglichen[903]. Die Blickheuristik funktioniert über das visuelle Fixieren eines sich bewegenden Objekts mit einhergehender Anpassung der eigenen Geschwindigkeit unter der Maßgabe, dass der Blickwinkel konstant bleibt (bei Objekten, welche bereits hoch in der Luft sind) oder der Ball aus dem Blickwinkel mit konstanter Geschwindigkeit steigt (bei Objekten, welche sich noch nicht hoch in der Luft befinden). Über diese *„Faustregel“* werden Spieler in die Lage versetzt, ohne komplizierte und komplexe Berechnungsmethoden einen Ball zu fangen. Interessant hieran ist noch, dass die meisten Spieler sich dieser Heuristik nicht bewusst sind[904]. Ein Spieler muss nicht in der Lage sein, die Flugbahn eines Balles zu berechnen. Dennoch wird er den Ball fangen, noch bevor es möglich gewesen wäre, die Flugbahn zu berechnen. Über eine Abkürzung kommt er zu dem richtigen Ergebnis ohne eine komplexe Lösungsstrategie. Es stellt sich in diesem Zusammenhang die Frage, warum von Experten und Unternehmern verlangt wird, dass sie immer komplexe Lösungsstrategien präsentieren müssen. Auch hier würde eine intuitive Abkürzung zu den gewünschten Ergebnissen führen[905].

---

901 *Haidt*, Psychological Review 2001, 814 (814); *Gigerenzer/Kober*, Bauchentscheidungen, S. 25.

902 Zusammenfassend: *Gigerenzer/Goldstein*, Psychological Review 1996, 650 (650 ff.).

903 *Gigerenzer*, Einfache Heuristiken für komplexe Entscheidungen, in: *Brüning* (Hg.): Mathematisierung der Natur, 37 (39).

904 Vgl. zur Blickheuristik bei Baseballspielern auch: *McBeath* [u.a.], Science 1995, 559 (559 ff.).

905 *Gigerenzer/Kober*, Bauchentscheidungen, S. 21.

3. Heuristiken und evolvierte Fähigkeiten

Intuition ist die angelernte Fähigkeit, komplexe Probleme (ohne komplexe Lösungsstrategie) innerhalb kürzester Zeit zu lösen[906].

Intuition besteht im Wesentlichen aus zwei Elementen, welche kumulativ vorhanden sein müssen. Zum einen wird für eine intuitive Entscheidung das Vorhandensein von Heuristiken benötigt. Zum anderen bedarf es evolvierter Fähigkeiten[907]. Nur aus einer Kombination beider Elemente ist eine wirksame Intuition möglich[908].

a) Heuristiken

Heuristiken sind *„Faustregeln"*, die eine schnelle Urteilsfindung in Situationen der Unsicherheit ermöglichen. Heuristiken schonen kognitive Ressourcen, da sie sich auf wenige, wesentliche Informationen beschränken und den Rest ignorieren. Heuristiken sind stets vereinfachend, führen aber dennoch zu hinreichend genauen Ergebnissen. Ohne Heuristiken könnten Menschen den Alltag nicht meistern. Tagtäglich werden Menschen damit konfrontiert, Entscheidungen unter Ungewissheit zu treffen. Eine analytische Entscheidung kann nicht für jedes Problem getroffen werden. Ursache hierfür sind die bereits dargelegten kognitiven Beschränkungen. Nur über Heuristiken sind wir in der Lage, tagtäglich effiziente Entscheidungen zu treffen[909].

Menschen verfügen über verschiedene Heuristiken, wesentlich für intuitive Entscheidungsprozesse sind die Rekognitionsheuristik, Verfügbarkeitsheuristik und die Repräsentativitätsheuristik[910].

b) Evolvierte Fähigkeiten

Evolvierte Fähigkeiten sind Fertigkeiten, die sich im Laufe der Evolution entwickelt haben und uns entweder von Geburt an zur Verfügung stehen oder leicht erlernt

---

906 *Marewski* [u.a.], Cognitive Processing 2010, 103 (103, 117 f.).

907 Bisher ist die Funktionsweise intuitiver Entscheidungen nicht endgültig geklärt. Es wird auch die Auffassung vertreten, dass Intuition nicht auf Heuristiken basiert. Andere Auffassungen gehen davon aus, dass es sich bei Intuition um implizites Wissen durch assoziatives Lernen handelt. Man geht hiernach davon aus, dass Intuition rein aus einem Lernprozess resultiert, mithin sich aus Vorerfahrungen mit dem Urteilsobjekt entwickelt (vgl. *Myers*, Psychologie, S. 44 ff.). Die Auffassungen unterscheiden sich nur in dem Punkt, ob Menschen über Heuristiken verfügen oder nicht. Beide Auffassungen gehen davon aus, dass für eine Intuition immer ein Lernprozess notwendig ist.

908 *Gaissmaier/Gigerenzer*, Denken und Urteilen unter Unsicherheit: Kognitive Heuristiken, in: *Funke* (Hg.): Enzyklopädie der Psychologie: Denken und Problemlösen, 329 (329 ff.).

909 *Maderthaner*, Psychologie, S. 272 f.; *Myers*, Psychologie, S. 18 f.

910 *Gigerenzer*, Einfache Heuristiken für komplexe Entscheidungen, in: *Brüning* (Hg.): Mathematisierung der Natur, 37 (37 ff.).

werden können. Die in Beispiel 1 aufgezeigte Blickheuristik ist schon bei Babys nachweisbar[911]. Evolvierte Fähigkeiten zeichnen sich dadurch aus, dass sie erst über einen längeren Prozess entwickelt und ständig weiterentwickelt werden müssen. Sie wurden nicht alleine von der Natur hervorgebracht und haben sich nicht aus kulturellen Besonderheiten entwickelt[912].

Evolvierte Fähigkeiten sind beispielsweise Sprache, Wiedererkennung, Emotionen. Erworben werden diese Fähigkeiten entweder bereits mit der Geburt oder durch Erlernen. Die wichtigste (angeborene) evolvierte Fähigkeit ist die Nachahmung. Über das Nachahmen beobachteter Prozesse erlernen wir neue Fähigkeiten[913].

c) Kombination

Intuition funktioniert über eine Kombination von Heuristiken und evolvierten Fähigkeiten. Beide Elemente für sich alleine betrachtet können nicht zu einer Entscheidung führen. Ohne die evolvierten Fähigkeiten könnten die Heuristiken nicht funktionieren. Aber ohne Heuristiken wären evolvierte Fähigkeiten zur Entscheidungsfindung nutzlos[914].

Gigerenzer erklärt dies verdeutlichend mit der Fähigkeit der Nachahmung. Heuristiken erlauben es, die Nachahmung gezielt einzusetzen. Auf langsame Veränderungen kann mit Nachahmung reagiert werden. Bei schnellen und plötzlichen Veränderungen ist eine Nachahmung nicht möglich. Sodann wird dergestalt reagiert, dass individuelle Erfahrung eingesetzt wird oder nur noch die nachgeahmt werden, die sich schneller an die neue Situation angepasst haben.

An Beispiel 2 lässt sich die Kombination aus Heuristiken und erlernten Fertigkeiten verdeutlichen. Der Einsatzleiter verfügt nicht über einen *„sechsten Sinn"*. Über erlernte Fähigkeiten (Berufserfahrung) und wegen der Wiedererkennungsheuristik konnte er unbewusst die richtige Entscheidung treffen. Zum Zeitpunkt der Befehlsgabe wusste der Einsatzleiter nicht, dass das brennende Haus unterkellert war und das Feuer nicht in der Küche, sondern im Keller ausgebrochen war. Der Einsatzleiter erkannte aber einen atypischen Verfahrensablauf. Das Feuer reagierte nicht auf Löschwasser. Bei Direktangriffen auf den Brandherd kommt es aber zwangsläufig zu einer Reaktion. Die Hitzentwicklung in den umliegenden Räumen war wesentlich höher, als bei einem Küchenbrand in einem kleinen Haus üblich. An der vermuteten Brandquelle war es zu ruhig. Brandquellen verursachen typischerweise großen Lärm. Hier wurde der Lärm durch die Geschossdecke gedämpft. Aufgrund seiner Erfahrung wusste der Einsatzleiter dies. Unterbewusst hat er realisiert, dass es sich

911 *Gaissmaier/Gigerenzer*, Denken und Urteilen unter Unsicherheit: Kognitive Heuristiken, in: *Funke* (Hg.): Enzyklopädie der Psychologie: Denken und Problemlösen, 329 (331).

912 *Gigerenzer/Kober*, Bauchentscheidungen, S. 27.

913 *Ebenda*, S. 69 ff.

914 *Marewski* [u.a.], Cognitive Processing 2010, 103 (104 f.); *Gigerenzer/Kober*, Bauchentscheidungen, S. 27.

nicht um einen Zimmerbrand, sondern um einen Kellerbrand handeln muss. Der Einsatzleiter hat die typische Situation wiedererkannt und entsprechend gehandelt. *Klein* fasst das Ergebnis wie folgt zusammen:

> *„Aufgrund seiner Berufserfahrung verfügte der Einsatzleiter über eine Anzahl fester Muster. Er war es gewöhnt, eine Situation abzuschätzen, indem er sie mit einem der ihm bekannten Muster verglich. Zwar hätte er diese Muster und ihre Merkmale nicht unbedingt beschreiben können [...]. Ihm schien nicht klar zu sein, wie er seine Erfahrung nutzte, den er tat dies weder bewusst noch absichtlich."*[915]

Hier zeigt sich intuitives Entscheiden aufgrund der Kombination aus Erfahrung und Heuristiken in seiner einfachsten, aber nicht minder effektiven Variante. Mittels der Erfahrung erkennen wir Situationen wieder, schätzen sie unter dem Aspekt der Wiedererkennung ein und treffen dann Entscheidungen.

Die Ursache intuitiver Prozesse ist mithin in den Heuristiken zu suchen. Nur aufgrund dieser Faustregeln sind intuitive Entscheidungen möglich. Um Heuristiken nutzen zu können, bedarf es kumulativ evolvierter Fähigkeiten. Evolvierte Fähigkeiten sind die Bausteine der Heuristiken[916]. Zu berücksichtigen sind ferner die Umweltstrukturen. Sie haben wesentlichen Einfluss auf das Funktionieren von Heuristiken. Diese können nur in Kombination mit den vorhandenen Umweltstrukturen funktionieren. Heuristiken müssen an geänderte Umweltstrukturen angepasst werden und werden dadurch intelligent. Dies bedeutet, dass entsprechend der vorhandenen Umweltstrukturen eine Selektion der Informationsaufnahme stattfindet. Informationen werden im Kontext der Umweltstruktur selektiv wahrgenommen[917], nicht benötigte Informationen ausgeblendet.

4. Definition

Intuition beruht auf Heuristiken, die aufgrund von evolvierten Fähigkeiten und der Anpassung an Umweltstrukturen schnelle, unterbewusste und ressourcenschonende Entscheidungen in Situationen der Unsicherheit ermöglicht. Eine schnelle und einfache Entscheidung ist deshalb möglich, weil Heuristiken erworbene und erlernte Fähigkeiten einsetzen. Heuristiken beschreiben hierbei den Prozess und das Ergebnis der Intuition. Heuristiken sind Regeln, die den Prozess um die unterbewusste Problemlösung vorgeben. Heuristiken greifen auf evolvierte und erlernte Fähigkeiten zu und nutzen Umweltstrukturen[918].

Intuition ist nach *Gigerenzer* ein unterbewusst ablaufender Prozess der Informationsverarbeitung und Entscheidungsfindung. In diesem Prozess findet eine Selektion

---

915 *Klein*, Natürliche Entscheidungsprozesse, S. 53.
916 *Gigerenzer/Kober*, Bauchentscheidungen, S. 57 ff.
917 *Gaissmaier/Gigerenzer*, Denken und Urteilen unter Unsicherheit: Kognitive Heuristiken, in: *Funke* (Hg.): Enzyklopädie der Psychologie: Denken und Problemlösen, 329 (333).
918 *Ebenda*, 329 (329 ff.).; *Gigerenzer/Kober*, Bauchentscheidungen.

der vorhandenen Informationen auf das Wesentliche statt. Nicht sämtliche zur Verfügung stehende Informationen werden einbezogen, sondern es erfolgt eine Beschränkung auf die wichtigsten Informationen. Die Selektion erfolgt unterbewusst und orientiert sich an den verwendeten Heuristiken. Der Komplexität der Entscheidungssituation wird nicht mit komplexen Lösungsstrategien begegnet, sondern mit Vereinfachung. Intuition ist die Fähigkeit zu erkennen, welche Heuristik in der jeweiligen Entscheidungssituation zur Anwendung zu bringen ist und welche Informationen zu selektieren sind. Der gesamte Prozess läuft unterbewusst in kürzester Zeit ab und benötigt kaum kognitive Ressourcen[919].

II. Vorurteile

Gegen intuitive Entscheidungen wird oftmals eingewandt, dass diese nicht zu *„richtigen"* Ergebnissen führen würden, da intelligente Entscheidungen nur bewusst getroffen werden könnten[920]. Darüber hinaus wird argumentiert, dass Entscheidungen nur dann getroffen werden könnten, wenn sämtliche vorhandenen Informationen abgewogen werden würden. In diesem Zusammenhang ist klarzustellen, dass es zu kurz gegriffen wäre anzunehmen, dass Intelligenz nur bei bewussten Entscheidungen anzutreffen sei. Auch unterbewusste Entscheidungen können intelligent sein. Intelligenz ist nicht abhängig von bewussten Überlegungen. Menschen sind beispielsweise in der Lage, Gedanken zu verbalisieren, ohne dass hierzu eine bewusste Überlegung notwendig wäre. Muttersprachler können sich verständlich ausdrücken, ohne vorher bewusst überlegen zu müssen, wie ein Satz zu bilden ist[921].

1. Elemente einer *„guten"* Entscheidung

Die Rationalitätstheorien statuieren, dass eine Entscheidung umso besser ist, je mehr Informationen aufgenommen und verarbeitet wurden. Nicht zuletzt wird auch im Rahmen der *Business Judgement Rule* verlangt, dass alle wesentlichen Informationen der Entscheidung zugrunde gelegt werden müssen. Im Allgemeinen wird die Güte einer Entscheidung von der Anzahl der zugrunde liegenden Informationen abhängig gemacht. Verschiedene Studien haben gezeigt, dass es sich dabei um einen Trugschluss handelt. Die Güte einer Entscheidung ist nicht von der Menge der Informationen abhängig. Vielmehr ist es zumeist effektiver, wenn nur einige wenige Informationen wahrgenommen werden.

Mehr Informationen und mehr Auswahl sind nicht (immer) besser. Bei einer erhöhten Informations- und Auswahlmenge tritt zumeist der Effekt ein, dass die Entscheidungen qualitativ schlechter werden. Auch ist es ein Irrtum, davon auszugehen, dass

---

919 *Gigerenzer*, Einfache Heuristiken für komplexe Entscheidungen, in: *Brüning* (Hg.): Mathematisierung der Natur, 37 (37 ff.).

920 *Ariely*, Wer denken will, muss fühlen, S. 50 f.

921 *Gigerenzer/Kober*, Bauchentscheidungen.

mehr Zeit bei der Entscheidungsfindung zwangsläufig zu besseren Entscheidungen führen würde.

Hier wird das Paradox der freien Wahl relevant, welches seine Ursachen in dem Phänomen der kognitiven Dissonanz findet. Je mehr Entscheidungsalternativen vorhanden sind, desto größer ist das Risiko des Auftretens einer kognitiven Dissonanz. Ab einem bestimmten Punkt schaden Informationen dem Entscheidungsprozess[922].

Auch bei Sportprofis lässt sich dieser Effekt finden. Haben die Profis mehr Zeit, über eine Entscheidung nachzudenken, sinkt die Erfolgsrate und ihre Entscheidungen werden schlechter. Das Mehr an Zeit führt dazu, dass die Profis alle möglichen Variablen in ihre Entscheidung aufnehmen und so den Blick für das Wesentliche verlieren. Anders verhält es sich jedoch bei Anfängern. Hier ist das Gegenteil zu beobachten. Je mehr Zeit diese haben, desto besser werden die Entscheidungen. Dabei ist jedoch zu berücksichtigen, dass Anfänger wesentlich weniger Umstände für eine Entscheidung als relevant erachten als Profis[923].

2. Einfache Lösungsstrategien

Besonders eindrucksvoll lässt sich dies an Strategien zur besseren Geldanlage verdeutlichen. Die Nobel-preisgekrönte Strategie zur optimalen Geldanlage wird mit der Formel $^1/_N$ beschrieben. Um ein Totalverlustrisiko zu verringern, soll der Anleger sein Geld gleichmäßig auf verschiedene Anlagen verteilen. Diese Regel wird von fast jedem Laien bei der Kapitalanlage berücksichtigt. Bisher gibt es keine Anlagestrategie, welche die einfache Formel $^1/_N$ auf Dauer übertreffen könnte.

Dies lässt sich damit begründen, dass so viele Informationen, wie die komplexen Strategien der Finanzprofis benötigen, bisher noch nicht existieren. Die sog. professionellen Anlagemodelle sind spekulativ und verkennen, dass die Basis, von der sie ausgehen, für Prognosen nicht ausreicht. Die Informationen, die zur Erstellung der Anlagemodelle vorhanden sind, enthalten auch nicht aussagekräftige Kursschwankungen, welche dennoch in die Modelle einbezogen werden. Es kann bei Erstellung der Modelle nicht abgesehen werden, welche Daten zukunftsrelevant sind. Die Modelle enthalten zwangsläufig nutzlose Daten, wodurch die Modelle unbrauchbar werden[924].

In diesem Zusammenhang ist auf eine Studie von *Gigerenzer* hinzuweisen[925]. Diese beschäftigt sich mit der Frage, ob Privatanleger schlechtere Anlageentscheidungen treffen als Profis. Man ließ von Passanten ein Portfolio derart zusammenstellen, dass man 100 Personen befragte, in welche Aktien sie investieren würden. Die 10 meistgenannten Aktien hat man in das Portfolio eingestellt. Dieses Portfolio erzielte bessere Gewinne als 88 % der übrigen Depots. Trotz des Halbwissens bzw. der Unwissenheit der Passanten über den Aktienmarkt haben diese bessere Ergebnisse erzielt als die

---

922 *Malhotra*, Journal of Consumer Research 1982, 419 (419, 425 ff.).

923 *Beilock* [u.a.] Psychonomic Bulletin & Review 2004 373 (373); *Beilock* [u.a.], Journal of Experimental Psychology 2002, 6 (6 ff.).

924 *Gigerenzer*, Gut feelings, S. 35 ff.

925 *Gigerenzer/Kober*, Bauchentscheidungen, S. 37.

Profis. Die Passanten haben sich an eine einfache Regel gehalten. Sie haben nur Aktien ausgewählt, deren Firmen sie kannten. Eine einfache, aber effiziente Strategie – kaufe nur Firmenanteile von Firmen, die du auch kennst. Komplexe Anlagestrategien sind nicht erfolgreicher als diese einfache Faustregel. Jährlich schneiden mehr als 50 % der von Profis angelegten Aktienfonds schlechter ab als der Markt.

3. Rationalisierung

Intuition hat einen schlechten Ruf. Wir bekommen nach wie vor seit der frühesten Kindheit beigebracht, dass Entscheidungen rational begründet sein müssen. Es herrscht noch immer die Ansicht vor, dass intuitive Entscheidungen schlechter sind als solche, die auf einer umfassenden Analyse basieren. In unserer Gesellschaft wird vor allem Wert auf klar nachvollziehbare Entscheidungen gelegt. Dabei haben schon mehrere Studien gezeigt, dass intuitive Entscheidungen zu meist zu besseren Ergebnissen führen. *Wilson/Schooler* haben bereits 1991 gezeigt, dass Entscheidungen schlechter ausfallen, wenn Menschen angewiesen werden, Gründe für ihre Entscheidung zu nennen und vorher eine Analyse anzustellen[926]. Das bewusste Abwägen zwingt dazu, sich bewusst auf einige wenige entscheidungserhebliche Faktoren zu beschränken. Hierbei werden aber Faktoren außer Acht gelassen, welche für die Entscheidung maßgeblich sein können. Eine solche Zwangslage führt wiederum zu dem Problem der kognitiven Dissonanz. Die Studien von *Wilson/Schooler* wurden mehrfach von anderen Wissenschaftlern wiederholt, auch unter dem Gesichtspunkt der inneren Rechtfertigung der Entscheidungen. Es hat sich gezeigt, dass intuitive Entscheidungen auch im Hinblick auf die Zufriedenheit der Entscheidung besser ausfallen als „*erzwungene*“ rationale Entscheidungen[927].

III. Vorteile

Intuition ist eine evolutionsbiologische Reaktion auf eine komplexer und ungewisser werdende Welt. Nur durch Intuition ist es möglich, trotz kognitiver Beschränkungen tagtäglich Entscheidungen ungewisser und komplexer Natur zu treffen. Ohne Intuition könnte der Alltag, nicht gemeistert werden. Sie ist aufgrund ihrer unterbewussten Informationsselektion eine Strategie, um der immer größer werdenden Informationsfülle zu begegnen. Ebenso nimmt die Informationsverfügbarkeit durch technischen und gesellschaftlichen Fortschritt ständig zu. Nur aufgrund einer unterbewussten Selektion ist es möglich, diese Flut zu bewältigen.

Bevor auf Vorteile intuitiver Entscheidungen eingegangen werden kann, ist zu klären, ob intuitive Entscheidungen in wirtschaftlichen Situationen zu akzeptablen Ergebnissen führen. Vorteile intuitiver Entscheidungen müssten nicht berücksichtigt

---

926 *Wilson/Schooler*, Journal of Personality and Social Psychology 1991, 181 (181 ff.).
927 *Schmalt/Langen*, Motivation, S. 110 ff.

werden, wenn das Entscheidungsergebnis grundsätzlich schlechter als bei rationalen Abwägungsentscheidungen ausfallen würde.

1. Entscheidungsarten im Vergleich

Menschen verfügen über 2 Entscheidungssysteme. Dem deliberaten System (*System 1*) und dem intuitiven System (*System 2*). Entscheidungen werden mit beiden Systemen getroffen. Kulturell-gesellschaftliche Vorgaben fordern jedoch noch immer, dass Entscheidungen rational getroffen werden müssten.

Das *System 1* funktioniert über bewusste Abwägungsprozesse und benötigt daher Zeit und kognitive Ressourcen. Das *System 2* arbeitet unterbewusst und schnell. Es bedarf keiner kognitiven Ressourcen für den Entscheidungsprozess. Es stellt sich die Frage, welches System die besseren Entscheidungen trifft. Diese Frage kann nicht generell beantwortet werden. Zunächst ist zu berücksichtigen, dass Menschen anscheinend entweder intuitive oder deliberate Entscheidungen bevorzugen. Schon aufgrund dieser subjektiven Vorlieben kann nicht statuiert werden, dass eine Entscheidungsform per se besser oder schlechter ist. Die Zufriedenheit der Entscheidenden mit ihren Urteilen ist zwangsläufig davon abhängig, ob Entscheidungen nach ihrer Bevorzugung getroffen werden können[928]. Ist dies nicht der Fall, kommt es wiederum zu kognitiven Dissonanzen. Um zu unterscheiden, welche Situation besser oder schlechter ist, kann nicht darauf abgestellt werden, welche Entscheidung sich nachträglich rational erklären lässt. Dies käme einem Zirkelschluss gleich, da ein Abgleich nur anhand der Rationalitätsmodelle erfolgen würde. Bei einem solchen Vorgehen würde immer das *System 1* bessere Entscheidungen treffen. Eine Situationsabhängigkeit kann nicht darüber entscheiden, welcher Entscheidungsprozess besser ist.

In den letzten Jahren wurde eine Vielzahl an Studien zu der Frage, welcher Entscheidungsprozess besser ist, durchgeführt. Diese Studien kamen zu dem Ergebnis, dass intuitive Entscheidungen zumindest gleichwertig und zum Teil besser als rationale Entscheidungen sind. Exemplarisch ist auf zwei Studien der Universität Regensburg näher einzugehen. Beide Studien haben intuitive und rationale Entscheidungsprozesse gegenübergestellt und die Ergebnisse verglichen.

Die Studie von *Harteis/Gruber* hat sich mit der Frage auseinandergesetzt, welchen Stellenwert intuitive Vorhersagen zur Entwicklung des Aktienmarktes im Vergleich zu professionellen Analysen haben. Sie kamen zu dem Ergebnis, dass die intuitiven Vorhersagen besser waren, als die rational begründeten. Zu berücksichtigen ist jedoch, dass die Vorhersage von Kursentwicklungen immer von der Einschätzung der betroffenen Unternehmen und der Gesamt-Finanzsituation abhängig ist. Obwohl die rational begründeten Entscheidungen auf einer umfassenden Analyse beruhten, waren ihre Vorhersagen schlechter. Die Ursache hierfür liegt darin, dass aufgrund der Informationsmenge nicht alle relevanten Informationen erlangt werden können.

---

928 *Betsch*, Präferenz für Intuition und Deliberation.

Eine rationale Analyse ist nur eingeschränkt möglich, es mangelt schon an der notwendigen Basis. *Harteis/Gruber* argumentieren, dass der Intuition eine höhere Bedeutung bei der Erstellung von Expertisen zukommen müsse[929].

In einer weiteren Studie haben *Harteis* u.a. den vorgenannten Vergleich im Bereich der Notfallmedizin durchgeführt. Notfallmedizinern der Universitätsklinik Regensburg wurden Notfallszenarien an einer Simulationspuppe präsentiert. Die Studie wurde in zwei Gruppen bei identischem Szenario durchgeführt. Eine Gruppe wurde *„gezwungen"*, ihre angedachten Handlungen vor Ausführung rational zu erklären. Es hat sich gezeigt, dass die Gruppe, welche in der Notfallsituation intuitiv handelte, gleichwertige Ergebnisse erzielt hat. Die intuitive Gruppe benötigte weniger Zeit für ihre Diagnosen. Demzufolge sind intuitive Entscheidungen zumindest gleichwertig mit rationalen Entscheidungen und bilden eine zentrale Komponente fachlicher Expertise[930].

2. Vorteile intuitiver Entscheidungen

Größter Vorteil intuitiver Entscheidungen ist, dass sie kaum kognitive Fähigkeiten beanspruchen und sehr schnell sind. Intuitive Entscheidungen laufen unbewusst ab, bedürfen ferner keiner bewussten Wahrnehmung und keiner speziell gelenkten Aufmerksamkeit. Dies hat den Vorteil, dass mehr Informationen erfasst werden können, als dies bei einer bewussten Wahrnehmung möglich wäre. Bewusste Wahrnehmung ist immer auf bestimmte Faktoren fixiert und vernachlässigt nicht in das Schema passende Informationen. Intuitive Entscheidungen können damit auf mehr Informationen beruhen, als rational getroffene Entscheidungen. Für unbewusste Informationen steht eine größere Kapazität zur Verfügung[931].

Ein weiterer Vorteil intuitiver Entscheidungen liegt auf der Kosten-Nutzen Seite. Rationale Entscheidungen gerade in der Wirtschaft erfordern einen großen Aufwand an Informationsbeschaffung und Verarbeitung. Dies wirkt sich neben der zeitlichen Komponente auch auf der Kostenseite aus. Mehr Zeit auf ein Problem zu verwenden, bedeutet höhere Kosten. Unter diesem Gesichtspunkt ist zu überdenken, ob nach einer Kosten-Nutzen-Analyse rationalen Entscheidungen tatsächlich der Vorrang zu geben ist. Durch intuitive Entscheidungen können Kosten eingespart werden[932].

3. Grenzen von Intuition und Rationalität

Weder Verstand und Logik, noch Intuition sind unfehlbar. Gegen intuitive Entscheidungen wird eingewendet, dass sie anfälliger für Fehlentscheidungen seien. Die im

929 Mit Hinweisen auf weitere Studien: *Harteis/Gruber*, Vocations and Learning 2008, 71 (71, 83 ff.).
930 Mit weiterführenden Nachweisen: *Harteis* [u.a.], How important is intuition for high performance?, S. 21 ff.
931 *Pelzmann*, Die Bank 2007, 78 (80).
932 *Gigerenzer/Kober*, Bauchentscheidungen, S. 48.

Rahmen der Verhaltensökonomik erforschten kognitiven Beschränkungen resultieren häufig aus dem Umstand, dass unser intuitives System uns in die „*falsche*" Richtung führt[933].

a) Grenzen der Rationalität

Auch die Rationalwahl-Modelle unterliegen Beschränkungen. Rationalität ist der Versuch, ein Problem mithilfe deduktiver und statistischer Denk- und Analysemethoden zu lösen. Dieses Vorgehen eignet sich nicht in jeder Entscheidungssituation. Es besteht an dieser Stelle das Risiko, dass versucht wird, jedes Problem rational lösen zu wollen. *Klein* spricht insoweit von einer Hyperrationalität[934]. Bei Rationalwahl-Entscheidungen wird mitunter verkannt, dass in natürlichen Situationen eine formale Analyse nicht zielgerichtet sein kann. Das Rationalwahl-Modell verfügt über keine Grundelemente, die Regeln sind vieldeutig und unterschiedlich interpretierbar. Alle Berechnungen beruhen letztlich auf subjektiven Einschätzungen. Es besteht das Risiko einer Schein-Rationalität[935].

Ferner gehen die Rationalwahl-Modelle davon aus, dass vor einer Problemlösung alle Ziele klar definiert sind. Oft ist es jedoch so, dass es klare Zielvorstellungen nicht gibt. Aufgrund der Komplexität von Entscheidungssituationen ist es teilweise nicht möglich, Ziele klar zu definieren. Unklare Zielvorstellungen haben aber zur Folge, dass Entscheidungen nur noch schwer nach den Rationalitätstheorien getroffen werden können, da diese eine Konkretisierung der Zielvorstellungen voraussetzen. Eine Ausrichtung der Problemlösung an einem nicht klar definierten Ziel ist nicht möglich[936].

Eine unüberwindbare Grenze sind letztlich die kognitiven Fähigkeiten der Menschen. Die Rationalwahlmodelle sind an Computermodelle angelehnte Prozesslösungsalgorithmen. Grundbestandteil aller Modelle ist das Durchsuchen von Problemräumen. Der Mensch ist aber kein Computer und dieses Vorgehen lässt sich nicht mit der psychologischen Realität in Einklang bringen[937].

b) Systematische Fehlentscheidungen

Die Ausführungen zu den kognitiven Illusionen könnten zu der Annahme verleiten, dass intuitive Entscheidungsprozesse zu systematischen Fehlentscheidungen führen würden. Die Erkenntnisse der Verhaltensökonomik lassen einen solchen Schluss jedoch nicht zu. Die Verhaltensökonomik hat sich bisher darauf beschränkt, kognitive Illusionen zu finden und zu beschreiben. Es herrscht aber nach wie vor ein

---

933 *Thaler/Sunstein*, Nudge, S. 37 ff.
934 *Klein*, Natürliche Entscheidungsprozesse, S. 304 ff.
935 *Ebenda* S. 304 ff., 315.
936 *Ebenda* S. 179.
937 *Klein*, Natürliche Entscheidungsprozesse, S. 158 ff.

Theoriedefizit[938]. Ohne eine Modellbildung bleiben die Erkenntnisse der Verhaltensökonomik vage und können nicht vollends falsifiziert werden[939].

Kognitive Psychologen haben neben den bereits aufgezeigten *„Anomalien"* aber auch zahlreiche Vorteile intuitiver Entscheidungen gefunden und beschrieben. Die nachstehenden Tabellen[940] zeigen in Form von Vor- und Nachteilen die bisherigen Erkenntnisse intuitiver Entscheidungen.

Tabelle 7 – Fehlerquellen bei intuitiven Entscheidungen

Einige Todsünden der Intuition
Hindsight-Bias – beim Rückblick auf Ereignisse nehmen wir irrtümlich an, wir hätten es immer schon gewusst.
Illusorische Korrelation – Intuitiv nehmen wir einen Zusammenhang an, wo keiner besteht.
Gedächtniskonstruktion – wir bilden unter dem Einfluss unserer momentanen Stimmung und durch Fehlinformationen falsche Erinnerungen.
Repräsentativität und Verfügbarkeit – prompte und einfache Heuristiken werden zu schnellen und schlechten Heuristiken, wenn sie uns zu unlogischen und inkorrekten Urteilen führen.
Selbstüberschätzung – bei der intuitiven Bewertung unseres eigenen Wissens sind wir uns gewiss und haben trotzdem nicht recht.
Beharren auf Überzeugungen und Bestätigungstendenz – teilweise wegen unserer Vorliebe dafür, Informationen zu bestätigen, sind Überzeugungen oft hartnäckig, auch nachdem ihre Grundlage erschüttert wurde.
Framing – Urteile variieren in Abhängigkeit davon, wie dieselbe Fragestellung oder Information dargestellt wird.
Falschvorhersage der eigenen Gefühle – wir sagen die Intensität und Dauer unserer Gefühle oft falsch vorher.
Selbstdienliche Verzerrung – auf unterschiedliche Weise zeigen wir überhöhte Selbstbewertungen.
Fundamentaler Attributionsfehler – wenn man das Verhalten anderer Menschen zu stark auf ihre Dispositionen schiebt, indem man unbemerkte situative Einflussfaktoren abtut.
Falschvorhersage des eigenen Verhaltens – unsere intuitiven Vorhersagen in Bezug auf uns selbst führen uns häufig in die Irre.

938 Hierzu bereits 1993: *Wittig*, Der rationale Verbrecher, S. 169 ff.
939 Kritisch hierzu: *Gigerenzer*, Psychological Review 1996, 592 (592 ff.); *Gigerenzer*, European Review of Social Psychology 1991, 83 (83 ff.).
940 Nach *Myers*, Psychologie, S. 444.

Tabelle 8 – Vorteile intuitiver Entscheidungen

Belege für die Kraft der Intuition
Blindsehen – das Sehen von Menschen mit einer Hirnschädigung, wenn ihr Körper auf Dinge und Gesichter reagiert, die er nicht bewusst erkennt.
Denken mit der rechten Gehirnhälfte – Split-Brain-Patienten, deren Hirnhälften operativ voneinander getrennt wurden und die ein Wissen zeigen, dass sie nicht verbalisieren können.
Intuitives Lernen bei Säuglingen – im Bereich der Sprache und Physik.
Moralische Intuition – rasche Bauchgefühle, die dem moralischen Schlussfolgern vorangehen.
Geteilte Aufmerksamkeit – Informationen, auf die man seine Aufmerksamkeit nicht richtet und die von „*Radarbeobachtern unten im Gehirn*" verarbeitet werden.
Alltagswahrnehmungen – die sofortige Parallelverarbeitung und Integration komplexer Informationsströme.
Automatische Verarbeitung – der kognitive Autopilot, der uns durch große Teile des Lebens lenkt.
Implizites Gedächtnis – lernen, wie man etwas tut, ohne zu wissen, dass man es weiß.
Heuristiken – diese schnellen und einfachen mentalen Abkürzungswege, die uns normalerweise einen guten Dienst erweisen.
Intuitives Expertenwissen – Phänomene des unbewussten Lernens, Expertenlernen und körperliche Begabung.
Kreativität – das manchmal spontane Auftauchen neuartiger und wertvoller Ideen.
Soziale und emotionale Intelligenz – das intuitive Know-how dazu, wie man soziale Situationen erfasst und damit umgeht, wie man Emotionen wahrnimmt und zum Ausdruck bringt.
Die Weisheit des Körpers – wenn sofortige Reaktionen erforderlich sind, umgehen die emotionalen Nervenbahnen des Gehirns den Kortex; Vorahnungen gehen manchmal dem rationalen Verstehen voraus.
Winzige Ausschnitte – wenn man Merkmale in einem Verhalten entdeckt, das nur einige Sekunden dauert.
Duales Einstellungssystem – so wie wir über 2 Arten des Wissens (unbewusst und bewusst) verfügen und über 2 Arten des Erinnerns (implizit und explizit), haben wir auch 2 Arten von Reaktionen – auf einem Bauchgefühl und auf einer rationalen Einstellung basierende.

Aus den vorstehenden Ausführungen wird ersichtlich, dass intuitive Entscheidungen falsch sein können. Aber es wäre vermessen zu konstatieren, dass intuitive Entscheidungen systematisch zu Fehlentscheidungen führen würden. Intuitive

Entscheidungen haben Vor- und Nachteile. Es gilt, die Nachteile zu erkennen und zu berücksichtigen. Intuition ist häufig effizient und effektiv und sollte daher auch entsprechend genutzt werden (dürfen). Nur durch Reflexion kann Intuition effektiv eingesetzt werden. Intuition muss anhand verfügbarer Befunde verifiziert werden[941]. Überprüfung darf aber nicht verwechselt werden mit Rechtfertigung oder rationaler Begründung.

c) *Grundvoraussetzung: Erfahrung*

Die Grenze intuitiver Entscheidungen ist die Erfahrung. Intuition ist abhängig von der Erfahrung des Entscheiders. Intuition hat nichts mit *„übersinnlichem Wissen"* zu tun, sondern ist abhängig von bisher gemachten Erfahrungen. Studien haben gezeigt, dass intuitive Entscheidungen von Anfängern wesentlich schlechter sind, als Entscheidungen von Experten[942]. Sie müssen sich erst die notwendige Erfahrung aneignen. Anfänger müssen daher zunächst analytische Entscheidungen bevorzugen[943]. Berufsanfänger sollten zunächst nur einfachere Probleme lösen und nicht sofort mit komplexen Problemen konfrontiert werden[944].

Das einführende Beispiel Nummer 3 zeigt die Möglichkeiten und Grenzen intuitiver Entscheidungen. Selbst Experten haben zunächst bezweifelt, dass der handelnde Feuerleitoffizier hätte erkennen können, dass es sich um eine Rakete und nicht um ein verbündetes Flugzeug handelte. Grundsätzlich ist es mit entsprechenden technischen Geräten möglich, auf einem Radargerät Flugzeuge und Raketen zu unterscheiden. Diese Möglichkeiten standen dem Feuerleitoffizier aber nicht zur Verfügung. Auf dem zur Verfügung stehenden Radar konnten keine Höhenunterschiede erkannt werden. Bei einer Untersuchung hat man erst nach einiger Zeit herausgefunden, dass auf dem Radar beide Objekte aufgrund ihrer Geschwindigkeit unterschieden werden konnten. Flugzeuge fliegen mit einer konstanten Geschwindigkeit. Raketen müssen erst beschleunigen, bis sie ihre Reisegeschwindigkeit erhalten. Es wurde sodann herausgefunden, dass geübte Feuerleitoffiziere aufgrund ihrer Erfahrung aus der *„Tracking-Spur"* und dem typischen Radarecho Geschwindigkeitsunterschiede feststellen können. Für ungeübte sind diese Unterschiede nicht wahrnehmbar.

Dieses Beispiel zeigt eindrucksvoll, dass schnelle intuitive Entscheidungen abhängig sind von Erfahrung. Experten nehmen Dinge wahr, die für Anfänger nicht erkennbar sind. Selbst feinste Unterschiede werden in kürzester Zeit erkannt. Dies ermöglicht es Experten, unter Zeitdruck Entscheidungen von hoher Qualität zu treffen[945].

Intuition ist keine angeborene Gabe, sondern muss erlernt werden. Nur wer über die notwendige Erfahrung verfügt, kann qualitativ hochwertige intuitive Entscheidungen treffen. Erst Erfahrungen ermöglichen es, Erwartungen zu entwickeln

---

941 *Myers*, Psychologie, S. 444 ff.
942 *Harteis/Gruber*, Vocations and Learning 2008, 71 (82 f.); *Harteis* [u.a.] August 2009.
943 *Gigerenzer/Kober*, Bauchentscheidungen, S. 42 ff.
944 *Ebenda* S. 34 ff.
945 *Klein*, Natürliche Entscheidungsprozesse, S. 180 ff, 211.

und zu nutzen. Ein weiterer wichtiger Aspekt von Erfahrungen ist, dass diese ein Situationsbewusstsein schaffen. Anfänger fixieren sich häufig auf Einzeldaten und lassen die Gesamtsituation unberücksichtigt. Durch diese Fixierung kommt es bei Anfängern zu einer Informationsüberlastung.

Nicht jede Erfahrung ist hilfreich. Voraussetzung ist, dass Entscheidungsträger Feedback erhalten. Nur so wird sichergestellt, dass „*richtige*" Erfahrungen internalisiert werden. Nach *Klein* beruhen Fehlentscheidungen nahezu ausschließlich auf fehlendem oder falschem Wissen oder mangelnder Erfahrung[946]. Den Einfluss von Stress und Voreingenommenheit auf die Güte von Entscheidungen hält er für sehr gering[947]. Stress führe lediglich dazu, dass der Selektionsprozess schneller ablaufe und weniger Informationen berücksichtigt würden, was nicht zwangsläufig zu einer schlechten Entscheidung führe[948].

IV. Modellbildung

Klein hat aus seinen Studien zur Intuition das *RPD Modell*[949] entwickelt. Dieses Modell findet <u>keine</u> Anwendung auf unerfahrene Entscheider. Es soll nur für erfahrene Entscheider gelten. Nach *Klein* ist qualitative Erfahrung Voraussetzung für intuitive Entscheidungen. Das *RPD Modell* beschreibt den Prozess und die Entscheidungsfindung. Es versteht sich als Strategie zur Lösung von Entscheidungsproblemen und steht mit seinen Annahmen im Widerspruch zu den klassischen rationalen Entscheidungsmodellen. Der Anwendungsbereich des *RPD Modells* soll von Entscheidungen unter Zeitdruck bis hin zu Entscheidungen unter genügend Zeit gelten.

Das RPD Modell basiert auf evolvierten Fähigkeiten und der Anwendung von Heuristiken. Das Modell basiert wesentlich auf der Rekognitionsheuristik. Es funktioniert verallgemeinert über die wiedererkennungsgesteuerte Entscheidung. Notwendig ist jedoch nicht, dass Situationen 1:1 auftreten müssen. Vielmehr erklärt es, warum richtige Entscheidungen in Situationen getroffen werden können, die als „*Anomalie*" bezeichnet werden.

---

946 A.A. *Langer/Imber*, Journal of Personality and Social Psychology 1979, 2014 (2014 f., 2019 ff.).

947 A.A. *Ariely*, Wer denken will, muss fühlen, S. 21 ff., 40 f., 42–48. *Ariely* geht davon aus, dass Stress die Güte unserer Entscheidungen negativ beeinflusst. Er verweist hier beispielsweise auf Studien zu den Auswirkungen von Bonuszahlungen. Hohe Bonuszahlungen beeinflussen hiernach die Güte der Entscheidung. Entscheidungen fallen bei hohen Boni schlechter aus *Ariely* begründet dies damit, dass durch die Bonuszahlungen (Anreize) der Druck auf die Entscheider erhöht wird und dadurch Entscheidungen schlechter ausfallen (vgl. hierzu mit weiteren Nachweisen: *Ashton*, Journal of Accounting Research 1990, 148 (148 ff.); *Baumeister*, Journal of Personality and Social Psychology 1984, 610 (608 ff.).

948 *Klein*, Natürliche Entscheidungsprozesse, S. 316 ff.

949 Recognition-primed decision-model.

Das RPD Modell sagt aus, dass Experten eine Situation als typisch wahrnehmen und aus dem Gedächtnis entsprechende Reaktionen generieren. Dies setzt voraus, dass sie über entsprechende Erfahrungen verfügen. Aufgrund der generierten Reaktionen ist es nicht mehr nötig, eine große Liste von Handlungsalternative zu prüfen. Anfänger können dieses Modell daher nicht nutzen.

V. Zusammenfassung

Die obigen Ausführungen haben gezeigt, dass intuitive Entscheidungen nicht zwangsläufig schlechter sind als Entscheidungen nach dem Rationalwahl-Modell, sondern häufig zumindest gleichwertig. Es gibt keinen Grund, der es rechtfertigen würde, dass intuitive Entscheidungen generell als schlecht angesehen werden müssen. Intuitive Entscheidungen werden nur aufgrund der fehlenden gesellschaftlichen Akzeptanz, die aus einer falschen Vorstellung resultiert, als generell schlecht *„abgestempelt"*. Intuitive Entscheidungen haben Vorteile gegenüber deliberaten Entscheidungen und führen zu qualitativ hochwertigen Ergebnissen. Zu beobachten ist, dass Entscheider, die gezwungen werden, rationale Begründungen für ihre Entscheidung zu finden, schlechtere Entscheidungen treffen. Zwangsweise verordnete Rationalität hat nicht zu Folge, dass nur noch qualitativ hochwertige Entscheidungen getroffen würden, sondern bewirken oftmals das Gegenteil. Dies zeigt auch, dass die Rechtsprechung und Gesetzgebung bei der Beurteilung unternehmerischer Entscheidungen einen falschen Weg geht. Zwangsweise verordnete Rationalität kann nicht die Lösung sein. Die Rechtsprechung wird zukünftig weiter auf rational begründeten Entscheidungen bestehen. Intuitive Entscheidungen können vor Gericht nicht nachgeprüft werden.

Gute, intuitive Entscheidungen können nur von erfahrenen Personen getroffen werden. Anfänger besitzen diese Fähigkeit nicht. Diese müssen deliberat entscheiden. Hier stellt sich die Frage, wann Entscheidungsträger erfahren genug sind, um intuitive Entscheidungen zu treffen. Bei Feuerwehrmännern oder Soldaten lässt sich dies vielleicht an der Anzahl der Einsätze festmachen. Aber wann verfügt ein Manager über genügend Erfahrung. Eine klare Trennlinie kann hier nicht gezogen werden. Dies kann im Umkehrschluss aber nicht bedeuten, dass Managern intuitive Entscheidungen verboten werden könnten.

Die Forschungen zur Intuition stellen auch die Rechtswissenschaft vor ein Problem. Wie sollen Entscheidungen nachgeprüft werden können, die intuitiv getroffen wurden? Eine rationale Begründung intuitiver Entscheidungen ist nicht möglich. Ebenso kann nicht verlangt werden, dass nur noch deliberate Entscheidungen getroffen werden. Das (Straf-)Recht kann nicht mehr verlangen, als die Menschen zu leisten in der Lage sind.

Im Ergebnis ist festzuhalten, dass die Lösung für das vorliegende Problem weder darin gefunden werden kann, dass intuitive Entscheidungen verpönt werden, noch, dass generell auf analytische Entscheidungen verzichtet wird. Intuition kann rationale Entscheidungen nicht ersetzen. Vielmehr entwickelt sich Intuition aus einer Vielzahl deliberater Entscheidungen. Auch die rationale Entscheidungsstrategie hat Vorteile. Sie ermöglicht zuverlässige Entscheidungen, welche nachvollziehbar sind.

Sie ist qualitativ und hilft Anfängern dabei, Erfahrungen zu sammeln und Probleme qualitativ hochwertig zu lösen. Deliberate Entscheidungen sind gründlich, umfassend und allgemeingültig. Sie können in verschiedensten Situationen gleichsam angewendet werden[950].

950 *Klein*, Natürliche Entscheidungsprozesse, S. 47 f.

I. Die vermeintliche Rationalität

Im Zeitraum vom 20.03.2011 bis 27.12.2011 wurde über das Umfrageportal www.q-set.de eine Onlineumfrage zum Entscheidungsverhalten durchgeführt.

I. Untersuchungsziel

Untersuchungsziel war eine Analyse des Entscheidungsverhaltens der Teilnehmer.

> *„Wie treffen wir Entscheidungen? Welche Rollen spielen Emotionen (Gefühle, Empfindungen, Wahrnehmungen, ...) bei unseren Entscheidungen? Können wir Gefühle einfach ausblenden? Welche Rolle spielt die Intuition bei unseren Entscheidungen? Sind Bauchentscheidungen schlechter als rationale Entscheidungen?*
>
> *Ziel der Umfrage ist es, herauszufinden, welchen Einfluss Intuition und Emotionen bei unserer Entscheidungsfindung haben können."*

Im Mittelpunkt stand die Frage, welchen Einfluss Intuition und Emotionen auf das Entscheidungsverhalten haben. Ziel war es herauszufinden, ob intuitive Entscheidungen auf gesellschaftliche Akzeptanz stoßen oder grundsätzlich und/oder situationsbedingt nicht akzeptiert werden.

Ein weiteres Ziel der Umfrage war es, Anhaltspunkte für die Akzeptanz von intuitiven Entscheidungen im Berufsleben zu erhalten. Die Umfrage wurde dergestalt aufgebaut, dass Teilnehmer welche (nach eigenen Angaben) im Beruf Entscheidungskompetenz haben, Fragen zum beruflichen Entscheidungsverhalten beantworten sollten. Es wurde gefragt, welche Faktoren berufliche Entscheidungen beeinflussen.

II. Methode

Die Umfrage wurde als anonymisierte Onlineumfrage über das Portal www.q-set.de durchgeführt. Teilnehmer konnten in der Zeit vom 20.03.2011 bis 27.12.2011 die gestellten Fragen beantworten. Die Umfrage wurde zeitgleich in zwei Gruppen (Gruppe I und Gruppe II) durchgeführt. Innerhalb der jeweiligen Umfragen wurde eine weitere Unterteilung vorgenommen. Haben die Teilnehmer angegeben, dass sie über berufliche Entscheidungskompetenz verfügen, mussten Fragen zum beruflichen Entscheidungsverhalten beantwortet werden. Diese Fragen waren für Teilnehmer, die keine berufliche Entscheidungskompetenz haben, nicht sichtbar.

1. Teilnehmerstruktur

Insgesamt haben **189** Teilnehmer an der Umfrage teilgenommen. Hiervon entfallen 63 Teilnehmer auf Gruppe I und 126 Teilnehmer auf Gruppe II. Insgesamt waren unter den 189 Teilnehmern **107** Probanden (56,61 %), welche nach eigenen Angaben über berufliche Entscheidungskompetenz verfügen. Von den 107 Teilnehmern mit beruflicher Kompetenz entfallen 35 auf Gruppe I und 72 auf Gruppe II.

Von den 189 Teilnehmern waren **126** (66,67 %) männlich und **63** (33,33 %) weiblich. Bei den beruflichen Entscheidungsträgern waren 82 Teilnehmer (76,64 %) männlich und 25 (23,36 %) weiblich.

Die Altersstruktur der Teilnehmer stellt sich wie folgt dar:

Tabelle 9 – Altersstruktur (Gruppe I)

Alter	**Anteil**
bis 25 Jahre	22,2 %
zwischen 26 und 35	41,3 %
zwischen 36 und 45	15,9 %
zwischen 46 und 60	15,9 %
älter als 61	4,8 %

Tabelle 10 – Altersstruktur (Gruppe II)

Alter	**Anteil**
bis 25 Jahre	27,0 %
zwischen 26 und 35	31,7 %
zwischen 36 und 45	24,6 %
zwischen 46 und 60	11,9 %
älter als 61	4,8 %

Der Großteil der Teilnehmer (60,32 %) war zum Zeitpunkt der Umfrage zwischen 25 und 35 Jahren alt. Nur 4,8 % der Teilnehmer waren älter als 61 Jahre. 34,88 % waren zwischen 36 und 60 Jahren alt. Die Ergebnisse der Umfrage sind daher nicht repräsentativ für die Gesellschaft. Da sich die Altersstruktur der Gesellschaft gerade gegenteilig darstellt.

Hinsichtlich der Teilnehmer mit beruflicher Entscheidungskompetenz stellt sich die Altersstruktur wie folgt dar:

Tabelle 11 – Altersstruktur: beruflicher Entscheidungsträger (Gruppe I)

Alter	**Anteil**
bis 25 Jahre	11,4 %
zwischen 26 und 35	40,0 %
zwischen 36 und 45	22,9 %
zwischen 46 und 60	20 %
älter als 61	5,7 %

Tabelle 12 – Altersstruktur: beruflicher Entscheidungsträger (Gruppe II)

Alter	Anteil
bis 25 Jahre	12,5 %
zwischen 26 und 35	26,4 %
zwischen 36 und 45	34,7 %
zwischen 46 und 60	18,1 %
älter als 61	8,3 %

Hier fällt auf, dass die Teilnehmer mit beruflicher Entscheidungskompetenz in der Altersstruktur nahezu gleichmäßig verteilt sind. Die Gruppe über 46 Jahre ist hierbei stärker repräsentiert. Die Gruppe bis 25 Jahre ist dagegen mit ca. 12 % nicht mehr so stark präsent.

Die Bildungsstruktur der Teilnehmer stellt sich wie folgt dar:

Tabelle 13 – Bildungsstruktur (Gruppe I)

Abschluss	Anteil
Ohne Schulabschluss	0,0 %
Haupt- oder Volksschulabschluss	3,2 %
Mittlere Reife	3,2 %
Abitur oder Fachhochschulreife	19,0 %
Hochschul- oder Fachhochschulabschluss	74,6 %

Tabelle 14 – Bildungsstruktur (Gruppe II)

Abschluss	Anteil
Ohne Schulabschluss	0,0 %
Haupt- oder Volksschulabschluss	1,6 %
Mittlere Reife	2,4 %
Abitur oder Fachhochschulreife	19,0 %
Hochschul- oder Fachhochschulabschluss	77,0 %

Bei Betrachtung der Angaben zur Ausbildung fällt auf, dass hauptsächlich Probanden mit einem Hochschulabschluss bzw. mit einem angestrebten Hochschulabschluss teilgenommen haben. Insgesamt haben nur 9 Teilnehmer (4,76 %) angegeben, dass sie keinen Hochschulabschluss haben (oder anstreben) und die Schulausbildung ohne Hochschulreife abgeschlossen haben.

2. Gestaltung und Fragestellung

Die Aufteilung der Umfrage in zwei Gruppen wurde vorgenommen, um die gefundenen Ergebnisse kontrollieren und ein Stück weit validieren zu können. Ein Großteil der Fragen in beiden Gruppen ist identisch. Identisch sind jeweils die Fragen zur beruflichen Entscheidungskompetenz. Folgende Fragen der jeweiligen Gruppen sind ebenfalls gleich:

Tabelle 15 – Fragenverteilung

Gruppe I	Gruppe II
1–5	1–5
7–8	7–8
12	10
11	11
14	13
29–31	29–31

Die übrigen Fragen in den jeweiligen Gruppen unterscheiden sich hauptsächlich durch die Formulierung der Probleme. Von der Grundaussage und der Grundproblematik her sind die Fragen identisch. Die unterschiedlich formulierten Fragen sind als Kontrollfragen aufgenommen. So soll ausgeschlossen werden, dass Ergebnisse alleine durch die Art der Fragestellung beeinflusst werden.

Die gewählten Fragestellungen wurden zum Teil den Studien von *Kahneman/ Tversky* zur *Prospect Theory*[951] sowie weiteren Studien zur Verhaltensökonomik und zu einem weiteren Teil den Studien von *Gigerenzer*[952] entnommen. Die von *Kahneman/Tversky* entwickelten Fragestellungen wurden in den letzten Jahrzehnten mehrfach von verschiedenen Wissenschaftlern inhaltsgleich wiederholt und die Ergebnisse validiert.

Ein Vorteil der vorliegenden Studie ist darin zu sehen, dass nur Probanden mit überdurchschnittlichen kognitiven Fähigkeiten teilgenommen haben. Die meisten Studien zur Verhaltensökonomie wurden mit Studenten durchgeführt. Die vorliegende Umfrage wurde in verschiedenen Alters- und Tätigkeitsschichten durchgeführt. Die Durchführung mit Probanden mit beruflicher Entscheidungskompetenz

951 *Kahneman/Tversky*, Econometrica 197, 263 (265 ff.).
952 MwN.: *Gigerenzer/Kober*, Bauchentscheidungen.

lässt auch neue Anhaltspunkte, gerade hinsichtlich intuitiver Entscheidungen, erwarten.

3. Pretest

Beide Fragebogen wurden einem Pretest unterzogen. Der Pretest zeigte, an welchen Stellen der Fragbogen überarbeitet werden musste. Es ergaben sich bei einigen Fragestellungen Verständnisprobleme. Die Teilnehmer des Pretests hatten keine Kenntnis von den Erkenntnissen der Verhaltensökonomik.

III. Aussagekraft

Es stellt sich die Frage, welche Aussagekraft der Umfrage zukommen kann. Hierbei sind zunächst die Nachteile anonymisierter Onlineumfragen zu berücksichtigen. Es kann nicht nachvollzogen werden, ob die Antworten der Teilnehmer tatsächlich korrekt vorgenommen wurden und diese die Umfrage tatsächlich *„ernst genommen“* haben. Darüber hinaus besteht im Rahmen von anonymisierten Onlineumfragen stets das Risiko einer Selbstselektion. Dies bedeutet, dass nur Probanden mit entsprechender Motivation teilnehmen. Unter diesem Gesichtspunkt ist auch zu sehen, dass die Fragebögen insgesamt 4643-mal (2362 in Gruppe I und 2281 in Gruppe II) aufgerufen wurden. Aber letztlich nur 189 Teilnehmer (4,07 %) einen Fragebogen vollständig beantwortet haben. Weitere 137 Teilnehmer (2,95 % hiervon 61 in Gruppe I und 76 in Gruppe II) haben den Fragebogen zwar begonnen, aber nicht abgeschlossen. Diese Aspekte dürfen bei der Auswertung der Umfrage nicht unberücksichtigt bleiben und müssen bei der Formulierung der Ergebnisse einbezogen werden.

Die Studie kann als intern validiert bezeichnet werden. Den Teilnehmern war nicht bewusst, dass die Umfrage in unterschiedlichen Gruppen durchgeführt wurde. Die Einteilung in die Gruppen erfolgte nach dem Zufallsprinzip. Es fand keine selektive Auswahl hinsichtlich der Gruppenbesetzung statt. Dies wäre auch nicht möglich gewesen, da die Umfrage über ein Internetportal (www.q-set.de) veröffentlicht wurde und auch über Suchmaschinen zu finden war. Hat man während der Laufzeit der Umfrage beispielsweise auf www.google.de die Suchwörter *„Umfrage“*, *„Entscheidungsverhalten“* und *„Intuition“* eingegeben, fand man als erstes Suchergebnis einen Link zu der hier gegenständlichen Umfrage. Damit kann auch erklärt werden, dass die Fragebögen insgesamt so oft ohne Beantwortung aufgerufen wurden.

Aus den Ergebnissen der Umfrage, insbesondere hinsichtlich der Kontrollfragen, ergeben sich keine Erkenntnisse dahingehend, dass die Studie nicht intern valide wäre.

Die externe Validität von (Online-)Umfragen und Simulationsstudien ist immer kritisch zu sehen. Die Antworten, die von den Teilnehmern gegeben werden, haben keine Konsequenzen. Die Fragstellungen sind abstrahiert und reduziert. Bei anonymisierten Umfragen besteht keine Möglichkeit, die Antworten auf Plausibilität und Korrektheit zu überprüfen. Es kann nicht ausgeschlossen werden, dass bewusst *„falsche“* Antworten gegeben werden. Darüber hinaus ist zu berücksichtigen, dass durch die Fragestellungen gezielt bestimmte Reaktionen herausgefordert werden. Es stellt sich die Frage, ob unter solchen Umständen überhaupt Rückschlüsse auf das Entscheidungsverhalten in realen Situationen möglich sind. Häufig werden die Stimuli zudem in „*zerlegter*“ Form dargeboten, um einzelne Faktoren manipulieren zu können. Die Analyse eines komplexen Sachverhalts und das Wahrnehmen notwendiger Informationen ist aber in der Praxis der schwierigste Teil der Entscheidungsfindung. Diese Wahrnehmungsphase fehlt in Experimenten. Für Simulationsstudien spricht jedoch, dass sie kostengünstig sind und beliebig oft wiederholt und reproduziert werden können. Auch ist bei der vorliegenden Umfrage zu berücksichtigen, dass die Entscheidungs-„*Anomalien*“ bereits in zahlreichen Studien und auch in realen Situationen beobachtet und beschrieben wurden. Die gefundenen Entscheidungs-„*Anomalien*“ können daher als robust angesehen werden.

Für die vorliegende Umfrage und deren Auswertung ist unter Berücksichtigung der vorgenannten Bedenken bei der Ergebnisbildung vorsichtig umzugehen. Die Umfrage kann nicht als repräsentativ angesehen werden. Dies würde voraussetzen, dass die Studie auf einem echten Zufallsverfahren hinsichtlich der Teilnehmer beruht. Dies ist vorliegend jedoch nicht der Fall. Die Studie wurde gezielt an verschiedene Führungskräfte bei Militär und Wirtschaft mit der Bitte um Weiterleitung verteilt.

Das verfolgte Ziel der vorliegenden Umfrage war es nicht, über eine umfassende statistische Auswertung bereits durchgeführte Studien zu bestätigen oder neue Hypothesen zu formulieren. Vielmehr ging es darum, Anhaltspunkte dafür zu finden, wie Entscheidungen „*tatsächlich*“ getroffen werden bzw. Anhaltspunkte dafür, wie die Probanden denken, dass sie ihre Entscheidungen treffen. Die Akzeptanz und Bedeutung intuitiver Entscheidungen sollte untersucht werden. Mittels der Umfrage sollen die vorstehenden Ausführungen zur Verhaltensökonomik überprüft werden.

Ziel der Umfrage war es, Einblicke in die Entscheidungsbildung außerhalb wirtschaftlicher und juristischer Fragestellungen zu erhalten. Die Zielfrage lautete: *Wie treffen Sie Entscheidungen?* Die Umfrage wurde deswegen explizit in private und berufliche Urteilsfindung unterteilt, um zu untersuchen, ob hier nach der subjektiven Auffassung der Probanden ein Unterschied besteht.

IV. Auswertung und Ergebnis[953]

Die Auswertung der Umfrage kam zu dem Ergebnis, dass Emotionen und Intuitionen das Entscheidungsverhalten mitbeeinflussen und die Probanden sich dieses Umstands bewusst sind. Die Probanden gehen jedoch davon aus, dass es möglich sei, Intuition auszublenden und rational zu handeln. Es gibt Bereiche, in denen intuitive Entscheidungen augenscheinlich verpönt sind.

953 Eine ausführliche Auswertung zu der Online-Umfrage findet sich im Anhang. Auf www.entscheidungsverhalten.net findet sich auch eine grafische Auswertung der Umfrage.

1. Auswertung

Folgende Anhaltspunkte lassen sich aus der Umfrage ableiten:

1. Anhaltspunkt

Wahrscheinlichkeiten können nicht richtig erfasst und verarbeitet werden.

Wesentliche Voraussetzung für das Funktionieren der „*rational choice theory*" ist, dass Wahrscheinlichkeiten richtig erfasst und verarbeitet werden können. Die durchgeführte Umfrage lässt vermuten, dass diese Fähigkeit nicht gegeben ist. Auch bei den überdurchschnittlich gebildeten Teilnehmern der Umfrage ist erkennbar, dass Wahrscheinlichkeiten nicht richtig erfasst werden.

Im Rahmen der Umfrage wurde die Frage gestellt, wie hoch die Teilnehmer die Wahrscheinlichkeit einschätzen, dass sich der DAX im nächsten Jahr um die Hälfte reduziert. In Gruppe I wurde die Frage noch modifiziert um den Zusatz, dass der dramatische Kurssturz auf einer Naturkatastrophe beruht. Nach mathematischer Betrachtung des Problems müssten die Wahrscheinlichkeiten in Gruppe I deutlich geringer ausfallen, da hier zwei Einzelereignisse miteinander verknüpft werden. Die Wahrscheinlichkeit dieser Verknüpfung ist das Produkt aus den Wahrscheinlichkeiten der Einzelergebnisse.

Zum Zeitpunkt des Starts der Umfrage war es als sehr unwahrscheinlich zu bezeichnen, dass der Wert des DAX sich innerhalb des nächsten Jahres halbiert. Aufgrund der Entwicklungen der Weltwirtschaft und der täglichen Berichterstattung über die Finanzkrise und stark schwankende Aktienkurse hat sich diese Fragestellung jedoch als unvorteilhaft erwiesen. Ziel der Fragestellung war es, aufzuzeigen, dass Wahrscheinlichkeiten nicht richtig erfasst werden und Eintrittswahrscheinlichkeiten zu hoch angesetzt werden. Vor der Wirtschafts- und Finanzkrise war es sehr unwahrscheinlich, dass sich der Kurs des DAX innerhalb eines Jahres um die Hälfte reduziert. In früheren Umfragen haben die Teilnehmer dies nicht erkannt und in der Mehrzahl Wahrscheinlichkeiten zwischen 10 % bis 50 % angegeben. Auch in der vorliegenden Umfrage haben die Teilnehmer ähnlich geantwortet. Gerade einmal 29 der Befragten aus Gruppe II kamen zu der Einschätzung, dass die Wahrscheinlichkeit bei maximal einem Prozent liegt. Die Schätzungen lagen ansonsten bei einer Wahrscheinlichkeit von 10 % bis hin zu 50 % und mehr. Dieses Ergebnis kann vorliegend nicht dahingehend verallgemeinert werden, dass Wahrscheinlichkeiten nicht richtig erfasst werden könnten. Durch die Berichterstattung wurde suggeriert, dass aufgrund der Finanzkrise (Eurokrise) die gesamte Weltwirtschaft und einzelne Währungen realistisch zusammenbrechen könnten.

Auffallend ist aber, dass die Befragten in Gruppe I zu ähnlichen Ergebnissen gekommen sind. Auch hier wurden die Wahrscheinlichkeiten ähnlich hoch angesetzt. Nach den Grundsätzen der Statistik müssten die Wahrscheinlichkeiten in Gruppe I niedriger sein als in Gruppe II, da es sich hier um eine kumulative Wahrscheinlichkeit handelt. Aber auch dieses Ergebnis erlaubt keine Verallgemeinerung. Es darf hier nicht verkannt werden, dass zum Zeitpunkt des Beginns der Umfrage gerade eine Natur- und damit einhergehende Atomkatastrophe in Japan stattfand. Dennoch ist zu berücksichtigen, dass es als sehr unwahrscheinlich zu bezeichnen ist, dass eine weitere Naturkatastrophe die Weltwirtschaft ins Wanken bringt.

Dass Wahrscheinlichkeiten nicht richtig erfasst werden, lässt sich jedoch durch eine ähnliche Frage zur Einschätzung von Wahrscheinlichkeiten validieren. Die Befragten wurden mit der sog. „*Linda*"-Frage konfrontiert. Die von *Kahneman/Tversky* entwickelte Problematik lautet wie folgt:

> *Linda ist 35 Jahre alt, ledig, intelligent und sagt offen ihre Meinung. Im Hauptfach hat sie Soziologie studiert. Sie engagiert sich für Fragen der Gleichberechtigung und sozialen Gerechtigkeit und hat an Demonstrationen gegen Atomkraft teilgenommen. Welche der beiden Aussagen ist wahrscheinlicher? (a) Linda ist Bankangestellte. (b) Linda ist Bankangestellte und in der Frauenbewegung aktiv.*

51 % der Befragten aus Gruppe I haben hier angegeben, dass Linda Bankangestellte und Aktivistin sei. Dies ist aus statistischer Sicht falsch. Die Konjunktion von 2 Ereignissen kann niemals größer sein als ein Einzelergebnis. Zum selben Ergebnis kommen die Befragten aus Gruppe II, welche die Wahrscheinlichkeiten beziffern sollte. Die Befragten wurden gebeten, die Wahrscheinlichkeiten für die jeweiligen Einzelergebnisse anzugeben. Auch hier wurde die Problematik der Konjunktion in der Statistik verkannt.

Auffallend ist jedoch, dass gerade in Gruppe I prozentual mehr Personen das richtige Ergebnis genannt haben als bei ähnlichen Studien. In ähnlichen Studien haben 80 % der Teilnehmer die „*falsche Antwort*" gegeben. Die Begründung hierfür ist wohl darin zu sehen, dass an der Umfrage überdurchschnittlich gebildete Probanden teilgenommen haben.

2. *Anhaltspunkt*

Menschen handeln nicht nach rein rationalen Gesichtspunkten. Die Präsentation eines Problems beeinflusst das Ergebnis.

In die Umfrage wurden auch Fragen aufgenommen, die bereits von *Kahneman/Tversky* in den 1970er Jahren entwickelt und bereits mehrfach wiederholt worden sind[954]. Anhand dieser Fragen sollte festgestellt werden, ob sich die Ergebnisse auch hier wiederholen lassen. Die Ergebnisse korrelieren insoweit mit den Ergebnissen von *Kahneman/Tversky*[955]. Dieser Umstand ist für sich genommen nicht überraschend. Interessant ist vorliegend jedoch, dass diese Ergebnisse auch entstehen, wenn die Probanden überdurchschnittlich gebildet und Entscheidungsträger im Berufsleben sind.

---

954 Die Fragen wurden im Anhang farbig markiert.

955 Vgl. hierzu beispielsweise: *Manhart*, „*Anomalien*" der rationalen Entscheidungstheorie.

Nicht jede Fragestellung der Verhaltensökonomen ist geeignet, Entscheidungs-„*Anomalien*" aufzudecken. Zum Teil kann bei den Fragen nicht ausgeschlossen werden, dass es sich um „*simple*" Intelligenztests handelt und die Präsentation eines Problems die Lösung entscheidend beeinflusst.

Den Probanden wurde folgende Frage gestellt:

Ein Essen und ein Getränk kosten zusammen 18,40 €. Das Essen ist 15,00 € teurer als das Getränk. Wie teuer ist das Getränk?

In Gruppe I haben insgesamt 76,2 % der Teilnehmer das richtige Ergebnis genannt. Auch in Gruppe II haben 59,5 % das richtige Ergebnis gefunden. In diesen Zusammenhang verwundert es, dass in Gruppe II das richtige Ergebnis seltener genannt wurde. In Gruppe II wurde darauf hingewiesen, welches Ergebnis falsch ist. Diese Fragestellung wird oft als Beispiel dafür genommen, dass Intuition uns falsch leiten kann. Hier wäre aber zunächst die Frage zu stellen, welchen Einfluss das mathematische Wissen spielt. Die Lösung kann über eine einfache Gleichung errechnet werden. Fehlt dieses Wissen, kann das richtige Ergebnis nicht berechnet werden. Sofern es aber auf das notwendige Wissen ankommt, können die Ergebnisse der Studie nicht als Nachweis für systematische Fehlentscheidungen aufgrund von kognitiven Verzerrungen gesehen werden.

3. *Anhaltspunkt*

Den Probanden ist bewusst, dass Entscheidungen zumeist nicht rein rational erfolgen, sondern durch Emotionen und Intuitionen beeinflusst werden.

Auf die Frage nach den Elementen einer Entscheidung (Frage 1) gaben die Probanden an, dass diese aufgrund einer Mischung von rationalen Erwägungen, Emotionen und Intuitionen getroffen werden. Die Antworten verteilen sich wie folgt:

Tabelle 16 – Antworten auf Frage 1 (Gruppe I)

Aufgrund rationaler Erwägungen.	33
Aufgrund von Intuition.	42
Aufgrund von Emotionen.	42

Tabelle 17 – Antworten auf Frage 1 (Gruppe II)

Aufgrund rationaler Erwägungen.	54
Aufgrund von Intuition.	71
Aufgrund von Emotionen.	77

Keiner der 189 Teilnehmer hat angeben, dass Entscheidungen nur aufgrund rationaler Erwägungen getroffen würden.

Bei Auswertung von Tabelle 2 und 3 fällt auf, dass in Gruppe I gerade einmal 52,4 % und in Gruppe II gerade einmal 42,9 % angegeben haben (46 % der Gesamtteilnehmer), dass sie Entscheidungen auch auf aufgrund rationaler Erwägungen treffen.

Filtert man aus der Umfrage die Probanden heraus, welche angeben haben, dass Entscheidungen (auch) aufgrund rationaler Erwägungen getroffen werden, ergibt sich folgende Verteilung:

Tabelle 18 – Antworten auf Frage 1 – (Gruppe I)

Aufgrund rationaler Erwägungen.	33
Aufgrund von Intuition.	25
Aufgrund von Emotionen.	24

Tabelle 19 – Antworten auf Frage 1 (Gruppe II)

Aufgrund rationaler Erwägungen.	54
Aufgrund von Intuition.	29
Aufgrund von Emotionen.	33

Filtert man weiter die beruflichen Entscheidungsträger heraus, ergibt sich folgende Verteilung der Antworten:

Tabelle 20 – Antworten auf Frage 1 (Gruppe I)

Aufgrund rationaler Erwägungen.	18
Aufgrund von Intuition.	24
Aufgrund von Emotionen.	23

Tabelle 21 – Antworten auf Frage 1 (Gruppe II)

Aufgrund rationaler Erwägungen.	33
Aufgrund von Intuition.	38
Aufgrund von Emotionen.	45

Auch bei den beruflichen Entscheidungsträgern fällt auf, dass nur 47,7 % angegeben haben, dass sie Entscheidungen aufgrund rationaler Erwägungen treffen.

Auf die Frage, ob Emotionen auch ihre beruflichen Entscheidungen mitbeeinflussen (Frage 27 Gruppe I und Frage 26 Gruppe II), gaben die beruflichen Entscheidungsträger folgende Antworten:

Tabelle 22 – Antworten auf Frage 27 (Gruppe I)

immer	1
meistens	10
in 50 % der Fälle	9
selten	14
nie	1

Tabelle 23 – Antworten auf Frage 26 (Gruppe II)

immer	4
meistens	25
in 50 % der Fälle	14
selten	27
nie	2

Nur 2,8 % der Befragten beruflichen Entscheidungsträger haben angeben, dass ihre beruflichen Entscheidungen nie von Emotionen beeinflusst werden. 97,2 % der Befragten gehen zumindest davon aus, dass ihre Entscheidungen durch Emotionen beeinflusst werden. 58,9 % sind sogar der Meinung, dass Emotionen zumindest „*50 % aller beruflichen Entscheidungssituationen*“ beeinflussen. Auffallend ist, dass die 3 Probanden, die angegeben haben, dass Emotionen ihre beruflichen Entscheidungen „*nie*“ beeinflussen, bei Frage 1 angeben haben, dass Entscheidungen durch Emotionen mitbeeinflusst werden. Die Teilnehmer haben bei Frage 1 jeweils angegeben, dass Entscheidungen hauptsächlich aus einer Mischung von rationaler Erwägung, Intuition und Emotionen getroffen werden.

Diese Ergebnisse dürfen nicht unreflektiert zu der Aussage verleiten, dass die Probanden davon ausgehen würden, dass es kein rationales Entscheidungsverhalten gäbe oder sie davon ausgehen würden, dass rationale Entscheidungen schlecht seien. Die Probanden gaben nur an, dass sie Entscheidungen nicht hauptsächlich aufgrund rationaler Erwägungen treffen. Sie haben erkannt, dass im Alltag Entscheidungen nicht nur auf Basis rationaler Erwägungen getroffen werden. Hieraus kann jedoch keine Schlussfolgerung zur Akzeptanz intuitiver Entscheidungen gezogen werden. Es lässt sich aber ableiten, dass den Probanden bewusst ist, dass unsere Entscheidungen durch Emotionen und Intuitionen beeinflusst werden. Auch bestehen erste Anhaltspunkte dafür, dass im Berufsleben nicht nur rationale Entscheidungen getroffen werden.

4. Anhaltspunkt

Emotionen und Intuitionen wird eine Bedeutung für den Entscheidungsprozess beigemessen.

Frage 1 der Umfrage hat zwar gezeigt, dass die Probanden davon ausgehen, dass Emotionen und Intuitionen das Entscheidungsverhalten mitbeeinflussen. Aber nicht, welche Bedeutung sie diesen Faktoren im Entscheidungsverhalten beimessen. Die Auswertung von Frage 2 zeigt, dass die Probanden Intuitionen und Emotionen eine nicht unerhebliche Bedeutung für den Entscheidungsprozess attestieren.

Auf die Frage: *Welche Faktoren beeinflussen unsere Entscheidungen? Bitte bewerten Sie die folgenden Einflüsse nach Ihrer Bedeutung im Entscheidungsverhalten (1 bedeutet hierbei keine Bedeutung, 5 beeinflusst unsere Entscheidungen immer). Gaben die Probanden folgende Antworten*:

Tabelle 24 – Antworten auf Frage 2 (Gruppe I)

	1	**2**	**3**	**4**	**5**
Informationen	2	8	23	20	10
Rationale Erwägungen	2	11	25	21	4
Intuition / Bauchgefühl	1	6	16	36	4
Erfahrung	2	2	18	20	21
Emotionen	1	10	21	22	9

Tabelle 25 – Antworten auf Frage 2 (Gruppe II)

	1	**2**	**3**	**4**	**5**
Informationen	4	17	41	50	14
Rationale Erwägungen	4	19	47	47	9
Intuition / Bauchgefühl	5	25	31	52	13
Erfahrung	4	8	38	53	23
Emotionen	2	25	32	43	24

Bei Betrachtung der Antworten fällt auf, dass die Probanden Intuition, Emotion und rationaler Abwägung nahezu gleich große Bedeutung für den Entscheidungsprozess beimessen.

Bestätigt wird diese Annahme dadurch, dass Informationen und Erfahrung ebenfalls eine erhebliche Bedeutung attestiert wird. Die Bedeutung der Information ist vor allem im Zusammenhang mit rationaler Abwägung zu sehen. Informationen sind wesentlicher Bestandteil einer rationalen Entscheidung. Ferner korrelieren die Angaben zur Bedeutung des Faktors mit den Angaben zur Intuition. Erfahrung ist wesentlicher Bestandteil für richtige Intuitionen.

Auch die beruflichen Entscheidungsträger schreiben den vorstehenden Faktoren ähnliche Bedeutung zu:

Tabelle 26 – Antworten auf Frage 2 (Gruppe I)

	1	**2**	**3**	**4**	**5**
Informationen	1	1	14	12	7
Rationale Erwägungen	1	4	14	13	3
Intuition / Bauchgefühl	1	3	8	19	4
Erfahrung	2	0	10	12	11
Emotionen	1	7	9	11	7

Tabelle 27 – Antworten auf Frage 2 (Gruppe II)

	1	**2**	**3**	**4**	**5**
Informationen	3	10	24	28	7
Rationale Erwägungen	3	13	25	25	6
Intuition / Bauchgefühl	4	13	19	30	6
Erfahrung	3	6	22	26	15
Emotionen	2	16	16	25	13

Bestätigt wird diese Einschätzung durch (Kontroll-)Frage 4. In Frage 4 sollten die Teilnehmer Stellung dazu nehmen, welchen Einfluss Emotionen auf das Entscheidungsverhalten haben:

Tabelle 28 – Antworten auf Frage 4 (Gruppe I)

immer	6
meistens	17
in 50 % der Fälle	27
selten	13
nie	–

Tabelle 29 – Antworten auf Frage 4 (Gruppe II)

immer	15
meistens	55
in 50 % der Fälle	29
selten	26
nie	1

Die Ergebnisse korrelieren mit den Antworten auf Frage 2.

5. Anhaltspunkt

Emotionen bestimmen unsere Entscheidungen maßgeblich mit. Insbesondere Gerechtigkeit bzw. das Gefühl, benachteiligt zu werden, beeinflusst unser Verhalten.

Entgegen der „*rational choice theory*" haben sich die Teilnehmer der Umfrage von ihrem Gerechtigkeitssinn leiten lassen. In den Umfragen wurde unter Frage 6 jeweils eine Ultimatum-Spiel-Frage gestellt. Aus den Ergebnissen lässt sich ableiten, dass nicht immer die Rationalität von Entscheidungen im Vordergrund steht, sondern die Fairness einen gewissen Einfluss hat[956].

In Gruppe I wurde den Teilnehmern folgende Frage gestellt:

> *X hat 100 € erhalten mit der Auflage, diese mit Ihnen zu teilen. Er muss Ihnen einen Vorschlag machen, wie das Geld aufgeteilt wird. Sie können diesen Vorschlag annehmen oder ablehnen. Wenn Sie den Vorschlag ablehnen, erhalten weder Sie noch X etwas von dem Geld. Wenn Sie annehmen, wird das Geld entsprechend dem Vorschlag verteilt. Die Regeln sind Ihnen und X bekannt. Welchen Betrag muss X Ihnen mindestens anbieten, damit Sie den Vorschlag annehmen?*

Nach der „*rational choice theory*" müsste bereits das Angebot von einem Euro ausreichend sein, um es anzunehmen. Gerade einmal 6,3 % (4 Personen) haben angeben, dass ihnen das Angebot von einem Euro ausreichen würde. 93,7 % haben angegeben, dass man ihnen mindestens 20 Euro oder mehr bieten müsste. 44,4 % haben angeben, dass man ihnen mindestens 40 Euro anbieten müsste.

Ähnliche Ergebnisse liefert auch die Auswertung der Frage 6 in Gruppe II. In dieser Gruppe wurde den Teilnehmern folgende Frage gestellt:

> *Sie haben 100 € erhalten mit der Auflage, diese mit Y zu teilen. Sie müssen Y einen Vorschlag unterbreiten, wie das Geld aufgeteilt wird. Y muss Ihren Vorschlag annehmen, er kann die Aufteilung nicht beeinflussen. Die Regeln sind Ihnen und Y bekannt.*

Auf diese Aufgabenstellung hin haben 77 % (97 aus 126) angegeben, dass sie Y 50 Euro anbieten würden. Nach der Rationalitätstheorie hätten die Probanden auch hier einen Euro anbieten müssen.

Nach dem Rationalwahlmodell müssten die Teilnehmer den kleinstmöglichen Betrag anbieten. Die realen Teilnehmer verfolgten diese rationale Strategie aber nicht.

Auch die beruflichen Entscheidungsträger verhalten sich bei dieser Aufgabenstellung nicht nach dem Rationalwahlmodell. In Gruppe I hätten nur 2,9 % (1 aus 35) das Angebot über einen Euro angenommen. In Gruppe II hätten nur 7 % (5 aus 72) dem Gegenüber einen Euro angeboten.

---

956 Zu Forschungsergebnissen von *Kahneman* [u.a.] vgl. mit weiteren Nachweisen zusammenfassend: *Manhart*, „*Anomalien*" der rationalen Entscheidungstheorie.

6. Anhaltspunkt

Intuitiv getroffene Entscheidungen finden keine übergreifende Akzeptanz. Intuitionen werden nur in bestimmten Bereichen akzeptiert. Auch im privaten Bereich verlassen sich die Probanden nur zum Teil auf ihre Intuition.

Die Umfrage hat gezeigt, dass Intuition nur in wenigen Bereichen akzeptiert ist. Es zeigt sich, dass die Probanden zwar in als *„privat"* zu bezeichnenden Entscheidungssituationen auf ihre Intuition vertrauen. In Situationen, welche einen finanziellen Bezug aufweisen, aber auf rationale Abwägung setzen.

Die Teilnehmer haben angeben, dass sie sich im privaten Bereich häufig auf ihre Intuition verlassen:

Auf die Frage, in welchen konkreten Situationen sich die Probanden auf ihre Intuition verlassen würden, gaben diese die folgenden Antworten:

Tabelle 30 – Antworten auf Frage 8 (Gruppe I)

	ja	**nein**	**unentschlossen**
Geldanlagen, Investitionen	16	34	13
Partnerwahl, Heirat	54	3	6
Autokauf	21	34	8
Hauskauf, Kauf einer Eigentumswohnung	16	36	11
Arbeitgeberwahl	42	10	11

Tabelle 31 – Antworten auf Frage 8 (Gruppe II)

	ja	**nein**	**unentschlossen**
Geldanlagen, Investitionen	24	77	25
Partnerwahl, Heirat	101	11	14
Autokauf	37	69	20
Hauskauf, Kauf einer Eigentumswohnung	37	70	19
Arbeitgeberwahl	73	27	26

Diese Antworten zeigen eindrucksvoll, sobald eine Entscheidung einen finanziellen Bezug aufweist, verlassen sich die Probanden auf rationale Abwägung. Nur 21,1 % haben angeben, dass sie sich bei Geldanlagen oder Investitionen auf ihre Intuition verlassen würden.

7. Anhaltspunkt

Menschen streben eine Rationalisierung ihrer Entscheidungen an. Nur rationale Entscheidungen finden Akzeptanz. Besonders ausgeprägt ist diese Tendenz bei beruflichen Entscheidungen. Es ist zu vermuten, dass es sich hierbei um eine Scheinrationalität handelt.

Die Teilnehmer der Umfrage haben angeben, dass sie zum Großteil versuchen, rationale Gründe für ihre Bauchentscheidungen zu finden. Auf die Frage, ob sie rationale Begründungen für ihre Intuitionen suchen, gaben die Teilnehmer folgende Antworten:

Tabelle 32 – Antwort auf Frage 12 – (Gruppe I)

nie	4
manchmal	20
in 50 % der Fälle	7
meistens	21
immer	11

Tabelle 33 – Antwort auf Frage 10 – (Gruppe II)

nie	13
manchmal	54
in 50 % der Fälle	11
meistens	38
immer	10

Nur 9 % der Teilnehmer haben angegeben, dass sie nie rationale Gründe für ihre intuitiven Entscheidungen suchen würden. 91 % gaben an, dass sie versuchen, intuitive Entscheidungen zu rationalisieren.

Ebenfalls 98,1 % der befragten beruflichen Entscheidungsträger haben angegeben, dass sie rationale Gründe für ihre Intuitionen im Beruf suchen. Auf die Frage, ob sie rationale Begründungen für ihre Intuitionen im beruflichen Geschehen suchen, gaben sie folgende Antworten:

Tabelle 34 – Antwort auf Frage 23 – (Gruppe I)

ja	25
manchmal	10
nein	–

Tabelle 35 – Antwort auf Frage 23 – (Gruppe II)

ja	37
manchmal	27
nein	8

Hieraus lässt sich ableiten, dass besonders im beruflichen Sektor die Bestrebung besteht, Entscheidungen zu rationalisieren. Es zeigt sich, dass es offensichtlich schwerfällt, intuitive Entscheidungen zu akzeptieren bzw. zu kommunizieren. Es liegt die Vermutung nahe, dass die Ursache für die Rationalisierung letztlich darin zu suchen ist, dass sowohl durch die Rechtsprechung als auch die Arbeitgeber rationale Entscheidungen gefordert werden. Dies zeigt wiederum, dass intuitive Entscheidungen gesellschaftlich noch nicht akzeptiert sind.

Intuitive Entscheidungen finden nur in privaten Bereichen Anwendung. Aus der Umfrage lässt sich ableiten, dass die Tendenz besteht, Entscheidungen zu rationalisieren. Die Suche nach Begründungen legt die Vermutung nahe, dass es sich nur um eine Scheinrationalität handelt. Auf die Frage, ob sie ihre Intuitionen ausblenden können, haben nur 0,5 % der Probanden geantwortet, dass sie dies könnten:

Tabelle 36 – Antworten auf Frage 7 (Gruppe I)

nie	6
manchmal	38
in 50 % der Fälle	9
meistens	9
immer	1

Tabelle 37 – Antworten auf Frage 7 (Gruppe II)

nie	14
manchmal	71
in 50 % der Fälle	21
meistens	20
immer	–

Obwohl den Probanden bewusst ist, dass eine einmal gewonnene Intuition ihre Entscheidung mitbestimmt, da sie nicht ausgeblendet werden kann, suchen sie rationale Gründe. Es kann damit nur von einer Scheinrationalität ausgegangen werden.

8. Anhaltspunkt

Intuitive Entscheidungen werden in ihrer Qualität unterschätzt. Gerade bei wirtschaftlichen Entscheidungen werden lieber rationale Gründe gesucht, als einer Intuition zu folgen. Rationale Gründe für eine Entscheidung werden stets präferiert, auch wenn die Intuition dagegenspricht.

Aus der Umfrage lässt sich schlussfolgern, dass intuitive Entscheidungen hinsichtlich ihrer Qualität unterschätzt werden. Auf die Frage zur Qualität von intuitiven Entscheidungen haben nur 30,1 % angegeben, dass sie intuitive Entscheidungen als besser oder zumindest als gleichwertig erachten im Gegensatz zu rationalen Entscheidungen. 20,1 % haben geantwortet, dass sie davon ausgehen, dass intuitive Entscheidungen generell schlechter als rationale Abwägungsentscheidungen sind. 49,8 % gehen davon aus, dass die Qualität von intuitiven Entscheidungen situationsabhängig wäre. Aus den vorherigen Ableitungen ist zu schlussfolgern, dass sich diese Einschätzungen auf den persönlichen Bereich ohne finanziellen Bezug beziehen.

Tabelle 38 – Antworten auf Frage 5 (Gruppe I)

besser	5
genauso gut	17
schlechter	7
kommt drauf an	34

Tabelle 39 – Antworten auf Frage 5 (Gruppe II)

besser	9
genauso gut	27
schlechter	29
kommt drauf an	59

Sobald in einer Entscheidungssituation Fakten gegen eine Intuition sprechen, würden die Teilnehmer nach den Fakten entscheiden (Frage 14 Gruppe I; Frage 13 Gruppe II). Nur 31,7 % der Teilnehmer würden in solch einer Situation ihrer Intuition folgen.

Die weiteren Antworten lassen die Schlussfolgerung zu, dass gerade bei wirtschaftlichen oder finanziellen Entscheidungen die Qualität von intuitiven Entscheidungen stets als qualitativ schlechter angesehen wird. Den Probanden wurde folgende Frage gestellt:

> *Sie bekommen einen Geldbetrag mit der Auflage, diesen zu investieren. Zur Auswahl stehen die Anlagemodelle A und B. Bei beiden Projekten besteht die Möglichkeit des Totalverlustes. Beide Anlagevarianten wurden aufgrund der gleichen und wissenschaftlich anerkannten Methode (statistische Wahrscheinlichkeitsaussage) auf ihre Erfolgsaussicht untersucht. Hiernach verspricht Anlage B den wahrscheinlicheren Erfolg, A soll nach dieser Analyse mit einiger Wahrscheinlichkeit ein Verlustgeschäft sein. Laut Ihrem Bauchgefühl ist jedoch Anlage A das bessere Geschäft.*

Nur 13,8 % der Befragten gaben an, dass sie in dieser Situation auf ihr Bauchgefühl hören würden. 44,4 % haben angegeben, dass sie sich gegen ihre Intuition entscheiden würden. Der Rest möchte die Entscheidung von der Höhe des zu investierenden Betrages abhängig machen. Es zeigt sich, dass die meisten Probanden in finanziellen Fragen nicht auf ihre Intuition vertrauen.

Für die Güte von intuitiven Entscheidungen sprechen dagegen die Antworten zu Frage 11 (Gruppe I). 76,2 % der Befragten haben angegeben, dass sie sich schon einmal in der Situation befunden haben, dass sich eine intuitive Entscheidung im Nachhinein als die bessere Entscheidung herausgestellt hat.

9. Anhaltspunkt

Auch intuitive Entscheidungen sind nicht immer richtig.

Die Teilnehmer der Gruppe II wurden gefragt, ob sie sich jemals in der Situation befunden haben, dass sich eine intuitive Entscheidung im Nachhinein als Fehler erwiesen hat. 82,5 % der Befragten haben angeben, dass sich schon einmal in dieser Situation befunden haben. Dieses Ergebnis zeigt, dass intuitive Entscheidungen nicht immer richtig sind. Die Güte intuitiver Entscheidungen ist abhängig von der Erfahrung.

10. Anhaltspunkt

In beruflichen Entscheidungssituationen sind intuitive Urteile nicht vollends akzeptiert. Es wird zur Rechtfertigung des Ergebnisses nach rationalen Begründungen gesucht. Professionelle Entscheidungen werden von Faktoren beeinflusst, welche nach Auffassung der „rational choice theory" keinen Einfluss haben dürften.

Die Befragung der beruflichen Entscheidungsträger hat aufgezeigt, dass auch in beruflichen Entscheidungssituationen Intuitionen anzutreffen sind. Jedoch wird auch hier nach rationalen Begründungen gesucht.

52,2 % haben angegeben, dass im beruflichen Alltag intuitive Entscheidungen häufig bis sehr häufig vorkommen. Dieses Ergebnis überrascht sehr. Aufgrund der Verbreitung der Umfrage kann jedoch nicht nachvollzogen werden, ob die befragten beruflichen Entscheidungsträger tatsächlich in der freien Wirtschaft tätig sind. Die Umfrage wurde auch im militärischen Bereich verteilt. Beim Militär besteht jedoch ein anderer Umgang mit Intuition. Da der Tätigkeitsbereich der Entscheidungsträger nicht bekannt ist, ist die Aussagekraft kritisch zu hinterfragen.

Überraschend ist das Ergebnis zu der Frage, ob im beruflichen Alltag intuitive Entscheidungen etabliert wären. 63,6 % der Befragten haben angegeben, dass dies der Fall sei. Dieses Ergebnis lässt sich nur schwer mit dem Umstand vereinbaren, dass trotz dieser Akzeptanz die Mehrzahl der Befragten (53 %) rationale Begründungen suchen.

Auffallend ist weiter, dass sich berufliche Entscheidungsträger von Emotionen beeinflussen lassen. Auch weitere Faktoren, welche nach der Rationalitätstheorie keinen Einfluss haben dürften, beeinflussen nach den gegebenen Antworten das Entscheidungsverhalten. Das eigene Image und die Angst vor Haftung spielen eine nicht unbedeutende Rolle. Die Angst vor einem Arbeitsplatzverlust hingegen ist eher untergeordnet.

Tabelle 40 – Antworten auf Frage 26 (Gruppe I)

	1	2	3	4	5
Angst vor strafrechtliche Haftung	7	13	6	6	3
Angst vor zivilrechtliche Haftung	4	14	4	7	6
Angst vor Imageverlust	5	7	7	13	3
Angst vor Arbeitsplatzverlust	12	7	7	5	4

Tabelle 41 – Antworten auf Frage 27 (Gruppe II)

	1	2	3	4	5
Angst vor strafrechtliche Haftung	17	18	9	16	12
Angst vor zivilrechtliche Haftung	13	21	10	21	7
Angst vor Imageverlust	12	20	18	14	8
Angst vor Arbeitsplatzverlust	32	15	6	15	4

2. Ergebnis

Trotz der eingangs genannten Defizite anonymisierter Umfragen lassen sich die Ergebnisse der Umfrage wie folgt zusammenfassen:

Mit der Umfrage konnten die Erkenntnisse der Verhaltensökonomie reproduziert werden. Dies spricht dafür, dass es sich bei den Erkenntnissen der Verhaltensökonomie tatsächlich um kognitive Verzerrungen handelt. Die Studie zeigt aber auch, dass die Erkenntnisse der Verhaltensökonomie weiter kritisch hinterfragt werden müssen. Insbesondere die Frage zur Preisbildung legt nahe, dass es sich bei den bisherigen Erkenntnissen nicht zwingend um kognitive Verzerrungen handelt, sondern die falschen Antworten auf fehlendem Wissen beruhen. An dieser Stelle zeigt sich auch ein weiterer Forschungsbedarf der Verhaltensökonomie. Es scheint unausweichlich, dass sich die Verhaltensökonomik mit der intuitiven Entscheidungsfindung auseinandersetzen muss. Bisher werden die Ursachen kognitiver Verzerrung nicht zuletzt im intuitiven Entscheidungssystem gesucht, ohne sich aber mit diesem dezidiert auseinanderzusetzen. Es ist nicht ausreichend, dass nur vermeintliche Fehler in der *„rational choice theory"* gesucht werden. Es muss eine Modellbildung stattfinden, um die Erkenntnisse zu systematisieren. Die Umfrage legt nahe, dass Entscheidungen von den Faktoren Wissen und Erfahrung beeinflusst werden. So kann erklärt werden, dass die Ergebnisse dieser Umfrage in 2 unabhängigen Gruppen so erheblich von den bisherigen Ergebnissen anderer Umfragen abweichen.

Die Umfrage hat gezeigt, dass sich die Teilnehmer darüber im Klaren sind, dass Entscheidungen nicht nur aufgrund rationaler Abwägungsprozesse getroffen werden. Sie lässt vermuten, dass Entscheidungen durch Emotionen beeinflusst werden. Die *„Ultimatum-Spiel-Fragen"* zeigen, dass nicht rein rationale Gründe im Vordergrund stehen, sondern Fairness eine wesentliche Rolle spielt. Auch die Frage, in welcher Gesellschaft die Probanden lieber leben würden (Frage 15), verstärkt diesen Eindruck. Es kommt den Probanden nicht auf eine reine Nutzenmaximierung an. Der Nutzen wird immer in Bezug auf das gesellschaftliche System gesehen. Die Probanden möchten nicht möglichst viel Geld (Nutzenmaximierung), sondern mehr als die anderen.

Die Umfrage zeigt ferner, dass Intuition in unserer Gesellschaft noch nicht akzeptiert ist. Die Probanden messen intuitiven Entscheidungen keine hohe Qualität zu. Intuitive Entscheidungen werden lediglich in weniger wichtigen Situationen bevorzugt. Ansonsten wird die rationale Abwägung als Mittel der Wahl angesehen. Es darf bezweifelt werden, dass sich das intuitive System ausblenden lässt. Die Suche nach rationalen Gründen kann deshalb nur als eine Scheinrationalisierung angesehen werden. Die Studie zeigt auch, dass intuitive Entscheidungen abhängig von Wissen und Erfahrung und nicht immer richtig sind.

J. Verhaltensökonomik und Strafrecht[957]

Abschließend bleibt zu klären, welche Bedeutung der Verhaltensökonomie für die strafrechtliche Beurteilung[958] von Unternehmensentscheidungen zukommt[959].

Die Verhaltensökonomen haben aufgezeigt, dass Menschen in Entscheidungssituationen systematisch gegen das Rationalwahlmodell verstoßen. Es bestehen kognitive Beschränkungen, welche zwangsläufig, selbst bei Experten, auftreten. Bei der strafrechtlichen Beurteilung unternehmerischer Entscheidungen wird diesen Erkenntnissen keine Bedeutung beigemessen. Es wird immer noch verlangt, dass Entscheidungen aufgrund rationaler Abwägungsprozesse getroffen werden. Die Ursache hierfür liegt auch darin, dass außerhalb eines rationalen Abwägungsprozesses die Beurteilung von Entscheidungen nicht möglich ist.

Unter Berücksichtigung der Erkenntnisse der Verhaltensökonomie ist die bisherige Form der Beurteilung kritisch zu sehen. Letztlich geht man davon aus, dass Entscheider *„homo oeconomii"* seien, bzw. wie solche zu handeln hätten. Die Verhaltensökonomie hat eindrucksvoll gezeigt, dass es den *„homo oeconomicus"* nicht gibt. Ein Vermögensinhaber kann von einem Treuhänder nicht verlangen, dass er Fähigkeiten aufbringt, welche ihm aber nicht möglich sind. Es kann nicht verlangt werden, dass ein Treuhänder wie ein *„homo oeconomicus"* handelt.

Das Strafrecht kann nicht mehr verlangen, als der Mensch dazu in der Lage ist. § 46 StGB statuiert das Schuldprinzip. Eine Verurteilung kann stets nur erfolgen, wenn der Täter schuldhaft gehandelt hat. Das Strafrecht geht von der Willensfreiheit des Menschen aus. Eine nicht schuldhafte Handlung liegt dann vor, wenn der Täter diese nicht beeinflussen kann. Dies ist dann der Fall, wenn er aufgrund nicht vermeidbarer kognitiver Verzerrungen eine *„falsche"* Entscheidung getroffen hat. In Strafprozessen, die die Beurteilung von Unternehmensentscheidungen zum Gegenstand haben, muss immer geprüft werden, ob nicht eine zwangsläufige auftretende kognitive Verzerrung zu der Entscheidung geführt hat bzw. haben könnte. Ist nicht abschließend zu klären, ob eine kognitive Verzerrung die Entscheidungsfindung beeinflusst hat, muss dies aufgrund des Grundsatzes *„in dubio pro reo"* ebenfalls

---

957 *Seidl*: Kommentar zu *Curti*, Zur Abschreckungswirkung strafrechtlicher Sanktionen in der Bundesrepublik Deutschland: Eine empirische Untersuchung, in: *Ott* (Hg.): Die Präventivwirkung zivil- und strafrechtlicher Sanktionen, 95 (101 f.), welcher darauf hinweist, dass bei der Feststellung der Auswirkungen des Strafrechts auch die Erkenntnisse der Verhaltensökonomik zu berücksichtigen sind.

958 Zum verhaltensökonomischen Ansatz in der Kriminologie: *Wittig*, Der rationale Verbrecher, S. 31 ff., S. 169.

959 Zur Problematik der Rezeption rechtsexterner Ansätze und Theorie: *Lüdemann*, Die Grenzen des *homo oeconomicus* und die Rechtswissenschaft, S. 34 ff. Zur Rezeption der Verhaltensökonomie in der Kriminologie: *Wittig*, Der rationale Verbrecher, S. 168 ff.

dazu führen, dass von einer Schuld im Sinne des § 46 StGB nicht ausgegangen werden kann.

In diesem Zusammenhang ist auch die Frage zu stellen, ob grundsätzlich immer rationale Entscheidungen verlangt werden können. Es wurde aufgezeigt, dass intuitive Entscheidungen als zumindest gleichwertig mit bewusst-rationalen Entscheidungen anzusehen sind. Es ist fraglich, ob intuitive Entscheidungen daher grundsätzlich ausgeschlossen werden können. Intuitive Entscheidungen sind bisher zwar nicht verboten, aufgrund der Rechtsprechung aber faktisch ausgeschlossen. Das Haftungsrisiko steigt bei intuitiven Entscheidungen überproportional. Angesichts der Vorteile intuitiver Entscheidungen ist die wirtschaftliche Sinnhaftigkeit eines solchen Vorgehens zu bezweifeln.

Es gibt keinen „*homo oeconomicus*". Nahezu jede komplexe Entscheidung wird zwangsläufig durch kognitive Beschränkungen beeinflusst. Emotionen spielen ebenfalls eine nicht nur untergeordnete Rolle und können nicht einfach ausgeblendet werden. Weder ein Treugeber, noch die Rechtsprechung kann daher verlangen, dass treuhänderische Geschäfte durch einen „*homo oeconomicus*" ausgeführt werden. Auch dem „*ordentliche Kaufmann*" sind Grenzen durch kognitive Beschränkungen gesetzt.

Der Treugeber kann verlangen, dass sich der Treuhänder an gesetzten Vorschriften und Leitlinien orientiert. Die Erkenntnisse der Verhaltensökonomie rechtfertigen es nicht, dass Treuhänder bewusst gegen Vorschriften verstoßen. Trotz einer gegenläufigen Intuition sind interne und externe Vorgaben einzuhalten.

Ansonsten können unter dem Eindruck der Erkenntnisse der Verhaltensökonomie nur folgende Rahmenbedingungen von einem Treuhänder verlangt werden. Darüber hinaus können keine weiteren Anforderungen gestellt werden. In diesem Zusammenhang muss akzeptiert werden, dass Entscheidungen sich nachträglich immer als Fehlschlag herausstellen können. Wirtschaftlich Entscheidungen sind stets risikobehaftet. Es darf auch nicht versucht werden, dieses Risiko durch Haftungsvorschriften zu reduzieren.

- Von dem Treugeber kann stets verlangt werden, dass er ausschließlich zum Wohle der Gesellschaft handelt. Eigene Interessen haben hinter dem Wohl der Gesellschaft zurückzutreten. Es dürfen keine unvertretbaren Risiken eingegangen werden. Das Risiko muss sich an der wirtschaftlichen Leistungsfähigkeit der Gesellschaft orientieren. Eine etwaige Selbstüberschätzung kann ebenfalls keine Berücksichtigung finden.
- Der Treugeber hat sich stets an die gesetzlichen Vorgaben und internen Anweisungen und Leitlinien zu halten.
- Durch den Treugeber ist eine Risikokontrolle durchzuführen. Entscheidungen sind in ihrer Ausführung zu überwachen. Es muss frühzeitig auf sich abzeichnende Fehlentwicklungen reagiert werden. Es ist sicherzustellen, dass Entscheidungen stets überwacht werden können und entsprechend der konkreten Entwicklung korrigiert werden. Selbstüberschätzungs-„*Anomalien*" dürfen keine Rolle spielen.

Grundsätzlich müssen alle Entscheidungen hingenommen werden, welche sich am Wohl der Gesellschaft orientiert haben. Es besteht kein Anspruch auf einen „*homo oeconomicus*". Fehler müssen akzeptiert werden. Ein Treuhänder darf sich aber nicht nur auf intuitive Entscheidungen verlassen. Intuitive Entscheidungen können erst ab einem gewissen Maß an Erfahrung zum Tragen kommen.

K. Restriktionsansätze

Es ist allgemein anerkannt, dass § 266 StGB restriktiv zu handhaben ist[960]. Zur Restriktion werden verschiedene Ansätze diskutiert. Eine einheitliche Linie lässt sich nur schwerlich feststellen[961]. Es stellt sich die Frage, ob es Alternativen zur *„gravierenden Pflichtverletzung"* gibt und ob diese geeignet sind, Rechtssicherheit zu gewährleisten. Nachfolgend soll untersucht werden, ob durch die Dogmatik des Strafrechts eine Restriktion herbeigeführt werden kann. Es ist zu klären, ob die *„gravierende Pflichtverletzung"* nicht vielmehr ein Problem der objektiven Zurechnung ist.

I. Geeignetheit

Es ist der Frage nachzugehen, ob es derzeit ernsthafte Alternativen zur *„gravierenden Pflichtverletzung"* bei Unternehmensentscheidungen gibt. Vor allem drei Restriktionsmöglichkeiten sind näher zu betrachten: (*1*) der funktionale Zusammenhang, (*2*) der Ausschluss der Pflichtwidrigkeit bei einem wirtschaftlich vernünftigen Gesamtplan und schließlich (*3*) die sog. Vorsatzlösung.

1. Der *„funktionale Zusammenhang"*[962]

Nach diesem Restriktionsansatz muss ein *„funktionaler Zusammenhang"* zwischen der Verletzungshandlung und der übernommenen Vermögensbetreuungspflicht bestehen. Dies bedeutet, dass sich die konkrete Pflichtverletzung als signifikante Ausübung der eigenverantwortlichen internen Machtposition des Täters darstellen muss. Der Täter darf die konkrete Pflicht nicht nur bei Gelegenheit der Vermögensbetreuung, er muss sie zugleich als Vermögensbetreuer verletzen. Ein solcher *„funktionaler Zusammenhang"* ist regelmäßig gegeben, wenn die eigenverantwortliche Machtposition dem Täter die Pflichtverletzung inhaltlich ermöglicht, erleichtert oder in sonstiger Weise maßgeblich gefördert hat. Indizien dafür sind die erhöhte Zugriffsmöglichkeit für den Vermögensbetreuungspflichtigen, fehlende Kontrollen ihm gegenüber oder die Überwindung von Tathindernissen mithilfe seiner Machtposition. Die Pflichtwidrigkeit muss sich auf den Teil der Pflichtenstellung des Treunehmers beziehen, der die Vermögensbetreuungspflicht zum Inhalt hat[963].

---

960 Mit weiteren Nachweisen: *Bräunig*, Untreue in der Wirtschaft, S. 23 (Fn. 13).

961 Eingehend zur Restriktion bei Risikogeschäften: *Lindemann*, Voraussetzungen und Grenzen Legitimen Wirtschaftsstrafrechts, S. 29 ff.; *Saliger*, ZStW 2000, 563 (563).

962 *Saliger*, HRRS 2006, 10 (22).

963 *Ebenda.*

2. Der „*wirtschaftlich vernünftige Gesamtplan*"

Eine weitere anzutreffende Restriktion betrifft den Bereich der Risikogeschäfte, insbesondere die Fallgruppe der „*Kreditvergabe*". Diese Restriktion folgert aus BGHSt 46, 30 und BGHSt 47, 148, dass eine Pflichtwidrigkeit auch bei hochriskanten Geschäften entfallen kann. Jedoch ausgehend von der Voraussetzung, dass diese auf Grundlage eines „*wirtschaftlich vernünftigen Gesamtplanes*" erfolgt ist. Diese Restriktion hat der Bundesgerichtshof in BGHSt 47, 148 wie folgt ausgedrückt: Eine Pflichtwidrigkeit kann auch bei hochriskanten Krediten entfallen, wenn diese auf Grundlage eines wirtschaftlich vernünftigen Gesamtplans im Gesamtergebnis Erfolg versprechen. Das soll insbesondere bei einem „*wirtschaftlich vernünftigen*" Gesamtplan der Fall sein, der auf einen einheitlichen Erfolg angelegt ist und bei dem erst nach einem (verlustträchtigen) Durchgangsstadium ein Erfolg erzielt wird[964].

3. Vorsatzlösung

Zum Teil wird die Meinung vertreten, dass eine Restriktion dadurch erreicht werden könnte, dass spezifische Anforderungen an den Vorsatz gestellt werden. Die Rechtsprechung stellt seit Jahren erhöhte Anforderungen an die Feststellung des Vorsatzes. Insbesondere soll dies bei nicht eigennützigem Verhalten und dem bloßen Vorliegen von „*dolus eventualis*" gelten[965]. Gerade bei Risikogeschäften und unternehmerischen Entscheidungen wird dieser Ansatz vertreten. Der Bundesgerichtshof führt hierzu aus:

> *„Bei der Untreue sind an den Vorsatz strenge Anforderungen zu stellen, vor allem dann, wenn nur bedingter Vorsatz infrage Frage steht und der Täter, wie hier, nicht eigensüchtig gehandelt hat (vgl. BGHSt 3, 23, 25 = LM § 240 KO Nr. 2, 3 mit Anm. von Geier; BGH, NJW 1954, 326; GoltdA 1956, 121 und 154; sowie die in LK, aaO, Rdnr. 60, angeführte weitere Rechtsprechung). Bedingter Vorsatz unterscheidet sich von der bewussten Fahrlässigkeit dadurch, dass der bewusst fahrlässig handelnde Täter darauf vertraut, der als möglich vorausgesehene Erfolg werde nicht eintreten und deshalb die Gefahr in Kauf nimmt, während der bedingt vorsätzlich handelnde Täter sie um dessentwillen in Kauf nimmt, weil er, wenn er sein Ziel nicht anders erreichen kann, es auch durch das unerwünschte Mittel erreichen will (BGHSt 7, 363, 370 = NJW 1955, 1688). Ebenso wenig wie beispielsweise die Kenntnis des Täters von der Unzulässigkeit seines Tuns zur Annahme des bedingten Vorsatzes zwingt (vgl. BGH, Urt. v. 28.9.1954 - 5 StR 203/54), schließt andererseits die nur unsichere Hoffnung auf den guten Ausgang des Geschäfts die Annahme bedingter Fahrlässigkeit aus (BGH, Urt. v. 28.1.1958 - 1 StR 611/57). Bei der Entscheidung dieser Tatfrage kommt es immer auf den Einzelfall an (RGSt 61, 211, 212). Es ist also denk- und erfahrungsgesetzlich möglich, dass der Täter die Gefahr eines Geschäftes sieht, sich bewusst ist, dass er sie für einen anderen nicht übernehmen darf und dass er gleichwohl das gefährliche Geschäft für aussichtsreich hält*

---

964 Vgl. hierzu: *Saliger*, HRRS 2006, 10 (18).

965 Vgl. hierzu mit weiteren Nachweisen: *Hillenkamp*, NStZ 1981, 161 (161 ff.); *Saliger*, HRRS 2006, 10 (23).

und deshalb keine Bedenken hat, es in der Hoffnung einzugehen, für den anderen dadurch Vorteil zu erwerben (BGH, Urt. v. 26.2.1954 - 5 StR 551/53). Selbst bei ungleich geringerer äußerer Gefahr kann es aber auch so liegen, dass der Täter den Eintritt des als nicht für wahrscheinlich, aber doch möglich erkannten Verlustes auf jeden Fall billigt, z. B. weil er durch sein pflichtwidriges Handeln (auch) eigenes Versagen verschleiern will (vgl. auch BGH, Urt. v. 10.1.1954 - 1 StR 579/53). Das alles ist Tatfrage. Das Urteil muss nur erkennen lassen, dass der Tatrichter sich dieser Möglichkeiten aufgrund der jeweils besonders gestalteten Sachlage bewusst gewesen ist."[966]

Offen bleibt bisher, welche speziellen bzw. strengen Anforderungen an die Feststellungen des Vorsatzes gestellt werden sollen. Es obliegt nicht der Rechtsprechung, neue subjektive Tatbestandsmerkmale aufzustellen. Aus den Ausführungen des Bundesgerichtshofs in der vorstehenden Entscheidung wird deutlich, dass hier Elemente des Vorsatzes und der Strafzumessung vermengt werden. Der Vorsatz bezieht sich gemäß §§ 15, 16 StGB ausschließlich auf Tatbestandsmerkmale. Motive und Interessenlagen sind erst im Rahmen der Strafzumessung zu berücksichtigen, § 46 StGB[967]. Dogmatisch gesehen handelt es sich bei der Vorsatzlösung damit im Ergebnis eigentlich um eine Strafzumessungslösung.

Durch die „*Vorsatzlösung*" kann eine Restriktion der Untreue nicht erreicht werden[968]. Es darf schon bezweifelt werden, dass ein zu weit ausgedehnter objektiver Tatbestand über eine subjektive Restriktion korrigiert werden kann[969]. Darüber hinaus kann über die „*Vorsatzlösung*" keine Rechtssicherheit gewonnen werden. Es bleibt unvorhersehbar, welche Überzeugungen sich das Gericht zur subjektiven Einstellung des Täters bilden wird. Es kann keine strikten Vorgaben für die richterliche Überzeugungsbildung geben.

Die Untauglichkeit dieses Restriktionsansatzes zeigt sich auch an folgendem Gedankenspiel[970]: Der Entscheidungsträger, welcher mit fremdem Geld spekuliert oder „*riskante*" Sanierungskredite vergibt, muss immer damit rechnen, dass das Geschäft ein Misserfolg wird. Es kann hier nicht ausreichend sein, dass man auf den guten Ausgang hofft und sich nicht selbst bereichern will. Dies verkennt die Grundproblematik unternehmerischer Entscheidungen im Rahmen der Untreue und die gefestigte Vorsatzdogmatik. Der Vorsatz der Gewinnerzielung schließt den Vorsatz eines etwaigen Verlusts zwangsläufig mit ein. Das Risiko ist allgegenwärtig und wird bei einer „*guten*" Entscheidung mit in Kauf genommen; Vorsatz ist damit gegeben. Es kann

---

966 BGH, NJW 1975, 1234, 1236.

967 So auch mit weiteren Nachweisen: *Hermann*, Die Begrenzung der Untreuestrafbarkeit in der Wirtschaft am Beispiel der Bankenuntreue, S. 115 f.

968 *Bräunig*, Untreue in der Wirtschaft, S. 384; *Gerkau*, Untreue und objektive Zurechnung, S. 45; *Lindemann*, Voraussetzungen und Grenzen Legitimen Wirtschaftsstrafrechts, S. 37; *Kubiciel*, NStZ 2005, 353 (356); *Saliger*, HRRS 2006, 10 (23).

969 Vgl. mit weiteren Nachweisen: *Dinter*, Der Pflichtwidrigkeitsvorsatz der Untreue, S. 125 ff.

970 *Hillenkamp*, NStZ 1981, 161 (164).

nicht argumentiert werden, dass ein Risiko nicht gesehen wurde. Diese Argumentation wäre gleichbedeutend mit einer „*weiteren*" Pflichtverletzung. Die Entscheidung wurde dann nicht ordentlich vorbereitet.

4. Fazit

Die unter (*1*) und (*2*) genannten Restriktionsversuche sind in dieser Form nur geeignet für die Fallgruppe der „*Kreditvergabe*". Eine Verallgemeinerung auf alle Unternehmensentscheidungen ist nicht möglich. Der wirtschaftlich vernünftige Gesamtplan umschreibt aus diesseitiger Sicht auch nur eine Vorstufe in der Entwicklung zur „*gravierenden Pflichtverletzung*". Der Begriff des „*wirtschaftlich vernünftigen Gesamtplans*" stellt nur einen Oberbegriff für die im Rahmen der Restriktion der „*gravierenden Pflichtverletzung*" entwickelten Leitkriterien dar. Jedenfalls ist diese Restriktion, nicht zuletzt aufgrund ihres beschränkten Anwendungsgebietes, keine Alternative zur „*gravierenden Pflichtverletzung*". Der „*funktionale Zusammenhang*" ist eine begrüßenswerte Beschränkung des Begriffs der Pflichtwidrigkeit. Jedoch ist die Beschränkung auf den „*funktionalen Zusammenhang*" nicht geeignet, die „*gravierende Pflichtverletzung*" zu ersetzen. Durch die Restriktion auf den „*funktionalen Zusammenhang*" sollen nicht untreuespezifische Pflichtverletzungen aus der Strafbarkeit herausgefiltert werden[971]. Diese Beschränkung stellt jedoch eine weitere Restriktion dar, die im Prüfungsaufbau noch vor der „*gravierenden Pflichtverletzung*" zu verorten ist. Beide Restriktionen zusammen verpassen dem Merkmal der Pflichtwidrigkeit einigermaßen klare Konturen. Im Ergebnis stellen die drei genannten Restriktionsmöglichkeiten keine Alternative zu der „*gravierenden Pflichtverletzung*" dar.

II. Restriktion durch Dogmatik

Betrachtet man sich die verschiedenen Restriktionsversuche näher, so fällt auf, dass diese sich zumeist auf einzelne Fallgruppen beschränken. Im Rahmen der Untreuedogmatik besteht bisher das Bestreben, Fallgruppen zu bilden und für diese Fallgruppen Restriktionsansätze zu entwickeln. Durch die Rechtsprechung wurde bisher nicht ernsthaft versucht, einen einheitlichen Restriktionsansatz zu entwickeln. Ein systematisierender Gesamtansatz fehlt bisher. Gerade die Fallgruppenbildung und das Fehlen eines einheitlichen Ansatzes verkomplizieren den Umgang mit der Untreue weiter und dienen nicht der Erreichung dringend notwendiger Rechtssicherheit[972]. Es ist auch zu beobachten, dass bei der Diskussion um die restriktive Handhabung des § 266 StGB die strafrechtliche Dogmatik und Strafrechtssystematik zu kurz kommt. Es werden nur konkrete Einzelfallgestaltungen diskutiert. Diese

971 *Thomas*, StrafV in WirtStR, § 19, Rn. 52 ff.
972 A.A. BVerfGE, wistra 2010, 380 (Rn. 11); *Bittmann*, wistra 2013, 1 (6).

fehlende Systematik hat zwar den Vorteil einer Einzelfallgerechtigkeit, geht aber zulasten der Vorhersehbarkeit und Rechtssicherheit[973].

Aus der Rechtsgutslehre und dem verfassungsrechtlichen Verhältnismäßigkeitsgrundsatz folgen zwei wichtige Prinzipien der Strafrechtsdogmatik[974]. Das Strafrecht kann nur subsidiäres Mittel im Rahmen des Rechtsgüterschutzes sein und darf nur dann zur Anwendung gelangen, wenn weniger einschneidende Mittel nicht zur Verfügung stehen. Das Strafrecht ist „*Ultima Ratio*". Vorrangig vor dem strafrechtlichen Rechtsgüterschutz ist der zivil- und verwaltungsrechtliche. Erst wo das Regelungs- und Sanktionspotenzial des Zivil- und Verwaltungsrechts nicht mehr ausreicht, kann und darf das Strafrecht zur Anwendung kommen[975]. Gerade das zivilrechtliche Haftungsrecht und das Verwaltungsrecht halten beispielsweise auf dem Gebiet altruistisch motivierter Wirtschaftsdelikte genügend Regulierungs- und Sanktionspotenzial zur Verfügung. Unter Berücksichtigung der zivilrechtlichen Haftung von Entscheidungsträgern stellt sich die Frage, ob eine strafrechtliche Ahndung notwendig ist, wenn eine Bereicherungsabsicht nicht vorgelegen hat[976].

Das „*Ultima Ratio*" Prinzip gehört zu den Grundlagen der Strafrechtsdogmatik, dennoch kommt diesem Prinzip kaum noch eine Begrenzungsfunktion zu. Führt man sich die haftungsrechtlichen Folgen vor Augen, stellt sich die Frage, warum bei Unternehmensentscheidungen, solange diese nicht durch Eigennutz bestimmt waren, überhaupt die Notwendigkeit eines strafrechtlichen Einschreitens besteht. Es finden sich hier inzwischen Stellungnahmen, die ausführen, dass das Strafrecht inzwischen weniger einschneidend sei als beispielsweise die zivilrechtliche Haftung[977]. Hier handelt es sich jedoch um eine fragwürdige Argumentation. Denn gerade im Bereich des Wirtschaftsstrafrechts wird häufig zweigleisig gefahren. Aus einem strafrechtlichen Vorgehen folgt gerade nicht, dass die Vermögensinhaber ihre Haftungsansprüche nicht weiterverfolgen.

Das Strafrecht ist eine „*Subsidiaritätswissenschaft*"[978] und dem Prinzip der Subsidiarität und dem „*Ultima Ratio*"-Grundsatz kommt eine nicht verkennende Begrenzungsfunktion zu. Es ist immer kritisch zu hinterfragen, ob es tatsächlich eines strafrechtlichen Eingreifens bedarf.

---

973 Ähnlich: *Arzt*, Finanzmarktkrise, Risikomanagement und Strafrecht, in: *Kempf* [u.a.], Die Finanzkrise, das Wirtschaftsstrafrecht und die Moral, S. 178 ff.

974 *Roxin* sieht in diesen Grundsätzen nur ein kriminalpolitisches Postulat und weniger eine bindende Regel: *Roxin,* Strafrecht AT/I, § 2, Rn. 101 f.

975 *Roxin,* Strafrecht AT/I, § 2, Rn. 97 ff.

976 A.A. *Altvater*, DRiZ 2004, 134 (134): *Altvater* sieht hier das Problem einer „*faktischen Straflosigkeit*" und das Risiko, dass zivilrechtliche Haftungsansprüche nicht durchsetzbar seien.

977 *Prittwitz*, Begrenzung des Wirtschaftsstrafrechts, in: *Kempf*, [u.a.] (Hg.): Die Handlungsfreiheit des Unternehmers, 53 (58).

978 So *Prittwitz* zitiert nach: *Lüderssen*, Soziale Marktwirtschaft, Finanzmarktkrise und Wirtschaftsstrafrecht, in: *Kempf* [u.a.] (Hg.): Die Handlungsfreiheit des Unternehmers, 21 (24).

Durch die Dogmatik des Strafrechts und die Strafrechtssystematik eine Begrenzung der Untreue erreicht werden kann. Sie gibt vor, in welchen Bereichen eine Strafbarkeit überhaupt infrage kommen kann. Eine Restriktion in Einzelfallgestaltungen kann durch die Strafrechtsdogmatik nicht geleistet werden. Diese hat nur eine Begrenzungsfunktion. Es ist die Aufgabe der Rechtsprechung und Wissenschaft in den von der Dogmatik vorgegebenen Grenzen weitere Restriktionsansätze zu entwickeln. Die Dogmatik kann nur den Weg vorgegeben, in welchen Bereichen eine Strafbarkeit infrage kommen kann (aber nicht muss!) und wann eine Strafbarkeit ausscheidet.

Gerade bei unternehmerischen Entscheidungen befindet sich der Handlungsunwert[979] einer möglichen Untreuetat näher betrachtet auf Stufe einer bloßen Vertrags- oder Pflichtverletzung. Darüber hinaus sind die Pflichtverletzungen häufig altruistisch motiviert und eine Bereicherungsabsicht fehlt. *Roxin* statuiert richtig, dass unter Berücksichtigung der Aufgaben und Grenzen des Strafrechts gewöhnliche Vertragsverletzungen durch das Zivilrecht geahndet werden können. Betrachtet man sich die zivilrechtlichen Haftungsvorschriften, so sind diese zum Teil einschneidender als eine strafrechtliche Haftung. *Roxin* geht richtig davon aus, dass erst bei rechtswidriger Bereicherung das Vermögen so nachhaltig geschädigt wird, dass eine strafrechtliche Sanktion angezeigt sei. Dies ist auch der Grund, warum Vertragsverletzungen nicht strafrechtlich geahndet werden, wenn nicht beispielsweise Betrugselemente vorliegen[980]. Diese Erkenntnis zeigt deutlich, dass eine restriktive Handhabung im Umgang mit § 266 StGB zwingend notwendig ist. Ansonsten besteht weiterhin das Risiko, dass das Untreuestrafrecht zu einem zivilrechtlichen Annex verkommt[981]. Aufgrund der zu beobachtenden Außerachtlassung des Subsidiaritätsprinzips zugunsten eines umfassenden strafrechtlichen Vermögensschutzes nimmt sich der Staat das Recht heraus, jedwede wirtschaftliche Entscheidung zu prüfen und gegebenenfalls zu intervenieren. Eine Wirtschaftslenkung über das Strafrecht kann damit nicht mehr ausgeschlossen werden.

III. Die „*gravierende Pflichtverletzung*“ – Problem der objektiven Zurechnung

Schünemann schreibt in seiner Kritik zum Begriff der „*gravierenden Pflichtverletzung*“, dass dieser zwar einen tragfähigen Kern aufweise, jedoch dogmatisch im objektiven Tatbestand falsch verortet sei. *Schünemann* sieht das Problem der „*gravierenden Pflichtverletzung*“ als ein originäres Problem der objektiven Zurechenbarkeit[982]. Eine weitere Präzisierung gibt *Schünemann* nicht. Dieser Standpunkt ist näher zu untersuchen. Wie *Schünemann* treffend feststellt, steckt die objektive Zurechnung bei den Vermögensdelikten im Allgemeinen und bei der Untreue im

979 Zum Handlungsunwert siehe: *Saliger*, JA 2007, 326 (327).
980 *Roxin*, Strafrecht AT/I, § 2, Rn. 98.
981 *Schilling*, Fragmentarisch oder umfassend?, S. 179 ff.
982 *Schünemann*, NStZ 2006, 196 (197); *Schünemann*, NStZ 2005, 471 (475 f.).

Speziellen „*noch in den Kinderschuhen*“[983]. Dies hat sich auch fast sieben Jahre nach Erscheinen des Aufsatzes nicht geändert[984]. Fraglich ist nicht nur, in welchem Umfang die objektive Zurechnung hier eine Rolle spielt, sondern welche Elemente der Zurechnungslehre berücksichtigt werden können. In den Kommentierungen zur Untreue fehlt diese Problematik bisher.

Im Folgenden soll zum einen der Versuch unternommen werden, die „*gravierende Pflichtverletzung*“ in der objektiven Zurechenbarkeit zu verorten. Und zum anderen ist zu prüfen, ob über die Grundsätze der objektiven Zurechenbarkeit eine restriktive Handhabung der Untreue erreicht werden kann. Zweckmäßig erscheint es, besonders drei Elemente der Lehre von der objektiven Zurechnung näher zu diskutieren: (*1*) das Vorliegen einer rechtlich relevanten Gefahr, (*2*) den Pflichtwidrigkeitszusammenhang und den (*3*) Schutzzweckzusammenhang. Auch die Theorien vom hypothetischen Alternativverhalten und der Risikoerhöhung sollen eingehender betrachtet werden.

Ausgangspunkt ist, dass eine Unternehmensentscheidung unter „*Missachtung*“ außerstrafrechtlicher Bezugsnormen oder des Willens des Treugebers getroffen wird. Bei der Überschreitung der durch den Treugeber gesetzten Grenzen kommt es auf eine „*gravierende Pflichtverletzung*“ nicht an. Dieses Verhalten ist stets pflichtwidrig. Nur bei der Verletzung außerstrafrechtlicher Bezugsnormen kommt es auf das Konstrukt der „*gravierenden Pflichtverletzung*“ an. Dabei ist zu berücksichtigen, dass das Eingehen von Risiken zum „*Alltagsgeschäft*“ der Entscheidungsträger gehört.

1. Objektive Zurechenbarkeit

Nach der Grundformel der objektiven Zurechnung ist ein Erfolg objektiv dann zurechenbar, wenn der Täter eine *rechtlich relevante Gefahr* geschaffen hat, die sich im tatbestandsmäßigen konkreten Erfolg niederschlägt[985]. Die objektive Zurechenbarkeit ist nur im Rahmen von Erfolgsdelikten zu thematisieren, bei reinen Tätigkeitsdelikten spielen Zurechnungszusammenhänge keine Rolle. Im Rahmen von Erfolgsdelikten stellt sich aber immer die Frage, ob ein konkret eingetretener Erfolg auf eine Handlung bzw. Risikosetzung des Täters zurückgeführt werden kann. Die objektive Zurechnung stellt insoweit einen zweiten „*Filter*“ dar. Zu Fragen des Zurechnungszusammenhangs gelangt man nur, wenn zuvor festgestellt wurde, dass eine Handlung überhaupt kausal für den Erfolgseintritt gewesen ist. Kausalitätsfragen werden vorliegend nicht weiter betrachtet, da diese im Rahmen der Untreuestrafbarkeit nur eine untergeordnete Rolle spielen. Auch im Rahmen der Untreue muss eine Handlung kausal für den Schadenseintritt sein. Ein Rückschluss von

983 *Schünemann*, NStZ 2005, 471 (476).

984 In diesem Zusammenhang mit weiteren Nachweisen: *Gerkau*, Untreue und objektive Zurechnung; und *Hermann*, Die Begrenzung der Untreuestrafbarkeit in der Wirtschaft am Beispiel der Bankenuntreue.

985 *Beulke*/*Wessels*, Strafrecht AT, Rn. 197. Einen umfassenden Überblick über die Lehre der objektiven Zurechenbarkeit findet sich bei: *Roxin*, Strafrecht AT/I, § 11.

einem eingetretenen Schaden auf eine Pflichtverletzung ist nicht möglich[986]. Nach der noch heute vorherrschenden Äquivalenztheorie (*conditio sine qua non Formel*) ist eine Handlung dann kausal, wenn diese nicht hinweggedacht werden kann, ohne dass der Erfolg in seiner konkreten Form entfiele[987]. Damit ist nahezu jede Handlung für einen späteren Misserfolg kausal, ohne die Handlung wäre der konkrete Erfolg nicht eingetreten. Aufgrund dieses Ursachen-Wirkungs-Zusammenhangs und dessen schier uferloser Weite ist ein Korrektiv notwendig. Dies wird von der herrschenden Lehre in der objektiven Zurechnung gesehen.

Die objektive Zurechnung ist nicht gänzlich unbestritten. Dieser Ansatz wurde für Fahrlässigkeitsdelikte entwickelt. Die Übertragbarkeit auf Vorsatzdelikte wird zum Teil mit der Begründung bezweifelt, es handele sich um originäre Fragen des subjektiven Tatbestands[988]. Dieser Ansicht ist nicht zu folgen. Sie kann bei Fragen des Schutzzweckzusammenhanges keine Erklärung bieten.

Eine objektive Zurechnung kommt nur dann infrage, wenn der Täter ein nicht erlaubtes Risiko geschaffen hat und die sich aus dem nicht erlaubten Risiko ergebende Gefahr im konkreten Erfolg verwirklicht hat. Es kommt nicht alleine auf das Setzen eines Risikos an, es ist immer zu prüfen, ob dies ein erlaubtes Risiko war oder nicht. Eine fehlende Gefahrschaffung hat zur Folge, dass (auch bei Eintreten eines konkreten Erfolgs) eine Straflosigkeit vorliegt. Im Umkehrschluss bedeutet dies aber auch, dass das Schaffen einer rechtlich relevanten Gefahr eine Beeinträchtigung des Rechtsguts bedeutet und ggf. eine Versuchsstrafbarkeit anzunehmen ist[989].

Liegt eine rechtlich relevante Gefahr vor und hat diese sich im konkreten Erfolg niedergeschlagen, so ist von einer objektiven Zurechnung auszugehen. Eine Strafbarkeit ist dennoch nicht gegeben, wenn der eingetretene Erfolg nicht von dem Schutzzweck der Norm umfasst war[990].

Ein Verhalten ist dann objektiv zurechenbar, wenn sich eine *rechtlich relevante Gefahr*, die nicht durch ein *erlaubtes Risiko* gedeckt ist, in einem konkreten Erfolg niederschlägt und dieser von dem *Schutzzweck der Norm* umfasst war[991].

2. Erlaubtes Risiko

Die Schaffung eines rechtlich relevanten Risikos ist Grundvoraussetzung für eine objektive Zurechnung. In der Rechtswissenschaft wurden diverse Fallgruppen

---

986 Vgl. *Seier*, in: *Achenbach* [u.a.] (Hg.): Handbuch Wirtschaftsstrafrecht, 588 (Rn. 202).

987 Vgl. nur: *Beulke/ Wessels*, Strafrecht AT, Rn. 156 ff., 159.

988 Eine Zusammenfassung der Kritiker findet sich bei: *Lenckner/Eisele*, *Schönke Schröder* StGB, Vorbem. zu §§ 13 StGB, Rn. 91a und *Roxin*, Strafrecht AT/I, § 11, Rn. 46 (Fn. 105): *Roxin* weist daraufhin, dass sich auch die Kritiker zwischenzeitlich der Lehre der objektiven Zurechnung annähern und kaum noch pauschale Ablehnungen dieses Ansatzes zu finden sind.

989 *Lenckner/Eisele*, *Schönke Schröder* StGB, Vorbem. zu §§ 13 StGB, Rn. 91 ff.

990 *Roxin*, Strafrecht AT/I, § 11, Rn. 48.

991 *Ebenda*.

entwickelt, nach denen es an der Schaffung einer relevanten Gefahr mangeln soll[992]. Vor allem ist hier an die Fallgruppen des sozialadäquaten Verhaltens und des erlaubten Risikos zu denken. Handelt der Täter sozialadäquat, so fehlt ein relevantes Risiko, ebenso, wenn er das Risiko erlaubterweise eingehen durfte. Hier wird zwar ein Risiko gesetzt und ein Erfolgseintritt vorhergesehen oder in Kauf genommen, die Rechtsordnung duldet dies jedoch als ein ausdrücklich erlaubtes Risiko[993].

Zunächst ist diese Grundvoraussetzung in Bezug auf die Untreuestrafbarkeit näher zu betrachten[994]. Wie bereits festgestellt, ist bei Entscheidungsträgern das Eingehen von finanziellen Risiken an der Tagesordnung. *Arzt* fasst es treffend zusammen, wenn er schreibt: *„Riskantes Handeln gehört zu den zentralen Pflichten eines Managers.“*[995]

Über die Einschränkung, dass nur die Schaffung einer *„rechtlich relevanten Gefahr“* eine Zurechnung statuieren soll, sollen hauptsächlich Fälle entfernter Verursachung ausgeschlossen werden. Hierunter fallen insbesondere die Fallgestaltungen, dass der *„Erbonkel auf eine Flugreise geschickt wird, da man hofft, dass das Flugzeug abstürzt und sich diese Hoffnung auch erfüllt“*[996]. An dieser Stelle wurde keine *„rechtlich relevante Gefahr“* geschaffen. Flugreisen, auch wenn ein Absturz nie ausgeschlossen werden kann, können nicht als rechtlich missbilligte Gefahr eingestuft werden. Es handelt sich hier um sozial normales und anerkanntes Verhalten.

Auf die vorliegende Problematik abgewandelt, ergeben sich folgende Ansatzpunkte: Das Eingehen von Risiken ist der Wirtschaft immanent. Risiko ist die Grundvoraussetzung für wirtschaftlichen Erfolg. Durch das Treffen einer risikoreichen Entscheidung wird eine rechtlich relevante Gefahr geschaffen. § 266 StGB soll das Vermögen eines Dritten vor Verlusten schützen. Das Eingehen eines geschäftlichen Risikos setzt aber immer auch die Gefahr des (Total-)Verlustes. Aus dem Gegensatz, dass einerseits eine Pflicht zum Risiko besteht, andererseits aber gerade die Folge des Risikos, der Verlust, pönalisiert ist, folgen die Probleme im Rahmen der Untreue. Dieses Problem lässt sich mit dem Ansatz der Sozialadäquanz und des erlaubten Risikos auflösen. Der Begriff der Sozialadäquanz sagt aus, dass nicht jede Gefährdung verboten werden kann. Es kann stets nur die Einhaltung eines bestimmten Mindestmaßes an Sorgfalt und Rücksichtnahme gefordert werden[997]. Dies folgt gerade aus der Erkenntnis der Industrialisierung, dass nicht jede Gefahr ausgeschlossen werden kann. Fortschritt und Weiterentwicklung bringen immer

---

992 *Ebenda*, Rn. 47.

993 *Beulke/Wessels*, Strafrecht AT, Rn. 183.

994 *Hermann*, Die Begrenzung der Untreuestrafbarkeit in der Wirtschaft am Beispiel der Bankenuntreue, S. 115 ff.: sieht hierin keinen Ansatzpunkt zur Begrenzung der Untreuestrafbarkeit. *Hermann* setzt aber erlaubtes Risiko mit der Ausgleichsfähigkeit und Ausgleichswilligkeit eines Täters gleich. Hierbei handelt es sich nach diesseitiger Auffassung aber nur um einen Teilbereich dieser Fallgruppe.

995 *Arzt*, Finanzmarktkrise, Risikomanagement und Strafrecht, in: *Kempf* [u.a.], Die Finanzkrise, das Wirtschaftsstrafrecht und die Moral, S. 180.

996 Vgl. *Beulke/Wessels*, Strafrecht AT, Rn. 184.

997 Zum Begriff vgl.: *Stratenwerth/Kuhlen*, Strafrecht AT, § 8, Rn. 30 ff.

auch zu akzeptierende Gefahren mit sich[998]. Aufgrund der Vielzahl an verschiedensten Regelungen und Verhaltensanforderungen ist es selbst für den sorgfältigsten Kaufmann unmöglich, alle Regeln beachten zu können. Auch falsche Entscheidungen, falsche Einschätzungen der Sach- und Rechtslage sind bei aller Sorgfalt nicht auszuschließen. Erfolgt eine Unternehmensentscheidung dann jedoch aufgrund nachvollziehbarer, festgelegter Kriterien in Rahmen vorgegebener Grenzen, so ist hierin ein erlaubtes Risiko zusehen. Denn erst dadurch kann sich die Wirtschaft sinnvoll entfalten. Unter dieser Prämisse ist die *„gravierende Pflichtverletzung"* dogmatisch in der objektiven Zurechenbarkeit zu verorten. Notwendig ist hierfür eine neue Fallgruppe, welche in Anlehnung an das sozialadäquate Verhalten diesseits als *„wirtschaftlich adäquates Verhalten"* bezeichnet wird. Die Kriterien dieser Fallgruppe orientieren sich an den vom 1. Strafsenat des Bundesgerichtshofs entwickelten Leitkriterien zur *„gravierenden Pflichtverletzung"*. Erst bei Überschreitung der gezogenen Grenzen findet eine Erfolgszurechnung statt. An dieser Stelle sind dogmatisch auch die Vorgaben der *Business Judgement Rule* zu verorten. Durch die Rechtsprechung wurde mit der Übernahme dieser *„Verhaltensrichtlinien bei unternehmerischen Entscheidungen"* im Ergebnis statuiert, dass ein Risiko eingegangen werden darf, wenn man die Vorgaben der *Business Judgement Rule* einhält. Auch wenn sich im Ergebnis die Entscheidung als falsch herausstellen sollte. Es wurde damit nichts anderes gesagt, als dass ein Entscheidungsträger, der die Handlungsvorgaben einhält, sozialadäquat handelt.

Zum Teil wird das Institut des *„erlaubten Risikos"* nicht als Zurechnungsfrage gesehen, sondern als Problem der Rechtfertigung. Dieser Ansatz geht jedoch fehl. Er würde dazu führen, dass der objektive Tatbestand einer Strafnorm bejaht würde und erst auf der Ebene der Rechtfertigung eine Strafbarkeit ausgeschlossen würde[999].

Eine Zurechnung erfolgt dann nicht, wenn zwar ein unerlaubtes Risiko geschaffen wurde, dieses sich aber nicht im konkret eingetretenen Erfolg verwirklicht hat. Auch bei unternehmerischen Entscheidungen ist immer zu prüfen, ob eine Pflichtverletzung letztlich den Schaden verursacht hat oder dieser durch ein anderes Ereignis eingetreten ist[1000].

3. Schutzzweckzusammenhang[1001] (Siemens ./. AUB[1002])

Nach dem Prinzip des Schutzzweckzusammenhangs werden dem Täter nur solche Erfolge zugerechnet, deren Abwendung innerhalb des Schutzzwecks der Norm liegt[1003]. Liegt der verwirklichte Erfolg außerhalb des Schutzzwecks, so hat sich im Erfolg nicht die vom Täter geschaffene Gefahr verwirklicht. Dieses Prinzip ist bei

998 aaO.
999 *Roxin,* Strafrecht AT/I, § 11, Rn. 67.
1000 Vergleich auch die Ausführungen unter d) zum Pflichtwidrigkeitszusammenhang.
1001 Vgl. hierzu mit weiteren Nachweisen: *Bräunig*, Untreue in der Wirtschaft, S. 54 ff.
1002 BGHSt 55, 288.
1003 *Roxin,* Strafrecht AT (Band 1), § 11, Rn. 84.

der Verortung der *„gravierenden Pflichtverletzung“* in die objektive Zurechenbarkeit nur nachrangig von Bedeutung. Vielmehr ist hier die Restriktion des *„funktionalen Zusammenhangs“* auf einer dogmatisch anderen Ebene wiederzufinden. Nur wenn die konkrete Pflichtverletzung, aus der ein Schaden resultiert, sich als signifikante Ausübung der eigenverantwortlichen internen Machtposition des Täters darstellt, ist der konkrete Erfolg zurechenbar. Ist die Pflichtverletzung nicht originär verbunden mit der Vermögensbetreuungspflicht, so sind Schäden im konkreten Erfolg nicht zuzurechnen.

Es bleibt dennoch zu prüfen, ob diese Zurechnungsfrage auch im Rahmen der Untreuestrafbarkeit relevant werden kann[1004]. Die Frage des Schutzzweckzusammenhangs wurde im Rahmen der Fahrlässigkeitsdelikte entwickelt, ist aber auch auf Vorsatztaten zu übertragen[1005]. Dies gilt insbesondere für die Untreue, da diese einem Fahrlässigkeitsdelikt angenähert ist[1006].

Ein Schutzzweckzusammenhang ist dann gegeben, wenn die zuzurechnende Tathandlung von der Reichweite des Tatbestandes noch umfasst ist. Es ist stets die Frage zu stellen, ob eine Zurechnung nicht deswegen ausscheiden muss, wenn ein Angriff auf das geschützte Rechtsgut nicht vorliegt[1007]. Auf die Untreue übertragen, bedeutet dies, dass die verletzte Verhaltensnorm dem Schutz fremden Vermögens dient[1008]. In der Konsequenz ist in der Lehre vom Schutzzweckzusammenhang eine Umsetzung der dogmatischen Grundlage des Rechtsgüterschutzes zu sehen.

Eine konsequente Anwendung des Schutzzweckzusammenhangs würde dazu führen, dass eine Vielzahl der von der Rechtsprechung entwickelten Fallgruppen wegfallen würde. Insbesondere die Haushalts- und Parteienuntreue würden wegfallen, da die zugrunde liegenden Normen nicht den Schutz fremden Vermögens umfassen. Die Verletzung einer Norm, welche aber nicht dem Schutz fremden Vermögens dient, kann keine Verletzung fremden Vermögens im Rahmen der Untreue verwirklichen. Auch würde entgegen der Auffassung *Saliger*, welcher als Begründung unter anderem anführt, dass anerkannte Fallgruppen[1009] wegfallen würden, kein *„Strafbarkeitsvakuum“* entstehen[1010]. § 266 StGB schützt nur das Vermögen. Bei Verletzung von nicht

1004 *Bosch/Lange*, JZ 2009 225 (227).

1005 *Roxin*, Strafrecht AT (Band 1), § 11, Rn. 84 ff., 106.

1006 *Seier*, in: *Achenbach* [u.a.] (Hg.): Handbuch Wirtschaftsstrafrecht, 588 (Rn. 207, 117).

1007 MwN.: *Hermann*, Die Begrenzung der Untreuestrafbarkeit in der Wirtschaft am Beispiel der Bankenuntreue, S. 132 ff.

1008 *Seier*, in: *Achenbach* [u.a.] (Hg.): Handbuch Wirtschaftsstrafrecht, 588 (Rn. 207, 117).

1009 Es ist bereits fraglich, ob es anerkannte Fallgruppen überhaupt gibt. Aus der extensiven Anwendung der Rechtsprechung kann nicht geschlussfolgert werden, dass die Fallgruppen anerkannt sind. Auch steht es dem Gesetzgeber frei, neue Strafgesetze zu erlassen.

1010 *Seier*, in: *Achenbach* [u.a.] (Hg.): Handbuch Wirtschaftsstrafrecht, 588 (Rn. 210); *Saliger*, Parteiengesetz und Strafrecht, S. 71 ff, 184 ff, 263 ff.; ders, HRRS 2006, 10 (22); ders, SSW, § 266, Rn. 82 f. Eine Zusammenfassung weiterer Kritiker findet

vermögensschützenden Normen kann eine Untreue nicht gegeben sein[1011]. Der 1. Strafsenat hat in seinem Beschluss zur Strafsache Siemens ./. AUB[1012] ausgeführt.

> *„Im Hinblick auf die tatbestandliche Weite des § 266 I StGB kann daher nicht in jedem (strafbewehrten) Verstoß gegen die Rechtsordnung auch eine i.S. von § 266 I StGB strafrechtlich relevante Pflichtverletzung erblickt werden. Das folgt aus dem Schutzzweck des § 266 I StGB, der das zu betreuende Vermögen schützt. Eine Normverletzung – hier eine Straftat i.S. des § 119 I Nr. 1 BetrVG – ist deshalb in der Regel nur dann pflichtwidrig i.S. von § 266 StGB, wenn die verletzte Rechtsnorm ihrerseits – wenigstens auch, und sei es mittelbar – vermögensschützenden Charakter für das zu betreuende Vermögen hat, mag die Handlung auch nach anderen Normen pflichtwidrig sein und unter Umständen sogar Schadensersatzansprüche gegenüber dem Treuepflichtigen auslösen. Nur dann, wenn die unmittelbar verletzte Rechtsnorm selbst vermögensschützenden Charakter hat, liegt der untreuespezifische Zusammenhang zwischen Pflichtverletzung und geschütztem Rechtsgut i.S. von vor. Fehlt es daran, kann der Gesetzesverstoß, soweit er für sich sanktionsbewehrt ist, nach Maßgabe des diesbezüglichen Sanktionstatbestands geahndet werden. Der Gesetzesverstoß kann darüber hinaus auch geeignet sein, Schadensersatzansprüche zu begründen. Eine – daneben tretende – Pflichtwidrigkeit i.S. des § 266 StGB wegen Untreue kann allein aus diesem Gesetzesverstoß aber grundsätzlich noch nicht abgeleitet werden. Ob etwas anderes gilt, wenn an die Verletzung einer solchen Rechtsnorm eine spezifische, sich vermögensmindernd auswirkende Sanktion anknüpft, lässt der Senat offen. Das BetrVG jedenfalls sieht eine solche sich vermögensmindernd auswirkende Sanktion nicht vor.“*[1013]

Über die Anwendung des Schutzzweckzusammenhangs auf die Untreue ist eine weitere notwendige Restriktion möglich, welche ihre Wurzeln in der strafrechtlichen Dogmatik findet. Die Untreue schützt nur das spezifische Rechtsgut des Vermögens und keine weiteren Schutzgüter. Nicht jeder Verstoß gegen die Legalitätspflicht bedeutet eine untreuerelevante Pflichtverletzung. Voraussetzung ist die Verletzung einer (zumindest auch) vermögensschützenden Pflicht[1014]. Zu berücksichtigen ist hierbei jedoch, dass eine Norm nicht alleine deshalb einen vermögensschützenden Charakter hat, weil an ihre Verletzung eine vermögensmindernd auswirkende Sanktion (als Reflex) anknüpft[1015]. Der Bundesgerichtshof führt im Anschluss an den „*Siemens ./. AUB*“-Beschluss in seiner Entscheidung zur „*Kölner Parteispendenaffäre*“[1016] zutreffend aus:

---

sich bei: *Seier*, in: *Achenbach* [u.a.] (Hg.): Handbuch Wirtschaftsstrafrecht, 588 (Rn. 207, 117).

1011 BVerfG NJW 2010, 3209 (3211, 3215); BGH, NJW 2011, 88 (91).

1012 BGH, NJW 2011, 88 (88 ff.).

1013 BGH, NJW 2011, 88 (91 f.).

1014 So auch: *Wittig*, BeckOK StGB, § 266, Rn. 18a.1. Kritisch *Ibold*, Unternehmerische Entscheidungen als pflichtwidrige Untreuehandlungen, 2011, 136 ff.

1015 BGHSt 56, 203 (203 ff.). Unter Hinweis auf den „*ultima ratio*“ Grundsatz zustimmend: *Wittig*, BeckOK StGB, § 266, Rn. 35b.

1016 BGHSt 56, 203 (203 ff.).

„Die vorliegend betroffenen Vorschriften des Parteiengesetzes dienen vornehmlich der Sicherstellung und Transparenz der staatlichen Parteienfinanzierung. Dagegen sollen die sich hieraus ergebenden Verpflichtungen der für die Parteien handelnden Personen nicht das jeweilige Parteivermögen vor Regressansprüchen des Bundes schützen. ***Damit kann auch ein Verstoß gegen diese Vorschriften des Parteiengesetzes für sich allein keine pflichtwidrige Handlung i.S. von § 266 I StGB darstellen. Pflichtwidrig im Sinne dieser Vorschrift sind nur Verstöße gegen vermögensschützende Normen (vgl. BGH NJW 2011, 88 [91] = NStZ 2011, 37).*** *Jedenfalls der hier verletzte § 25 PartG a.F. bezweckt einen solchen Vermögensschutz aber nicht.* ***Der Umstand, dass ein Verstoß gegen die Vorschriften des Parteiengesetzes spezifische und sich damit mittelbar auf das Vermögen der Partei auswirkenden Sanktionen auslösen kann, macht diese Vorschriften nicht zu vermögensschützenden Normen i.S. von § 266 StGB.***"[1017]

4. Pflichtwidrigkeitszusammenhang

Ausgeschlossen ist die Erfolgszurechnung auch bei fehlendem Pflichtwidrigkeitszusammenhang[1018]. Das heißt, wenn der durch eine sorgfaltswidrige Handlung herbeigeführte Erfolg auch eingetreten wäre, wenn sich der Täter pflichtgemäß verhalten hätte[1019]. Diese in der Fahrlässigkeitsdogmatik entwickelte Zurechnungsregel ist für das Pflichtdelikt der Untreue relevant, weil hier ebenfalls vorausgesetzt wird, dass der Vermögensnachteil durch die Verletzung der Vermögensbetreuungspflicht herbeigeführt worden sein muss[1020]. Die Voraussetzung nach einem pflichtgemäßen Verhalten darf nicht als Beachtung aller außerstrafrechtlicher Bezugsnormen verstanden werden, sondern „*nur*" als die Einhaltung eines wirtschaftlich vertretbaren

1017 BGH NStZ 2011, 403 (404). Der BGH geht in dieser Entscheidung aber auch davon aus, dass durch ein Rechtsgeschäft (in der Entscheidung eine Satzung) aus einer nicht vermögensschützenden Norm des Parteiengesetzes sich eine vermögensschützende Norm entwickeln kann (BGH NStZ 2011, 403 (404)). Diese Auffassung wird in der Literatur kritisch gesehen und abgelehnt (*Saliger*, ZIS 2011, 902 (910 f.). Es könne nicht ausreichend sein, wenn durch ein Rechtsgeschäft eine an sich nicht vermögensschützende Norm einen vermögensschützenden Charakter erhalten soll. *Rönnau*, StV 2011, 753 (755), merkt hierzu an, dass durch diese Entscheidung Private Strafbarkeiten begründen können. Zu bedenken ist jedoch, dass stets der Vermögensinhaber die Grenzen zulässigen Handels statuiert. Die von ihm gesetzten Grenzen sind einzuhalten.
In einem obiter dictum äußert sich der Bundesgerichtshof (BGH NStZ 2011, 403 (406)) zur Frage der Notwendigkeit des Unmittelbarkeitszusammenhangs zwischen pflichtwidrigem Tun und Vermögensnachteil. Hiernach soll ein solcher nicht erforderlich sein. Zu den Folgen dieser Auffassung: *Wittig*, BeckOK StGB, § 266, Rn. 39.1 f.

1018 *Lindemann*, Voraussetzungen und Grenzen Legitimen Wirtschaftsstrafrechts, S. 125 ff.; *Bräunig*, Untreue in der Wirtschaft, S. 238; *Gerkau*, Untreue und objektive Zurechnung, S. 251; *Saliger*, HRRS 2006, 10 (22); *ders.*, SSW, § 266, Rn. 81.

1019 *Roxin*, Strafrecht AT/I, § 6, Rn. 197.

1020 *Saliger*, HRRS 2006, 10 (22).

Gesamtkonzeptes, welches durch die für die *„gravierende Pflichtverletzung"* entwickelten Leitkriterien ausgefüllt wird.

Dann kann durch den Pflichtwidrigkeitszusammenhang eine Restriktion der Untreue erreicht werden. Durch den Pflichtwidrigkeitszusammenhang soll eine Haftung für bloße Zufälligkeiten vermieden werden. Eine Addition von Pflichtverletzung und zufällig eingetretenem Schadensereignis ist für eine Untreuestrafbarkeit nicht ausreichend. Die Verletzung einer Sorgfaltspflicht alleine ist nicht ausreichend, sondern das Fehlverhalten muss die Ursache für den Erfolgseintritt sein. Dies ist nicht der Fall, wenn eine Tathandlung nur zufällig mit dem eingetretenen Ereignis im Zusammenhang steht und dieses nicht vermeidbar war[1021]. Verdeutlicht werden soll dies an folgendem Beispiel:

> *Die X-GmbH fördert und veredelt Rohstoffe, welche von der produzierenden Industrie weiterverarbeitet werden. Es existieren interne Vorschriften dahingehend, dass Geschäftsabschlüsse, die Warenlieferungen über € 50.000,- nach sich ziehen und ohne Vorkasse erfolgen, nur durch sämtliche Geschäftsführer gemeinsam abgeschlossen werden dürfen, wobei in diesem Fall eine genaue Prüfung der Liquidität erfolgen soll und Sicherheiten verlangt werden sollen. Dennoch schließt der Geschäftsführer Y einen Warenlieferungsvertrag über € 500.000,- mit der langjährigen Kundin Z-GmbH, ohne vorher eine Entscheidung der Gesamt-Geschäftsführung herbeizuführen. Es kommt dabei zu einer Sicherungsübereignung des Warenlagers der Z-GmbH mit einem Wert von € 800.000,-. Die Waren der X-GmbH werden sofort nach Abschluss der Sicherungsabtretung ausgeliefert. Aufgrund der Weltwirtschaftskrise kommt die X-GmbH ihren Zahlungsverpflichtungen nicht nach, die Sicherheit fällt aus, da die eingelagerten Waren einen versteckten Produktfehler hatten und wegen zwingender gesetzlicher Vorschriften vernichtet werden mussten. Dies war bei Abschluss des Vertrages weder dem Y noch der Z-GmbH bekannt. Auch die Gesamtgeschäftsführung hätte dem Vertragsschluss aufgrund der langjährigen Geschäftsbeziehungen und der Sicherheiten zugestimmt und durchgeführt.*
>
> *Lässt man den vorliegenden Pflichtwidrigkeitszusammenhang außer Betracht, so käme eine Untreuestrafbarkeit des Geschäftsführers Y in Betracht, da dieser seine Befugnisse im Innenverhältnis überschritten und im Ergebnis sich ein schädigender Erfolg verwirklicht hat. Nur durch den Pflichtwidrigkeitszusammenhang kann vorliegend eine Strafbarkeit ausgeschlossen werden. Dieses Ergebnis ist auch gerecht. Der Erfolgseintritt war vorliegend nicht vermeidbar und zufällig.*

Im Rahmen des Pflichtwidrigkeitszusammenhangs wird diskutiert, ob es ausreichend ist, wenn Anhaltspunkte dafür vorliegen, dass der Taterfolg auch bei pflichtgemäßem Alternativverhalten eingetreten wäre, oder ob nach der von *Roxin* entwickelten

1021 Vgl. hierzu: *Beulke/ Wessels*, Strafrecht AT, Rn. 199 und weiterführend: *Roxin*, Strafrecht AT/I, § 11, Rn. 69 ff. Zustimmend: *Becker*, HRRS 2012, 237 (244); *Kindhäuser*, NK StGB, § 266, Rn. 99.

Risikoerhöhungstheorie gefordert werden muss, dass der Erfolg mit Sicherheit ausgeblieben wäre[1022]. Die Risikoerhöhungstheorie setzt zu hohe Anforderungen und lässt sich nicht mit dem *in-dubio-pro-reo* Grundsatz in Einklang bringen. Sollten Zweifel daran bestehen, ob sich das vom Täter geschaffene Risiko im konkreten Erfolg niedergeschlagen hat, so müssen diese Zweifel zu seinen Gunsten gehen[1023].

5. Zusammenfassung

Die Lehre von der objektiven Zurechnung kann auf die Untreue übertragen werden. Wenn auch zum Teil die Anwendbarkeit der objektiven Zurechenbarkeit auf Vorsatzdelikte bestritten wird, so kann diese Kritik im Rahmen der Untreue nicht durchgreifen. Aufgrund der Struktur der Untreue ist eine Anwendung der Grundsätze der objektiven Zurechnung zwingend. Die Untreue weist große Gemeinsamkeiten mit Fahrlässigkeits- und Gefährdungsdelikten auf. Die Untreue sanktioniert den Verstoß gegen Verhaltens- bzw. Sorgfaltsnormen. Durch die Anwendung der objektiven Zurechnung kann eine notwendige Restriktion der Untreue erreicht werden. Darüber hinaus haben die Ausführungen gezeigt, dass die Erkenntnisse der *„gravierenden Pflichtverletzung“* dogmatisch richtig in der objektiven Zurechnung umzusetzen sind.

a) Restriktionspotenzial der objektiven Zurechnung

Über die objektive Zurechnung kann eine Restriktion der Untreue erreicht werden, welche auch die Forderungen aus der strafrechtlichen Dogmatik umsetzt[1024]. Über die objektive Zurechenbarkeit kann § 266 StGB konturiert werden und die extensive Anwendungspraxis eingedämmt werden. Mittels der Lehre von der objektiven Zurechnung kann man den besonderen Erfordernissen der Wirtschaft gerecht werden. Über den Pflichtwidrigkeitszusammenhang und den Schutzzweck der Norm kann den Besonderheiten im Rahmen von unternehmerischen Entscheidungen Rechnung getragen werden. Dies zeigt sich besonders über den zu fordernden Pflichtwidrigkeitszusammenhang bzw. des Instituts des pflichtgemäßen Alternativverhaltens. Nicht jeder Schadenseintritt ist strafbar. Es ist der Nachweis zu führen, dass der Schadenseintritt auf eine Pflichtverletzung des Täters zurückzuführen ist. Bestehen hieran Zweifel, kommt eine Verurteilung nicht in Betracht. Auch können hierüber Fallgestaltungen ausgeschlossen werden, in denen der Schadenseintritt unvermeidbar war und nur durch Zufall mit einer etwaigen Pflichtverletzung zusammenfällt. Durch die objektive Zurechnung wird gerade in den schwierigen Bereich der unternehmerischen Entscheidung eine Verschleifung der Tatbestände im Ansatz unterbunden. Ein einfacher Rückschluss von einem Schaden auf eine Pflichtverletzung oder umgekehrt wäre nicht mehr möglich. Auch macht die Lehre von der objektiven

---

1022 Ausführlich: *Roxin,* Strafrecht AT/I, § 11, Rn. 88 ff.
1023 So auch: *Beulke/Wessels,* Strafrecht AT, Rn. 199.
1024 *Bräunig,* Untreue in der Wirtschaft, S. 236 ff; *Saliger,* HRRS 2006, 10 (16).

Zurechnung noch einmal ganz besonders deutlich, dass nicht jedes Risiko für eine Rechtsgutsverletzung zu einer Strafbarkeit führen kann. Risiko kann niemals gänzlich ausgeschlossen werden. Von daher kann die Zurechnung einer Handlung nur erfolgen, wenn die Grenzen des erlaubten Risikos überschritten wurden. Es ist immer zu prüfen, ob ein bestimmtes Risiko tatsächlich die Grenzen des Erlaubten überschritten hat. Dies wird auch gerade wieder in Fällen mit wirtschaftlichem Bezug relevant. Das Risiko gehört hier zum Alltagsgeschäft und ist sogar eine Pflicht der Entscheidungsträger. Letztlich ist besonders der Schutzzweckzusammenhang zu berücksichtigen. Die Erkenntnisse der objektiven Zurechnung sind geeignet, die Untreue zu konturieren. Nicht jede Pflichtverletzung außerstrafrechtlicher Normen kann genügen. Die Sorgfaltsnorm, gegen die verstoßen wurde, muss gerade dem Schutz fremden Vermögens dienen.

b) Objektive Zurechnung und die „gravierende Pflichtverletzung"

Die *„gravierende Pflichtverletzung"* ist dogmatisch in der objektiven Zurechnung und dort bei der Frage der Schaffung einer rechtlich relevanten Gefahr zu verorten. Ob eine Pflichtverletzung gravierend ist oder nicht, ist nicht im Rahmen des Tatbestands der Pflichtverletzung zu untersuchen, sondern erst im Rahmen der objektiven Zurechenbarkeit. Der Gesetzeswortlaut beschränkt die Pflichtverletzung gerade nicht. Nach dem Wortlaut der Norm ist jede Pflichtverletzung ausreichend, solange und soweit das Rechtsgut der Norm beeinträchtigt wird. Für den Prüfungsablauf bedeutet dies, dass zunächst zu untersuchen ist, ob eine Pflichtverletzung vorliegt und durch diese kausal ein Schaden verursacht wurde. Bei der Findung der Pflichtverletzung müssen nur solche ausscheiden, die nicht dem Schutz fremden Vermögens dienen. Im Rahmen der Zurechenbarkeit ist sodann zu untersuchen, ob der eingetretene Schaden tatsächlich zurechenbar ist. Dies kann nur der Fall sein, wenn ein unerlaubtes Risiko geschaffen wurde und dieses sich im konkreten Schaden verwirklicht hat. Erst an dieser Stelle ist zu prüfen, ob die Pflichtverletzung *„gravierend"* war, sodass eine rechtlich relevante Gefahr geschaffen wurde. Nicht jedes Risiko ist verboten, sondern nur das unerlaubte. Unerlaubt ist ein Risiko dann, wenn die im Rahmen der Rechtsprechung zur *„gravierenden Pflichtverletzung"* geschaffenen Kriterien nicht eingehalten wurden. Sind die von der Rechtsprechung entwickelten Leitkriterien eingehalten, ist, unabhängig von dem Vorliegen eines (formalen) Pflichtenverstoßes, von einem sozialadäquaten Verhalten auszugehen. Eine Erfolgszurechnung muss sodann ausscheiden.

c) Objektive Zurechnung und Verhaltensökonomik

Im Rahmen der objektiven Zurechnung sind auch die Erkenntnisse der Verhaltensökonomik zu verorten. Die Verhaltensökonomik hat aufgezeigt, dass der Mensch nicht rein rational handeln kann und kognitiven Verzerrungen unterliegt. Die Rechtsprechung geht heute noch von dem Rationalwahlentscheider aus. Die Rationalität von Entscheidungen wird in unserer Gesellschaft überbetont. Menschen können aufgrund kognitiver Beschränkungen nicht rein rational entscheiden. Aufgrund dieser Beschränkung muss ein Verhalten auch dann als sozialadäquat angesehen werden, wenn es den Rationalitätsanforderungen nicht entspricht. Von einem erlaubten hinzunehmenden Risiko ist in diesem Zusammenhang immer auszugehen, wenn folgende Voraussetzungen eingehalten wurden:

- Handeln zum Wohle der Gesellschaft im Rahmen der wirtschaftlichen Leistungsfähigkeit
- Einhaltung der gesetzlichen Vorgaben und internen Anweisungen
- Durchführung einer Risikokontrolle: Entscheidungen sind stets in ihrer Ausführung zu überwachen, auf Fehlentwicklungen ist zu reagieren

L. Zusammenfassung der Arbeit

Im Folgenden werden abschließend die Ergebnisse der Arbeit in Thesen zusammengefasst.

I. Thesenbildung

Die Ergebnisse der vorliegenden Arbeit lassen sich in folgende Thesen zusammenfassen:

(aa) Es gibt keine risikofreien unternehmerischen Entscheidungen. Der Gefahr eines Misserfolges ist jeder Entscheidungsträger tagtäglich ausgesetzt, selbst dann, wenn er seine Entscheidung noch so gründlich vorbereitet hat. Jede wirtschaftliche Entscheidung bedarf einer Prognose über die zukünftige Entwicklung des Marktes und birgt damit das Risiko in sich, dass Erwartungen nicht eintreten. Es gibt immer Faktoren, die nicht beeinflussbar oder vorhersehbar sind. Trotz dieser Unsicherheiten müssen Entscheidungen getroffen und Risiken eingegangen werden. Risiken sind volkswirtschaftlich unverzichtbar, da ansonsten eine Stagnation droht.

(bb) Grundvoraussetzung für die Entwicklung der Wirtschaft ist unternehmerische Freiheit, welche ohne klare rechtliche Vorgaben insbesondere auch auf der Haftungsebene nicht möglich ist. Klare rechtliche Vorgaben sind die notwendige Voraussetzung für unternehmerische Freiheit[1025]. Das Recht setzt jedoch nur die Rahmenbedingungen und hat nicht die Aufgabe der Wirtschaftslenkung. Die Wirtschaft ist ein in sich geschlossenes komplexes System mit eigenen Regeln und mit eigenen Regulierungsmöglichkeiten. Das Marktgeschehen ist eine ordnende und regulierende Kraft. Wenn man es zulässt, reguliert sich die Wirtschaft selber. Erst, wenn diese Selbstregulierung versagt, darf sich der Gesetzgeber einmischen. Diese Eingriffe müssen dabei auf ein Mindestmaß reduziert sein.

(cc) Entscheidungsträger müssen für Pflichtverletzungen haften und Verantwortung übernehmen. Die Haftung darf nicht überspannt werden. Die unternehmerische Freiheit darf über Haftungsfragen nicht eingeschränkt werden. Dies kann nur erreicht werden, wenn der Haftungsmaßstab gesenkt wird. Eine Beschränkung auf vorsätzliche und grob fahrlässige Schadensverursachungen ist deswegen zwingend notwendig. Erst wenn diese Grenze überschritten und jegliche gebotene Sorgfalt zu vermissen ist, ist eine Haftung gerechtfertigt.

(dd) Der Begriff des Risikogeschäfts ist nicht einheitlich definiert. Bei unternehmerischen Entscheidungen impliziert diese Fallgruppe, dass es sich um besondere Geschäfte handeln muss, welche nicht alltäglich sind. Hierdurch wird ein falscher Eindruck erweckt. Es gibt nicht die Fallgruppe des „*Risikogeschäfts*“

1025 *Saliger*, HRRS 2006, 10 (11 ff.).

im Rahmen unternehmerischer Entscheidungen. Jede unternehmerische Entscheidung ist risikobehaftet. Im Rahmen von Unternehmensentscheidungen versteht man unter dem Begriff daher heruntergebrochen nichts anderes, als die Frage danach, ob der Entscheidungsträger die kaufmännischen Sorgfaltspflichten eingehalten hat.

(ee) Den typischen Unternehmer gibt es heute kaum noch. Es wird immer seltener, dass Kapitalgeber gleichzeitig Entscheidungsgewalt haben. Der Unternehmerbegriff sollte daher heute verstanden werden als Entscheidungsträger im Unternehmen, welcher Einfluss auf die Unternehmensziele und Zielgestaltung hat, auch wenn er nicht gleichzeitig Kapitalgeber ist und daher kein Verlustübernahmerisiko trägt.

(ff) Es bestehen erhebliche Anwendungsunsicherheiten im Umgang mit § 266 StGB. Diese finden ihre Ursache in den Strukturproblemen der Norm. Welche Pflichten zur Strafbarkeitsbegründung verletzt werden müssen, ist dem Untreuetatbestand nicht zu entnehmen. Es ist weiter zu beobachten, dass es aufgrund der strukturellen Defizite zu einer nicht hinnehmbaren Verschleifung zwischen Tathandlung und Taterfolg kommt.

(gg) Die Akzessorietät von § 266 StGB zu außerstrafrechtlichen Bezugsnormen ist asymmetrisch und limitierend. Aus dem Grundsatz der Einheit der Rechtsordnung folgt methodologisch zwingend, dass eine Maßnahme, die außerstrafrechtlich gebilligt, durch das Strafrecht nicht missbilligt werden darf. Das Strafrecht darf nur sanktionieren, was durch die Bezugsnormen klar, eindeutig und vorhersehbar als pflichtwidrig sanktioniert ist, Art. 103 II GG. Nicht jeder Verstoß gegen eine gesetzliche oder vertragliche Pflicht auf der Primärebene stellt zugleich eine strafrechtlich relevante Pflichtverletzung nach § 266 StGB dar. Die Akzessorietät ist nicht umkehrbar, vielmehr ist diese asymmetrisch. Was nicht von außerstrafrechtlichen Normen gedeckt ist, darf alleine deshalb noch nicht als strafrechtlich pflichtwidrig gelten.

(hh) Durch die Entscheidung des Bundesverfassungsgerichts vom 23.06.2010 ist es nicht zu einer Konturierung des Untreuetatbestandes gekommen. Es ist noch völlig offen, wie das Bundesverfassungsgericht zukünftig sein Prüfungsprogramm umsetzen und konkretisieren möchte. Im Hinblick auf die Überprüfbarkeit unternehmerischer Entscheidungen lässt sich dem Beschluss nichts Neues entnehmen. Es bleibt dabei, dass es unvorhersehbar bleibt, ob eine Entscheidung später strafrechtliche Konsequenzen haben wird oder nicht.

(ii) Entgegen der Auffassung des Bundesverfassungsgerichts führt die Fallgruppenbildung im Rahmen der Untreuedogmatik nicht zu einer Konturierung des Tatbestands, das Gegenteil ist der Fall.

(jj) Durch die Dogmatik des Strafrechts und die Strafrechtssystematik kann eine Begrenzung der Untreue erreicht werden. Die Dogmatik des Strafrechts weist eine klare Begrenzungsfunktion auf. Sie gibt vor, in welchen Bereichen eine Strafbarkeit überhaupt infrage kommen kann. Eine weitergehende Restriktion kann hierdurch nicht erreicht werden. Eine Restriktion in Einzelfallgestaltungen kann durch die Strafrechtsdogmatik nicht geleistet werden.

(kk) Über die Lehre der objektiven Zurechenbarkeit kann § 266 StGB konturiert und die extensive Anwendungspraxis eingedämmt werden. Über den Pflichtwidrigkeitszusammenhang und den Schutzzweck der Norm kann den Besonderheiten im Rahmen von unternehmerischen Entscheidungen Rechnung getragen werden.

(ll) Im Rahmen der objektiven Zurechnung sind die Erkenntnisse der Verhaltensökonomik zu verorten. Menschen können - aufgrund kognitiver Beschränkungen - nicht rein rational entscheiden. Aufgrund dieser Beschränkung muss ein Verhalten auch dann als sozialadäquat angesehen werden, wenn es den Rationalitätsanforderungen nicht entspricht oder der Entscheider kognitiven Täuschungen zum Opfer fällt.

(mm) Effizienz kann nicht alleiniges Rechtsprinzip sein. Dies würde ein Rückschritt in der gesellschaftlichen Entwicklung bedeuten. Effizienz muss dennoch Eingang in die Rechtsprinzipien finden.

(nn) Aus der ökonomischen Analyse des Strafrechts folgt, dass eine Handlungssteuerung nicht zwangsläufig über das Strafrecht erzielt werden muss. Dort wo außerstrafrechtliche Haftungsregeln bestehen und diese auch ernst genommen werden, benötigt man keine strafrechtliche Regelung. Außerstrafrechtliche Handlungsregulierungen sind zumeist effizienter und grundsätzlich vorzuziehen. Die Märkte brauchen eine freiheitliche Ordnung und müssen sich frei entwickeln können. Eingriffe von außen über das Strafrecht können nicht zielführend sein und blockieren die Entwicklung der Märkte. § 266 StGB bleibt bei Sachverhalten mit wirtschaftlichem Bezug so lange ineffizient, solange sich die Strafrechtswissenschaft nicht näher mit der Ökonomie beschäftigt. Solange die Strafrechtswissenschaft die Ökonomie nicht verstanden hat und erforscht ist, welche Auswirkungen Sanktionierungen in diesem Bereich haben, bleibt das Strafrecht ineffizient.

(oo) Die Haftungsgrundsätze zur Innenhaftung sind grundsätzlich effizient. Diese statuieren Grenzen, sind aber gleichsam flexibel. Die konkrete Ausgestaltung ist jedoch nicht effizient. Die Haftungstatbestände sind vage und weit formuliert. Aufgrund der Angst vor einer möglichen Haftung kommt es zu einer Risikoaversion, was zur Folge hat, dass das möglich Gewinnpotenzial nicht ausgeschöpft werden kann.

(pp) Die methodologischen Grundprinzipien der Betriebswirtschaft können nicht ohne weiteres auf die Rechtswissenschaft übertragen werden. Das Grundmodell des „*homo oeconomicus*" kann nicht auf die Rechtswissenschaft übertragen werden. Den streng rationalen Entscheider gibt es nicht. Die kognitiven Beschränkungen sind zu berücksichtigen und müssen in eine rechtliche Bewertung einfließen. Von dem Menschen kann das Recht nicht mehr verlangen, als er leisten kann.

(qq) Die Verhaltensökonomik hat aufgezeigt, dass die bisherigen wirtschaftstheoretischen Grundlagen überdacht werden müssen. Der Mensch ist kein „*homo oeconomicus*". Nahezu jede komplexe Entscheidung wird zwangsläufig durch kognitive Beschränkungen beeinflusst. Ausgehend von dieser Erkenntnis ist es die zukünftige Aufgabe der Wirtschaftswissenschaften, die ökonomischen Modelle zu überdenken. Die Erkenntnisse müssen auch in der Rechtswissenschaft Berücksichtigung finden. Besonders im Wirtschaftsstrafrecht haben die wirtschaftstheoretischen Erkenntnisse direkte Auswirkung. Das Recht kann nicht mehr verlangen, als der Mensch zu leisten in der Lage ist.

(rr) Menschen verstoßen in Entscheidungssituationen systematisch gegen das Rationalwahlmodell. Es bestehen kognitive Beschränkungen, welche zwangsläufig, selbst bei Experten, auftreten. Bei der strafrechtlichen Beurteilung unternehmerischer Entscheidungen sind diesen Erkenntnissen Rechnung zu tragen.

(ss) Es kann nicht verlangt werden, dass Entscheidungen aufgrund rationaler Abwägungsprozesse getroffen werden.

(tt) Es müssen alle Entscheidungen hingenommen werden, welche sich am Wohl der Gesellschaft orientiert haben. Es besteht kein Anspruch auf einen „*homo oeconomicus*". Treugeber müssen Fehler akzeptieren, welche auf kognitiven Beschränkungen beruhen. Ein Treuhänder darf sich aber nicht nur auf intuitive Entscheidungen verlassen. Intuitive Entscheidungen können erst ab einem gewissen Maß an Erfahrung berücksichtigt werden.

(uu) Der Treugeber kann verlangen, dass sich der Treuhänder an gesetzten Vorschriften und Leitlinien orientiert. Die Erkenntnisse der Verhaltensökonomie rechtfertigen es nicht, dass Treuhänder bewusst gegen Vorschriften verstoßen. Trotz einer gegenläufigen Intuition sind interne und externe Vorschriften einzuhalten.

(vv) Es darf keine Rechtspflicht dahingehend bestehen, dass Entscheidungen (a) immer auf vollständiger Information beruhen und (b) immer reflektiert sein müssten. Intuitive Entscheidungen dürfen nicht verboten sein. Intuitive Entscheidungen sind nicht grundsätzlich „*schlechter*" als rational getroffene Entscheidungen.

(ww) Entscheidungen entsprechend des Rationalitätsdogmas kommt keine höhere Entscheidungsgüte zu als intuitiven Entscheidungen. Intuitive und bewusste Prozesse sind Bestandteil einer guten Entscheidung.

(xx) Die Güte intuitiver Entscheidung ist von der Erfahrung des Entscheidungsträgers abhängig. Bewusste Entscheidungsprozesse überwachen den intuitiven Prozess und unterstützen ihn. Er wird aber nur dann notwendig, wenn durch Intuition die Entscheidungssituation nicht gelöst werden kann.

(yy) Intuition ist in unserer Gesellschaft nicht akzeptiert. Intuitiven Entscheidungen wird keine hohe Qualität zu gemessen. Sie werden lediglich in weniger wichtigen Situationen bevorzugt. Ansonsten wird die rationale Abwägung als Mittel der Wahl angesehen.

(zz) Das intuitive System lässt sich nicht ausblenden. Die Suche nach rationalen Gründen ist deshalb nur als eine Scheinrationalisierung anzusehen.

(aaa) Entscheidungsregeln und Modelle sind Hilfsmittel im Rahmen des Entscheidungsprozesses. Unsicherheit und Risiko können aber auch damit in keinem Fall auf 0 reduziert werden. Entscheidungsregeln können helfen Unsicherheiten und Risiken klar zu definieren.

(bbb) Das Phasenschema hilft den Entscheidungsprozess zu systematisieren. Es handelt sich jedoch „*nur*" um ein idealtypisches Modell ohne konkrete Handlungsanweisung für den Einzelfall. Es gibt nur eine erste Empfehlung für ein Verhalten in einer bestimmten Situation. Im Einzelfall ist das Modell kritisch zu hinterfragen und an die jeweilige Situation anzupassen.

(ccc) Dem Phasenschema kommt nur ein beschränkter Nutzen für die strafrechtliche Beurteilung von Unternehmensentscheidungen zu. Der Entscheidungsprozess ist einer rechtlichen Überprüfung nur schwer zugänglich. Es handelt sich um Prognoseentscheidungen, welche nur durch Wahrscheinlichkeitsaussagen zugänglich sind und immer auch von subjektiven Einschätzungen geprägt sind. Anhaltspunkte für Pflichtverletzungen im Rahmen eines Entscheidungsprozesses können sich ergeben, wenn der Entscheidungsträger es versäumt hat, die Problemstellung ausreichend zu analysieren und/oder die Entscheidung in ihrer Durchsetzung nicht kontrolliert wurde. Die Kontrolle und die Problemanalyse sind wesentliche Faktoren eines jeden Entscheidungsprozesses und immer durchzuführen.

(ddd) Eine Entscheidungsfindung nur aufgrund von Entscheidungsregeln ist nicht möglich. Es handelt sich nur um Modelle, welche nicht alle möglichen Variablen erfassen können. Unternehmerische Entscheidungen sind nicht berechenbar.

(eee) Entscheidungsregeln sind für die strafrechtliche Beurteilung von Unternehmensentscheidungen ungeeignet. Berechnungsmodelle in Haftungs- oder Untreueprozessen können nicht als Indiz für eine Pflichtverletzung herangezogen werden.

(fff) Die *Business Judgement Rule* kann dazu dienen, dass intuitive Entscheidungen reflektiert und gegebenenfalls korrigiert werden. Es ist grundsätzlich zu empfehlen, aber nicht aufzuzwingen, dass die Grundsätze der *Business Judgement Rule* im Rahmen intuitiver und spontaner Entscheidungen zur Ergebnisprüfung herangezogen werden.

(ggg) Bei einem aufgezwungenen Einsatz von Entscheidungshilfen besteht die Gefahr, dass die damit verbundene Strukturierung des Prozesses negative Auswirkungen auf die Motivation des Entscheidungsträgers haben könnte. Dadurch würden positive Effekte egalisiert und ins Gegenteil umgekehrt.

(hhh) Auch bei Anwendung der *Business Judgement Rule* besteht das Risiko, dass nur eine Scheinrationalisierung vorgenommen wird und intuitive Entscheidungen nur gerechtfertigt werden. Auch bei Wahrscheinlichkeitsurteilen hilft die *Business Judgement Rule* nicht weiter, da die Güte der Entscheidung abhängig von einer subjektiven Einschätzung der Anfangswahrscheinlichkeiten ist.

(iii) Die Einhaltung der Grundsätze der *Business Judgement Rule* ist ein Indiz dafür, dass eine Pflichtwidrigkeit im Rahmen des Entscheidungsprozesses nicht gegeben ist. Die Nichteinhaltung der Grundsätze der *Business Judgement Rule* ist hingegen kein Indiz dafür, dass ein pflichtwidriges Entscheidungsverhalten vorliegt.

(jjj) Intuitive Entscheidungen sind dann pflichtwidrig, wenn der Entscheidungsträger nicht über notwendige Erfahrungen im Rahmen des konkreten

Entscheidungsproblems verfügt. Intuitive Entscheidungen können nur dann richtig sein, wenn diese auf der Basis einer ausreichenden Erfahrung getroffen werden. Wann eine ausreichende Erfahrung vorliegt, kann nicht schematisch beantwortet werden, sondern ist in jedem Einzelfall konkret festzustellen.

II. Kombinatorische Entscheidungen

Die Rationalitätstheorien funktionieren (nur) unter Laborbedingungen. Im alltäglichen Leben kann das Dogma der Vollrationalität nicht aufrechterhalten werden. Dies liegt daran, dass die drei Grundvoraussetzungen der rational-empirischen Methode außerhalb von Laborbedingungen nicht zu finden sind. Die drei Grundbedingungen, welche kumulativ vorliegen müssen, lauten:

- vollständige Kontrolle und Vorhersehbarkeit über alle Variablen,
- vollständige und angemessene Information und
- Fähigkeit zur Analyse komplexer Probleme.

Diese Voraussetzungen sind in unserer komplexen Welt nie kumulativ gegeben. Eine vollständige Kontrolle und Vorhersehbarkeit ist ausgeschlossen. Aufgrund der Vielzahl an Informationen ist eine Kenntnis aller Informationen unmöglich. Die Verarbeitung aller Informationen scheitert an kognitiven Grenzen. Selbst wenn es möglich wäre, alle Information zu erhalten, so könnten diese nicht erfasst und verarbeitet werden. Auch die Fähigkeit zur Analyse komplexer Probleme ist aufgrund kognitiver Beschränkungen kritisch zu sehen[1026].

Dies bedeutet aber nicht, dass zukünftig auf rationale Entscheidungen verzichtet werden könnte, denn auch intuitive Entscheidungen sind nicht immer richtig.

Entscheidungsträger in Unternehmen müssen täglich komplexe Situationen beurteilen und Entscheidungen unter den Aspekten der Unsicherheit und des Zeitdrucks treffen. Manager werden ständig mit wichtigen und gleichzeitig komplexen Situationen konfrontiert. Die *„rational choice theory“* ist nur eine Möglichkeit diesem Problem zu begegnen. Aufgrund kognitiver Verzerrungen ist diese Möglichkeit jedoch nicht immer geeignet, um zu richtigen Ergebnissen zu gelangen. Trotz der offensichtlich noch fehlenden Akzeptanz intuitiver Entscheidungen können nur durch eine effiziente Verknüpfung intuitiver und bewusster Prozesse qualitativ hochwertige Entscheidungen gefällt werden[1027].

Sowohl die *„rational choice theory“* als auch die intuitive Entscheidungstheorie haben ihre Grenzen. Die Rationalitätstheorien finden ihre Grenze zum Beispiel beim Einsatz der Wahrscheinlichkeitstheorien. Alleine aufgrund von Berechnungen kann keine Entscheidung unter Unsicherheit getroffen werden. Bei der Anwendung des *Bayes-Theorems* zeigt sich das Problem, dass die benötigten Ausgangswahrscheinlichkeiten

---

1026 *Goldberg*, Die Kraft der Intuition, S. 22 ff.

1027 *Glöckner*, Zur Rolle intuitiver und bewusster Prozesse bei rechtlichen Entscheidungen.

nicht zuverlässig ermittelt werden können. Subjektive Beurteilungen spielen eine zu große Rolle. Das Problem erweitert sich dadurch, dass oftmals bedingte Wahrscheinlichkeiten zu berücksichtigen sind. Eine weitere Grenze der Berechnungsmodelle findet sich in den kognitiven Fähigkeiten. Oftmals fehlt es an der Zeit, die Berechnungen vollständig durchzuführen. Der Kostenfaktor darf an dieser Stelle ebenfalls nicht unberücksichtigt bleiben[1028].

Eine gute Entscheidung kann ebenso nicht alleine aufgrund von Intuition getroffen werden. Die Anwendung von Heuristiken ist nicht immer zielführend, sondern maßgeblich abhängig von Erfahrungen und Wissen. Gerade Berufsanfänger wird es oftmals nicht möglich sein, aufgrund von Intuitionen richtige Entscheidungen zu treffen.

Eine Lösung dieses Dilemmas ist die Verknüpfung beider Fähigkeiten und Prozesse. So wird sichergestellt, dass die Vorteile beider Prozesse genutzt und dadurch die Nachteile der einzelnen Ansätze reduziert werden[1029]. Hierbei muss berücksichtigt werden, dass eine aufgezwungene bewusste Reflexion zu schlechteren Entscheidungen führen kann. Forschungen haben gezeigt, dass es Mechanismen gibt, die die intuitiven Entscheidungen überwachen. Es existieren bewusste Strategien zur Überwachung intuitiver Prozesse. Diese können aber nicht durch eine aufgezwungene Rationalisierung aktiviert werden. Es ist notwendige Voraussetzung, dass Intuition zugelassen wird. Diese Schutzmechanismen werden dann aktiviert, wenn die erfassten Informationen keine eindeutige Entscheidung zulassen. Es erfolgt sodann eine bewusste Modifizierung der Informationsbasis mittels Selektion, durch die das Problem gelöst werden kann[1030].

Sowohl intuitive als auch bewusste Prozesse sind Bestandteil einer guten Entscheidung. Intuition ermöglicht die schnelle Verarbeitung von Informationen. Die Güte der intuitiven Entscheidung ist jedoch von der Erfahrung abhängig. Die bewussten Entscheidungsprozesse überwachen den intuitiven Prozess und unterstützen ihn. Er wird erst dann (und nur dann) notwendig, wenn durch Intuition ein Entscheidungsproblem nicht gelöst werden kann. Daraus folgt, dass im Rahmen von § 266 StGB nicht darauf abgestellt werden kann, ob eine Entscheidung entsprechend der „*rational choice*“ Theorien getroffen wurde. Alleine das Vorliegen einer rein intuitiven Entscheidung ist noch kein Anhaltspunkt für ein pflichtwidriges Verhalten. Die Einhaltung der Grundsätze der „*rational choice theory*“ und der aus diesen abgeleiteten Konkretisierungen können nur ein Indiz dafür sein, dass eine Pflichtwidrigkeit nicht gegeben ist. Die Nichteinhaltung hingegen ist kein Indiz dafür, dass eine Pflichtverletzung vorliegt. Intuitive Entscheidungen sind erst pflichtwidrig, wenn der Entscheidungsträger nicht über die notwendigen Erfahrungen im Rahmen der konkreten Entscheidungssituation verfügt.

1028 *Laux*, Entscheidungstheorie, S. 549.

1029 Vgl. hierzu mit weiteren Nachweisen: *Glöckner*, Zur Rolle intuitiver und bewusster Prozesse bei rechtlichen Entscheidungen.

1030 *Glöckner*, How Evolution Outwits Bounded Rationality, The Efficient Interaction of Automatic and Deliberate Processes in Decision Making and Implications for Institutions, in: *Engel* [u.a.] (Hg.): Better than conscious?, 259 (259 ff.).

Anhang

I. Auswertung der Kriminalstatistik

Die Auswertung erfasst die Daten der Kriminalstatistiken des BKA (Tabellenanhang) für den Zeitraum 2001 bis 2010 betreffend die Straftatenschlüssel: *500 000 (Vermögens- und Fälschungsdelikte), 521 000 (Untreue), 521 100 (Untreue bei Kapitalanlagegesellschaften).*

Jahr	Straftaten	TV	Schaden		Schlüssel 500 000		Schlüssel 521 000	
	gesamt	gesamt	Delikte m. Schadenerf.	Schadenshöhe	Fälle	TV	gesamt	521 100
2010	5.933.278	2.152.803	3.475.393	8.397.627.516,00 €	1.183.104	581.964	10.861	461
2009	6.054.330	2.187.217	3.515.106	7.197.600.118,00 €	1.169.463	573.918	12.577	465
2008	6.114.128	2.225.693	3.550.525	9.959.666.689,00 €	1.103.637	571.646	11.005	424
2007	6.284.661	2.294.883	3.718.356	8.042.371.458,00 €	1.131.889	575.980	12.761	295
2006	6.304.223	2.283.127	3.795.795	8.190.110.283,00 €	1.171.066	575.534	10.385	345
2005	6.391.715	2.313.316	3.923.413	8.418.108.447,00 €	1.181.268	585.064	12.032	545
2004	6.633.156	2.384.268	4.147.872	10.212.391.717,00 €	1.174.812	583896	11.020	324
2003	6.572.135	2.355.161	3.820.749	11.931.045.439,00 €	1.111.228	558.987	12.640	940
2002	6.507.394	2.326.149	4.077.028	9.836.321.685,00 €	1.008.243	514.308	11.758	863
2001	6.363.865	2.280.611	3.952.244	10.926.856.773,85 €	1.011.297	503.143	10.455	541
Summen	6.315.889	2.280.323	3.797.648	9.311.210.012,59 €	1.124.601	562.444	11.549	520

Schaden 521 000				Täterstruktur 521 000			
gesamt	über 5000 €	über 25 T€	über 50 T€	gesamt	Ausländer	männl.	weibl.
911.938.797,00 €	44,63%	22,54%	13,80%	8.360	6,78%	71,60%	28,40%
980.836.720,00 €	39,80%	18,77%	12,45%	9.689	10,83%	68,90%	31,10%
1.052.574.946,00 €	43,55%	19,90%	12,72%	8.789	6,97%	71,43%	28,57%
1.267.476.901,00 €	41,07%	21,24%	12,89%	9.147	6,52%	74,06%	25,94%
1.067.750.599,00 €	45,11%	21,95%	14,20%	8.302	5,65%	73,42%	26,58%
776.170.658,00 €	41,69%	20,74%	13,21%	8.641	6,09%	73,78%	26,22%
999.926.934,00 €	42,48%	21,59%	13,91%	8.657	6,45%	74,67%	25,33%
1.213.788.573,00 €	40,25%	18,96%	12,56%	8.004	5,71%	75,16%	24,84%
1.249.698.363,00 €	45,43%	20,91%	14,21%	7.768	5,55%	75,68%	24,32%
1.325.330.123,27 €	50,70%	26,58%	17,97%	7.271	5,76%	75,77%	24,23%
1.084.549.261				8.463			

Anteil der Untreue an der Gesamtkriminalität		Anteil der Untreue an den schadenserfassten Delikten		Veränderung zum Jahr 2001		Veränderungen zum Vorjahr (Untreue)	
2010	0,183%	2010	0,505%	2001	Basis	2001	Basis
2009	0,208%	2009	0,575%	2002	12,46%	2002	12,46%
2008	0,180%	2008	0,494%	2003	20,90%	2003	7,50%
2007	0,203%	2007	0,556%	2004	5,40%	2004	−12,82%
2006	0,165%	2006	0,455%	2005	15,08%	2005	9,18%
2005	0,188%	2005	0,520%	2006	-0,67%	2006	−13,69%
2004	0,166%	2004	0,462%	2007	22,06%	2007	22,88%
2003	0,192%	2003	0,537%	2008	5,26%	2008	−13,76%
2002	0,181%	2002	0,505%	2009	20,30%	2009	14,28%
2001	0,164%	2001	0,458%	2010	3,88%	2010	−13,64%

Anteil der Untreue an Vermögenskriminalität		Anteil der Untreue am Gesamtschaden		Veränderung Gesamtkriminalität zum Jahr 2001		Veränderung Gesamtkriminalität zum j Vorjahr	
2010	0,918%	2010	10,86%	2001	Basis	2001	Basis
2009	1,075%	2009	13,63%	2002	2,26%	2002	2,26%
2008	0,997%	2008	10,57%	2003	3,27%	2003	0,99%
2007	1,127%	2007	15,76%	2004	4,23%	2004	0,93%
2006	0,887%	2006	13,04%	2005	0,44%	2005	-3,64%
2005	1,019%	2005	9,22%	2006	−0,94%	2006	−1,37%
2004	0,938%	2004	9,79%	2007	−1,24%	2007	−0,31%
2003	1,137%	2003	10,17%	2008	−3,92%	2008	−2,71%
2002	1,166%	2002	12,70%	2009	−4,86%	2009	−0,98%
2001	1,034%	2001	12,13%	2010	−6,77%	2010	−2,00%

Anteil der TV im Vergleich zur Gesamt-TV Anzahl		Anteil an TV Vermögensdelikten	
2010	0,39%	2010	1,44%
2009	0,44%	2009	1,69%
2008	0,39%	2008	1,54%
2007	0,40%	2007	1,59%
2006	0,36%	2006	1,44%
2005	0,37%	2005	1,48%
2004	0,36%	2004	1,48%
2003	0,34%	2003	1,43%
2002	0,33%	2002	1,51%
2001	0,32%	2001	1,45%

II. Auswertung Verurteilungsstatistik (destatis)

Abgeurteilte (nach JGG bleiben außer Betracht)

Jahr	Aburteilungen gesamt	Davon allgem. Strafrecht	davon Verurteilungen
2010	2585	2544	1807
2009	2792	2756	1892
2008	2973	2936	2202
2007	3067	3030	2213
2006	2648	2607	1925
2005	2923	2875	2147
2004	2659	2609	1911
2003	2628	2584	1858
2002	2600	2531	1798
	2763,88889	2719,11111	1972,55556

Absehen von Strafe bleibt außer Betracht.

andere Entscheidungen	davon Einstellungen	und Freispruch	Freiheitsstrafe	Geldstrafe
737	585	152	651	1156
864	701	159	731	1161
734	580	152	857	1345
817	667	150	844	1369
682	547	135	825	1100
728	578	143	927	1220
698	556	140	823	1088
726	577	145	869	989
733	582	146	858	940
746,555556	597	146,888889	820,555556	1152

Straftat begangen		
Jahr Verurteilung	Jahr vorher	früher
117	581	1109
119	586	1187
148	673	1381
138	700	1375
129	598	1198
153	674	1320
123	581	1207
149	576	1133
138	550	1110
134,888889	613,222222	1224,44444

III. Vergleich Kriminalstatistik – Verurteilungsstatistik

	TV	Aburteilungen	Verhältnis	Verurteilungen	
2010	10.861	2544	23,42%	1807	16,64%
2009	12577	2756	21,91%	1892	15,04%
2008	11005	2936	26,68%	2202	20,01%
2007	12761	3030	23,74%	2213	17,34%
2006	10385	2607	25,10%	1925	18,54%
2005	12032	2875	23,89%	2147	17,84%
2004	11020	2609	23,68%	1911	17,34%
2003	12640	2584	20,44%	1858	14,70%
2002	11758	2531	21,53%	1798	15,29%
	11671	2719,111111		1972,555556	17%

IV. Auswertung der Online-Umfrage

Eine grafische Auswertung zu der Online-Umfrage findet sich auf www.entscheidungsverhalten.net

Der Einfluss von Intuition und Emotionen auf das Entscheidungsverhalten
Wie treffen wir Entscheidungen? Welche Rollen spielen Emotionen (Gefühle, Empfindungen, Wahrnehmungen, ...) bei unseren Entscheidungen? Können wir Gefühle einfach ausblenden? Welche Rolle spielt die Intuition bei unseren Entscheidungen? Sind Bauchentscheidungen schlechter als rationale Entscheidungen?

Ziel der Umfrage ist es, herauszufinden, welchen Einfluss Intuition und Emotionen bei unserer Entscheidungsfindung haben können.

Wie entscheiden Sie sich?

Es gibt hier keine richtigen oder falschen Antworten!

1. Fragebogen mit Auswertung - Gruppe 1

Frage 1: Was denken Sie:

Wie treffen Menschen hauptsächlich Entscheidungen? (Pflichtfrage)

63 Teilnehmer

Aufgrund rationaler Erwägungen.	33
Aufgrund von Intuition.	42
Aufgrund von Emotionen.	42

Frage 2: Welche Faktoren beeinflussen unsere Entscheidungen?

Bitte bewerten Sie die folgenden Einflüsse nach Ihrer Bedeutung im Entscheidungsverhalten; dabei gilt folgende Skala:

1 = Beeinflusst unsere Entscheidungen nie.
2 = Beeinflusst unsere Entscheidungen manchmal.
3 = Beeinflusst 50 % unserer Entscheidungen.
4 = Beeinflusst unsere Entscheidungen meistens.
5 = Beeinflusst unsere Entscheidungen immer. (Pflichtfrage)

63 Teilnehmer

	1	**2**	**3**	**4**	**5**
Informationen	2	8	23	20	10
Rationale Erwägungen	2	11	25	21	4
Intuition / Bauchgefühl	1	6	16	36	4
Erfahrung	2	2	18	20	21
Emotionen	1	10	21	22	9

Frage 3: Wie häufig treffen Sie im privaten Bereich Entscheidungen aufgrund einer Intuition (Bauchentscheidungen)? (Pflichtfrage)

63 Teilnehmer

immer	–
meistens	10
in 50 % der Fälle	37
selten	15
nie	1

Frage 4: Haben Emotionen (bspw. Hunger, Durst, Verlustangst, Abneigung, Sympathie usw.) Einfluss auf Ihre Entscheidungen? (Pflichtfrage)

63 Teilnehmer

immer	6
meistens	17
in 50 % der Fälle	27
selten	13
nie	–

Frage 5: Was denken Sie:

Sind Bauchentscheidungen besser oder schlechter als rationale Entscheidungen? (Pflichtfrage)

63 Teilnehmer

besser	5
genauso gut	17
schlechter	7
kommt drauf an	34

Frage 6: Stellen Sie sich bitte vor:

X hat 100 € erhalten, mit der Auflage diese mit Ihnen zu teilen. Er muss Ihnen einen Vorschlag machen, wie das Geld aufgeteilt wird. Sie können diesen Vorschlag annehmen oder ablehnen. Wenn Sie den Vorschlag ablehnen, erhalten weder Sie noch X etwas von dem Geld. Wenn Sie annehmen wird das Geld entsprechend dem Vorschlag verteilt. Die Regeln sind Ihnen und X bekannt.

Welchen Betrag muss X Ihnen mindestens anbieten, damit Sie den Vorschlag annehmen?

Ab [Antwort] € nehme ich den Vorschlag an. (Antwort bitte ohne €-Zeichen und nur volle Eurobeträge.) (Pflichtfrage)

63 Teilnehmer

50 **(16 x)**	100 **(2 x)**	60	25 **(4 x)**
40 **(11 x)**	35 **(2 x)**	45	20 **(4 x)**
10 **(7 x)**	50,–	40 €	1 **(4 x)**
30 **(6 x)**	400	55	90

Frage 7: Wenn Sie in einer Entscheidungssituation ein Bauchgefühl haben, blenden Sie dieses dann aus oder bestimmt es Ihr weiteres Entscheidungsverhalten mit?

Ich blende meine Intuition [Antwort] aus. (Pflichtfrage)

63 Teilnehmer

nie	6
manchmal	38
in 50 % der Fälle	9
meistens	9
immer	1

Frage 8: Verlassen Sie sich (bzw. würden Sie sich) auch bei wichtigen Entscheidungen auf Ihr Bauchgefühl (verlassen)? Beispielsweise bei: (Pflichtfrage)

63 Teilnehmer

	ja	nein	unentschlossen
Geldanlagen, Investitionen	16	34	13
Partnerwahl, Heirat	54	3	6
Autokauf	21	34	8
Hauskauf, Kauf einer Eigentumswohnung	16	36	11
Arbeitgeber-wahl	42	10	11

Frage 9: Sie haben die Wahl zwischen folgenden Alternativen:

A) Einem sicheren Gewinn von 500 €.

und

B) Einer Chance von 75 %, 1000 € zu gewinnen und eine Chance von 25 %, nichts zu gewinnen.

Welche Alternative wählen Sie? (Pflichtfrage)

63 Teilnehmer

Alternative A	47
Alternative B	16

Frage 10: Stellen Sie sich bitte vor:

Sie bekommen einen Geldbetrag, mit der Auflage, diesen zu investieren.

Zur Auswahl stehen die Anlagemodelle A und B. Bei beiden Projekten besteht die Möglichkeit des Totalverlustes. Beide Anlagevarianten wurden aufgrund der gleichen und wissenschaftlich anerkannten Methode (statistische Wahrscheinlichkeitsaussage) auf ihre Erfolgsaussicht untersucht. Hiernach verspricht Anlage B den wahrscheinlicheren Erfolg, A soll nach dieser Analyse -mit einiger Wahrscheinlichkeit- ein Verlustgeschäft sein. Laut Ihrem Bauchgefühl ist jedoch Anlage A das bessere Geschäft.

Wie entscheiden Sie sich? (Pflichtfrage)

63 Teilnehmer

Ich höre auf mein Bauchgefühl und nehme Anlage A.	3
Ich entscheide rational und nehme Anlage B.	27
Es kommt auf den zu investierenden Betrag an.	33

Frage 11: Waren Sie schon einmal in der Situation, dass sich ein Bauchgefühl, welchem Sie nicht gefolgt sind, im Nachhinein als die bessere Entscheidung herausgestellt hat? (Pflichtfrage)

63 Teilnehmer

ja	48
nein	15

Frage 12: Versuchen Sie, rationale Gründe für Ihr Bauchgefühl zu finden? (Pflichtfrage)

63 Teilnehmer

nie	4
manchmal	20
in 50 % der Fälle	7
meistens	21
immer	11

Frage 13: Eine Tasse Kaffee und ein Stück Kuchen kosten zusammen 3,10 €. Das Stück Kuchen ist 1,00 € teurer als der Kaffee.

Der Kaffee kostet … € (Antwort bitte ohne €-Zeichen nach dem Muster x, xx) (Pflichtfrage)

63 Teilnehmer

1.05 **(48 x)**	2.10 **(2 x)**	3,1	1,3
1.10 **(8 x)**	nicht lösbar	2,05	2,55

Frage 14: Wenn Sie in einer Entscheidungssituation ein Bauchgefühl haben, die Fakten aber gegen das Bauchgefühl sprechen, wie entscheiden Sie sich dann?

Ich höre [Antwort] auf mein Bauchgefühl. (Pflichtfrage)

63 Teilnehmer

immer	1
meistens	7
in 50 % der Fälle	10
manchmal	39
nie	6

Frage 15: Wäre es Ihnen lieber (A) in einer Gemeinschaft zu leben, in der Sie 150.000 € im Jahr verdienen und der Rest € 130.000 - oder (B) in einer Gemeinschaft in der Sie 200.000 € verdienen und der Rest 220.000 €? (Pflichtfrage)

63 Teilnehmer

Ich würde lieber in Gesellschaft A leben (ich 150.000 € und der Rest 130.000 €)	30
Ich würde lieber in Gesellschaft B leben (ich 200.000 € und der Rest 220.000 €)	33

Frage 16: Sie haben 2 Karten für ein Konzert (oder eine andere Veranstaltung gekauft), die Karten haben jeweils 75 € (insgesamt also € 150,00) gekostet. Vor der Konzerthalle (Veranstaltungshalle) stellen Sie fest, dass Sie die Karten verloren haben. An der Abendkasse gibt es noch Karten für jeweils 75 €.

Wie reagieren Sie? (Pflichtfrage)

63 Teilnehmer

Ich gehe wieder heim.	35
Ich kaufe mir noch einmal, für € 150,00, 2 Karten.	28

Frage 17: Bitte schätzen Sie die Wahrscheinlichkeit:

Wie wahrscheinlich ist es, dass eine Naturkatastrophe die Finanzmärkte ins Wanken bringt, woraufhin sich der Dax im kommenden Jahr halbiert?

Bitte geben Sie eine Prozentzahl (ganze Zahl) von 1% bis 100 % ein. (Pflichtfrage)

63 Teilnehmer

1 **(14 x)**	99	7	1%	75	30 **(3 x)**
10 **(11 x)**	80	0	0,0000001	100%	20 **(3 x)**
3 **(5 x)**	70	120	15 **(2 x)**	30% **(2 x)**	25 **(2 x)**
5 **(4 x)**	89%	10%	50	5% **(2 x)**	4 **(2 x)**

Frage 18: Wie entscheiden Sie sich?

Es wird Ihnen folgendes Angebot unterbreitet: Sie können jetzt 50 € bekommen oder morgen 55 €? (Pflichtfrage)

63 Teilnehmer

Ich nehme die 50 € jetzt.	12
Ich nehme die 55 € morgen.	51

Frage 19: Linda ist 35 Jahre alt, ledig, intelligent und sagt offen ihre Meinung. Im Hauptfach hat sie Soziologie studiert. Sie engagiert sich für Fragen der Gleichberechtigung und sozialen Gerechtigkeit und hat an Demonstrationen gegen Atomkraft teilgenommen. Welche der beiden Aussagen ist wahrscheinlicher? (Pflichtfrage)

63 Teilnehmer

Linda ist Bankangestellte.	31
Linda ist Bankangestellte und in der Frauenbewegung aktiv.	32

Frage 20: Haben Sie in Ihrem Beruf Entscheidungskompetenz (bspw. als leitender Angestellter, Abteilungsleiter, Manager, Geschäftsführer usw.)? (Pflichtfrage)

63 Teilnehmer

ja	35
nein	28

Frage 21: Wie häufig treffen Sie in Ihrer Funktion als beruflicher Entscheidungsträger Bauchentscheidungen? (Pflichtfrage)

35 Teilnehmer

immer	1
meistens	5
in 50 % der Fälle	10
selten	18
nie	1

Frage 22: Haben Sie das Gefühl, dass Sie sich für berufliche Bauchentscheidungen rechtfertigen müssten? (Pflichtfrage)

35 Teilnehmer

ja	16
nein	19

Frage 23: Versuchen Sie, durch rationale Gründe Ihr Bauchgefühl zu untermauern? (Pflichtfrage)

35 Teilnehmer

ja	25
manchmal	10
nein	–

Frage 24: Denken Sie, dass Bauchentscheidungen bzw. intuitiv gefällte Entscheidungen in der Geschäftswelt etabliert sind? (Pflichtfrage)

35 Teilnehmer

ja	19
nein	6
unentschlossen	10

Frage 25: Wie häufig kommen nach Ihrer Einschätzung Bauchentscheidungen/ intuitive Entscheidungen in der Geschäftswelt vor? (Pflichtfrage)

35 Teilnehmer

sehr häufig	1
häufig	19
in 50 % der Fälle	10
selten	4
nie	1

Frage 26: Beeinflussen die folgenden Faktoren Ihr berufliches Entscheidungsverhalten.

Bitten bewerten Sie die Faktoren nach ihrem Einfluss; dabei gilt folgende Skala:

1 = Beeinflusst das Entscheidungsverhalten nicht.
2 = Beeinflusst das Entscheidungsverhalten manchmal.
3 = Beeinflusst das Entscheidungsverhalten in 50 % der Fälle.
4 = Beeinflusst das Entscheidungsverhalten meistens.
5 = Beeinflusst das Entscheidungsverhalten immer. (Pflichtfrage)

35 Teilnehmer

	1	**2**	**3**	**4**	**5**
Angst vor strafrechtliche Haftung	7	13	6	6	3
Angst vor zivilrechtliche Haftung	4	14	4	7	6
Angst vor Imageverlust	5	7	7	13	3
Angst vor Arbeitsplatzverlust	12	7	7	5	4

Frage 27: Haben Gefühle und Empfindungen Einfluss auf Ihre beruflichen Entscheidungen? (Pflichtfrage)

35 Teilnehmer

immer	1
meistens	10
in 50 % der Fälle	9
selten	14
nie	1

Frage 28: Denken Sie, dass intuitive Entscheidungen gleichwertig mit rationalen Entscheidungen sind?

Die Entscheidungen sind [ANTWORT] gleichwertig: (Pflichtfrage)

35 Teilnehmer

nie	4
manchmal	14
in 50 % der Fälle	7
meistens	8
immer	2

Frage 29: Abschließend möchten wir Sie noch um einige Angaben zu Ihrer Person bitten:

Sie sind: (Pflichtfrage)

63 Teilnehmer

männlich	41
weiblich	22

Frage 30: Wie alt sind Sie? Bitte geben Sie eine Altersgruppe an: (Pflichtfrage)

63 Teilnehmer

bis 25 Jahre	14
zwischen 26 und 35	26
zwischen 36 und 45	10
zw. 46 und 60	10
älter als 61	3

Frage 31: Welchen (Schul-)Abschluss haben Sie bzw. streben Sie derzeit an? (Pflichtfrage)

63 Teilnehmer

Ohne Schulabschluss	–
Haupt- oder Volksschulabschluss	2
Mittlere Reife	2
Abitur oder Fachhochschulreife	12
Hochschul- oder Fachhochschulabschluss	47

2. Fragebogen mit Auswertung - Gruppe 2

Frage 1: Was denken Sie:

Wie treffen Menschen hauptsächlich Entscheidungen? (Pflichtfrage)

126 Teilnehmer

Aufgrund rationaler Erwägungen.	54
Aufgrund von Intuition.	71
Aufgrund von Emotionen.	77

Frage 2: Welche Faktoren beeinflussen unsere Entscheidungen?

Bitte bewerten Sie die folgenden Einflüsse nach Ihrer Bedeutung im Entscheidungsverhalten; dabei gilt folgende Skala:

1 = Beeinflusst unsere Entscheidungen nie.
2 = Beeinflusst unsere Entscheidungen manchmal.
3 = Beeinflusst 50 % unserer Entscheidungen.
4 = Beeinflusst unsere Entscheidungen meistens.
5 = Beeinflusst unsere Entscheidungen immer. (Pflichtfrage)

126 Teilnehmer

	1	2	3	4	5
Informationen	4	17	41	50	14
Rationale Erwägungen	4	19	47	47	9
Intuition / Bauchgefühl	5	25	31	52	13
Erfahrung	4	8	38	53	23
Emotionen	2	25	32	43	24

Frage 3: Wie häufig treffen Sie im privaten Bereich Entscheidungen aufgrund einer Intuition (Bauchentscheidungen)? (Pflichtfrage)

126 Teilnehmer

immer	3
meistens	30
in 50 % der Fälle	52
selten	39
nie	2

Frage 4: Haben Emotionen (bspw. Hunger, Durst, Verlustangst, Abneigung, Sympathie usw.) Einfluss auf Ihre Entscheidungen? (Pflichtfrage)

126 Teilnehmer

immer	15
meistens	55
in 50 % der Fälle	29
selten	26
nie	1

Frage 5: Was denken Sie:

Sind Bauchentscheidungen besser oder schlechter als rationale Entscheidungen? (Pflichtfrage)

126 Teilnehmer

besser	9
genauso gut	27
schlechter	31
kommt drauf an	59

Frage 6: Stellen Sie sich bitte vor:

Sie haben 100 € erhalten, mit der Auflage diese mit Y zu teilen. Sie müssen Y einen Vorschlag unterbreiten, wie das Geld aufgeteilt wird. Y muss Ihren Vorschlag annehmen, er kann die Aufteilung nicht beeinflussen. Die Regeln Sind Ihnen und Y bekannt.

Welchen Betrag bieten Sie Y an?

(Antwort bitte ohne €-Zeichen und nur volle Eurobeträge.) (Pflichtfrage)

126 Teilnehmer

50 **(98 x)**	20 **(2 x)**
1 **(7 x)**	45
40 **(6 x)**	100

30 **(5 x)**	25
10 **(3 x)**	0

Frage 7: Wenn Sie in einer Entscheidungssituation ein Bauchgefühl haben, blenden Sie dieses dann aus oder bestimmt es Ihr weiteres Entscheidungsverhalten mit?

Ich blende meine Intuition [Antwort] aus. (Pflichtfrage)

126 Teilnehmer

nie	14
manchmal	71
in 50 % der Fälle	21
meistens	20
immer	–

Frage 8: Verlassen Sie sich (bzw. würden Sie sich) auch bei wichtigen Entscheidungen auf Ihr Bauchgefühl (verlassen)? Beispielsweise bei: (Pflichtfrage)

126 Teilnehmer

	ja	nein	unentschlossen
Geldanlagen, Investitionen	24	77	25
Partnerwahl, Heirat	101	11	14
Autokauf	37	69	20
Hauskauf, Kauf einer Eigentumswohnung	37	70	19
Arbeitgeberwahl	73	27	26

Frage 9: Stellen Sie sich bitte vor:

Sie bekommen einen Geldbetrag, mit der Auflage, diesen zu investieren.

Zur Auswahl stehen die Anlagemodelle A und B. Bei beiden Projekten besteht die Möglichkeit des Totalverlustes. Beide Anlagevarianten wurden aufgrund der gleichen und wissenschaftlich anerkannten Methode (statistische Wahrscheinlichkeitsaussage) auf ihre Erfolgsaussicht untersucht. Hiernach verspricht Anlage B den wahrscheinlicheren Erfolg, A soll nach dieser Analyse -mit einiger Wahrscheinlichkeit- ein Verlustgeschäft sein. Laut Ihrem Bauchgefühl ist jedoch Anlage A das bessere Geschäft.

Wie entscheiden Sie sich? (Pflichtfrage)

126 Teilnehmer

Ich höre auf mein Bauchgefühl und nehme Anlage A.	13
Ich entscheide rational und nehme Anlage B.	57
Es kommt auf den zu investierenden Betrag an.	56

Frage 10: Versuchen Sie, rationale Gründe für Ihr Bauchgefühl zu finden? (Pflichtfrage)

126 Teilnehmer

nie	13
manchmal	54
in 50 % der Fälle	11
meistens	38
immer	10

Frage 11: Waren Sie schon einmal in der Situation, dass sich Ihr Bauchgefühl im Nachhinein als Fehler herausgestellt hat? (Pflichtfrage)

126 Teilnehmer

ja	104
nein	22

Frage 12: Sie müssen sich zwischen den beiden folgenden Alternativen entscheiden:

A) Sie machen einen sicheren Verlust von 500 €.

B) Es besteht die Chance von 80 %, 1000 € zu verlieren und eine Chance von 20 %, nichts zu verlieren.

Wie entscheiden Sie sich? (Pflichtfrage)

126 Teilnehmer

A	82
B	44

Frage 13: Wenn Sie in einer Entscheidungssituation ein Bauchgefühl haben, die Fakten aber gegen das Bauchgefühl sprechen, wie entscheiden Sie sich dann?

Ich höre [Antwort] auf mein Bauchgefühl. (Pflichtfrage)

126 Teilnehmer

immer	1
meistens	16
in 50 % der Fälle	25
manchmal	68
nie	16

Frage 14: Ein Essen und ein Getränk kosten zusammen 18,40 €. Das Essen ist 15,00 € teurer als das Getränk.

Wie teuer ist das Getränk? Das Ergebnis ist nicht 3,40 €!

Das Getränk kostet ...... € (Antwort bitte ohne €-Zeichen nach dem Muster x, xx) (Pflichtfrage) (Pflichtfrage)

126 Teilnehmer

1.70 **(75 x)**	3 **(2x)**
3.40 **(26 x)**	3,41
1.20 **(2 x)**	2,4
3.39 **(2 x)**	3,4
1.7 **(2 x)**	2,76
5 **(2 x)**	36,34
1,7	2,4
4,2	1,15
1,6	4

Frage 15: Wäre es Ihnen lieber (A) in einer Gemeinschaft zu leben, in der Sie 150.000 € im Jahr verdienen und der Rest € 130.000 - oder (B) in einer Gemeinschaft in der Sie 200.000 € verdienen und der Rest 220.000 €? (Pflichtfrage)

126 Teilnehmer

Ich würde lieber in Gesellschaft A leben (ich 150.000 € und der Rest 130.000 €)	38
Ich würde lieber in Gesellschaft B leben (ich 200.000 € und der Rest 220.000 €)	88

Frage 16: Sie wollen an eine Sportveranstaltung teilnehmen. Die Karten kosten 100 €. Sie wollen die Karten direkt bei der Sporthalle kaufen. Dort angelangt merken Sie, dass Sie 100 € verloren haben oder Ihnen diese gestohlen wurden.

Was machen Sie? (Pflichtfrage)

126 Teilnehmer

Ich gehe wieder heim.	51
Ich kauf die Karten dennoch.	75

Frage 17: Bitte schätzen Sie die Wahrscheinlichkeit:

Wie wahrscheinlich ist es, dass sich der Dax im kommenden Jahr halbiert?

Bitte geben Sie eine Prozentzahl (ganze Zahl) von 1% bis 100 % ein. (Pflichtfrage)

126 Teilnehmer

1 **(31 x)**	6	3 **(4 x)**	35
10 **(18 x)**	20%	5% **(3 x)**	15%
50 **(15 x)**	14	15 **(3 x)**	0.005
5 **(14 x)**	5%	3% **(2 x)**	20%
2 **(5 x)**	25	0 **(2 x)**	35%
20 **(5 x)**	12	2%	100%
30 **(4 x)**	188	70%	
40	32%	10%	

Frage 18: Wie entscheiden Sie sich?

Es wird Ihnen folgendes Angebot unterbreitet: Sie können heute 50 € bekommen oder nächstes Jahr 55 €? (Pflichtfrage)

126 Teilnehmer

Ich nehme die 50 € jetzt.	100
Ich nehme die 55 € nächstes Jahr.	26

Frage 19: Es gibt 100 Frauen auf die folgende Beschreibung zutrifft:

Sie ist 35 Jahre alt, ledig, intelligent und sagt offen ihre Meinung. Im Hauptfach hat sie Soziologie studiert. Sie engagiert sich für Fragen der Gleichberechtigung und sozialen Gerechtigkeit und hat an Demonstrationen gegen Atomkraft teilgenommen.

Was denken Sie, wie viele sind:

Bankangestellte?
Bankangestellte und in der Frauenbewegung aktiv?

Bitte geben Sie Ihre Schätzung ab, die Summe muss 100 ergeben. (Pflichtfrage)

126 Teilnehmer

65 35	90 10	20 80	10 90	5 1	20 80	80 20	80 20
90 10	100 0	30 70	70 30	70 30	1 99	8 1	20 80
99 1	20 80	70 30	50 50	10 90	80 20	2 1	50 50

0 5	95 5	75 25	95 5	98 2	75 25	70 30	20 80
0 100	20 80	30 70	25 25	8 5	90 10	90 10	90 10
95 5	40 60	10 90	50 50	0 0	50 50	30 70	70 30
20 80	60 40	0 100	90 10	55 45	10 5	50 50	10 90
40 60	100 0	4 96	9 3	5 1	5 1	50 50	5 90
60 40	10 90	5 2	40 60	30 70	2 98	50 50	0 0
100 0	5 95	10 3	10 7	25 75	70 30	80 20	15 1
50 25	95 5	30 70	88 12	20 80	90 10	50 50	40 60
95 5	70 30	95 5	97 3	90 10	10 90	10 90	10 90
0 100	5 95	98 2	10 90	35 65	65 35	98 2	60 40
50 50	30 70	60 40	97 3	30 70	20 80	10 90	90 10
30 70	0 100	80 20	0,02 0,01	55 45	50 50	85 15	
20 80	70 30	80 20	10 10	30 5	100 100	40 60	

Frage 20: Haben Sie in Ihrem Beruf Entscheidungskompetenz (bspw. als leitender Angestellter, Abteilungsleiter, Manager, Geschäftsführer usw.)? (Pflichtfrage)

126 Teilnehmer

ja	72
nein	54

Frage 21: Wie häufig treffen Sie in Ihrer Funktion als beruflicher Entscheidungsträger Bauchentscheidungen? (Pflichtfrage)

72 Teilnehmer

immer	–
meistens	7
in 50 % der Fälle	25
selten	38
nie	2

Frage 22: Haben Sie das Gefühl, dass Sie sich für berufliche Bauchentscheidungen rechtfertigen müssten? (Pflichtfrage)

72 Teilnehmer

ja	29
nein	43

Frage 23: Versuchen Sie, durch rationale Gründe Ihr Bauchgefühl zu untermauern? (Pflichtfrage)

72 Teilnehmer

ja	37
manchmal	27
nein	8

Frage 24: Denken Sie, dass Bauchentscheidungen bzw. intuitiv gefällte Entscheidungen in der Geschäftswelt etabliert sind? (Pflichtfrage)

72 Teilnehmer

ja	49
nein	11
unentschlossen	12

Frage 25: Wie häufig kommen nach Ihrer Einschätzung Bauchentscheidungen/ intuitive Entscheidungen in der Geschäftswelt vor? (Pflichtfrage)

72 Teilnehmer

sehr häufig	8
häufig	28
in 50 % der Fälle	19
selten	16
nie	1

Frage 26: Haben Gefühle und Empfindungen Einfluss auf Ihre beruflichen Entscheidungen? (Pflichtfrage)

72 Teilnehmer

immer	4
meistens	25
in 50 % der Fälle	14
selten	27
nie	2

Frage 27: Beeinflussen die folgenden Faktoren Ihr berufliches Entscheidungsverhalten.

Bitten bewerten Sie die Faktoren nach ihrem Einfluss; dabei gilt folgende Skala:
1 = Beeinflusst das Entscheidungsverhalten nicht.
2 = Beeinflusst das Entscheidungsverhalten manchmal.
3 = Beeinflusst das Entscheidungsverhalten in 50 % der Fälle.
4 = Beeinflusst das Entscheidungsverhalten meistens.
5 = Beeinflusst das Entscheidungsverhalten immer. (Pflichtfrage)

72 Teilnehmer

	1	**2**	**3**	**4**	**5**
Angst vor strafrechtliche Haftung	17	18	9	16	12
Angst vor zivilrechtliche Haftung	13	21	10	21	7
Angst vor Imageverlust	12	20	18	14	8
Angst vor Arbeitsplatzverlust	32	15	6	15	4

Frage 28: Denken Sie, dass intuitive Entscheidungen gleichwertig mit rationalen Entscheidungen sind?

Die Entscheidungen sind [ANTWORT] gleichwertig: (Pflichtfrage)

72 Teilnehmer

nie	9
manchmal	27
in 50 % der Fälle	17
meistens	17
immer	2

Frage 29: Abschließend möchten wir Sie noch um einige Angaben zu Ihrer Person bitten:

Sie sind: (Pflichtfrage)

126 Teilnehmer

männlich	85
weiblich	41

Frage 30: Wie alt sind Sie? Bitte geben Sie eine Altersgruppe an: (Pflichtfrage)

126 Teilnehmer

bis 25 Jahre	34
zwischen 26 und 35	40
zwischen 36 und 45	31
zw. 46 und 60	15
älter als 61	6

Frage 31: Welchen (Schul-)Abschluss haben Sie bzw. streben Sie derzeit an? (Pflichtfrage)

126 Teilnehmer

Ohne Schulabschluss	–
Haupt- oder Volksschulabschluss	2
Mittlere Reife	3
Abitur oder Fachhochschulreife	24
Hochschul- oder Fachhochschulabschluss	97

Literaturverzeichnis

Aaken van, Anne: „Rational Choice" in der Rechtswissenschaft, Zum Stellenwert der ökonomischen Theorie im Recht, Baden-Baden 2003.

Achenbach, Hans: Was kann Strafrecht heute noch leisten?, Strafverteidiger Forum (StraFO) 2011, S. 422–429.

Achenbach, Hans; **Ransiek**, Andreas (Hg.): Handbuch Wirtschaftsstrafrecht, 3. Aufl., Heidelberg 2011.

Adam, Dietrich: Planung und Entscheidung, Modelle- Ziele – Methoden, mit Fallstudien und Lösungen, 4. Aufl., Wiesbaden 1996.

Adams, Michael: Ökonomische Theorie des Rechts: Konzepte und Anwendungen, 2. Aufl., Frankfurt a. Main 2004.

Agthe, Klaus; **Schnaufer**, Erich (Hg.): Unternehmensplanung, Baden-Baden 1963.

Akerlof, George A.; **Kranton**, Rachel E.: Identity Economics, Warum wir ganz anders ticken, als die meisten Ökonomen denken, München 2011.

Albrecht, Peter-Alexis: In Treue gegen die Untreue, Rainer Hamm und sein steter Versuch, die Rechtsprechung zur verfassungsrechtlichen Präzisierung des § 266 StGB anzuhalten, in: Michalke, Köberer, Pauly und Kirsch (Hg.): Festschrift für Rainer Hamm zum 65. Geburtstag am 24. Februar 2008, S. 1–20, Berlin 2008.

–: Kriminologie, Eine Grundlegung zum Strafrecht, 4. Aufl., München 2010.

Aldenhoff, Hans-Hermann; **Kuhn**, Sascha: § 266 StGB – Strafrechtliches Risiko bei der Unternehmenssanierung durch Banken, Zeitschrift für Wirtschaftsrecht (ZIP) 2004, 103–110.

Alexy, Robert (Hg.): Juristische Grundlagenforschung, Tagung der Deutschen Sektion der Vereinigung für Rechts- und Sozialphilosophie (IVR) vom 23. Bis 25 September 2004 in Kiel, München 2004.

Altman, Morris: Handbook of contemporary behavioral economics, Foundations and developments, Armonk, N.Y. 2006.

Altmeppen, Holger; **Roth**, Günther (Hg.): Gesetz betreffend die Gesellschaften mit beschränkter Haftung: GmbHG, 7. Aufl., München 2012.

–: Abschied vom „Durchgriff" im Kapitalgesellschaftsrecht, Zugleich Besprechung von BGH, Urt. v. 16.7.2007 – II ZR 3/04, Neue Juristische Wochenschrift (NJW) 2007, S. 2657–2660.

Altrogge, Günter: Fallstudien Investition, München 1999.

Altvater, Gerhard: § 266 StGB auch heute noch sinnvoll und notwendig, Deutsche Richterzeitung (DRiZ) 2004, S. 134.

Anders, Ralf P.: Untreue zum Nachteil der GmbH: Versuch einer strafunrechtsbegründenden Rekonstruktion der Rechtspersonalität der Korporation, Lübeck 2012.

Andrade, Eduardo; **Ariely**, Dan: The Enduring Impact of Transient Emotions on Decision Making, Organizational Behavior and Human Decision Processes 2009, S. 1–8.

Ariely, Dan: Customer's Revenge, Harvard Business Review 2007, S. 31–42.

–: Predictably irrational, The hidden forces that shape our decisions, New York 2008.

–: Denken hilft zwar, nützt aber nichts: Warum wir immer wieder unvernünftige Entscheidungen treffen, München 2010.

–: Wer Denken will, muss fühlen, Die heimliche Macht der Unvernunft, München 2012.

Ariely, Dan; **Wertenbroch**, Klaus: Procrastination, Deadlines, and Performance, Self-Control by Precommitment, Psychological Science 2002, S. 219–224.

Arnold, Stefan: Untreue durch Schädigung des Unternehmens durch den Vorstand bzw. Die Geschäftsführung, Juristische Ausbildung (Jura) 2005, 844–849.

–: Untreue im GmbH- und Aktienkonzern, Bayreuth 2006.

Arnold, Vicky (Hg.): Advances in accounting behavioral research, Volume 13, Bingley 2010.

Arzt, Gunther: Finanzmarktkrise, Risikomanagement und Strafrecht, in: Kempf, Lüderssen und Volk (Hg.): Die Finanzkrise, das Wirtschaftsstrafrecht und die Moral, Berlin 2010, S. 177–189.

Ashton, Robert: Pressure and Performance in Accounting Decision Setting: Paradoxical Effect of Incentives, Feedback, and Justification, Journal of Accounting Research, 1990, S. 148–180.

Babler, Timothy; **Dannemiller**, James: Role of image acceleration in judging landing location of free-falling projectiles, Journal of Experimental Psychology: Human Perception and Performance 1993, S. 15–31.

Bahr, Andreas: Vertrauen in Wirtschaftsprüfer, Konzeptioneller Bezugsrahmen für eine realwissenschaftliche Theorie der Erwartungslücke, Wiesbaden 2003.

Ballof, Ferdinand: Gesellschaftsrecht für die Praxis, 10. Aufl., Freiburg 2008.

Bamberg, Günter; **Coenenberg**, Adolf Gerhard; **Krapp**, Michael: Betriebswirtschaftliche Entscheidungslehre, 14. Aufl., München 2008. (zitiert: Bamberg [u.a.], Betriebswirtschaftliche Entscheidungslehre (2008), S.)

Bamberg, Günter; **Coenenberg**, Adolf Gerhard; **Krapp**, Michael: Betriebswirtschaftliche Entscheidungslehre, 15. Aufl., München 2012. (zitiert: Bamberg [u.a.], Betriebswirtschaftliche Entscheidungslehre (2012), S.)

Bamberger, Heinz Georg; **Roth**, Herbert (Hg.): Beck'scher Online-Kommentar, 27. Edition, Stand 1.05.2013. (zitiert: Bearbeiter, BeckOK BGB, §, Rn)

Bannenberg, Britta (Hg.): Wirtschaftskriminalität, Mönchengladbach 2010.

Bardmann, Manfred: Grundlagen der allgemeinen Betriebswirtschaftslehre, Wiesbaden 2011.

Bassenge, Peter; **Brudermüller**, Gerd; **Edenhofer**, Wolfgang; **Diederichsen** Uwe (Hg.): Palandt, Bürgerliches Gesetzbuch: BGB, 72. Aufl., München 2013. (zitiert: Bearbeiter, Palandt, §, Rn)

Bateman, Ian; **Munro**, Alistair; **Rhodes**, Bruce; **Starmer**, Chris; **Sugden**, Robert: A Test of Theory of Reference-Dependent Preferences, in: Kahneman, Tversky (Hg.): Choices, values, and frames, New York 2000, S. 180–201.

Bauchmüller, Michael: Moral in der Wirtschaft, Eine Frage der Verantwortung, Süddeutsche Zeitung (SZ) 23.11.2009.

Baurmann, Michael; **Günter**, Klaus; **Prittwitz**, Cornelius (Hg.): Festschrift für Klaus Lüderssen, Zum 70. Geburtstag am 2. Mai 2002, Frankfurt am Main 2002.

Baumann, Wolfgang: Die ökonomische Analyse des Rechts, Eine Herausforderung für Notare, 2008. http://www.baumann-fabis.de/Vorlesung.pdf.

Baumbach, Adolf; **Hopt**, Klaus; **Merkt**, Hanno; **Roth**, Markus (Hg.): Handelsgesetzbuch, 35. Aufl., München 2012. (zitiert: Bearbeiter, Baumbach HGB, §, Rn.)

Baumbach, Adolf; **Hueck**, Alfred: GmbHG, 20. Aufl., München 2013. (zitiert: Bearbeiter, Baumbach/Hueck GmbHG, §, Rn.)

Baumeister, Roy: Choking under Pressure: Self-Consciousness and Paradoxical Effects of Incentives on Skillful Performance, Journal of Personality and Social Psychology 1984, S. 610–620.

Beckemper, Katharina: Anmerkung zu BGHSt 47, 187, Neue Zeitschrift für Strafrecht (NStZ) 2002, S. 324–326.

–: Das Rechtsgut „Vertrauen in die Funktionsfähigkeit der Märkte“, Zeitschrift für internationale Strafrechtsdogmatik (ZIS) 2011, S. 318–323.

–: Entscheidungsanmerkung zu BVerfG, Beschl. v. 23.6.2010–2 BvR 2559/08, 2 BvR 105/09, 2 BvR 491/09, Zeitschrift für das Juristische Studium (ZJS) 2011, S. 88–92.

Becker, Christian: Das Bundesverfassungsgericht und die Untreue: Weißer Ritter oder feindliche Übernahme?, Zum Beschluss des BVerfG vom 23.06.2010 2 BvR 2559, Höchstrichterliche Rechtsprechung im Strafrecht (HRRS) 2010, S. 383–393.

–: Und ewig lockt die Untreue, Randnotizen zum Stand der Dogmatik des § 266 StGB anlässlich von BGH HRRS 2011 Nr. 1153, Höchstrichterliche Rechtsprechung im Strafrecht (HRRS) 2012, 237–244.

Becker, Gary: Crime and Punishment: An Economic Approach, Journal of Political Economy 1968, S. 169–217.

Becker, Gary; **DeGroot**, Morris; **Marschak**, Jacob: An Experimental Study of Some Stochastic Models for Wagers, Behavioral Science 2009, S. 199–201.

Beilock, Sian; **Carr**, Thomas; **MacMahon**, Clare; **Starkes**, Janett: When Paying Attention Becomes Counterproductive: Impact of Divided Versus Skill-Focused Attention on Novice and Experienced Performance of Sensorimotor Skills, Journal of Experimental Psychology 2002, S. 6–16.

Beilock, Slan; **Bertenthal**, Bennett; **McCoy**, Annette; **Carr**, Thomas: Haste does not always make waste: Expertise, direction of attention, and speed versus accuracy in performing sensorimotor skills, Psychonomic Bulletin & Review 2004, S. 373–379.

Bernsmann, Klaus: Alles Untreue?, Skizzen zu Problemen der Untreue nach § 266 StGB, Goltdammer's Archiv für Strafrecht (GA) 2007, S. 219–237.

Bernsmann, Klaus; **Ulsenheimer**, Klaus (Hg.): Bochumer Beiträge zu aktuellen Strafrechtsthemen, Vorträge anlässlich des Symposions zum 70. Geburtstag von Gerd Geilen am 12./13.10.2001. Köln 2003.

–: Untreue und Korruption – der BGH auf Abwegen, Goltdammer's Archiv für Strafrecht (GA) 2009, S. 296–313.

Betsch, Cornelia: Präferenz für Intuition und Deliberation, Messung und Konsequenzen von affekt- und kognitionsbasiertem Entscheiden, Dissertation, Universität Heidelberg, Heidelberg 2005.

Betsch, Tilmann; **Funke**, Joachim; **Plessner**, Henning: Denken, Entscheiden, Urteilen und Problemlösen, Berlin 2011.

Beukelmann, Stephan: Die Untreue neuer Lesart, NJW-Spezial 2010, S. 568–569.

Beulke, Werner: Wirtschaftslenkung im Zeichen des Untreuetatbestandes, in: Müller, Sander und Válková (Hg.): Festschrift für Ulrich Eisenberg zum 70. Geburtstag, München 2009, S. 245–269.

Beulke, Werner; **Wessels**, Johannes: Strafrecht, Allgemeiner Teil - Die Straftat und ihr Aufbau, 42. Aufl. Heidelberg 2012.

Binswanger, Hans Christoph: Die Glaubensgemeinschaft der Ökonomen, Essays zur Kultur der Wirtschaft, München 1998.

Birkholz, Matthias: Untreuestrafbarkeit als strafrechtlicher „Preis" der beschränkten Haftung, Berlin 1998.

Bittmann, Folker: Risikogeschäft – Untreue – Bankenkrise, Neue Zeitschrift für Strafrecht (NStZ) 2011, S. 361–369.

–: Dogmatik der Untreue, insbesondere des Vermögensnachteils, Neue Zeitschrift für Strafrecht (NStZ) 2012, S. 57–63.

–: Verschleifungsverbot, Quantifizierungsgebot (§§ 263, 266 StGB) und Pflichtwidrigkeit (§ 266 StGB), Zeitschrift für Wirtschafts- und Steuerstrafrecht (wistra) 2013, S. 1–8.

Blohm, Hans: Gewinnplanung, in: Agthe und Schnaufer (Hg.): Unternehmensplanung, Bade-Baden 1963, S. 411–433.

Blundell, Richard; **Newey,** Whitney; **Persson,** Torsten **(Hg.)**: Advances in Economics and Econometrics, Theory and Applications, Ninth World Congress, Volume II, Cambridge 2007.

Blümelhuber, Christian: Informationsüberlastung, in: Frey, Rosenstiel und Hoyos (Hg.): Wirtschaftspsychologie, Weinheim 2005, S. 143–148.

Boers, Klaus; **Theile**, Hans; **Karliczek**, Kari-Maria: Wirtschaft und Strafrecht – wer reguliert wen?, Ritsumeikan Law Review 2004, S. 109–124.

Böcking, David: Nobelpreisträger Sargent und Sims, Die Verteidiger der Vernunftmenschen, Spiegel Online (SPON) 2011. http://www.spiegel.de/wirtschaft/soziales/nobelpreistraeger-sargent-und-sims-die-verteidiger-der-vernunftmenschen-a-791059.html.

Bosch, Nikolaus; **Lange**, Knut Werner: Handlungsspielraum des Vorstandes zwischen zivilrechtlicher Verantwortung und strafrechtlicher Sanktion, Juristenzeitung (JZ) 2009, 225–237.

Bouckaert, Boudewijn; **de Geest**, Gerrit (Hg.).: The economics of crime and litigation, Cheltenham 2000.

Böse, Martin: Wirtschaftsaufsicht und Strafverfolgung, Die verfahrensübergreifende Verwendung von Informationen und die Grund- und Verfahrensrechte des Einzelnen, Tübingen 2005.

Brammsen, Jörg: Vorstandsuntreue – Aktienrechtliche Unternehmensführung auf dem Prüfstand des § 266 StGB, Zeitschrift für Wirtschafts- und Steuerstrafrecht (wistra) 2009, S. 85–91.

–: Aufsichtsratsuntreue, Zeitschrift für Wirtschaftsrecht (ZIP) 2009, S. 1504–1511.

Brandstätter, Hermann: Experimentelle Wirtschaftsforschung, in: Frey, Rosenstiel und Hoyos (Hg.): Wirtschaftspsychologie, Weinheim 2005, S. 83–91.

Bräunig, Alexander: Untreue in der Wirtschaft, Eine funktionale Interpretation des Untreuestrafrechts, Berlin 2011.

Brömmelmeyer, Christoph: Neue Regeln für die Binnenhaftung des Vorstands - Ein Beitrag zur Konkretisierung der Business Judgement Rule, Wertpapier Mitteilungen (WM) 2005, 2065–2070.

Brunner, Johann: Rationalität und Effizienz – einige Lehren aus der Verhaltensökonomik für die Wohlfahrtstheorie, Working Paper No. 1016, JKU Linz, 2010.

Brüning, Jochen (Hg.): Mathematisierung der Natur: Streitgespräche in den Wissenschaftlichen Sitzungen der Versammlung der Berlin-Brandenburgischen Akademie der Wissenschaften am 10. Dezember 2004 und am 27. Mai 2005, Berlin 2006.

Brüning, Janique; **Samson**, Erich: Bankenkrise und strafrechtliche Haftung wegen Untreue gem. § 266 StGB, Zeitschrift für Wirtschaftsrecht (ZIP) 2009, 1089–1094.

Buchta, Jens; **van Kann**, Jürgen: Die Haftung des Aufsichtsrats einer Aktiengesellschaft - aktuelle Entwicklungen in Gesetzgebung und Rechtsprechung, Deutsches Steuerrecht (DStR) 2003, S. 1665–1670.

Burger, Stefan: Untreue (§ 266 StGB) durch das Auslösen von Sanktionen zu Lasten von Unternehmen, Herbholzheim 2007.

Buscher, Herbert S.; **Bauer-Emmerichs**, Michael: Wirtschaft heute, Sonderausgabe für die BpB, Bonn 2009.

Bussmann, Kai: Kriminalprävention durch Business Ethics, Zeitschrift für Wirtschafts-und Unternehmensethik (ZfWU) 2004, S. 35–50.

Bussmann, Kai; **Lüdemann**, Christian: Klassenjustiz oder Verfahrensökonomie?, Aushandlungsprozesse in Wirtschafts- und allgemeinen Strafverfahren, Pfaffenweiler 1995.

Cahn, Andreas: Corporate Governance und Strafrecht, in: Kempf, Lüderssen und Volk (Hg.): Die Handlungsfreiheit des Unternehmers, Wirtschaftliche Perspektiven, strafrechtliche und ethische Schranken, Berlin 2009, S. 3–6.

Camerer, Colin, **Loewenstein**, George, **Rabin**, Matthew (Hg.): Advances in behavioral economics, Princeton 2004.

Camerer, Colin, **Loewenstein**, George: Behavioral Economics: Past, Present, Future, in: Camerer, Loewenstein und Rabin (Hg.), Advances in behavioral economics, Princeton 2004, S. 3–52.

Camerer, Colin: Behavioral Economics, Paper prepared for the World Congress of the Econometric Society (London 18–24 August 2005), 2005. http://authors.library.caltech.edu/21990/2/worldcongress05v18.pdf.

Camerer, Colin; **Loewenstein**, Georg; **Prelec**, Drazen: Neuroeconomics, How Neuroscience Can Inform Economics, Journal of Economic Literature 2005, S. 9–64.

Cappel, Alexander: Grenzen auf dem Weg zu einem europäischen Untreuestrafrecht, Das Mannesmannverfahren und § 266 StGB als Beispiele eines expansiven Wirtschaftsstrafrechts, Frankfurt am Main 2009.

Cohen, Jonatahn: The vulcanization of the human brain: A neural perspective on interactions between cognition and emotion, Journal of Economic Perspectives 2005, S. 3–24.

Corsten, Hans: Betriebswirtschaftslehre, 4. Aufl., München 2008.

Curti, Henning: Zur Abschreckungswirkung strafrechtlicher Sanktionen in der Bundesrepublik Deutschland: Eine empirische Untersuchung, in: Ott (Hg.): Die Präventivwirkung zivil- und strafrechtlicher Sanktionen, Beiträge zum 6. Travemünder Symposium zur ökonomischen Analyse des Rechts, (25.–28. März 1998). Tübingen 1999, S. 71–94.

Dahnz, Werner; **Grimminger**, Carolin: Manager und ihr Berufsrisiko, Die zivil- und strafrechtliche Haftung von Aufsichtsräten, Vorständen und Geschäftsführern, 3. Aufl., Hamburg 2007.

Dahs, Hans; **Müller**, Heinz; **Isensee**, Josef (Hg.): Wirtschaftsethik – Wirtschaftsstrafrecht, Paderborn 1991.

Dahs, Hans: Probleme des Wirtschaftsstrafrechts aus der Sicht des Praktikers in: Dahs, Müller und Isensee (Hg.): Wirtschaftsethik-Wirtschaftsstrafrecht, Paderborn 1991, S. 67–85.

–: § 266 StGB - allzu oft missverstanden, Neue Juristische Wochenschrift (NJW) 2002, S. 272–273.

Dannecker, Gerhard: Die strafrechtsautonome Bestimmung der Untreue als Schutzgesetz im Rahmen des § 823 II BGB, Neue Zeitschrift für Gesellschaftsrecht (NZG) 2000, S. 243–247.

–: Die Entwicklung des Wirtschaftsstrafrechts in der Bundesrepublik Deutschland, in: Wabnitz und Janovsky (Hg.): Handbuch des Wirtschafts- und Steuerstrafrechts, 3. Aufl., München 2007, S. 1–66.

Detter, Klaus: Der Sachverständige im Strafverfahren - eine Bestandsaufnahme, Neue Zeitschrift für Strafrecht (NStZ) 1998, S. 57–61.

Deutscher Bundestag: Drucksache 15/5092, Gesetzentwurf der Bundesregierung, Entwurf eines Gesetzes zur Unternehmensintegrität und Modernisierung des Anfechtungsrechts (UMAG), 2005.

Dierlamm, Alfred: Der faktische Geschäftsführer im Strafrecht - ein Phantom?, Neue Zeitschrift für Strafrecht (NStZ) 1996, S. 153–157.

–: Untreue - ein Auffangtatbestand?, Neue Zeitschrift für Strafrecht (NStZ) 1997, S. 534–536.

–: Neue Entwicklungen bei der Untreue - Loslösung des Tatbestandes von zivilrechtlichen Kategorien?, Strafverteidiger Forum (StraFO) 2005, S. 397–404.

Dilk, Anja; **Gürtler**, Detlef; **Littge**, Heike: Die Ehre des Kaufmanns, Manager am Pranger: Ein ganzer Berufsstand steht unter Gierlappenverdacht, Brauchen wir eine neue Wirtschaftsmoral?, PWC: Das Magazin für Vorausdenker 2009, S. 4–8.

Dinter, Lasse: Der Pflichtwidrigkeitsvorsatz der Untreue, Zugleich ein Beitrag zur gesetzlichen Bestimmtheit des § 266 StGB, Heidelberg 2012.

Dörsam, Peter: Grundlagen der Entscheidungstheorie - anschaulich dargestellt, Ausführliche Darstellung der wichtigsten Zusammenhänge, 6. Aufl., Heidenau 2013.

Drukarczyk, Jochen: Finanzierung, Eine Einführung, 10. Aufl., Stuttgart 2008.

Eide, Erling; **Rubin**, Paul H.; **Shepherd**, Joanna M.: Economics of Crime (Foundations and Trends(r) in Microeconomics), Hannover (MA) 2006.

Eidenmüller, Horst: Rechtswissenschaft als Realwissenschaft, Juristen Zeitung (JZ) 1999, S. 53–61.

–: Der homo oeconomicus und das Schuldrecht, Herausforderungen durch Behavioral Law and Economics, in: Alexy (Hg.): Juristische Grundlagenforschung, Tagung der Deutschen Sektion der Vereinigung für Rechts- und Sozialphilosophie (IVR) vom 23. Bis 25 September 2004 in Kiel, München 2005, S. 13–28.

–: Effizienz als Rechtsprinzip, Möglichkeiten und Grenzen der ökonomischen Analyse des Rechts, 3. Aufl., Tübingen 2005.

Eisenführ, Franz; **Weber**, Martin: Rationales Entscheiden, 4. Aufl., Berlin 2003.

Emby, Craig; **Gelardi**, Alexander M. G.; **Lowe**, D. Jordan: A Research Note on the Influence of Outcome Knowledge on Audit Partners' Judgments, Behavioral Research in Accounting 2002, S. 87–105.

Engel, Christoph: The Psychological Case for Obliging Judges to Write Reasons, in: Engel und Strack (Hg.): The impact of court procedure on the psychology of judicial decision making, Baden-Baden 2007, S. 71–109.

Engel, Christoph; **Singer**, Wolf (Hg.): Better than Conscious?, Decision Making, the Human Mind, and Implications for Institutions, Cambridge 2008.

Engel, Christoph; **Strack**, Fritz (Hg.): The impact of court procedure on the psychology of judicial decision making, Baden-Baden 2007.

Englerth, Markus: Der beschränkt rationale Verbrecher, Behavioral Economics in der Kriminologie, Berlin 2010.

Englich, Birte: Blind or Biased?, Justitia's Susceptibility to Anchoring Effects in the Courtroom Based on Given Numerical Representations, Law & Policy 2006, S. 497–514.

Englich, Birte; **Mussweiler**, Thomas; **Strack**, Fritz: The Last Word in Court. A hidden disadvantage for the defense, Law and Human Behavior 2005, S. 705–722.

–: Playing Dice With Criminal Sentences: The Influence of Irrelevant Anchors on Experts' Judicial Decision Making, Personality and Social Psychology Bulletin 2006, S. 188–200.

Englisch, Bernhard: Untreue abschaffen - nein danke!, Neue Juristische Wochenschrift (NJW) 2005, 2974–2975.

Fama, Eugene: Efficient Capital Markets: A Review of Theory and Empirical Work, Journal of Finance 1970, S. 383–417.

Fehling, Michael; **Faust**, Florian; **Rönnau**, Thomas: Durchblick: Grund und Grenzen des Eigentums- und Vermögensschutzes, JuS 2006, 18–25.

Fehr, Ernst; **Singer**, Tanja: The Neuroeconomics of Mind Reading and Empathy, American Economic Review 2005, S. 340–345.

Festinger, Leon: A Theory of Cognitive Dissonance, Stanford, 1957.

Fetchenhauer, Detlef: Finanzielle Unehrlichkeit, in: Frey, Rosenstiel und Graf Hoyos (Hg.): Wirtschaftspsychologie, Weinheim 2005, S. 96–100.

Fischer, Thomas: Unternehmensstrafrecht in der Revision, Strafverteidiger Forum (StraFO) 2010, S. 329–337.

Fischer, Thomas: Strafgesetzbuch: mit Nebengesetzen, 60. Aufl., München 2012. (zitiert: Fischer, StGB, §, Rn.)

Fischhoff, Baruch: Hindsight is not equal to foresight: The effect of outcome knowledge on judgment under uncertainty, Journal of Experimental Psychology 1975, S. 288–299.

Flaig, Gebhard: Investitionsentscheidungen, in: Frey, Rosenstiel und Hoyos (Hg.): Wirtschaftspsychologie, Weinheim 2005, S. 174–179.

Fleischer, Holger; **Ekkenga**, Jens (Hg.): Handbuch des Vorstandsrechts, München 2006. (zitiert: Bearbeiter, Handbuch des Vorstandsrecht, §, Rn)

Forstmoser, Peter: Verallgemeinerbare Modelle für die Gemeinwohlorientierung von Unternehmen, in: Kempf, Lüderssen und Volk (Hg.): Die Finanzkrise, das Wirtschaftsstrafrecht und die Moral, Berlin 2010, S. 107–116.

Frey, Bruno; **Benz**, Matthias: Ökonomie und Psychologie: eine Übersicht (Working Paper Series), Working Paper No. 92, 2001. http://time.dufe.edu.cn/wencong/frey/iewwp092.pdf.

Frey, Dieter; **Rosenstiel**, Lutz v.; **Hoyos**, Carl Graf (Hg.): Wirtschaftspsychologie, Weinheim 2005.

Frey, Ulrich: Fehler vermeiden - aber wie?, SciLogs, Spektrum der Wissenschaft 2010. http://www.scilogs.de/wblogs/blog/frey-handig/allgemein/2010-01-29/fehler-vermeiden-aber-wie.

Friedman, David D.: Law's order, What economics has to do with law and why it matters. Princeton, 2000.

Friedman, Michel: Schuldlose Verantwortung, Vorgaben der Hirnforschung für Ethik und Strafrecht, Frankfurt am Main 2010.

Fromm, Ingo: Risiken der Einstellung des Strafverfahrens gem. § 153 a StPO bei Verkehrsstraftaten, Pyrrhussieg oder besonderer Verdienst des Strafverteidigers?, Neue Zeitschrift für Verkehrsrecht (NZV) 2007, S. 552–555.

Fudenberg, Drew; **Levine**, David: A Dual-Self Model of Impulse Control, American Economic Review 2006, S. 1449–1476.

Funke, Joachim; **Holt**, Daniel: Zur Rationalität von Emotionen beim Problemlösen, Eine psychologische Perspektive, in: Scherzberg, Betsch, Blanke, Walgenbach, Waschkuhn und Wegner: Kluges Entscheiden, Disziplinäre Grundlagen und interdisziplinäre Verknüpfungen, Tübingen 2006, S. 77–90.

Funke, Joachim: Enzyklopädie der Psychologie: Denken und Problemlösen. Göttingen 2006.

Gaissmaier, Wolfgang: Kann Vergessen hilfreich sein? Max-Planck-Institut für Bildungsforschung, Forschungsbericht, MPI für Bildungsforschung 2006, S. 37–40. http://www.mpg.de/449454/pdf.pdf.

Gaissmaier, Wolfgang; **Gigerenzer**, Gerd: Denken und Urteilen unter Unsicherheit: Kognitive Heuristiken, in: Funke (Hg.): Enzyklopädie der Psychologie: Denken und Problemlösen. Göttingen 2006, S. 329–374.

Gerkau, Frank H.: Untreue und objektive Zurechnung, Eine Untersuchung zur Restriktion der Untreuestrafbarkeit auf der Ebene des objektiven Tatbestandes, Hamburg 2008.

Gerst, Hans-Joachim; **Meinicke**, Dirk: Zwischen Verkaufsgeschick und Betrug: Strafbarkeitsrisiken beim Vertrieb von Kapitalanlageprodukten am Beispiel offener Immobilienfonds, Strafverteidiger Forum (StraFo) 2011, S. 29–34.

Gigerenzer, Gerd: How to Make Cognitive Illusions Disappear, Beyond „Heuristics and Biases", European Review of Social Psychology 1991, S. 83–115.

–: On Narrow Norms and Vague Heuristics: A Rebuttal to Kahneman and Tversky, Psychological Review 1996, S. 592–596.

–: Einfache Heuristiken für komplexe Entscheidungen, in: Brüning (Hg.): Mathematisierung der Natur, Streitgespräche in den wissenschaftlichen Sitzungen der Versammlung der berlinbrandenburgischen Akademie der Wissenschaften am 10. Dezember 2004 und 27. Mai 2005. Berlin 2006, S. 37–44.

–: Gut feelings, The intelligence of the unconscious, New York 2008.

–: Risiko: Wie man die richtigen Entscheidungen trifft, München 2014.

–: Das Einmaleins der Skepsis: Über den richtigen Umgang mit Zahlen und Risiken, München/Berlin 2015.

Gigerenzer, Gerd; **Goldstein**, Daniel: Reasoning the Fast and Frugal Way: Models of Bounded Rationality, Psychological Review 1996, S. 650–669.

Gigerenzer, Gerd; **Kober**, Hainer: Bauchentscheidungen, Die Intelligenz des Unbewussten und die Macht der Intuition, München 2008.

–: Risiko: Wie man die richtigen Entscheidungen trifft, München 2013.

Gilovich, Thomas; **Griffin**, Dale; **Kahneman**, Daniel (Hg.): Heuristics and Biases: The Psychology of Intuitive Judgment, Cambridge 2002.

Gladwell, Malcolm: Blink!, Die Macht des Moments, Frankfurt am Main 2005.

Glöckner, Andreas: How Evolution Outwits Bounded Rationality, The Efficient Interaction of Automatic and Deliberate Processes in Decision Making and Implications for Institutions, in: Engel und Singer (Hg.): Better than conscious?, Decisionmaking, the human mind, and implications for institutions, Cambridge 2008, S. 259–284.

Glöckner, Andreas: Zur Rolle intuitiver und bewusster Prozesse bei rechtlichen Entscheidungen, Forschungsbericht, Max Planck Institut zur Erforschung von Gemeinschaftsgütern, Berlin 2008. http://www.mpg.de/317987/forschungsSchwerpunkt.

Glöckner, Andreas**; Towfigh** Emanuel: Entscheidungen zwischen „Intuition“ und „Rationalität“, Deutsche Richterzeitung (DRiZ) 2015, S. 270–273.

Goette, Wulff**; Habersack,** Mathias (Hg.): Münchener Kommentar zum Aktiengesetz, Band 2, §§ 76–117, MitbestG, DrittelbG, München 2008. (zitiert: Bearbeiter, MüKO AktG (Band 2), §, Rn.)

Goldberg, Joachim; **Nitzsch**, Rüdiger von: Behavioral finance, Gewinnen mit Kompetenz, 4. Aufl., München 2004.

Goldberg, Philip: Die Kraft der Intuition, Bern 1985.

Görgens, Egon; **Ruckriegel**, Karlheinz: Makroökonomik, 10. Aufl., Stuttgart 2007.

Gottschalk, Ingrid: Der kühle Denker, Homo oeconomicus: Grundlagen des ökonomischen Verhaltensmodells, econmag.de 2007. http://www.economag.de/pdf/6_Economag_Gottschalk.pdf.

Greeve, Gina: Kann der Verstoß gegen die VOB/B eine Untreue sein?, Strafbare Untreue aufgrund der Nichteinzahlung eines Sicherheitseinbehaltes auf ein Sperrkonto gemäß § 17 Nr. 6 Abs. 1 Satz 2 VOB/B?, in: Michalke, Köberer, Pauly und Kirsch (Hg.): Festschrift für Rainer Hamm zum 65. Geburtstag am 24. Februar 2008. Berlin 2008, S. 120–135.

Greene, Joshua; **Haidt**, Jonathan: How (and where) does moral judgment work?, TRENDS in Cognitive Sciences 2002, S. 517–523.

Griffin, Dale; **Tversky**, Amos: The weighing of evidence and the determinants of confidence, Cognitive Psychology 1992, S. 411–435.

Grobys, Marcel: Haftung des Arbeitnehmers im Arbeitsverhältnis, NJW-Spezial 2004, S. 369–370.

Grundei, Jens; **Werder**, Axel: Die Angemessenheit der Informationsgrundlage als Anwendungsvoraussetzung der Business Judgement Rule, Die Aktiengesellschaft (AG) 2005, 825–834.

Günther, Hans-Ludwig: Die Untreue im Wirtschaftsstrafrecht, in: Hilgendorf, Heinrich, Mitsch (Hg.): Festschrift für Ulrich Weber zum 70. Geburtstag, Bielefeld 2004, S. 311–317.

Guthrie, Chris; **Rachlinski**, Jeffrey J.; **Wistrich**, Andrew: Blinking on the Bench, How Judges decide cases, Cornell Law Review 2007, S. 1–43.

–: Inside the Judicial Mind, Cornell Law Review 2001, S. 777–830.

Haas, Ulrich: Anmerkung zu: BGH, Urteil vom 31.1.2000–II ZR 189/99, Neue Zeitschrift für Gesellschaftsrecht (NZG) 2000, S. 545–546.

Hagenloch, Thorsten: Einführung in die Betriebswirtschaftslehre, Theoretische Grundlagen und Managementlehre, Norderstedt 2009.

Haidt, Jonathan: The emotional dog and its rational tail, A social intuitionist approach to moral judgment, Psychological Review 2001, S. 814–834.

Hamm, Rainer: Kann der Verstoß gegen Treu und Glauben strafbar sein?, Neue Juristische Wochenschrift (NJW) 2005, S. 1993–1995.

Hank, Rainer: Die Grenzen von Strafrecht und Moral, in: Kempf, Lüderssen und Volk (Hg.): Die Finanzkrise, das Wirtschaftsstrafrecht und die Moral, Berlin 2010, S. 363–371.

Hannich, Rolf (Hg.): Karlsruher Kommentar zur Strafprozessordnung, 6. Aufl., München 2008.

Häring, Norbert; **Storbeck**, Olaf (Hg.): Ökonomie 2.0, 99 überraschende Erkenntnisse, Stuttgart 2007.

Harnos, Rafal; **Rudzio**, Moritz: Schwerpunktbereich - Kapitalgesellschaftsrecht, Die Innenhaftung des Vorstands der Aktiengesellschaft, Juristische Schulung (JuS) 2010, S. 104–108.

Harteis, Christian; **Gruber**, Hans: Intuition and professional competence, Intuitive versus rational forecasting of stock market, Vocations and Learning 2008, S. 71–85.

Harteis, Christian; **Morgenthaler**, Barbara; **Kugler** Christine; **Ittner**, Karl-Peter; **Roth** Gabriel: How important is intuition for high performance?, A simulation study in the domain of emergency medicine, Research Report No. 37, Universität Regensburg, Regensburg 2009.

Hassemer, Wilfried: Die Basis des Wirtschaftsstrafrechts, in: Kempf, Lüderssen und Volk (Hg.): Die Handlungsfreiheit des Unternehmers, Wirtschaftliche Perspektiven, strafrechtliche und ethische Schranken. Berlin 2009, S. 29–43.

Hassemer, Wilfried; **Kempf**, Eberhardt; **Moccia**, Sergio (Hg.): In dubio pro libertate, Festschrift für Klaus Volk zum 65. Geburtstag, München 2009.

Hastie, Reid; **Viscusi**, W. Kip: What Juries Can't Do Well, The Jury's Performance as a Risk Manager, Arizona Law Review 1998, S. 901–921.

Haupt, Tobias Constantin: Intuition wird oft belächelt, Ist Kopf oder Bauch wichtiger für eine Entscheidung?, Forschung und Lehre (online) 2009. http://www.forschung-und-lehre.de/wordpress/?p=1909.

Heger, Martin (Hg.): Materialien zur Strafrechtsreform. 1. Band: Gutachten der Strafrechtslehrer, Bonn 1954.

Hilgendorf, Eric; **Heinrich**, Bernd; **Mitsch**, Wolfgang (Hg.): Festschrift für Ulrich Weber zum 70. Geburtstag, Bielefeld 2004.

Heintschel- Heinegg, Bernd von (Hg.): Beck'scher Online-Kommentar StGB, 22. Edition, Stand 8.3.2013. (zitiert: Bearbeiter, BeckOK StGB, §, Rn.)

Hellmann, Uwe: Risikogeschäft und Untreuestrafbarkeit, Zeitschrift für internationale Strafrechtsdogmatik (ZIS) 2007, S. 433–443.

Hermann, Paul Philip: Die Begrenzung der Untreuestrafbarkeit in der Wirtschaft am Beispiel der Bankenuntreue, Eine Untersuchung des § 266 StGB aus wirtschaftsstrafrechtlicher Perspektive unter besonderer Berücksichtigung der objektiven Zurechnung, Hamburg 2011.

Hermann, Ulrich: Aspekte eines Unternehmers, in: Kempf, Lüderssen und Volk (Hg.): Die Handlungsfreiheit des Unternehmers, Wirtschaftliche Perspektiven, strafrechtliche und ethische Schranken, Berlin 2009, S. 10–16.

Hertwig, Ralph: Sind die Gesetze des Denkens die Gesetze der Wahrscheinlichkeitstheorie und Logik?, in: Mandl (Hg.): Bericht über den 40. Kongreß der Deutschen Gesellschaft für Psychologie in München 1996, Schwerpunktthema: Wissen und Handeln, München 1997, S. 101–113.

Heuser, Uwe Jean: Die Entdeckung des Menschen in der Wirtschaft, Frankfurt 2008.

Hiebl, Stefan; **Becker**, Manfred: § 30, Zivil-, arbeits- und familienrechtliche Konsequenzen und Folgen des Strafverfahrens, in: Widmaier (Hg.): Münchener Anwaltshandbuch Strafverteidigung, München 2006, S. 1213–1250.

Hildebrand, Knut: Informationsmanagement, Wettbewerbsorientierte Informationsverarbeitung mit Standard-Software und Internet, 2. Aufl., München 2001.

Hillenkamp, Thomas: Risikogeschäft und Untreue, Neue Zeitschrift für Strafrecht (NStZ) 1981, S. 161–168.

–: „Freie Willensbestimmung" und Gesetz, Juristen Zeitung (JZ) 2015, S. 391–401.

Hofmann, Ekkehard: Abwägung im Recht, Chancen und Grenzen numerischer Verfahren im Öffentlichen Recht, Tübingen 2007.

Hogarth, Robin M.: Educating intuition, Chicago 2001.

Homann, Karl; **Lüttge**, Christoph: Einführung in die Wirtschaftsethik, 2. Aufl., Münster 2005.

Homann, Karl: Die Relevanz der Ökonomik für die Implementation ethischer Zielsetzungen, in: Korff, Wilhelm (Hg.): Handbuch der Wirtschaftsethik, Wirtschaft und Ethik, Band 1.1, S. 322–343.

–: Die Legitimation von Institutionen, in: Korff, Wilhelm (Hg.): Handbuch der Wirtschaftsethik, Ethik wirtschaftlicher Ordnungen, Band 2, S. 50–94.

Hoyos, Graf Carl: Wirtschaftsethik, in: Frey, Rosenstiel und Hoyos (Hg.): Wirtschaftspsychologie, Weinheim 2005, S. 407–414.

Hüffer, Uwe: Aktiengesetz, 10. Aufl., München 2012. (zitiert: Hüffer, AktG, §, Rn)

Ibold, Victoria: Unternehmerische Entscheidungen als pflichtwidrige Untreuehandlungen, Dargestellt am Beispiel von Bestechungszahlungen zugunsten eines Unternehmens, Berlin 2011.

Isensee, Josef: Im Spannungsfeld: Marktwirtschaft - Moral - Recht – Verfassungsstaat, in: Dahs, Müller und Isensee (Hg.): Wirtschaftsethik-Wirtschaftsstrafrecht, Paderborn 1991, S. 88–102.

Jäger, Peter; **Schweiter**, Angela: Der Hindsight Bias (Rückschaufehler) – ein grundsätzliches Problem bei der Beurteilung ärztlichen Handelns in Arzthaftpflicht und Arztstrafprozessen, Schweizerische Ärztezeitung 2005, S. 1940–1943.

Jahn, Matthias: Anmerkung zu BGH Urteil vom 21.12.2005 (3 StR 470/04), Juristische Schulung (JuS) 2005, S. 379–381.

Jakobs, Günther: Bemerkungen zur subjektiven Tatseite der Untreue, in: Dahs und Widmaier (Hg.): Festschrift für Hans Dahs, Köln 2005, S. 49–63.

Jeske, Klaus-Jürgen: Risikoentscheidungsverhalten von Führungskräften, Eine empirische Untersuchung in der deutschen Versicherungswirtschaft, Karlsruhe 2008.

Joecks, Wolfgang; **Miebach**, Klaus (Hg.): Münchener Kommentar zum StGB, Band 4/2, München 2006. (zitiert: Bearbeiter, MüKO StGB (Band 4), §, Rn.)

Jonas, Friedrich: Das Selbstverständnis der Ökonomischen Theorie, Berlin 1964.

Jungermann, Helmut: Entscheiden, in: Frey, Rosenstiel und Hoyos (Hg.): Wirtschaftspsychologie, Weinheim 2005, S. 72–78.

Junker, Thorsten; **Armatage**, Marc (2009): Praxiswissen Strafverteidigung, Münster 2009.

Kadous, Kathryn: The Effects of Audit Quality and Consequence Severity on Juror Evaluations of Auditor Responsibility for Plaintiff Losses, The Accounting Review 2000, S. 327–341.

Kahneman, Daniel; **Tversky**, Amos: Prospect Theory, An analysis of decision under risk, Econometrica 1979, S. 263–291.

Kahneman, Daniel; **Tversky**, Amos: Judgment under Uncertainty, Heuristics and Biases, Science 1974, S. 1124–1131.

–: Subjective probability, A Judgment of Representativeness, Cognitive Psychology 1974, S. 430–454.

–: Risiko nach Maß - Psychologie der Entscheidungspräferenzen, Spektrum der Wissenschaft 1982, S. 89–98.

–: The Framing of Decisions and the Psychology of Choice, Science 1986, S. 453–458.

–: Choices, values, and frames, in: Kahneman, Tversky (Hg.): Choices, values, and frames, New York 2000, S. 1–16.

Kahneman, Daniel; **Tversky**, Amos (Hg.): Choices, values, and frames, New York 2000.

Kahneman, Daniel; **Knetsch** Jack; **Thaler**, Richard: Fairness and the Assumption of Economics, Journal of Business 1986, S. 285–300.

–: Experimental Tests of The Endowment Effect and the Coase Theorem, Journal of Political Economy 1990, S. 1325–1348.

–: Anomalies: The Endowment Effect, Loss Aversion, and Status Quo Bias, Journal of Economic Perspectives 1991, S. 193–206.

Kahneman, Daniel: Schnelles Denken, Langsames Denken, München 2012.

–: Maps of Bounded Rationality, Psychology for Behavioral Economics, The American Economic Review 2003, S. 1449–1475.

Kahneman, Daniel; **Lovallo**, Dan; **Sibony**, Olivier: The Big Idea, Before You Make That Big Decision, Havard Business Review 2011, S. 50–60.

Kaiser, Günther: „Tuschelverfahren" und "Millionärsschutzparagraf"? Empirische Erkenntnisse zur Einstellung nach § 153a I StPO am Beispiel Wirtschaftskriminalität, Neue Zeitschrift für Strafrecht (NStZ) 1984, S. 343–350.

–: Kriminologie, Ein Lehrbuch, 3. Aufl., Heidelberg 1996.

Kalwait, Rainer: Risikomanagement in der Unternehmensführung, Wertgenerierung durch chancen- und kompetenzorientiertes Management, Weinheim 2008.

Kargl, Walter: Die Mißbrauchskonzeption der Untreue (§ 266 StGB), Zeitschrift für die gesamte Strafrechtswissenschaft (ZStW) 2001, 565–596.

Karnath, Hans-Otto; **Thier**, Peter: Neuropsychologie, Psychologie, Neurobiologie und Störungen kognitiver Funktionen, Berlin 2003.

Keitsch, Detlef: Risikomanagement, Stuttgart 2007.

Kelker, Brigitte: Zur Legitimität von Gesinnungsmerkmalen im Strafrecht, Eine strafrechtlich-rechtsphilosophische Untersuchung, Frankfurt am Main 2007.

Kempf, Eberhard: „Schwarze Kassen", Effektiver Schaden? in: Hassemer (Hg.): In dubio pro libertate, Festschrift für Klaus Volk zum 65. Geburtstag, München 2009, S. 231–246.

Kempf, Eberhard; **Lüderssen**, Klaus; **Volk**, Klaus (Hg.): Die Handlungsfreiheit des Unternehmers, Wirtschaftliche Perspektiven, strafrechtliche und ethische Schranken, Berlin 2009.

–: Die Finanzkrise, das Wirtschaftsstrafrecht und die Moral, Berlin 2010.

Kerschreiter, Rudolf; **Mojzisch**, Andreas; **Frey**, Dieter: Gruppenprozesse, in: Frey, Rosenstiel und Hoyos (Hg.): Wirtschaftspsychologie, Weilheim 2005, S. 131–136.

Keuffel-Hospach, Anne-Marie: Die Grenzen der Strafbarkeit wegen Untreue (§ 266 StGB) aufgrund eines tatsächlichen Treueverhältnisses, Tübingen 1997.

Kindhäuser, Urs; **Neumann,** Ulfried; **Paeffgen,** Hans-Ulrich (Hg.): Strafgesetzbuch (StGB), Band 1, 4. Aufl., Baden-Baden 2013. (zitiert: Bearbeiter, Kindhäuser StGB, §, Rn.)

–: Strafgesetzbuch (StGB), Band 2, 4. Aufl., Baden-Baden 2013. (zitiert: Bearbeiter, Kindhäuser StGB, §, Rn.)

Kindler, Peter: Verdoppelung der aktienrechtlichen Verjährungsfrist auf 10 Jahre!, Handelsblatt Online – Rechtsboard 03.12.2010. http://blog.handelsblatt.com/rechtsboard/2010/12/03/organhaftung-verdoppelung-der-aktienrechtlichen-verjahrungsfrist-auf-10-jahre/

Kirchgässner, Gebhard: Homo oeconomicus, The economic model of individual behavior and its applications in economics and other social sciences, New York 2007.

–: Das ökonomische Verhaltensmodell, Der Homo oeconomicus, in: von Nell (Hg.): Homo oeconomicus, Ein neues Leitbild in der globalisierten Welt?, Berlin 2006; S. 81–106.

Kirchner, Bernd; **Polzin**, Javier Morato; **Pollert**, Achim (2009): Das Lexikon der Wirtschaft, Grundlegendes Wissen von A–Z, Bonn 2009.

Kirstein, Roland: Ökonomische Analyse des Rechts, Center for the Study of Law and Economics, Discussion Paper 2003. http://www.uni-saarland.de/fak1/fr12/csle/publications/2003-06_oear.pdf.

Klein, Gary: Natürliche Entscheidungsprozesse, Über die „Quellen der Macht" die unsere Entscheidungen lenken, Paderborn 2003.

Klendauer, Ruth; **Frey**, Dieter: Fairness bei Prozessen, in: Frey, Rosenstiel und Hoyos (Hg.): Wirtschaftspsychologie, Weilheim 2005, S. 92–96.

Klusendieck, Marina: Kognitionspsychologie, in: Naderer und Balzer (Hg.): Qualitative Marktforschung in Theorie und Praxis, Grundlagen, Methoden und Anwendungen. Wiesbaden 2007, S. 105–117.

Knierim, Thomas: Zivil- und verwaltungsrechtliche Akzessorietät der Vermögensdelikte im Kreditwesen, in: Schöch (Hg.): Strafverteidigung, Revision und die gesamten Strafrechtswissenschaften, Festschrift für Gunter Widmaier zum 70. Geburtstag, Köln 2008, S. 617–638.

Knierim, Thomas; **Smok**, Robin: BVerfG: Verfassungsrechtliches Bestimmtheitsgebot begrenzt Ermittlungen wegen Untreue, Fachdienst Strafrecht (FD-StrafR) 2010, 307157.

Kohlmann, Günther (Hg.): Entwicklungen und Probleme des Strafrechts an der Schwelle zum 21. Jahrhundert, Ringvorlesung der Strafrechtslehrerinnen und -lehrer an der Rechtswissenschaftlichen Fakultät der Universität zu Köln, Berlin 2004.

Koch, Christopher: Behavioral Economics und das Entscheidungsverhalten des Wirtschaftsprüfers - Ein Forschungsüberblick, Universität Mannheim, Sonderforschungsbereich 504, Mannheim 2004. https://ub-madoc.bib.uni-mannheim.de/2706/1/dp04_36.pdf.

Koch, Jens: Keine Ermessensspielräume bei der Entscheidung über die Inanspruchnahme von Vorstandsmitgliedern, Die Aktiengesellschaft (AG) 2009, S. 91–101.

Koehler, Derek; **Brenner**, Lyle; **Griffin**, Dale: The Calibration of Expert Judgment, Heuristics and Biases Beyond the Laboratory, in: Gilovich, Griffin und Kahneman (Hg.): Heuristics and biases, The psychology of intuitive judgement. Cambridge 2002, S. 686–716.

Korff, Wilhelm; **Baumgartner**, Alois; **Hermann**, Franz (Hg.): Handbuch der Wirtschaftsethik, Ethik wirtschaftlicher Ordnungen, Band 1, Berlin 2009.

–: Handbuch der Wirtschaftsethik, Ethik wirtschaftlicher Ordnungen, Band 2, Berlin 2009.

Korndörfer, Wolfgang: Unternehmensführungslehre, Lehrbuch der Unternehmensführung, Wiesbaden 1976.

–: Allgemeine Betriebswirtschaftslehre, Aufbau, Ablauf, Führung, Leitung, 13. Aufl., Wiesbaden 2003.

Kottke, Nils: Entscheidungs- und Anlageverhalten von Privatinvestoren, Psychologische Aspekte der Wertpapieranlage, Wiesbaden 2005.

Kraatz, Erik: Der Untreuetatbestand ist verfassungsgemäß – gerade noch!, Juristische Rundschau (JR) 2011, 434–440.

–: Zur „limitierten Akzessorietät" der strafbaren Untreue – Überlegungen zur Strafrechtsrelevanz gesellschaftsrechtlicher Pflichtverletzungen im Rahmen des § 266 StGB anhand von Beispielen zur „GmbH-Untreue", Zeitschrift für die gesamte Strafrechtswissenschaft (ZStW) 2011, S. 447–484.

Krause, Nils: Managerhaftung und Strategien zur Haftungsvermeidung, Betriebsberater (BB) 2009, S. 1370–1375.

Krekeler, Wilhelm; **Werner**, Elke: Unternehmer und Strafrecht, München 2006.

Krey, Volker; **Hellmann**, Uwe; **Heinrich**, Manfred: Strafrecht, Besonderer Teil, Band 2, Vermögensdelikte, 16. Aufl., Kiel [u.a.] 2012.

Krüger, Matthias: Zum Risikogeschäft im Untreuetatbestand und seinen Risiken, Überlegungen zur Untreue durch Belastung mit dem Risiko zukünftiger Sanktionen am Beispiel verdeckter Parteienfinanzierung, Neue Juristische Wochenschrift (NJW) 2002, S. 1178–1180.

–: Neues aus Karlsruhe zu Art. 103 II GG und § 266 StGB, Bespr. von BVerfG, Beschl. vom 23.6.2010–2 BvR 2559/08, Neue Zeitschrift für Strafrecht (NStZ) 2011, S. 369–375.

Kubiciel, Michael: Gesellschaftsrechtliche Pflichtwidrigkeit und Untreuestrafbarkeit, Neue Zeitschrift für Strafrecht (NStZ) 2005, S. 353–361.

Kudlich, Hans: Konkretisierungsauftrag erfüllt?, Eine Zwischenbilanz nach der Untreue-Entscheidung des BVerfG, Zeitschrift für Wirtschaftsstrafrecht und Haftung im Unternehmen (ZWH) 2011, S. 1–6.

Kühl, Kristian; **Lackner**, Karl (Hg.): Strafgesetzbuch, 27. Aufl., München 2011. (zitiert: Bearbeiter, Lackner/Kühl StGB, §, Rn.)

Kutzner, Lars: Einfache gesellschaftsrechtliche Pflichtverletzungen als Untreue - Die Kinowelt-Entscheidung des BGH, Neue Juristische Wochenschrift (NJW) 2006, 3541–3544.

Langer, Ellen; **Imber**, Lois: When Practice Makes Imperfect: Debilitating Effects of Overlearning, Journal of Personality and Social Psychology 1979, S. 2014–2024.

Laux, Helmut: Entscheidungstheorie, 6. Aufl., Berlin 2005.

Lehn, Kenneth; **Zhao**, Mengxin: CEO Turnover after Acquisitions, Are Bad Bidders Fired?, The Journal of Finance 2006, S. 1759–1811.

Leisch, Franz Clemens: Managerhaftung in Deutschland, Einfache Theorie, komplexe Praxis, Legal Tribune Online (LTO) 19.01.2011. http://www.lto.de/recht/hintergruende/h/managerhaftung-in-deutschland-einfache-theorie-komplexe-praxis/

Leitner, Werner: Unternehmensstrafrecht in der Revision, Strafverteidiger Forum (StraFO) 2010, S. 323–328.

Lewis, Michael; **Feldman**, Lisa (Hg.): Handbook of emotions, 3. Aufl., New York 2010.

Leyendecker, Hans: Zwischen Haft und Haftung, Süddeutsche.de 11.05.2010. http://www.sueddeutsche.de/wirtschaft/managerfehler-zwischen-haft-und-haftung-1.283196.

Lindemann, Michael: Voraussetzungen und Grenzen Legitimen Wirtschaftsstrafrechts, Tübingen 2012.

Lindsey, Samuel; **Hertwig**, Ralph; **Gigerenzer**, Gerd: Communicating Statistical DNA Evidence, Jurimetrics 2003, S. 147–163.

Livonius, Barbara: Untreue wegen existenzgefährdenden Eingriffs – Rechtsgeschichte?, Zeitschrift für Wirtschafts- und Steuerstrafrecht (wistra) 2009, S. 91–95.

Loewenstein, Georg: Emotions in Economic Theory and Economic Behavior, The American Economic Review 2000, S. 426–432.

–: Out of Control: Visceral Influences on Behavior, Organizational Behavior and Human Decision Process 1996, S. 272–292.

Lohse, Andrea: Unternehmerisches Ermessen, Zu den Aufgaben und Pflichten von Vorstand und Aufsichtsrat, Tübingen 2005.

Lück, Helmut E.: Geschichte der Psychologie, Strömungen, Schulen, Entwicklungen, 4. Aufl., Stuttgart 2009.

Lüdemann, Christian; **Bussmann**, Kai: Diversionschancen der Mächtigen, Eine empirische Untersuchung über Absprachen im Strafprozess, Kriminologisches Journal (KrimJ) 1989, S. 54–72.

Lüdemann, Jörn: Die Grenzen des homo oeconomicus und die Rechtswissenschaft, Preprints of the Max Planck Institute for Research on Collective Goods, Bonn 2006. http://www.coll.mpg.de/pdf_dat/2006_02online.pdf.

Lüderssen, Klaus: Ökonomische Analyse des Strafrechts und Alternativen zum Strafrecht, in: Ott (Hg.): Die Präventivwirkung zivil- und strafrechtlicher Sanktionen, Beiträge zum 6. Travemünder Symposium zur ökonomischen Analyse des Rechts, (25.–28. März 1998), Tübingen 1999, S. 25–41.

–: Risikomanagement und „Risikoerhöhungstheorie" - auf der Suche nach Alternativen zu § 266 StGB, in: Hassemer (Hg.): In dubio pro libertate, Festschrift für Klaus Volk zum 65. Geburtstag, München 2009, S. 345–363.

–: Soziale Marktwirtschaft, Finanzmarktkrise und Wirtschaftsstrafrecht, in: Kempf, Lüderssen und Volk (Hg.): Die Handlungsfreiheit des Unternehmers, Wirtschaftliche Perspektiven, strafrechtliche und ethische Schranken. Berlin 2009, S. 21–25.

–: Finanzmarktkrise, Risikomanagement und Strafrecht, in: Kempf, Lüderssen und Volk (Hg.): Die Finanzkrise, das Wirtschaftsstrafrecht und die Moral, Berlin 2010, S. 211–235.

Lutter, Marcus: Haftung und Haftungsfreiräume des GmbH-Geschäftsführers, 10 Gebote an den Geschäftsführer, GmbH Rundschau (GmbHR) 2000, S. 301–312.

–: Die Business Judgement Rule und ihre praktische Anwendung, Zeitschrift für Wirtschaftsrecht (ZIP) 2007, S. 841–848.

–: Zivilrechtlich korrekt und doch strafbar? Das kann nicht sein. In: Neue Zeitschrift für Gesellschaftsrecht (NZG) 2010, S. 601–603.

Maderthaner, Rainer: Psychologie, Wien 2008.

Malhotra, Naresh: Information load and consumer decision making, Journal of Consumer Research 1982, S. 419–430.

Malmendier, Ulrike; **Tate**, Geoffry: CEO Overconfidence and Corporate Investment, NBER Working Paper No. w10807, Berkeley 2004. http://www.nber.org/papers/w10807.

–:CEO Overconfidence and Corporate Investment, Journal of Finance 2005, S. 2661–2700.

–: Who makes acquisitions?, CEO overconfidence and the market's reaction, Journal of Financial Economics 2008, S. 20–43.

Mandl, Heinz (Hg.): Bericht über den 40. Kongreß der Deutschen Gesellschaft für Psychologie in München 1996, Schwerpunktthema: Wissen und Handeln, München 1997.

Manhart, Klaus: Do People Choose in Accordance with Utility Theory?, A Re-run of Some Decision Experiments by Tversky/Kahneman and Others, München 1986. http://www.klaus-manhart.de/mediapool/28/284587/data/utility-experiments.pdf.

–: „Anomalien" der rationalen Entscheidungstheorie, München 2008. http://www.klaus-manhart.de/mediapool/28/284587/data/09-rc-*"Anomalien"*.pdf.

Mansdörfer, Marco: Zur Theorie des Wirtschaftsstrafrechts, Zugleich eine Untersuchung zu funktionalen Steuerungs- und Verantwortlichkeitsstrukturen bei ökonomischem Handeln, Heidelberg 2011.

Manstetten, Reinhard: Menschenbild und Wirtschaft, in: von Nell (Hg.): Homo oeconomicus, Ein neues Leitbild in der globalisierten Welt?, Berlin 2006, S. 42–58.

Mayer, Hellmuth: Die Untreue, in: Heger (Hg.): Materialien zur Strafrechtsreform. 1. Band: Gutachten der Strafrechtslehrer, Bonn 1954, S. 333–356.

Marewski, Julian; **Gaissmaier**, Wolfgang; **Gigerenzer**, Gerd: Good judgments do not require complex cognition, Cognitive Processing 2010, S. 103–121.

Martin, Thomas A.; **Bär**, Thomas: Grundzüge des Risikomanagements nach KonTraG, Das Risikomanagementsystem zur Krisenfrüherkennung, München 2002.

Matt, Holger: Missverständnisse zur Untreue - Eine Betrachtung auch zum Verhältnis von (Straf-)Recht und Moral, Neue Juristische Wochenschrift (NJW) 2005, S. 389–392.

McBeath, Michael; **Shaffer**, Dennis; **Kaiser**, Mary: How baseball outfielders determine where to run to catch fly balls, Science 1995, S. 559–573.

Michaelsen, Amir: Abweichungen vom Deutschen Corporate Governance Kodex und von § 161 AktG als Pflichtverletzung im Sinne der Untreue, Göttingen 2011.

Michalke, Regina, **Köberer**, Wolfgang, **Pauly**, Jürgen; **Kirsch**, Stefan (Hg.): Festschrift für Rainer Hamm zum 65. Geburtstag am 24. Februar 2008, Berlin 2008.

Mitsch, Wolfgang: Strafrecht, Besonderer Teil, Teilband 2 (Vermögensdelikte), 2. Aufl., Berlin 2003.

–: Die Untreue - Keine Angst vor § 266 StGB!, Juristische Schulung (JuS) 2011, S. 97–103.

Mosenheuer, Andreas: Untreue durch mangelhafte Dokumentation von Zahlungen?, Neue Zeitschrift für Strafrecht (NStZ) 2004, S. 179–181.

Moser, Klaus (Hg.): Wirtschaftspsychologie, Heidelberg 2007.

Mosiek, Marcus: Risikosteuerung im Unternehmen und Untreue – zur Untreuestrafbarkeit Unternehmensveranwortlicher in Aktiengesellschaften und GmbH bei Verstößen gegen gesetzliche Risikosteuerungspflichten, Zeitschrift für Wirtschafts- und Steuerstrafrecht (wistra) 2003, S. 370–375.

Müller, Welf; **Winkeljohann**, Norbert; **Hense**, Burkhard (Hg.): Beck'sches Handbuch der GmbH: Gesellschaftsrecht, Steuerrecht, 4. Aufl., München 2009.

Müller, Hennig Ernst; **Sander**, Günter; **Válková**, Helena (Hg.): Festschrift für Ulrich Eisenberg zum 70. Geburtstag, München 2009.

Müller-Dietz, Heinz: Die soziale Wahrnehmung von Kriminalität, Neue Zeitschrift für Strafrecht (NStZ) 1993, 57–65.

Murmann, Uwe: Untreue und Risikogeschäfte, Juristische Ausbildung (Jura) 2010, S. 561–567.

Muschalle, Volker; **Schultze**, Thilo: Die Haftung des Geschäftsführers, Stuttgart 2007.

Musielak, Hans-Joachim (Hg.): Kommentar zur Zivilprozessordnung, 10. Auflage, München 2013.

Mussweiler, Thomas: The durability of anchoring effects, European Journal of Social Psychology 2001, S. 431–442.

Mussweiler, Thomas; **Strack**, Fritz: Numeric Judgments under Uncertainty, The Role of Knowledge in Anchoring, Journal of Experimental Psychology 2000, S. 495–518.

Mussweiler, Thomas; **Englich**, Birte; **Strack**, Fritz: Anchoring effect, in: Pohl (Hg.): Cognitive illusions, A handbook on fallacies and biases in thinking, judgment and memory, Hove 2008, S. 183–200.

Myagkov, Mikhail; **Plott**, Charles: Exchange Economies and Loss Exposure, Experiments Exploring Prospect Theory and Competitive Equilibria in Market Environments, American Economic Review 1997, S. 801–828.

Myers, David G.: Psychologie, 2. Aufl., Berlin 2008.

Naderer, Gabriele; **Balzer**, Eva (Hg.): Qualitative Marktforschung in Theorie und Praxis: Grundlagen, Methoden und Anwendungen, Wiesbaden 2011.

Natrop, Johannes: Grundzüge der Angewandten Mikroökonomie, 2. Aufl., München 2012.

Nell, Verena von; **Kuhfeld**, Klaus (Hg.): Homo oeconomicus, Ein neues Leitbild in der globalisierten Welt?, Berlin 2006.

–: Der Homo oeconomicus, Spektren eines Menschenbilds, in: von Nell (Hg.): Homo oeconomicus, Ein neues Leitbild in der globalisierten Welt?, Berlin 2006, S. 7–21.

Nestler, Cornelius: Ökonomische Folgen verfehlter Kriminalisierung, in: Kempf, Lüderssen und Volk (Hg.): Die Handlungsfreiheit des Unternehmers, Wirtschaftliche Perspektiven, strafrechtliche und ethische Schranken. Berlin 2009, S. 80–92.

Neumann, John; **Morgenstern**, Oskar: Theory of Games and Economic Behavior, 3. Aufl., Princeton 1993.

Nierhaus, Lisa: Verhaltensökonomik, Die Ökonomie entdeckt die Menschlichkeit, Frankfurter Allgemeine Sonntagszeitung (FAZ) 09.03.2008.

Nitzsch, Rüdiger von: Marktteilnehmer an der Börse, in: Frey, Rosenstiel und Hoyos (Hg.): Wirtschaftspsychologie, Weinheim 2005, S. 268–272.

Nitzsch, Rüdiger von: Entscheidungslehre, Wie Menschen entscheiden und wie sie entscheiden sollten, 3. Aufl., Aachen 2006.

Nöckel, Anja: Grund und Grenzen eines Marktwirtschaftsstrafrechts, Heidelberg 2011.

O'Donoghue, Ted; Rabin, Matthew: Doing It Now or Later, American Economic Review 1996, S. 272–292.

Ockenfels, Axel: Daten statt Dogmen, in: Häring und Storbeck (Hg.): Ökonomie 2.0, Stuttgart 2007, S. 1–6.

Ogger, Günter: Nieten in Nadelstreifen, Deutschlands Manager im Zwielicht, München 1995.

Oğlakcıoğlu, Mustafa: Untreue bleibt „Mädchen für alles" in Wirtschaftsstrafsachen, Legal Tribune Online (LTO) 17.08.2012. http://www.lto.de/recht/hintergruende/h/bverfg-beschluss-zu-266-stgb-untreue-bleibt-maedchen-fuer-alles-in-wirtschafts-strafsachen/

Oppenländer, Frank; **Trölitzsch**, Thomas (Hg.): Praxishandbuch der GmbH-Geschäftsführung, 2. Aufl., München 2011. (zitiert: Bearbeiter, Praxishandbuch GmbH, §, Rn.)

Ott, Claus (Hg.): Die Präventivwirkung zivil- und strafrechtlicher Sanktionen, Beiträge zum 6. Travemünder Symposium zur ökonomischen Analyse des Rechts, (25.–28. März 1998), Tübingen 1999.

Ott, Claus; **Schäfer**, Hans-Bernd: Die ökonomische Analyse des Rechts - Irrweg oder Chance wissenschaftlicher Rechtserkenntnis? Juristenzeitung (JZ) 1998, S. 213–222.

Otto, Harro: Außerstrafrechtliche Voraussetzungen des Wirtschaftsstrafrechts, in: Dahs, Müller und Isensee (Hg.): Wirtschaftsethik-Wirtschaftsstrafrecht, Paderborn 1991, S. 52–66.

–: Riskante Kreditvergabe durch Banken, Juristische Rundschau (JR) 2000, S. 517–521.

Paefgen, Walter: Die Inanspruchnahme pflichtvergessener Vorstandsmitglieder als unternehmerische Ermessensentscheidung des Aufsichtsrats, In: Die Aktiengesellschaft (AG) 2008, S. 761–769.

Peltzer, Martin: Aufsichtsratshaftung in Zeiten der Krise, Der Aufsichtsrat 2009, S. 65.

Perron, Walter: Probleme und Perspektiven des Untreuestrafrechts, Goltdammer's Archiv für Strafrecht (GA) 2009, 219–234.

Pelzmann, Linda: Intuitives Management - die schnelle Entscheidung, Die Bank 2007, S. 78–82.

Pfeiffer, Gerd (Hg.): Strafprozessordnung. Kommentar. 5. Aufl. München: Beck. Pfeiffer, Pfeiffer StPO, § 153a StPO.

Plickert, Philip: Vehaltensökonomik, Die Wirtschaft als Experiment, Frankfurter Allgemeine Zeitung (FAZ) 20.07.2009.

Plott, Charles: Information, finance and general equilibrium, Collected papers on the experimental foundations of economics and political science, Volume 3, Cheltenham 2001.

Pohl, Rüdiger (Hg.): Cognitive Illusions: A Handbook on Fallacies and Biases in Thinking, Judgement and Memory, New York 2004.

Polinsky, Mitchell; **Shavell**, Steven: Criminal Law, Economics of Crime and Law Enforcement, in: Bouckaert und de Geest (Hg.): The economics of crime and litigation, Cheltenham 2000, S. 307–344.

Posner, Richard A.: Economic analysis of law, 8. Aufl., New York 2011.

Prittwitz, Cornelius: Begrenzung des Wirtschaftsstrafrechts durch die Rechtsgutslehre, sowie der Grundsätze der Ultima Ratio, der Bestimmtheit der Tatbestände, des Schuldgrundsatzes und der Subsidiarität, in: Kempf, Lüderssen und Volk (Hg.): Die Handlungsfreiheit des Unternehmers, Wirtschaftliche Perspektiven, strafrechtliche und ethische Schranken. Berlin 2009, S. 53–60.

Raab, Gerhard: Ist der Homo oeconomicus noch zu retten?, Das Bild vom Menschen in der Behavioral Finance, in: von Nell (Hg.): Homo oeconomicus, Ein neues Leitbild in der globalisierten Welt?, Berlin 2006, S. 107–123.

Raab, Gerhard; **Unger**, Alexander; **Unger**, Fritz: Marktpsychologie, Grundlagen und Anwendung, 3. Aufl., Wiesbaden 2010.

Rabin, Matthew: Psychology and Economic, Journal of Economic Literature 1998, S. 11–46.

Ransiek, Andreas: Risiko, Pflichtwidrigkeit und Vermögensnachteil bei der Untreue, Zeitschrift für die gesamte Strafrechtswissenschaft (ZStW) 2004, S. 634–679.

Recktenwald, Horst Claus (Hg.): Adam Smith: Der Wohlstand der Nationen: Eine Untersuchung seiner Natur und seiner Ursachen, 11. Aufl., München 2005.

Redeke, Julian: Zu den Voraussetzungen unternehmerischer Ermessensentscheidungen, Besprechung von BGH, Beschl. v. 14.7.2008 – II ZR 202/07, Neue Zeitschrift für Gesellschaftsrecht (NZG), S. 496–498.

Reese, Jürgen: Die Haftung von „Managern" im Innenverhältnis, Deutsches Steuerrecht (DStR) 1995, S. 532–537.

Reinelt, Ekkehart: Entscheidungsfreiheit und Recht - Determinismus contra Indeterminismus, Neue Juristische Wochenschrift (NJW) 2004, S. 2792–2794.

Reinhold, Philipp: Der Arbeitgeber als Opfer „nützlicher Aufwendungen" seiner Mitarbeiter, Zugleich Anmerkung zu BGH, 2 StR 587/07, Urteil vom 29. August 2008 = BGH HRRS 2008 Nr. 1100, Höchstrichterliche Rechtsprechung im Strafrecht (HRRS) 2009, S. 107–112.

Rentrop, Kathrin: Untreue und Unterschlagung (§ 266 und § 246 StGB), Reformdiskussion und Gesetzgebung seit dem 19. Jahrhundert, Berlin 2007.

Rick, Scott; **Loewenstein**, Georg: The Role of Emotion in Economic Behavior, in: Lewis und Feldman (Hg.): Handbook of emotions, 3. Aufl., New York 2010, S. 138–156.

Ries, Gerhard; **Peiniger**, Gunhil: Haftung und Versicherung von Managern, Geschäftsführer, Vorstände, Aufsichtsräte, GmbH, AG, Verein, Stiftung, Praxisbeispiele zur D&O-Versicherung, Regensburg 2007.

Riesenhuber, Maximilian: Die Fehlentscheidung, Ursache und Eskalation, Wiesbaden 2006.

Ringleb, Henrik-Michael; **Kremer**, Thomas; **Lutter**, Marcus; **Werder**, Axel v. (Hg.): Kommentar zum Deutschen Corporate Governance Kodex, Kodex-Kommentar, 4. Aufl., München 2010.

Rojas, Luis E.: Grundprobleme der Haushaltsuntreue, Zugleich ein Beitrag zur Dogmatik der Untreue (§ 266 StGB), Baden Baden 2011.

Rönnau, Thomas: Untreuevorwurf wegen Verletzung aktienrechtlicher Pflichten - Mannesmann/Vodafone, Neue Zeitschrift für Strafrecht (NStZ) 2006, S. 218–221.

–: Untreue als Wirtschaftsdelikt, Zeitschrift für die gesamte Strafrechtswissenschaft (ZStW) 2007, S. 887–926.

–: (Rechts-)Vergleichende Überlegungen zum Tatbestand der Untreue, Zeitschrift für die gesamte Strafrechtswissenschaft (ZStW) 2010, S. 299–324.

–: Die Zukunft des Untreuetatbestandes, Strafverteidiger (StV) 2011, 753–761.

Rönnau, Thomas; **Hohn**, Kristian: Die Festsetzung (zu) hoher Vorstandsvergütungen durch den Aufsichtsrat - ein Fall für den Staatsanwalt?, Neue Zeitschrift für Strafrecht (NStZ) 2004, S. 113–123.

Rose, Frank: Die strafrechtliche Relevanz von Risikogeschäften – zugleich Anmerkung zum Urteil des BGH, Zeitschrift für Wirtschafts- und Steuerstrafrecht (wistra) 2005, S. 281–289.

Roth, Gerhard: Wir sind determiniert, Die Hirnforschung befreit von Illusionen, in: Geyer (Hg.): Hirnforschung und Willensfreiheit, Zur Deutung der neuesten Experimente, Frankfurt am Main 2004, S. 218–222.

Roth, Markus: Unternehmerisches Ermessen und Haftung des Vorstands, Handlungsspielräume und Haftungsrisiken insbesondere in der wirtschaftlichen Krise, München 2001.

Rotsch, Thomas: Zur Hypertrophie des Rechts, Plädoyer für eine Annäherung von Wissenschaft und Praxis, Zeitschrift für internationale Strafrechtsdogmatik (ZIS) 2008, S. 1–8.

–: Wiederholung und Vertiefung im Schwerpunktbereich – Wirtschaftsstrafrecht: Untreue durch Vorstandsmitglieder einer AG zum Nachteil einer abhängigen GmbH BGHSt 49, 147 („Bremer Vulkan"), Zeitschrift für das Juristische Studium (ZJS) 2008, S. 610–615.

Roxin, Claus: Strafrechtliche Grundlagenprobleme, Berlin 1978.

–: Strafrecht Allgemeiner Teil, Band I, Grundlagen: Der Aufbau der Verbrechenslehre, 4. Aufl., München 2006. (zitiert: Bearbeiter, Strafrecht AT/I, §, Rn.)

Rubner, Daniel: Die zivilrechtliche Haftung des Aufsichtsrats, NJW-Spezial 2009, S. 111–112.

Säcker, Franz Jürgen: Sorglosigkeit von Verwaltungsorganen und Untreuetatbestand, in: Kempf, Lüderssen und Volk (Hg.): Die Finanzkrise, das Wirtschaftsstrafrecht und die Moral, Berlin 2010, S. 119–131.

Safferling, Christoph: Bestimmt oder nicht bestimmt?, Der Untreuetatbestand vor den verfassungsrechtlichen Schranken Anmerkung zum Beschluss des BVerfG vom 23.6.2010–2 BvR 2559/08; 105/09; 491/09, Neue Zeitschrift für Strafrecht (NStZ), S. 376–379.

Salditt, Franz: Untreue durch AG-Vorstandsmitglieder zum Nachteil abhängiger GmbH - Bremer Vulkan, Neue Zeitschrift für Strafrecht (NStZ) 2005, 269–270.

–: Das Unternehmensinteresse zwischen Recht, Ökonomie und Ethik, in: Kempf, Lüderssen und Volk (Hg.): Die Handlungsfreiheit des Unternehmers, Wirtschaftliche Perspektiven, strafrechtliche und ethische Schranken, Berlin 2009, S. 106–116.

Saliger, Frank: Wider die Ausweitung des Untreuetatbestandes, Eine kritische Analyse der neueren Rechtsprechung zum Begriff des Vermögensnachteils in § 266 StGB, Zeitschrift für die gesamte Strafrechtswissenschaft (ZStW) 2000, S. 563–613.

–: Parteiengesetz und Strafrecht, Zur Strafbarkeit von Verstößen gegen das Parteiengesetz, insbesondere wegen Untreue gemäß § 266 StGB, Tübingen 2005.

–: Gibt es eine neue Untreuemode? Die neuere Untreuedebatte und Möglichkeiten einer restriktiven Auslegung, Höchstrichterliche Rechtsprechung im Strafrecht (HRRS) 2006, S. 10–23.

–: Rechtsprobleme des Untreuetatbestandes, Juristische Ausbildung (JA) 2007, S. 326–334.

–: Das Untreuestrafrecht auf dem Prüfstand der Verfassung. In: Neue Juristische Wochenschrift (NJW) 2010, S. 3195–3198.

–: Auswirkungen des Untreue-Beschlusses, des Bundesverfassungsgerichts vom 23.6.2010 auf die Schadensdogmatik, Zeitschrift für Internationale Strafrechtsdogmatik (ZIS) 2011, S. 902–918.

Samson, Erich: Strafrechtliche Rahmenbedingungen für unternehmerische Entscheidungen, in: Samson (Hg.): Gesellschaftsrecht in der Diskussion 2004, Jahrestagung der gesellschaftsrechtlichen Vereinigung (VGR), Köln 2005, S. 109–125.

Samson, Erich (Hg.): Gesellschaftsrecht in der Diskussion 2004, Jahrestagung der gesellschaftsrechtlichen Vereinigung (VGR), Köln 2005.

Samson, Erich; **Langrock**, Marc: Bekämpfung von Wirtschaftskriminalität im und durch Unternehmen, Der Betrieb 2007, S. 1684–1689.

Satzger, Helmut: Die Untreue des Vermieters im Hinblick auf eine Mietkaution, Juristische Ausbildung (JA) 1998, S. 570–575.

Satzger, Helmut; **Schmitt**, Bertram; **Widmaier**, Gunter (Hg.): StGB, Strafgesetzbuch, Kommentar, Köln 2009. (zitiert: Bearbeiter, SSW, §, Rn.)

Schaefer, Hans; **Missling** Patrick: Haftung von Vorstand und Aufsichtsrat, In: Neue Zeitschrift für Gesellschaftsrecht (NZG) 1998, S. 441–447.

Schäfer, Hans-Bernd; **Ott**, Claus: Lehrbuch der ökonomischen Analyse des Zivilrechts, 5. Aufl., Berlin 2012.

Scherzberg, Arno; **Betsch,** Tilmann; **Blanke**, Hermann-Josef; **Walgenbach**, Peter **Waschkuhn** Arno; **Wegner**, Gerhard (Hg.): Kluges Entscheiden, Disziplinäre Grundlagen und interdisziplinäre Verknüpfungen, Tübingen 2006.

Schiemann, Anja: Kann es einen freien Willen geben? - Risiken und Nebenwirkungen der Hirnforschung für das deutsche Strafrecht, Neue Juristische Wochenschrift (NJW) 2004, S. 2056–2059.

Schierenbeck, Henner; **Wöhle**, Claudia: Grundzüge der Betriebswirtschaftslehre, 18. Aufl., München 2012.

Schilling, Daniel: Fragmentarisch oder umfassend?, Wege strafrechtlichen Zugriffs bei der Veruntreuung fremden Vermögens am Beispiel des deutschen und des italienischen Untreuestrafrechts, Frankfurt am Main 2009.

Schlösser, Jan: Zum Begriff des endgültigen Schadens bei der Untreue durch Führung verdeckter Kassen im Bereich privater Unternehmungen - Zugleich Besprechung von BGH, Urteil vom 29. August 2008–2 StR 587/07 (BGH HRRS 2008 Nr. 1100), Höchstrichterliche Rechtsprechung im Strafrecht (HRRS) 2009, S. 19–28.

Schmalt, Heinz-Dieter; **Langens**, Thomas: Motivation, 4. Aufl., Stuttgart 2009.

Schmid, Michael: Rationalität und Theoriebildung, Studien zu Karl R. Poppers Methodologie der Sozialwissenschaften, Amsterdam 1996.

Schmidtchen, Dieter: Wozu Strafrecht?, Eine Anmerkung aus strafrechtlicher Sicht, in: Ott (Hg.): Die Präventivwirkung zivil- und strafrechtlicher Sanktionen, Beiträge zum 6. Travemünder Symposium zur ökonomischen Analyse des Rechts, Tübingen 1999, S. 49–70.

–: Homo oeconomicus und das Recht, CSLE Diskussionsbeitrag, Saarbrücken 2000. http://www.uni-saarland.de/fak1/fr12/csle/publications/2000-03_homo.PDF.

–: Vertrauen und Recht: eine ökonomische Analyse, CSLE Discussion Paper, No. 2000–04, Saarbrücken 2000. http://hdl.handle.net/10419/23062.

–: Wozu Strafrecht? Another View of the Cathedral, CSLE Discussion Paper, No. 2002–14, Saarbrücken 2000. https://www.econstor.eu/dspace/bitstream/10419/23128/1/2002-14_strafrecht.pdf.

Schneider, Dieter: Informations- und Entscheidungstheorie, München 1995.

Schneider, Sven: „Unternehmerische Entscheidungen" als Anwendungsvoraussetzung für die Business Judgement Rule, Der Betrieb (DB) 2005, 707–712.

Schöch, Heinz: Strafverteidigung, Revision und die gesamten Strafrechtswissenschaften, Festschrift für Gunter Widmaier zum 70. Geburtstag, Köln 2008.

Schönke, Adolf; **Schröder**, Horst (Hg.): Strafgesetzbuch, 28. Aufl., München 2010. (zitiert: Bearbeiter, Schönke Schröder StGB, §, Rn.)

Schranz, Mario: Wirtschaft zwischen Profit und Moral, Die gesellschaftliche Verantwortung von Unternehmen im Rahmen der öffentlichen Kommunikation, Wiesbaden 2007.

Schrödel, Eva: Aktuelle Erscheinungsformen der Wirtschaftskriminalität und Schwierigkeiten ihrer Bewältigung – Verteidigung in Wirtschaftsstrafsachen, in: Bannenberg (Hg.): Wirtschaftskriminalität, Mönchengladbach 2010, S. 47–56.

Schröder, Christian: Untreue durch Investitionen in ABS-Anleihen, Neue Juristische Wochenschrift (NJW) 2010, S. 1169–1174.

Schulte, Theo: Strafbarkeit der Untreue zum Nachteil einer KG?, Neue Juristische Wochenschrift (NJW) 1984, S. 1671–1672.

Schulze, Reiner: BGB Handkommentar, 7. Aufl., München 2012. (zitiert: Bearbeiter, HK BGB, §, Rn.)

Schünemann, Bernd: Die „gravierende Pflichtverletzung" bei der Untreue: dogmatischer Zauberhut oder taube Nuss?, Neue Zeitschrift für Strafrecht (NStZ) 2005, S. 473–476.

–: Der Bundesgerichtshof im Gestrüpp des Untreuetatbestandes, Neue Zeitschrift für Strafrecht (NStZ) 2006, S. 196–203.

–: Wider verbreitete Irrlehren zum Untreuetatbestand, Zeitschrift für Internationale Strafrechtsdogmatik (ZIS) 2012, S. 183–194.

Schweizer, Mark: Der Einfluss des ersten Angebots auf den Ausgang von (Gerichts-)Verhandlungen, Jusletter 8.3.2004. http://www.decisions.ch/publikationen/ankereffekt.html (zitiert: Schweizer, Jusletter 8.3.2004, Rn.)

–: Darstellungseffekt und Risikoverhalten im Zivilprozess, Trifft der Vergleichsdruck die Falschen?, Jusletter 7.3.2005. http://www.decisions.ch/publikationen/framing_gericht.html (zitiert: Schweizer, Jusletter 7.3.2005, Rn.)

–: Intuition, Statistik und Beweiswürdigung, Justice - Justiz – Giustizia 2006/4. http://www.decisions.ch/publikationen/intuition_statistik.html (zitiert: Schweizer, Justice 2006/4, Rn.)

–: Kognitive Täuschungen vor Gericht, Eine empirische Studie, Dissertation, Zürich 2005.

–: Bestätigungsfehler – oder wir hören nur, was wir hören wollen, Justice - Justiz – Giustizia 2007/3. http://www.decisions.ch/publikationen/confirmation_bias.html (zitiert: Schweizer, Justice 2007/3, Rn.)

–: Rückschaufehler oder ich wusste, dass das schief gehen musste, Justice - Justiz – Giustizia 2008/1. http://www.decisions.ch/publikationen/hindsight_bias.html (zitiert: Schweizer, Justice 2008/1, Rn.)

–: Urteilen zwischen Intuition und Reflexion, Justice - Justiz – Giustizia 2009/4. http://www.decisions.ch/publikationen/schweizer_intuition_reflexion.pdf (zitiert: Schweizer, Justice 2009/4, Rn.)

–: Beweiswürdigung und Beweismaß, Rationalität und Intuition, Tübingen 2015.

Schweizer, Maurice; **Gibson**, Donald: Fairness, Feelings, and Ethical Decision Making, Consequences of Violating Community Standards of Fairness, Journal of Business Ethics 2008, S. 287–301.

Schwind, Hans-Dieter: Kriminologie, Eine praxisorientierte Einführung mit Beispielen, 21. Aufl., Heidelberg, Neckar 2011.

Seefelder, Günter: Krisenbewältigung und Sanierung. Stuttgart 2007.

Seidl, Christian: Kommentar zu Curti, Zur Abschreckungswirkung strafrechtlicher Sanktionen in der Bundesrepublik Deutschland: Eine empirische Untersuchung, in: Ott (Hg.): Die Präventivwirkung zivil- und strafrechtlicher Sanktionen, Beiträge zum 6. Travemünder Symposium zur ökonomischen Analyse des Rechts, (25.–28. März 1998). Tübingen 1999, S. 95–107.

Seier, Jürgen: Die Untreue (§ 266 StGB) in der Rechtspraxis, in: Bernsmann und Ulsenheimer, Bochumer Beiträge zu aktuellen Strafrechtsthemen, Vorträge anlässlich des Symposions zum 70. Geburtstag von Gerd Geilen am 12./13.10.2001. Köln 2003, S. 145–157.

–: Die Untreue (§ 266 StGB) als „Allzweckwaffe", in: Kohlmann (Hg.): Entwicklungen und Probleme des Strafrechts an der Schwelle zum 21. Jahrhundert, Ringvorlesung der Strafrechtslehrerinnen und -lehrer an der Rechtswissenschaftlichen Fakultät der Universität zu Köln, Berlin 2004, S. 105–115.

–: Untreue, in: Achenbach und Ransiek (Hg.): Handbuch Wirtschaftsstrafrecht, 3. Aufl., Heidelberg 2011, S. 588–709.

Selten, Reinhard: The Chain-Store Paradox, Theory and Decision 1978, S. 127–159.

–: Eingeschränkte Rationalität und ökonomische Motivation, Zeitschrift für Wirtschafts- und Sozialwissenschaften (Beiheft 9) 2000, S. 129–157.

Shafir, Eldar; **Simonson**, Itamar; **Tversky**, Amos: Reason-Based Choice, in: Kahneman, Tversky (Hg.): Choices, values, and frames, New York 2000, S. 597–619.

Shafir Eldar; **LeBoeuf**, Robyn: Rationality, Annual Review of Psychology 2002, S. 491–517.

Siller, Helmut: Betrug und Untreue in Unternehmen, Kriminalistik 2012, S. 321–326.

Simon, Herbert A.: A behavioral model of rational choice, The quarterly journal of economics 1955, S. 99–118.

–: Behavioral Economics, Manuscript, 1994 http://ptfs.library.cmu.edu/awweb/main.jsp?flag=browse&smd=1&awdid=1.

Sliwka, Dirk: Why Good Managers May Stick to Bad Decisions - Internal Accounting Information, Managerial Turnover and Strategic Change, Working Paper, Universität zu Köln, 2005. http://www.econbiz.de/archiv/k/uk/spersonal/good_managers_bad_decisions.pdf.

Smith, Adam: An inquiry into the nature and causes of the wealth of nations, Edinburgh 1827.

–: Der Wohlstand der Nationen, Eine Untersuchung seiner Natur und seiner Ursachen, 11. Aufl., München 2005.

Smith, Annedore: Angst kostet 100.000.000.000 Mark, Management-Studie, Spiegel Online 04.07.2000. http://www.spiegel.de/wirtschaft/management-studie-angst-kostet-100-000-000-000-mark-a-83783.html.

Soyka, Till: Untreue zum Nachteil von Personengesellschaften, Berlin 2008.

Specht, Olaf: Unternehmensführung, Mit integriertem Unternehmensplan und Tabellen, München 2001.

Spilgies, Gunnar: Die Kritik der Hirnforschung an der Willensfreiheit als Chance für eine Neudiskussion im Strafrecht, Mit einer Replik auf Kudlich, HRRS 2004, 217 ff., Höchstrichterliche Rechtsprechung zum Strafrecht (HRRS) 2005, S. 43–52.

Stefani, Ulrike: Verhaltensorientiertes Controlling, Ergebnisse wirtschaftswissenschaftlicher Laborexperimente, Zeitschrift für Controlling &Management (Sonderheft 1) (ZfCM) 2008, S. 13–16.

Steffek, Felix: Die Innenhaftung von Vorständen und Geschäftsführern - Ökonomische Zusammenhänge und rechtliche Grundlagen, Juristische Schulung (JuS) 2010, S. 295–300.

Stephan, Franz: Grundlagen des ökonomischen Ansatzes, Das Erklärungskonzept des Homo oeconomicus (International Economics), Working Paper 2004–02, Potsdam 2004. http://www.uni-potsdam.de/u/makrooekonomie/docs/studoc/stud7.pdf.

Steul, Martina: Risikoverhalten privater Kapitalanleger, Implikationen für das Finanzdienstleistungsmarketing, Wiesbaden 2003.

Storbeck, Olaf: Auch Nieten in Nadelstreifen müssen für Fehler büßen, Handelsblatt Online 26.02.2007. http://www.handelsblatt.com/politik/oekonomie/wissenswert/auch-nieten-in-nadelstreifen-muessen-fuer-fehler-buessen/2775060.html.

Stratenwerth, Günter; **Kuhlen**, Lothar: Strafrecht, Allgemeiner Teil, 6. Aufl., Köln 2011.

Suchanek, Andreas: Unternehmensethik und Eigeninteresse, in: Kempf, Lüderssen und Volk (Hg.): Die Finanzkrise, das Wirtschaftsstrafrecht und die Moral, Berlin 2010, S. 47–60.

Sutherland, Edwin Hardin: White Collar Crime, 1. Aufl., New York u.a. 1949.

Tanski, Joachim S.; **Radtke**, Christin; **Uhlemann**, Carolin: Managerhaftung und Risikomanagement, Recht und Praxis von corporate governance, München 2009.

Taylor, Stuart: Does Audit Fee Homogeneity Exist?, Premiums and Discounts Attributable to Individual Partners, A Journal of Practice & Theory 2011, S. 249–272.

Thaler, Richard; **Mullainathan**, Sendhil: How Behavioral Economics Differs from Traditional Economics, The Concise Encyclopedia of Economics, 2. Aufl., Library of economics and liberty, www.econlib.org. http://econlib.org/library/Enc/BehavioralEconomics.html.

–: Behavioral Economic, Working Paper, 00–27, MIT, 2000.

Thaler, Richard; **Sunstein**, Case Robert: Nudge, Wie man kluge Entscheidungen anstößt, Berlin 2010.

Theil, Michael: Versicherungsentscheidungen und Prospect Theory, Die Risikoeinschätzung der Versicherungsnehmer als Entscheidungsgrundlage, Wien 2002.

Theile, Hans: Konvergenzen und Divergenzen zwischen Gesellschaftsrecht und Strafrecht, Das Merkmal der gravierenden Pflichtverletzung (§ 266 StGB) aus systemtheoretischer Sicht, Zeitschrift für internationale Strafrechtsdogmatik (ZIS) 2011, S. 616–628.

Thomas, Sven: Untreue in der Wirtschaft, In: v. Hanack, Hilger, Mehle, Widmaier (Hg.): Festschrift für Peter Riess zum 70. Geburtstag am 4. Juni 2002. Berlin 2002, S. 795–809.

–: Das allgemeine Schädigungsverbot des § 266 Abs. 1 StGB, in: Michalke, Köberer, Pauly und Kirsch (Hg.): Festschrift für Rainer Hamm zum 65. Geburtstag am 24. Februar 2008, Berlin 2008, S. 767–782.

Thümmel, Roderich C.: Persönliche Haftung von Managern und Aufsichtsräten, Haftungsrisiken bei Managementfehlern, Risikobegrenzung und D & O-Versicherung, 4. Aufl., Stuttgart 2008.

Tiedemann, Klaus: Der Untreuetatbestand - ein Mittel zur Begrenzung von Managerbezügen? Bemerkungen zum „Fall Mannesmann“, in: Hilgendorf, Heinrich und Mitsch (Hg.): Festschrift für Ulrich Weber zum 70. Geburtstag. Bielefeld 2004, S. 319–331.

–: Wirtschaftsstrafrecht, Einführung und Allgemeiner Teil, 3. Aufl., Köln 2010.

–: Wirtschaftsstrafrecht, Besonderer Teil, 3. Aufl., Köln 2011.

Towfigh, Emanuel: Komplexität und Normenklarheit - oder Gesetze sind für Juristen gemacht, Preprints of the Max Planck Institute for Research on Collective Goods, Bonn 2008. https://www.coll.mpg.de/pdf_dat/2008_22online.pdf.

Tödtmann, Claudia: Die Angst der Aufsichtsräte vor der Haftung, Handelsblatt - Management Blog 13.11.2010.

Trimmel, Michael; **Gmeiner**, Gabriele: Allgemeine Psychologie, Motivation - Emotion – Kognition, Wien 2003.

Tversky, Amos; **Kahneman**, Daniel: Rational Choice and the Framing of Decisions, The Journal of Business 1986, S. 251–278.

Tverksy, Amos; **Sattah**, Shmuel; **Slovic**, Paul: Contingent Weighting in Judgement and Choice, in: Kahneman, Tversky (Hg.): Choices, values, and frames, New York 2000, S. 503–517.

Tverksy, Amos; **Simonson**, Itamar: Context-Dependent Preferences, in: Kahneman, Tversky (Hg.): Choices, values, and frames, New York 2000, S. 518–527.

Volhard, Rüdiger: Die Untreuemode, in: Baumann, Günter und Prittwitz (Hg.): Festschrift für Klaus Lüderssen, Zum 70. Geburtstag am 2. Mai 2002, Frankfurt am Main 2002, S. 673–682.

Volk, Klaus (Hg.): Münchener Anwaltshandbuch Verteidigung in Wirtschafts- und Steuerstrafsachen, München 2006. (zitiert: Bearbeiter, StrafV in WirtStr, §, Rn.)

Volk, Klaus: Strafrecht und Wirtschaftskriminalität, Juristenzeitung (JZ) 1982, S. 85–90.

–: Die ökonomische Analyse des Strafrechts, in: Schöch (Hg.): Strafverteidigung, Revision und die gesamten Strafrechtswissenschaften, Festschrift für Gunter Widmaier zum 70. Geburtstag, Köln 2008, S. 987–994.

–: Untreue und Gesellschaftsrecht, Ein Dschungelbuch, in: Michalke, Köberer, Pauly und Kirsch (Hg.): Festschrift für Rainer Hamm zum 65. Geburtstag am 24. Februar 2008, Berlin 2008, S. 803–813.

Vöneky, Silja: Recht, Moral und Ethik, Grundlagen und Grenzen demokratischer Legitimation für Ethikgremien, Tübingen 2010.

Vrzal, Marek: Die Versuchsstrafbarkeit der Untreue de lege ferenda?, München 2005.

Wabnitz, Heinz Bernd; **Janovsky**, Thomas (Hg.): Handbuch des Wirtschafts- und Steuerstrafrechts, 3. Aufl., München 2007.

Waßmer, Martin P.: Untreue bei Risikogeschäften, Heidelberg 1997.

Walter, Johann; **Kampmann**, Ricarda: Einfach vernünftig handeln, Das ökonomische Prinzip, econmag.de 5/2010. http://www.economag.de/pdf/326_economag_Walter_Mai2010.pdf.

Wazlawik, Thomas: Existenzvernichtung und kein Ende, Ein Nachruf auf die Konzernhaftung und andere offengebliebene Fragen, Neue Zeitschrift für Insolvenzrecht (NZI) 2009, S. 291–297.

Weck, Reinhard J.: Informationsmanagement im globalen Wettbewerb, Voraussetzungen und Potenziale einer erfolgreichen Positionierung, München 2003.

Weiss, Susanne; **Buchner**, Markus: Wird das UMAG die Haftung und Inanspruchnahme der Unternehmensleiter verändern?, Wertpapier Mitteilungen (WM) 2005, 162–171.

Weller, Marc: Die Neuausrichtung der Existenzvernichtungshaftung durch den Bundesgerichtshof und ihre Implikationen für die Praxis, Zeitschrift für Wirtschaftsrecht (ZIP) 2007, S. 1681–1687.

Wessing, Jürgen; **Krawczyk**, Lucian: Untreue zum Nachteil einer konzernabhängigen GmbH, Neue Zeitschrift für Gesellschaftsrecht (NZG) 2009, S. 1176–1178.

–: Der Untreueparagraf auf dem verfassungsrechtlichen Prüfstand, Neue Zeitschrift für Gesellschaftsrecht (NZG) 2010, S. 1121–1124.

Wicke, Hartmut (Hg.): Gesetz betreffend die Gesellschaften mit beschränkter Haftung (GmbHG), Kommentar, München 2008.

Widmaier, Gunter (Hg.): Münchner Anwaltshandbuch Strafverteidigung, München 2006. (zitiert: Bearbeiter, Anwaltshandbuch Strafverteidigung, §, Rn.)

Widmaier, Gunter; **Lesch**, Heiko; **Müssig**, Bernd; **Wallau**, Rochus (Hg.): Festschrift für Hans Dahs, Köln 2005.

Wilson, Timothy; **Schooler**, Jonathan: Thinking too much, Introspection can reduce the quality of preferences and decisions, Journal of Personality and Social Psychology 1991, S. 181–192.

Wiswede, Günter: Einführung in die Wirtschaftspsychologie, 4. Aufl., München 2007.

Wittig, Petra: Der rationale Verbrecher, Der ökonomische Ansatz zur Erklärung kriminellen Verhaltens, Berlin 1993.

–: Wirtschaftsstrafrecht, 2. Aufl., München 2011.

Wolf, Hans-Georg; **Moser**, Klaus: Kaufentscheidungen, in: Moser (Hg.): Wirtschaftspsychologie, Heidelberg 2007, S. 31–52.

Wöhe, Günter; **Döring**, Ulrich: Einführung in die allgemeine Betriebswirtschaftslehre, 21. Aufl., München 2002. (zitiert: Wöhe/Döring, Einführung in die allgemeine Betriebswirtschaftslehre (2002), S.).

–: Einführung in die allgemeine Betriebswirtschaftslehre, 24. Aufl., München 2010. (zitiert: Wöhe/Döring, Einführung in die allgemeine Betriebswirtschaftslehre (2010), S.)

Valerius, Brian; **Vogel**, Joachim; **Schünemann**, Bernd; **Möhrenschlager**, Manfred (Hg).: Strafgesetzbuch. Leipziger Kommentar, Neunter Band / 1. Teilband: §§ 263 bis 266b, 12. Aufl., Berlin 2012. (zitiert: Bearbeiter, LK StGB, §, Rn.)

Zech, Susanne: Untreue durch Aufsichtsratsmitglieder einer Aktiengesellschaft, Frankfurt am Main 2007.

Ziemons, Hildegard; **Jaeger**, Carsten (Hg.): Beck'scher Online-Kommentar GmbHG, 14. Edition, Stand 1.3.2013. (zitiert: Bearbeiter, BeckOK GmbHG, §, Rn.)

www.ingramcontent.com/pod-product-compliance
Ingram Content Group UK Ltd.
Pitfield, Milton Keynes, MK11 3LW, UK
UKHW021819051026
15588UKWH00010B/116

9 783631 671917